Droit du travail

› RAPPORTS INDIVIDUELS

mémentosdalloz

série droit privé

Droit du travail

Volume 2

› RAPPORTS INDIVIDUELS

Jean-Maurice Verdier
Président honoraire de l'Université Paris Ouest Nanterre La Défense
Doyen honoraire de la Faculté de droit
Alain Cœuret
Professeur à l'Université de Cergy-Pontoise
Marie-Armelle Souriac
Professeur à l'Université Paris Ouest Nanterre La Défense

15e édition – 2009

DALLOZ

DALLOZ

31-35 rue Froidevaux, 75685 Paris cedex 14

ISBN 978-2-247-08504-0

SOMMAIRE

INTRODUCTION

Après que, dans un premier volume (15e éd., 2009), ont été étudiés les rapports de travail dans leur dimension collective, ce second volume s'attache aux aspects individuels des mêmes rapports. Pareil ordre de présentation appelle une explication. L'idée fortement défendue par les coauteurs de l'ouvrage est que, d'une part, les relations collectives du travail sont éclairantes de la manière dont sont vécues les relations individuelles, l'inverse étant moins évident; d'autre part, qu'il n'y a guère de relation de travail inter-individuelle se développant isolément, le propre du travail salarié étant de s'accomplir dans le cadre de l'entreprise, réalité socio-économique plus ou moins vaste, complexe et mouvante mais présentant par nature une dimension collective attestée notamment par l'apparition de pouvoirs s'exerçant sur une communauté de travailleurs, dont les membres sont eux-mêmes placés dans des rôles interactifs.

Ceci posé, que l'étudiant et le praticien se rassurent, ils trouveront dans les pages qui suivent ce qu'ils sont en droit d'attendre lorsqu'ils s'interrogent sur le contrat de travail, sa conclusion, son exécution et sa rupture, que ce soit au travers des dispositifs protecteurs de la personne du salarié ou des clauses contractuelles qui façonnent de façon de plus en plus sophistiquée la prestation de travail de chacun. Les apports les plus récents de la loi et de la jurisprudence dédiés à la dimension individuelle des rapports de travail ne sont pas oubliés.

Mais comment ne pas voir que cette dimension est sans cesse prise dans des phénomènes juridiques et économiques plus vastes qui influent sur elle de diverses façons? Des restructurations financières aux mutations technologiques, du dynamisme de la négociation collective à celui des instances représentatives du personnel, eux-mêmes tributaires des forces et faiblesses de l'action syndicale, multiples sont les facteurs dont l'analyse des rôles contractuels d'employeur et de salarié devront tenir compte.

Aussi bien, le lecteur ne sera pas surpris qu'après deux grandes parties consacrées aux principales séquences de la vie du rapport individuel de travail, une troisième, plus modeste mais porteuse du sens général de l'approche rappelée dans les lignes qui précèdent, revienne sur cette réalité humaine et organisationnelle en cours de reconnaissance par le droit qui n'est autre que l'entreprise.

Le volume 1 de ce Mémento comporte une introduction générale à l'étude de la matière à laquelle le lecteur pourra, si besoin, se reporter.

Première partie

L'EMPLOI ET LE STATUT DU SALARIÉ

Ils sont déterminés d'une part par la politique de l'emploi et l'état du marché du travail, d'autre part par les contrats de travail, leur contenu et leurs avatars. Enfin les dispositions des accords collectifs, dont l'étude relève au premier chef de celle de l'action collective (volume 1, 3e partie) exercent une influence de plus en plus grande sur la relation individuelle.

Titre préliminaire

LA POLITIQUE DE L'EMPLOI

L'emploi et la politique de l'emploi ont connu une double évolution :

§ 1 - De la liberté du travail au droit au travail

• Complément de la liberté du commerce et de l'industrie, la liberté du travail demeure fondamentale, en tant qu'elle interdit le travail forcé et toute contrainte ou pression administrative ou collective, publique ou privée, en vue d'obliger à travailler, sauf circonstances exceptionnelles.

• Toutefois elle a été largement responsable de la misère et de l'exploitation des travailleurs au XIXe siècle et apparaît comme une imposture pour celui qui ne trouve pas de travail.

• D'où la **revendication ouvrière** du droit au travail, consacré de manière éphémère en 1848 (Ateliers nationaux), de manière définitive par le **Préambule de la Constitution de 1946** : « droit d'obtenir un emploi ».
Le **droit à l'emploi**, moyen concret d'exercice de la liberté du travail, appelle une politique de l'emploi engageant l'État et associant les employeurs et les organisations syndicales, sans laquelle il reste théorique. Il implique aussi une indemnisation du chômage, total ou partiel.
Par ailleurs les difficultés de l'adéquation entre l'emploi et le système éducatif, les problèmes dus aux échecs scolaires, ont conduit les pouvoirs publics à faire un effort important depuis 1982 en faveur de l'insertion professionnelle des jeunes.
La **politique de l'emploi** constitue la « priorité des priorités » des gouvernements qui se sont succédés depuis trente ans. Mais la mondialisation de l'économie et des échanges et les mutations technologiques et économiques obligent à repenser en profondeur le problème du travail, de l'emploi et de l'ensemble des activités humaines (cf. volume 1, Introduction).

§ 2 - Du droit à l'emploi au droit au meilleur emploi

• La politique quantitative de l'emploi (plein emploi), amorcée à la suite de la crise des « années 30 », s'est révélée insuffisante pour enrayer le chômage et la perte de qualification (et de salaire) dus aux récessions sectorielles, aux conversions, concentrations et restructurations d'entreprises.

• D'où l'amorce, depuis les « années 60 », d'une **politique qualitative** de l'emploi, cherchant à assurer la sécurité de l'emploi à travers les changements d'emploi, imposés ou volontaires.

Le droit au meilleur emploi, en fonction de la qualification et aussi des capacités de chacun, a pour corollaire **le droit à la formation** (consacré par la Constitution de 1946), impliquant une politique :
- d'orientation ;
- de formation scolaire et professionnelle ;
- de garantie effective de l'emploi (stabilité et continuité) ;
- de formation permanente, d'adaptation et de conversion.

Observation : la politique de l'emploi a pour base à la fois la réglementation impérative et les accords collectifs conclus par les partenaires sociaux, la négociation collective s'articulant de plus en plus avec les réformes législatives et avec les aides de l'État.

Chapitre 1 › L'EMPLOI ET LE « MARCHÉ DU TRAVAIL »

> **› L'essentiel**
>
> *Inorganisé au XIXe siècle, le marché du travail a été l'objet d'une réglementation protectrice des salariés (placement, lutte contre le chômage, orientation), puis de la mise en place d'organismes et de techniques nouveaux par la loi et par des accords collectifs.*
>
> *La politique actuelle de l'emploi comporte plusieurs* ***séries de mesures****.*

Section 1 › PLACEMENT, EMBAUCHE ET CONNAISSANCE DES EMPLOIS

Problème : rapprochement des demandes et des offres d'emploi.

§ 1 - Le service public de l'emploi (art. L. 5311-1 et s., C. trav.)

Après une première réforme opérée par les lois du 18 janvier 2005, le service public de l'emploi vient d'être profondément réorganisé par la loi n° 2008-126 du 13 février 2008. Est ainsi créée une nouvelle institution chargée d'assurer la gestion du réseau désormais unique issu du regroupement de l'ANPE, des Assedic et d'une partie de l'Unedic.

L'institution nouvelle, Pôle emploi, est dotée d'une gouvernance tripartite État, patronat, syndicats. Elle se voit assigner six missions (art. L. 5312-1, C. trav.) qui sont les suivantes :

– prospecter le marché du travail,
– procéder à la collecte des offres d'emploi,
– aider et conseiller les entreprises dans leur recrutement,
– assurer la mise en relation entre l'offre et la demande d'emploi,
– développer une expertise sur l'évolution des emplois et des Qualifications?
– participer à la lutte contre les discriminations.

Par ailleurs, la **liberté d'embauchage demeure le principe**. Elle apparaît comme le corolaire de la liberté d'entreprendre qui implique le libre choix, par l'employeur, de ses collaborateurs (en ce sens : Cons. constit. 20 juill. 1988, déc. n° 88-244 DC, *D.* 1989, jurisp. 269).

Pour des limitations apportées à la liberté d'embauchage, cf. *infra*, Conclusion du contrat de travail. Limitations à la liberté d'embauchage.

Tenant compte d'une évolution des pratiques en cette matière, la loi de cohésion sociale du 18 janvier 2005 a admis le **placement privé** tout en l'encadrant fortement par les règles suivantes (art. L. 5323-1, C. trav.) :

– toute personne physique ou morale de droit privé dont l'activité principale consiste à fournir des services de placement est tenue d'en faire la déclaration préalable à l'autorité administrative ;
– la fourniture de ce type de services est exclusive de tout autre activité à but lucratif à l'exception des services ayant pour objet le conseil en recrutement ou en insertion professionnelle ;

– l'autorité administrative peut, après mise en demeure, ordonner la fermeture provisoire de l'organisme en cause.

§ 2 - Réglementation des offres et des demandes d'emploi

La loi du 18 janvier 2005 a modifié cette réglementation, concernant les règles suivantes :
– la vente d'offre ou de demande d'emploi est interdite quel que soit le support utilisé (art. L. 5331-1, C. trav.) ;
– la diffusion des offres d'emploi anonymes est fortement encadrée pour éviter les abus ;
– la mention d'une limite d'âge supérieure exigée du postulant est interdite sauf exception ;
– l'offre doit être sincère et dénué d'équivoque sur des éléments tels que le caractère disponible de l'emploi, la nature et la description de celui-ci, la rémunération et les avantages annexes proposés ainsi que le lieu d'exécution du travail ;
– l'offre doit être rédigée en français sauf exception prévue par la loi.
La méconnaissance de ces règles est susceptible d'entraîner l'application des sanctions pénales (art. L 5334-1, C. trav.)

§ 3 - Droits et devoirs des demandeurs d'emploi

La loi du 1er août 2008 a pour objectif d'inciter les chômeurs au retour dans l'emploi en conditionnant le bénéfice de l'indemnisation du chômage à l'acceptation de certaines offres d'emploi par l'élaboration d'un Projet personnalisé d'accès à l'emploi (PPAE) et par la création de l'Offre raisonnable d'emploi (ORE).

A. Le PPAE (art. L. 5411-6, C. trav.)

Ce projet est élaboré conjointement entre le demandeur d'emploi et le « pôle emploi » (issu de la fusion de l'ANPE et du réseau Assédic). Ce plan précise les actes que le pôle emploi s'engage à mettre en œuvre pour faciliter le retour à l'emploi du bénéficiaire et le champ de la recherche d'emploi. Il peut être initié dès l'inscription sur la liste des demandeurs d'emploi, avant même la désignation du référent unique. Son élaboration donne lieu à un acte qui fera état de l'acceptation ou du refus de l'intéressé. Le PPAE doit être notifié par remise en main propre contre signature de l'acte.

B. L'Offre raisonnable d'emploi (ORE)

Les éléments constitutifs de l'ORE sont détaillés dans le PPAE : nature et caractéristiques du ou des emplois recherchés, zone géographique privilégiée, salaire attendu. Le PPAE peut indiquer des emplois que le demandeur d'emploi est prêt à accepter mais qu'il pourra refuser sans se rendre fautif. Il ne sera pas sanctionné s'il refuse un temps partiel alors que son PPAE prévoit un plein temps. Après 6 mois, la zone géographique de recherche correspond à un trajet domicile-travail d'une durée maximale d'une heure ou d'une distance de plus de 30 kilomètres. Ces deux conditions sont alternatives et non cumulatives. Le salaire attendu ne peut être inférieur aux *minima* conventionnels et aux salaires dans la région. Selon l'article R. 5411-5 du Code du travail, le salaire antérieurement perçu est défini selon les règles de détermination du salaire de référence suivant au calcul de l'allocation d'assurance. Selon la circulaire DGEFP n° 2008-18 du 5 novembre 2008, il convient de prendre en compte le salaire horaire brut. En l'absence de revenu antérieurement perçu, le salaire attendu demeure déterminé par le demandeur d'emploi. Selon la circulaire, après 12 mois d'inscription, le revenu de remplacement peut servir à déterminer le niveau de salaire opposable au demandeur d'emploi mais il ne peut en aucun cas l'obliger à accepter un emploi à temps partiel s'il recherche un temps plein.

C. Sanctions

Le refus d'élaborer ou d'actualiser un PPAE constitue un motif de radiation prévu à l'article L. 5412-1 du Code du travail. Il entraîne, pour le demandeur d'emploi, l'interdiction de se réinscrire pendant une durée de deux mois. Cette durée peut atteindre 6 mois en cas de manquements répétés avec suspension des allocations. Le refus à deux reprises d'une ORE constitue un motif de radiation prévu à l'article L. 5412-1 du Code du travail. Il entraîne pour le demandeur d'emploi l'interdiction de se réinscrire pendant une durée de 2 mois. En cas de refus répétés, cette durée peut allée jusqu'à 6 mois. Le revenu de remplacement est supprimé pour la même durée par décision du préfet (art. R. 5426-3).

Section 2 › ACTIONS EN FAVEUR DU MAINTIEN OU DE LA CONTINUITÉ DE L'EMPLOI

§ 1 - Politique traditionnelle : contrôle administratif des embauches et des licenciements (Ord. 24 mai 1945 et Décr. 5 mai 1975)

Professions libérales, sociétés civiles, associations : **communication** dans les huit premiers jours de chaque mois au directeur départemental du travail d'un relevé des contrats conclus ou résiliés au cours du mois précédent, avec certaines mentions (noms, activité, âge, nationalité, sexe, qualification, date d'effet, nature du motif économique éventuel).

Établissements industriels et commerciaux : **autorisation préalable** des licenciements et des embauches par le directeur départemental du travail.

L'absence d'autorisation préalable n'avait aucune conséquence civile quant à la régularité du licenciement (jurisprudence), sauf au cas de licenciement pour motif économique.

L'Administration ne pouvait refuser l'autorisation d'un licenciement individuel pour un motif personnel au salarié mais seulement pour un motif économique.

Aussi des arrêtés de 1975 et 1977 avaient-ils supprimé l'exigence d'une autorisation pour le licenciement non économique.

Le système de l'autorisation préalable des embauches (et des licenciements) a été **supprimé en 1986** avec la réforme du licenciement économique, sauf pour les entreprises qui bénéficient d'un concours financier de l'État à l'occasion de mises en préretraite (moyen de surveillance).

Ne subsiste qu'une déclaration obligatoire préalable à l'emploi du premier salarié, destinée à informer l'Administration (et Pôle emploi au cas d'embauche d'un demandeur d'emploi inscrit à celle-ci), et l'obligation de tenir un registre unique du personnel (et de déclarer chaque mois les mouvements de personnel au directeur départemental du travail, pour les entreprises de 50 salariés).

L'accord préalable de l'Administration aux embauches ultérieures peut être institué par Convention du Fonds national de l'emploi faisant bénéficier une entreprise d'allocations spéciales du FNE à l'occasion d'un licenciement économique (dispositif de surveillance).

Dans le cadre de la lutte contre le travail dissimulé, une loi du 31 décembre 1991 a posé en principe que « l'embauche d'un salarié ne peut intervenir qu'après **déclaration nominative** effectuée par l'employeur auprès des organismes de protection sociale désignés à cet effet » (art. L. 1221-10, C. trav. ; mise en œuvre progressive). En outre, la loi du 11 mars 1997 (v. *infra*, Travail dissimulé) a prévu que le non-respect de cette obligation entraînerait l'application d'une pénalité égale à trois cents fois le taux horaire minimum garanti (art. L. 1221-13).

§ 2 - Fonds national de l'emploi

But : favoriser la continuité de l'activité du travailleur à travers les transformations économiques en permettant son adaptation à des emplois nouveaux ou servir de cadre à des départs en préretraite (art. L. 5111-1, C. trav.).

Moyens : Conclues avec l'État, les conventions de formation et d'adaptation du FNE supposent que l'entreprise s'engage à maintenir dans leur emploi les salariés concernés, pendant la durée de la convention et, au-delà, pendant une période d'un an au minimum.

Toute entreprise peut conclure une convention dès lors qu'elle rencontre des difficultés d'emploi immédiates ou à court terme. L'aide concerne en priorité les salariés de premier niveau de qualification devant acquérir rapidement un nouveau savoir-faire professionnel. Elle couvre une partie des frais pédagogiques et des rémunérations des salariés bénéficiaires de l'action (v. art. L. 5111-1 à L. 5111-3, C. trav.)

Il résulte de l'article L. 5121-4 du Code du travail tel que modifié par la loi de modernisation sociale du 17 janvier 2002 puis par celle du 23 mars 2006, que les entreprises, dont l'effectif maximal est fixé par décret, qui souhaitent élaborer un plan de gestion prévisionnelle des emplois et des compétences comprenant notamment des actions de formation destinées à assurer l'adaptation des salariés à l'évolution de leurs emplois, ou des actions favorisant l'égalité professionnelle entre les femmes et les hommes peuvent bénéficier d'un dispositif d'appui à la conception de ce plan. L'État prend en charge une partie des frais afférents à la conception du plan (sur la GPEC, voir *infra* 2e partie, le licenciement pour motif économique).

§ 3 - Chômage partiel

Le chômage partiel permet de faire face à des difficultés économiques passagères ou à des circonstances exceptionnelles (sinistres, travaux importants, difficultés d'approvisionnement, etc.) nécessitant une réduction du temps de travail en deçà de 35 heures ou de la durée conventionnelle si elle est inférieure. Les salariés concernés par cette baisse du temps de travail peuvent alors percevoir une indemnisation destinée à compenser la perte de salaire qui en résulte.

Il a fait l'objet d'une réforme récente visant à mieux indemniser les salariés (Décret du 22 décembre 2008 et ANI du 15 décembre 2008).

Aux termes de l'article L. 5122-1 du Code du travail, « les salariés qui, tout en restant liés à leur employeur par un contrat de travail, subissent une perte de salaire imputable à la fermeture temporaire de l'établissement qui les emploie, soit à la réduction de l'horaire habituellement pratiqué, bénéficient, dans des conditions fixées par un décret en Conseil d'État, d'une allocation spécifique qui est à la charge de l'État ».

Afin d'obtenir le remboursement par l'État de l'allocation de chômage partiel, l'entreprise doit préalablement à la décision de recours au chômage partiel :

- consulter les représentants du personnel ;
- adresser une demande (pour les sinistres ou intempéries, déposer la demande dans les 30 jours après l'événement) d'indemnisation à la Direction départementale du travail, de l'emploi et de la formation professionnelle (DDTEFP). Celle-ci notifie sa décision dans un délai de 20 jours, après examen par l'inspecteur du travail compétent, du motif et de la réalité du recours au chômage partiel.

Enfin, le mois considéré, l'employeur doit communiquer à la DDTEFP les états nominatifs de remboursement des allocations avancées aux salariés.

Section 3 › MESURES CONCERNANT CERTAINES CATÉGORIES DE TRAVAILLEURS

§ 1 - Jeunes travailleurs

Actuellement, double préoccupation : reculer l'âge d'accès au travail et favoriser, cet âge atteint, l'accès à l'emploi.

A. Âge d'accès au travail

But : préoccupation médicale et sociale (santé physique et formation intellectuelle), d'où : lien entre la fin de l'obligation scolaire et le début de la vie du travail.

NB : lutte contre le chômage des adultes (libération d'emplois) à certaines époques. Actuellement cette préoccupation-là a disparu, le chômage des jeunes étant le plus préoccupant.

Domaine :

- Établissements industriels et commerciaux, offices ministériels, professions libérales, sociétés, syndicats, associations.
- Exceptions :

– orphelinats et institutions de bienfaisance, entreprises théâtrales,
– stage de formation pratique.

Observations : le travail domestique et le travail agricole échappent à l'interdiction. Mais limitation indirecte par l'obligation scolaire, qui interdit tout contrat occupant l'enfant pendant les heures de classe (sauf dérogations). En pratique, la protection des mineurs dans l'agriculture est beaucoup moins complète que dans le commerce ou l'industrie.

Âge minimum : la libération de l'obligation scolaire (16 ans) est la condition de l'admission au travail.

Observation : les inspecteurs du travail peuvent exiger un examen médical pour les mineurs de moins de 16 ans embauchés par dérogation.
Pour les travaux dangereux, la limite d'âge est parfois plus élevée.
L'interdiction du travail de nuit est générale.

Sanction : nullité du contrat de travail, d'ordre public. Néanmoins le mineur bénéficie de la législation sur les accidents du travail.
Sanctions pénales.

B. Incitations à l'emploi des jeunes

Davantage touchés par le chômage, avec le renforcement de la protection contre la perte de l'emploi et avec l'arrivée de générations nombreuses sur le marché du travail. Problème aggravé par « l'échec scolaire » de beaucoup de jeunes et leur sortie de l'école sans qualification professionnelle.
D'où, depuis la fin des années 1970, la mise en place de diverses formules :
– pour faciliter l'insertion professionnelle, réforme de l'apprentissage, réglementation des **stages pratiques** en entreprise ou des **stages à plein temps** dans des organismes agréés ou conventionnés (cf. *infra*) ;
– aux mêmes fins, l'institution des contrats emploi-formation (supprimés depuis et remplacés par d'autres formules) avec des entreprises s'engageant à assurer une formation professionnelle, l'État prenant en charge les frais de stage et la rémunération (cf. *infra*, Formation professionnelle) ;
– pour inciter à l'embauche directe, la prise en charge par l'État pendant un certain temps des cotisations de sécurité sociale en cas d'embauche de jeunes remplissant certaines conditions, ainsi que l'extension des primes de mobilité ;
– **formules particulières d'emploi** : les TUC (travaux d'utilité collective), institués en 1984, ont été remplacés par les contrats emploi-solidarité eux-mêmes remplacés par les contrats d'accompagnement dans l'emploi (art. L. 5134-20, C. trav.).
L'inconvénient de certaines de ces formules a été de ne pas garantir une formation réelle et une embauche effective à la fin du stage ou du contrat, faute d'engagement précis de l'entreprise et d'organe de contrôle approprié.

§ 2 - Femmes

Régime particulier en vue d'assurer à la fois une protection spéciale nécessaire et l'égalité des sexes dans l'emploi et le travail.
D'où :

• interdiction du travail pendant un certain temps avant et après l'accouchement (**congé-maternité**) ;

• interdictions des licenciements, refus d'embauche, mutation d'emploi des femmes enceintes ou fondés sur le sexe (**discriminations**) et en particulier :

– Interdiction de prendre en considération l'état de grossesse d'une femme pour refuser de l'embaucher, résilier son contrat de travail en cours d'essai, ou opérer une mutation d'emploi.
– La femme candidate à un emploi n'est pas tenue de révéler son état de grossesse et il est interdit à l'employeur de rechercher ou faire rechercher toutes informations concernant l'état de grossesse.
– L'état de grossesse ne peut motiver une mutation d'emploi, mais seulement une affectation temporaire dans un autre emploi, si l'état de santé de la salariée médicalement constaté l'exige et seulement pour la durée requise par celui-ci. Le changement d'affectation ne doit entraîner aucune diminution de la rémunération, sauf dans certains cas. L'affectation dans un autre établissement est subordonnée à l'accord de la salariée.
Sur tous ces points, cf. *infra*, Suspension du contrat de travail : maternité.
– Les **sanctions pénales** des articles 225-1 et s. du Code pénal sont applicables aux comportements discriminatoires tels que les refus d'embauche, les licenciements ou les conditions d'emploi fondés sur le sexe ou la situation de famille. Il faut en outre mentionner les sanctions prévues par l'article L. 1146-1 du Code du travail (délit) et celles prévues par l'article R. 1227-5 du même code (contravention de 5e classe, réprimant plus précisément la discrimination contre la femme enceinte).
– Interdiction de certaines activités.
– Réglementation particulière (repos journalier, sièges…).

La loi sur l'égalité professionnelle entre les femmes et les hommes du 13 juillet 1983, élaborée et votée à la suite d'un rapport de janvier 1982 sur « les femmes en France dans une société d'inégalités » qui soulignait d'importantes discriminations et inégalités au détriment des femmes dans les secteurs privé et public, a ajouté principalement les dispositions suivantes sous réserve des dérogations admises par la loi et sauf si l'appartenance à l'un ou l'autre sexe est la condition déterminante de l'exercice d'un emploi ou d'une activité professionnelle; liste fixée par décret :
– interdiction de mentionner ou faire mentionner dans une offre d'emploi ou dans toute publicité relative à une embauche le sexe ou la situation de famille du candidat recherché;
– interdiction de refuser d'embaucher, de prononcer une mutation, de résilier ou refuser de renouveler un contrat de travail en considération du sexe ou de la situation de famille ou sur la base de critères de choix différents selon le sexe ou la situation de famille;
– interdiction de prendre, en considération du sexe, toute mesure (rémunération, formation, affectation, qualification, classification, promotion, mutation…), sauf des « plans pour l'égalité professionnelle » au seul bénéfice des femmes pour compenser des inégalités de fait;
– nullité des dispositions contraires dans un accord collectif ou un contrat de travail;
– nullité du licenciement d'un salarié faisant suite à une action en justice le concernant en vue de faire respecter l'égalité et réintégration de droit du salarié, censé n'avoir jamais cessé d'occuper son emploi;
– présentation annuelle par l'employeur aux représentants du personnel et délégués syndicaux d'un rapport écrit sur la situation comparée de l'emploi des hommes et

des femmes dans l'entreprise, et négociation souhaitée d'un plan d'égalité professionnelle d'entreprise;
– institution d'un Conseil supérieur de l'égalité professionnelle entre les hommes et les femmes;
– égalité de la rémunération (cf. *infra*, Salaires);

Observation : la **Cour de justice de l'Union européenne** a rendu en la matière une série de décisions importantes en application des cinq directives relatives à l'égalité de traitement entre hommes et femmes pour la rémunération (10 févr. 1975), l'accès à l'emploi, la formation et les conditions de travail (9 févr. 1976 modifiée en 2002), la sécurité sociale (19 déc. 1978 et 24 juill. 1986) et les activités indépendantes (11 déc. 1986). Le principe d'égalité dans ces domaines peut être invoqué par les particuliers devant les juridictions nationales. Parmi les concepts utilisés, celui de **discrimination indirecte** paraît présenter un intérêt tout particulier en ce qu'il permet de lutter avec une particulière efficacité contre les inégalités de traitement. Il a été consacré par la directive du 15 décembre 1997 transposée en droit français par la loi du 16 novembre 2001 puis par celle du 27 mai 2008.

Tempérament : une priorité au profit des femmes pour les promotions professionnelles a été jugée contraire au droit communautaire (CJCE 17 oct. 1995, *Kalanke*, v. égal. CJCE 11 nov. 1997, *Marshall*).

§ 3 - Travailleurs étrangers

La politique d'emploi de la main-d'œuvre étrangère a été déterminée par deux préoccupations contraires :
– **attraction des travailleurs étrangers** pour combler l'insuffisance de la main-d'œuvre française ou son refus des tâches pénibles et rebutantes;
– **protection de la main-d'œuvre française** contre l'immigration dans les périodes de chômage.

A. Politique d'immigration

Elle a fluctué selon la conjoncture économique entre l'ouverture large des frontières et le contrôle strict des flux migratoires, voire l'incitation des immigrés au retour dans leur pays.
Toutefois les étrangers originaires des pays de la CEE bénéficiaient déjà des garanties du règlement communautaire européen sur la libre circulation des travailleurs.
La loi du 24 août 1993 a marqué un raidissement, les considérations de police prenant le pas sur les autres, en restreignant les possibilités d'entrée sur le territoire, y compris dans le cadre de l'exercice du droit d'asile, en renforçant les mesures d'expulsion des étrangers en situation irrégulière et en privant ces derniers du droit aux prestations sociales, en restreignant les possibilités de regroupement familial.

B. Entrée et séjour

- Offres d'emplois adressées aux directions départementales du travail et de l'emploi.
- Décision par la direction de la main-d'œuvre du ministère du Travail. **Introduction par l'Office des migrations internationales** (OMI) désormais remplacé par l'Agence nationale de l'accueil des étrangers et ses migrations (loi du 18 janvier 2005).

• Procédure : dossier dressé par l'employeur comprenant un contrat d'introduction conforme au contrat type, signature par le salarié et visa de l'OMI, délivrance du titre unique de séjour et de travail.

• **Titre unique de séjour et de travail**, remplaçant depuis la loi du 17 juillet 1984, la carte de séjour et l'autorisation de travail, dans un but de simplification.
Les six titres antérieurs ont été remplacés par :
– la carte de séjour temporaire, valable 1 an, portant, pour l'exercice d'une activité salariée, la mention « salarié » et indiquant les activités autorisées et les zones d'exercice ;
– la carte de résident, valable 10 ans et conférant le droit d'exercer sur l'ensemble du territoire toute activité professionnelle, salariée ou non ;
– **des règles particulières** pour les ressortissants des pays de l'Union européenne et pour ceux de pays liés à la France par des accords bilatéraux ou relevant d'un régime spécial (Algérie, Centrafrique, Gabon, Togo...).
Les ressortissants des États membres de l'Union européenne bénéficient de la liberté de circulation et peuvent donc librement travailler en France, et la CJCE a rappelé qu'ils ont droit au même traitement administratif que les nationaux (Arr. 7 mai 1986).

C. Emploi irrégulier

Des étrangers entrés en France irrégulièrement ou sous contrat de travail ont pu, au début des années 80, faire régulariser leur situation dans la mesure où ils justifiaient d'un emploi stable. Mais la régularisation n'a plus été renouvelée.
La loi du 17 octobre 1981 a renforcé les **sanctions pénales** contre les employeurs (délit correctionnel et non plus contravention), ainsi que les **sanctions civiles** (responsabilité solidaire entre le donneur d'ouvrage et l'employeur) afin d'atteindre les utilisateurs réels de la main-d'œuvre clandestine. Elle permettait également aux syndicats et aux associations de défense des immigrés d'agir en justice sans mandat de l'intéressé (v. vol. 1, L'action syndicale).
Cette même loi a garanti des droits aux salariés étrangers irrégulièrement employés et **assimilé** ceux-ci, malgré la nullité de leur contrat (non rétroactive), **à des travailleurs réguliers** en ce qui concerne la rémunération, l'hygiène et la sécurité, les congés, l'ancienneté, enfin la rupture du contrat de travail, laquelle donne droit au salarié, outre la réparation du préjudice subi, à une indemnité forfaitaire d'un mois de salaire au minimum ainsi qu'aux indemnités de rupture du droit commun si elles sont plus élevées. En revanche la loi du 24 août 1993 les a exclus du droit aux prestations sociales.
Une loi du 11 mars 1997 renforce encore l'approche répressive en perfectionnant les procédures exorbitantes propres à la recherche et à la constatation des infractions d'emploi d'étrangers sans titre. Pour plus de détail, voir *infra*, Travail dissimulé.

D. Sanctions

– **nullité du contrat de travail** (mais assimilation à un salarié régulier quant aux droits) ; (voir art. L. 8252-1, C. trav.).
– **sanction administratives** : contribution spéciale de l'employeur contrevenant au bénéfice de l'OMI (désormais l'ANAEM) ;

– **sanctions pénales** : d'un point de vue général on remarque un élargissement des éléments constitutifs des incriminations et une augmentation constante des pénalités qui, à l'origine, étaient relativement légères. Aujourd'hui, toutes les infractions sont délictuelles, elles appréhendent toutes les étapes conduisant à l'emploi irrégulier d'un étranger, depuis l'introduction d'un travailleur étranger en France jusqu'à son emploi et son hébergement. Elles visent aussi bien les tentatives, les actes directs ou indirects de violation des règles que le recours à l'interposition de personne (v. art. L. 5224-1 et L. 5224-2). Enfin, on notera l'institution d'une **responsabilité pénale des personnes morales** pour ces infractions (art. L. 8256-7, C. trav.).

E. Égalité de traitement

Le travailleur étranger en bénéficie en matière de salaires et de conditions de travail, toutes les discriminations étant contraires aux Conventions n°s 97 et 111 de l'OIT ratifiées par la France et au règlement communautaire sur la libre circulation des travailleurs.
En matière de droits collectifs, les étrangers peuvent exercer le droit de grève. Les restrictions aux droits syndicaux ou à la représentation élue dans les entreprises ont pour la plupart disparu (v. ces points).
L'égalité de traitement concerne aussi bien le bénéfice de l'application des conventions collectives que celui de la législation.

Observation : en vue de lutter contre le « dumping social », **tout détachement temporaire**, par une entreprise non établie en France, d'un salarié sur le territoire français pour une prestation de services doit donner lieu à une déclaration auprès de l'inspection du travail (loi du 27 déc. 1994) et est soumis à l'application des dispositions législatives, réglementaires et conventionnelles applicables aux salariés de la même branche (loi du 20 déc. 1993). Ces textes ont anticipé la directive européenne n° 96-71 du 16 décembre 1996 relative aux mêmes situations.

§ 4 - Travailleurs handicapés et malades

Évolution : la loi 2005-102 du 11 février 2005 pour l'égalité des droits et des chances, la participation et la citoyenneté des personnes handicapées a modifié profondément la législation antérieure issue des lois du 30 juin 1975 et du 10 juillet 1987 en faveur de l'emploi des travailleurs handicapés.
Déjà, par une loi du 10 juillet 1987, les pouvoirs publics avaient cherché à créer « une dynamique en faveur de l'accès à l'emploi des travailleurs handicapés en prenant en compte les contraintes économiques des employeurs et en les associant pleinement à la politique qui leur est proposée ». La loi de 2005 reprend en les modernisant, nombre de dispositions antérieures à commencer par **l'obligation** (de résultat) faite aux employeurs d'embaucher directement une proportion de travailleurs handicapés et assimilés.
Ainsi, l'article L. 5212-2 du Code du travail dispose que tout employeur occupant au moins 20 salariés est tenu d'employer, à temps plein ou à temps partiel, des handicapés dans la proportion de 6 % de l'effectif total de ses salariés (apprécié selon les règles posées par l'art. L. 1111-2, C. trav.).

Effets : les entreprises peuvent s'acquitter **partiellement** ou totalement de l'obligation d'emploi définie ci-dessus :
– soit en concluant des contrats de sous-traitance ou de prestations de services avec des établissements de travail protégé (entreprises adaptées, ateliers protégés, centres d'aide par le travail, centres de distribution de travail à domicile, qui font eux-mêmes travailler des handicapés ; L. 5212-6) ;
– soit en contribuant, pour chaque emploi non pourvu, à un fonds de développement pour l'insertion professionnelle des handicapés (L. 5212-9) ;
– soit en accueillant en stage des personnes handicapées au titre de la formation professionnelle visée à l'article L. 6341-4, ce dans la limite de 2 % de l'effectif total des salariés de l'entreprise (art. L. 5212-7, C. trav.) ;
– soit en faisant application d'un accord de branche, d'un accord de groupe, d'un accord d'entreprise ou d'établissement qui prévoit la mise en œuvre d'un programme annuel ou pluriannuel en faveur des travailleurs handicapés comportant obligatoirement un plan d'embauche en milieu ordinaire et deux au moins des actions suivantes : plan d'insertion et de formation, plan d'adaptation aux mutations technologiques, plan de maintien dans l'entreprise en cas de licenciements (art. L. 5212-8).
Les bénéficiaires sont les travailleurs reconnus handicapés par les Cotorep, les victimes d'accident du travail ou de maladies professionnelles, les titulaires de certaines pensions d'invalidité, les veuves et orphelins de guerre, etc. Ils ont droit au même salaire qu'un travailleur valide, sous réserve de réductions autorisées en cas de diminution notoire de leur rendement professionnel, auquel cas ils ont droit à une garantie de ressources, versée par l'employeur et remboursée par l'État.
Le préavis de licenciement a une durée double de celle du préavis légal ou conventionnel, dans la limite de 3 mois.

La loi du 12 juillet 1990 relative à la protection des personnes contre les discriminations en raison de leur état de santé ou de leur handicap :
– prévoit une sanction pénale contre toute personne qui refuse d'embaucher ou qui licencie un individu pour cette raison (art. 225-1 et s., C. pén.), sauf inaptitude médicalement constatée ;
– déclare nul toute sanction ou tout licenciement pour ce motif (art. L. 1132-1, C. trav.), sauf inaptitude médicalement constatée ;
– autorise toute association agréée ayant pour objet de défendre les malades ou les handicapés à se porter partie civile pour toute infraction commise en raison de l'état de santé ou du handicap de la victime, après avoir obtenu l'accord de celle-ci.
Voir *infra*, l'interdiction des discriminations.

§ 5 - Contrats « seniors »

Contrat à durée déterminée spécifique, destiné à favoriser l'emploi des personnes âgées de plus de 57 ans et en recherche d'emploi, il peut être conclu par tout employeur relevant du champ de la négociation collective.
Ce contrat doit avoir une durée initiale de 18 mois maximum. Il peut être renouvelé une fois pour une durée déterminée qui, ajoutée à la durée du contrat initial, ne peut excéder 36 mois.
Par dérogation à la règle en principe applicable à ce type de contrat et conformément à l'accord national interprofessionnel sur l'emploi des seniors du 13 octobre 2005,

les employeurs doivent verser au salarié, à l'issue de la période contractuelle, l'indemnité de précarité d'emploi prévue par l'article L. 1243-8 du Code du travail.

Section 4 › CUMULS D'EMPLOIS, TRAVAIL DISSIMULÉ (ART. L. 8221-1 ET S., C. TRAV.)

Ces deux formes irrégulières d'emplois ne sont pas à placer au même niveau. Le cumul d'emplois vise à réguler l'emploi pour qu'une même personne n'occupe des emplois différents que dans les limites légales. Le travail dissimulé ou « clandestin » ou « travail au noir » concerne l'exercice caché d'une activité à but lucratif ainsi que le recours à ce travail.

§ 1 - Interdiction du travail dissimulé

À l'origine, l'interdiction du travail dissimulé a été conçue comme le complément nécessaire de la réglementation sur les congés payés. On voulait empêcher les salariés d'exercer une activité pendant la période du repos légal. Aujourd'hui, même s'il est certain que des travaux dissimulés sont effectués pendant les congés légaux, le fondement de l'interdiction s'est déplacé. **À travers le coût économique du travail dissimulé, on souligne le frein au progrès social.**

La voie choisie par le législateur français pour lutter contre ce phénomène qui a pris une grande ampleur dans notre société a toujours été **principalement répressive**. Cependant, l'arsenal pénal a ses limites et c'est un plan économique et juridique d'ensemble qui s'avère nécessaire pour limiter, voire résorber, le travail dissimulé.

La réglementation a été plusieurs fois modifiée, notamment par la loi du 31 décembre 1991. Globalement, cette loi venait clarifier les notions clef en éliminant des ambiguïtés comme celles résultant de l'expression de « travailleur clandestin ».

Elle ouvrait aussi la possibilité de peines complémentaires nouvelles et instaurait un dispositif préventif nouveau comme l'institution d'une déclaration nominative d'embauche auprès de certains organismes de protection sociale et la délivrance obligatoire d'une attestation d'embauche.

Une loi du 5 juillet 1996 a créé un nouveau délit, mais c'est surtout **la loi du 11 mars 1997** qui a rénové l'ensemble du dispositif répressif en procédant à la refonte de l'infraction du travail dissimulé pour la clarifier. L'article L. 8221-1 du Code du travail qui en résulte **prohibe trois comportements** :

- **le travail dissimulé lui-même**, total ou partiel, défini par l'article L. 8221-3 ;
- **la publicité** par quelque moyen que ce soit tendant à favoriser en toute connaissance de cause le travail dissimulé ;
- **le recours intentionnel**, directement ou par personne interposée, aux services de celui qui exerce un travail dissimulé (L. 8222-1, C. trav.).

La constatation et la condamnation de ces infractions sont en **progression constante** depuis 1987, date à laquelle une loi (du 27 janvier 1987) a redéfini l'infraction en supprimant l'exigence du caractère habituel de l'activité lucrative illicite et en rendant **alternatives** et non plus cumulatives les conditions d'absence de demande d'inscription aux registres professionnels et de non-respect des obligations fiscales et sociales pour que soit constitué le délit pénal.

La loi du 11 mars 1997 distingue **deux modes de travail dissimulé** : la dissimulation d'activité et la dissimulation d'emploi salarié.

A. La dissimulation d'activité (ou le travail indépendant clandestin)

Elle concerne toute activité lucrative de production, réparation, services dans les termes de l'article L. 8221-3 du Code du travail. Les activités bénévoles sont donc exclues. Pour faciliter la preuve du caractère lucratif de l'activité, l'article L. 8221-4 du même Code pose des **présomptions de lucrativité**, telles que :
– recours à la publicité sous une forme quelconque en vue de la recherche de la clientèle ;
– fréquence ou importance de l'activité considérée ;
– matériel ou outillage présentant par sa nature ou son importance un caractère professionnel pour les activités artisanales ;
– absence de facturation ou facturation frauduleuse.
Le même article L. 8221-3 envisage par ailleurs **la dissimulation** comme la soustraction intentionnelle à **l'une quelconque** des obligations mentionnées par le texte et que les juges doivent absolument relever. Ainsi sont concernés :
– le non-respect de l'obligation de requérir son immatriculation au Registre du commerce ou au Répertoire des métiers lorsque celle-ci est obligatoire ;
– le défaut des déclarations exigées par les organismes de protection sociale et par l'administration fiscale en vertu des dispositions législatives et réglementaires en vigueur.

B. La dissimulation d'emploi salarié (art. L. 8221-5, C. trav.)

En cas d'emploi de salariés, la dissimulation est le fait de ne pas effectuer l'une des formalités prévues par les articles L. 1221-10 et L. 3243-2 du Code du travail. Ces deux textes visent la **remise d'un bulletin de paie et la déclaration préalable à l'embauche**. Confirmant la jurisprudence, la loi de 1997 énonce que la mention sur le bulletin de paie d'un **nombre d'heures de travail inférieur à celui réellement effectué**, constitue une dissimulation de salarié si cette mention ne résulte pas d'une convention ou d'un accord légalement conclu. En revanche, le défaut d'inscription sur le registre unique du personnel n'est plus un élément constitutif de l'infraction de travail dissimulé. Cependant, la loi de 1997, pour compenser la dépénalisation de cette obligation, exige que les mentions portées sur le registre du personnel soient faites de façon indélébile (art. L. 1221-13 et L. 8113-6, C. trav.).
En cas de non continuation de la relation de travail, le salarié employé clandestinement a droit à une indemnité de rupture égale à un mois de salaire (forfaitaire) non exclusive des indemnités supérieures prévues par la loi ou la convention collective. Cette indemnité est due quelle que soit la cause de la fin du contrat de travail y compris au terme du CDD ou du contrat d'apprentissage.

C. Personnes responsables

Il faut éliminer le salarié dissimulé. L'infraction ne peut être le fait de ce dernier qui se trouve dans un lien de subordination juridique. Est donc susceptible d'être poursuivi :
– celui qui exerce l'une des activités précédemment évoquées : par exemple, le travailleur indépendant qui doit se faire immatriculer ;

– le chef d'entreprise qui exerce une activité retenue par la loi, lorsqu'il dissimule des salariés ;
– celui qui a sciemment recours aux services de celui qui exerce le travail dissimulé. À cet égard, la loi de 1997 a rajouté au recours direct le recours par personne interposée ce qui permet d'élargir le champ de la répression au véritable bénéficiaire de l'activité dissimulée (ex. : maître de l'ouvrage, fabricant). L'article L. 8222-1 du Code du travail oblige toute personne lors de la conclusion d'un contrat dont l'objet porte sur une obligation d'un montant de 3 000 € et plus, de s'assurer que son cocontractant s'acquitte des obligations au regard des articles L. 8221-3 et L. 8221-5 du Code du travail.

Observation : l'infraction de travail dissimulé est imputable non seulement **aux personnes physiques mais également aux personnes morales** (art. L. 8224-5, C. trav. ; Pour une application, voir Crim., 7 juillet 1998, *Bull. crim.* n° 216).

Sur le plan civil, il y a **responsabilité solidaire** du donneur d'ouvrage et de l'entrepreneur qui sous-traite à un entrepreneur dissimulé pour le paiement des salaires et accessoires, impôts, taxes et charges sociales (loi du 17 oct. 1981, modifiée par celle du 11 mars 1997). L'objectif est de décourager les donneurs d'ouvrage de faire appel à des personnes faisant travailler des salariés dissimulés, notamment étrangers (cf. *supra*). En outre responsabilité solidaire des personnes recourant aux services de travailleurs dissimulés qui doivent vérifier l'accomplissement des formalités (déclaration, immatriculation…) le donneur ou maître d'ouvrage ayant l'obligation, s'il en est informé, de mettre en demeure son cocontractant de faire cesser la situation de clandestinité.

§ 2 - Réglementation des cumuls d'emplois (L. 8261-2 et s., C. trav.)

– interdiction du cumul d'un emploi public et d'un emploi privé ou d'une activité rémunérée (quelques dérogations) ;
– interdiction du cumul d'une retraite ou d'une activité rémunérée : instituée en 1982, elle a été supprimée par une loi du 27 janvier 1987 mais le principe reste celui de la cessation d'activité lors de l'attribution d'une pension de vieillesse. En outre il existe des dérogations à ce principe pour certaines professions (artistiques, littéraires ou scientifiques accessoires) et pour certaines activités (juridictionnelles, consultations occasionnelles, etc.). Les retraites progressives permettent de faire liquider une pension provisoire tout en poursuivant une activité professionnelle à temps partiel auprès de l'employeur ;
– pas d'interdiction générale des cumuls d'emplois en droit du travail, sauf pour dépassement de la durée maximale du travail (L. 8261-1, C. trav.).

Section 5 › PROTECTION DE L'EMPLOI DE CERTAINES PERSONNES (OBLIGATIONS D'EMBAUCHE)

a) Obligation d'embaucher certaines personnes (priorités)

– Mutilés pensionnés de guerre, victimes d'accidents du travail.
Sanction : redevance 1/40 du salaire mensuel afférent à l'emploi.

– Pères de famille de trois enfants au moins. Pourcentage fixé par les préfets.
– Mobilisés n'ayant pu être réintégrés et personnes assimilées.
– Handicapés (cf. *supra*).
– Femme n'ayant pas repris le travail à la fin du congé-maternité (1 an).

b) Obligation de réintégrer certains salariés ayant cessé d'être au service de l'employeur :
– Salarié ayant achevé son service militaire légal (sauf suppression de l'emploi) ;
– Salarié ayant pris un congé post-natal, après naissance ou adoption, durant l'année suivant la rupture du contrat (art. 1225-67, C. trav.).

Observation : il y a conclusion d'un nouveau contrat, mais continuité de l'emploi.

POUR ALLER PLUS LOIN

BIBLIOGRAPHIE :

› A. Cœuret et E. Fortis, *Droit pénal du travail*, Litec, coll. « Manuels », 2008.
› F. Gaudu, « La notion juridique d'emploi en droit privé », *Dr. soc.* 1987, p. 414.
› B. Silhol, « Droit à l'emploi : brèves réflexions sur la jurisprudence récente du Conseil constitutionnel », *RDT* 2007, p. 390.
› D. Turpin, « La loi du 20 novembre 2007 relative à la maîtrise de l'immigration, à l'intégration et à l'asile, *D.* 2008, p. 930.

Chapitre 2 › L'ACCÈS À LA VIE PROFESSIONNELLE ET LA CARRIÈRE DU SALARIÉ

> **› L'essentiel**
>
> *L'accès à la vie professionnelle est de plus subordonné à l'acquisition d'une qualification, laquelle est elle-même largement tributaire de la formation reçue, complétée ou renouvelée.*
>
> *Il sera successivement question des obligations de l'employeur lors de l'embauche de la qualification professionnelle, de l'apprentissage et des contrats dits aidés.*

Section 1 › LES OBLIGATIONS DE L'EMPLOYEUR LORS DE L'EMBAUCHE

Le recrutement d'un salarié entraîne pour l'employeur certaines formalités vis-à-vis de l'administration et du salarié lui-même.
Il y a lieu d'autre part de respecter dès ce stade le principe de non-discrimination.

§ 1 - Obligations à l'égard de l'administration

A. La Déclaration préalable à l 'embauche (DPAE)

Selon l'article L. 1221-10 du Code du travail, l'embauche d'un salarié ne peut intervenir qu'après la déclaration nominative accomplie par l'employeur auprès des organismes de protection sociale désignés à cet effet.
Le non-respect de cette formalité entraîne une pénalité dont le montant est égal à trois cent fois le taux horaire du minimum garanti prévu par l'article L. 3231-12.
La DPAE doit être réalisée avant la mise au travail effective du salarié et au plus tôt 8 jours avant l'embauche effective du salarié.
S'agissant des TPE (moins de 10 salariés) la loi du 4 août 2008, de modernisation de l'économie a mis en place à compter du 1er avril 2009 le dispositif du « titre emploi-service entreprise » (TESE) destiné à aider les entreprises à accomplir leurs obligations sociales.
Le TESE se substitue à cette date, aux anciens dispositifs précédemment en vigueur (chèque emploi TPE et titre « emploi entreprise occasionnels ». Le TESE permet de souscrire les déclarations obligatoires relatives aux cotisations sociales destinées aux Urssaf, Caisses de retraite d'assurance chômage et congés payés.

B. Le registre unique du personnel

Selon l'article L. 1221-13 du Code du travail, un registre unique du personnel est tenu dans tout établissement où sont employés des salariés. Les noms et prénoms de tous les salariés sont inscrits dans l'ordre de l'embauche, ces mentions étant portées sur le registre au moment du recrutement et de façon indélébile.
Selon la jurisprudence, le cadre légal de tenue de ce registre est non pas l'entreprise mais l'établissement unité concrète d'accomplissement du travail (Crim. 29 sept. 1992, *JCP E* 1993.II.385).

Toutefois n'est concerné que l'établissement défini à l'article L. 3111-1 du Code du travail où se trouve soit l'employeur lui-même, soit son délégataire muni du pouvoir d'embaucher du personnel (Crim. 17 janv. 1995, *Bull. crim.* n° 23).
Le refus de communiquer un tel document peut constituer une infraction pénale (voir volume 1, 1re partie, titre 2, chap. 2)

§ 2 - Obligations à l'égard du salarié

Lors de l'embauche, l'employeur doit remettre au salarié un document écrit reprenant les informations contenues dans la DPAE.
En outre s'imposent les obligations suivantes :
– faire procéder à une visite médicale d'embauche, avant l'expiration de la période d'essai, si elle existe, voire avant l'embauche (handicap, travailleurs en arrêt, femmes enceintes...) ;
– organiser l'information et la formation du nouvel embauché à la sécurité ;
– informer de l'horaire de travail et de la durée des repos (affichage) ;
– fournir les coordonnées de l'inspection du travail et des services de santé (affichage) ;
– indiquer l'intitulé et la référence de la convention collective applicable ;
– communiquer le règlement intérieur de l'entreprise.

§ 3 - L'interdiction des discriminations à l'embauche (art. L. 1132-1, C. trav.)

La convention n° 97 de l'OIT sur les travailleurs migrants, la convention n° 111 sur la discrimination en matière d'emploi et de profession, la convention européenne de sauvegarde des droits de l'homme, les règlements de la CEE interdisent toutes les pratiques de discrimination dans l'emploi et en particulier à l'embauchage, dans les États membres.

A. Dispositif pénal

Depuis 1972 et par touches successives la répression des discriminations a été précisée et renforcée (art. 225-1 et s., C. pén.).
Désormais, est puni de 3 ans d'emprisonnement et de 45 000 € d'amende (s'agissant des personnes physiques) notamment, le refus d'embauchage (art. 225-2, § 3) lorsque ce refus est motivé par l'un des critères cités à l'article 225-1, lequel dispose : « *Constitue une discrimination toute distinction opérée entre les personnes physiques à raison de leur origine, de leur sexe, de leur situation de famille, de leur grossesse, de leur apparence physique, de leur patronyme, de leur état de santé, de leur handicap, de leurs opinions politiques, de leurs activités syndicales, de leur appartenance ou de leur non-appartenance, vraie ou supposée, à une ethnie, une nation, une race ou une religion déterminées* ».
Le Code du travail réprime de son côté distinctement deux types de discrimination à l'embauche (notamment) :
– **la discrimination antisyndicale**, définie à l'article L. 2141-5 du Code du travail (art. L. 2146-2)

– **la discrimination sexiste** définie à l'article L. 1142-1 au même code, laquelle doit être entendue comme toute distinction fondée sur le sexe, la situation de famille et la grossesse (art. L. 1146-1).

Par l'effet de la généralisation de la responsabilité pénale des personnes morales au 31 décembre 2005, issue de la loi du 9 mars 2004 (Perben II) **la personne morale employeur** peut désormais être poursuivie et condamnée pénalement pour tout fait de discrimination visé aussi bien par le Code du travail que par le Code pénal (art. 225-1 et s. C. pén.)

Il suffit pour cela que l'un de ses organes (chef d'entreprise) ou de ses représentants (délégataire ou sub-délégataire) ait commis pour son compte les faits incriminés (art. 121-2 C. pén.)

Observation : le refus d'embauche discriminatoire est défini largement en jurisprudence. Ainsi en est-il du refus par une société recourant aux services d'une entreprise de travail temporaire, de conclure le contrat de mise à disposition prévu par le Code du travail, dès lors que ce refus fait obstacle à l'embauche, par l'entreprise de travail temporaire du salarié visé dans le contrat (Crim. 2 sept. 2003, *Bull. crim.* n° 148)

Cependant, en matière d'embauche l'article 215-3 du Code pénal dans sa rédaction issue de la loi du 27 mai 2008 **admet que certaines discriminations puissent être justifiées** :

– celles fondées sur l'état de santé ou de handicap lorsqu'elles consistent en un refus d'embauche fondé sur l'inaptitude médicale, soit dans le cadre de lois portant dispositions statutaires relatives à la fonction publique (art. 225-3, 2°);

– celles fondées en matière d'embauche sur le sexe lorsque l'appartenance à l'un ou l'autre sexe constitue la condition déterminante de l'exercice d'un emploi ou d'une activité professionnelle. (texte modifié par la loi du 27 mai 2008);

– celles fondées sur la nationalité en matière de refus d'embauche lorsque ce refus résulte de l'application des dispositions statutaires relatives à la fonction publique.

NB : cet ajout ne correspond pas à une exigence communautaire mais est fondé sur les spécificités du statut de la fonction publique en France.

En outre, la loi pénale rend possible la différence de traitement en matière d'embauche lorsque cette différence constitue **une exigence professionnelle essentielle et déterminante** et pour autant que l'objectif soit légitime et l'exigence proportionnée.

Observation : la loi ajoute la condition relative à un objectif légitime et l'exigence proportionnée pour se conformer au droit communautaire.

Preuve : la loi du 31 mars 2006 a introduit dans le Code pénal un **article 225-3-1** aux termes duquel les délits de discrimination sont constitués même s'ils sont commis à l'encontre d'une ou plusieurs personnes ayant sollicité notamment un employeur en vue de la conclusion d'un contrat de travail dans le but de démontrer l'existence du comportement discriminatoire, dès lors que la preuve de ce comportement est établie. Cette nouvelle disposition aboutit par conséquent à **légaliser la pratique du « testing »** qui permet à un candidat à l'embauche, par l'envoi de CV différenciés uniquement quant aux « données sensibles », de mettre en évidence en cas de refus la volonté discriminatoire du responsable du recrutement.

Une Haute autorité de lutte contre les discrimination et pour l'égalité (**Halde**) a été mise en place par la loi du 30 décembre 2004. Ses pouvoirs ont ensuite été renforcés par la loi du 31 mars 2006 relative à l'égalité des chances. Elle dispose désormais de la possibilité de proposer à l'auteur des agissements discriminatoires une **transaction** consistant en le versement d'une amende de 3 000 € maximum (si personne physique) ou 1 500 € maximum (si personne morale) outre l'indemnisation de la victime s'il y a lieu. Une fois acceptée, cette transaction doit être homologuée par le procureur de la République. En cas de refus de la transaction ou d'inexécution de celle-ci, la Haute juridiction dispose du droit de mettre en mouvement l'action publique devant la juridiction pénale par voie de citation directe.

B. Dispositif civil (art. L. 1132-1 et s., C. trav.)

1. Définition

C'est la loi du 16 novembre 2001 qui constitue sans aucun doute l'apport le plus important en la matière à la fois par la clarification qu'elle opère de la notion même de discrimination et par la reformulation des règles de preuve, de procédure et des sanctions applicables.

Transposant deux directives européennes dont celle du 27 novembre 2000 portant création d'un cadre général en faveur de l'égalité de traitement en matière d'emploi et de travail, elle est venue renforcer un ensemble de règles déjà imposant mais dont la cohérence et l'efficacité avaient pu à juste raison être mises en doute.

Ce dispositif a été complété par la loi du 27 mai 2008 désormais, **aux termes de l'article L. 1132-1** :

« Aucune personne ne peut être écartée d'une procédure de recrutement ou de l'accès à un stage ou à une période de formation en entreprise, aucun salarié ne peut être sanctionné, licencié ou faire l'objet d'une mesure discriminatoire, directe ou indirecte telle que définie par l'article 1er de la loi n° 2008-496 du 27 mai 2008, notamment en matière de rémunération, au sens de l'article L. 3221-3, de mesures d'intéressement ou de distribution d'actions, de formation, de reclassement, d'affectation, de qualification, de classification, de promotion professionnelle, de mutation ou de renouvellement de contrat en raison de son origine, de son sexe, de ses mœurs, de son orientation sexuelle, de son âge, de sa situation de famille ou de sa grossesse, de ses caractéristiques génétiques, de son appartenance ou de sa non-appartenance, vraie ou supposée, à une ethnie, une nation ou une race, de ses opinions politiques, de ses activités syndicales, ou mutualistes de ses convictions religieuses, de son apparence physique, de son nom de famille ou en raison de son état de santé ou de son handicap ».

2. Justifications de la différence de traitement

• **Âge** : selon l'article L. 1133-2 C. trav., les différences de traitement fondées sur ce motif (dont le refus d'embauche) ne constituent pas une discrimination illicite lorsqu'elles sont objectivement et raisonnablement justifiées par un but légitime, notamment par le souci de préserver la santé ou la sécurité des travailleurs...

• **Sexe** : selon l'article 1142-2 C. trav., il en va de même lorsque l'appartenance à l'un ou l'autre sexe répond à une exigence professionnelle essentielle et déterminante et pour autant que l'objectif soit légitime et l'exigence proportionnée...

• **Motif général** : introduit par la loi du 27 mai 2008, ce motif légitime est défini de la manière suivante :
« l'article L. 1132-1 ne fait pas obstacle aux différences de traitement lorsqu'elles répondent à une exigence professionnelle essentielle et déterminante et pour autant que l'objectif soit légitime et l'exigence proportionnée ».

Remarque : contrairement au Code pénal (art. 225-3) qui limite le jeu de cette justification de la discrimination à **certains motifs seulement** (v. *supra*), le Code du travail (art. L. 1133-2) lui donne une portée plus grande puisqu'elle peut être invoquée quel que soit le critère prohibé et quelle que soit la forme empruntée par la discrimination (le refus d'embauche mais aussi au-delà, voir *infra* les conditions de travail).
Information préalable des salariés selon l'article L. 1142-6 du Code du travail :
« Le texte des articles 225-1 à 225-4 du Code pénal est affiché dans les lieux de travail ainsi que dans les locaux ou à la porte des locaux où se fait l'embauche ».

3. Contentieux

• **Sanction civile du refus d'embauche**
En matière de refus d'embauche discriminatoire on ne peut guère envisager d'autre sanction que les dommages-intérêts, à défaut de pouvoir imposer le contrat à l'employeur.
Le Conseil de prud'hommes est compétent pour connaître de tout litige en matière de discrimination, notamment lors d'une procédure de recrutement ayant conduit à refuser la conclusion d'un contrat de travail (soc. 20 décembre 2006).

• **Action syndicale en justice**
Selon l'article L. 1134-2 du Code du travail, les organisations syndicales représentatives peuvent agir aux lieu et place de la victime de la discrimination notamment lorsqu'il s'agit d'un candidat à l'emploi (sur le régime de l'action de substitution v. vol. 1, Le syndicat) et ce quel que soit le motif de refus (pour l'action des associations uniquement à raison du handicap v. art. L. 1134-3).

Section 2 › LA QUALIFICATION PROFESSIONNELLE

La qualification facilite ou permet l'accès à l'emploi et souvent rattache à une catégorie. Sa détermination est délicate. Le législateur a reconnu à tout travailleur un **droit à la qualification professionnelle.**

§1 - Catégories professionnelles

La notion de catégorie professionnelle est très relative et varie selon les textes, réglementaires ou conventionnels. Les différences entre les statuts des catégories découlent des lois, des usages et des conventions collectives. Elles tendent à s'atténuer, notamment du fait du développement de la mensualisation, mais la qualification professionnelle détermine pour une large part les droits du travailleur.
Il existe des catégories traditionnelles (ouvriers, employés, techniciens, agents de maîtrise, cadres), mais les qualifications sont largement déterminées par les systèmes

de **classifications**, nomenclatures des emplois d'une branche, d'un secteur ou d'une entreprise.

Utilisées surtout pour la fixation des salaires *minima* conventionnels, les classifications sont restées longtemps inchangées (arrêtés *Parodi* de 1946), fondées sur les postes plus que sur les tâches. La « révision » des classifications s'est opérée dans certaines branches depuis 1968 en fonction des tâches ou des diplômes et des carrières, ou encore de critères tels que connaissances requises, degré d'autonomie, responsabilités, complexité du travail… La loi impose la révision tous les 5 ans (art. L. 2241-7) et l'extensibilité d'une convention collective suppose la présence de clauses relatives aux classifications.

En particulier, doivent figurer les éléments essentiels servant à la détermination des classifications professionnelles et des niveaux de classification, notamment les mentions relatives aux diplômes et titres professionnels délivrés au nom de l'État (art. L. 2261-22 3°, C. trav. modifié par la loi du 11 février 2005).

Dans quelques secteurs les critères de classement sont identiques pour tous les salariés (« grille unique »). Dans les autres ils varient selon les catégories professionnelles.

A. Ouvriers et employés

1. Critères

a) Employés : fonction rattachée à l'administration ou de relation avec les tiers (fourniture de services au public). « Cols blancs » ;

b) Ouvriers : fonctions de production (travail manuel le plus souvent). « Cols bleus ».

Dans certaines nouvelles classifications, en particulier dans la métallurgie, une filière unique et hiérarchique est fondée sur l'autonomie, la responsabilité, le type d'activité, les connaissances acquises et comporte des niveaux d'emploi.

Problème particulièrement aigu de la dégradation de la condition et l'absence de promotion professionnelle des travailleurs les moins qualifiés.

2. Différentes pratiques principales

– périodicité du salaire : quinzaine (ouvriers) ou mois (employés) ; variation du salaire pour les ouvriers (jours fériés, maladie…) ;

– délai-congé souvent plus long pour les employés,

– les travailleurs manuels, moins rémunérés souvent malgré la pénibilité des travaux qu'ils exécutent, cumulent beaucoup de désavantages sociaux (logement, transports longs, horaires pénibles, etc.). D'où quelques tentatives pour revaloriser le travail manuel, déconsidéré en France même si parfois, à qualification égale, un ouvrier est plus payé qu'un employé.

Sur l'incidence du principe « à travail égal, salaire égal » cf. *infra* Titre 2, Ch. 2 § 4.

3. Mensualisation

Encouragée par le Premier ministre en 1969, puis par une déclaration commune patronat-syndicat en avril 1970 (recommandation), elle a été mise en œuvre par des accords de branche (métallurgie, bâtiment…), puis par un accord interprofessionnel du 10 décembre 1977, étendu à toutes les entreprises par une loi du 19 janvier 1978.

À la faveur de la recodification, la mensualisation a été inscrite aux articles L. 3242-1 et suiv.
Destinée à réduire l'inégalité du statut social des travailleurs manuels et la désaffection à l'égard du travail manuel, la mensualisation des ouvriers horaires a permis de rapprocher leur statut de celui des employés, en particulier :
– en matière de rémunération, calculée au mois sans incidence des jours fériés, et payée mensuellement;
– en matière de congés pour événements personnels;
– en cas de maladie (maintien de la rémunération pendant une certaine période) et d'accident;
– toutefois certaines différences demeurent, notamment pour les rémunérations indiciaires.
Restent exclus de la mensualisation les travailleurs à domicile, saisonniers, intermittents et temporaires (paie au moins deux fois par mois).

B. Cadres ou employés supérieurs (fonctions de responsabilité ou exigeant certains diplômes)

La catégorie des cadres, définie en général à la fois par le diplôme ou la formation acquise (éventuellement « sur le tas ») et par une délégation de commandement, est imprécise et flottante, variable selon les problèmes à régler, le plus souvent selon le système de classification en vigueur dans l'entreprise (convention collective applicable).
– Moindre dépendance et insécurité des cadres (salaire plus élevé, préavis plus long, indemnités plus fortes, individualisation).
– En contrepartie, moindre protection des cadres (heures supplémentaires non rémunérées ou non majorées en fonction d'une convention de forfait (cf. temps de travail), appréciation plus sévère des fautes, licenciement pour attitude critique ou déloyale à l'égard de la direction. La jurisprudence protège la liberté d'expression du cadre, considérant que les critiques même vives concernant un projet de la direction ne constituent pas une cause réelle et sérieuse de licenciement.
– Les cadres sont électeurs et éligibles aux conseils de prud'hommes tantôt comme employeurs, tantôt comme salariés, selon les circonstances de fait; ils y relèvent de la section de l'encadrement.
– Représentation particulière des cadres au comité d'entreprise (art. L. 2324-11, C. trav., voir volume 1, Relations collectives).
– Dans le cadre **du droit d'expression** reconnu à l'ensemble des salariés quelle que soit leur place dans la hiérarchie de l'entreprise (art. L. 2281-1, C. trav., voir *infra*) l'accord collectif fixant les modalités d'exercice doit comporter l'énoncé des conditions spécifiques dont bénéficie le **personnel d'encadrement** ayant des responsabilités hiérarchiques, outre leur participation dans les groupes auxquels ils sont rattachés du fait de ces responsabilités.

Observation : la qualification effective est essentiellement contractuelle et fixée par le chef d'entreprise, souvent moins en fonction des diplômes que du poste occupé. D'où fréquente déqualification due à l'évolution technologique. Les classifications traditionnelles sont souvent dépassées.

§ 2 - Détermination de la qualification

Le salarié a droit à la qualification correspondant à ses fonctions réelles, effectivement exercées, peu important les énonciations du bulletin de paie ou celles du contrat, ou encore, pour les cadres, le coefficient hiérarchique appliqué ou le fait de bénéficier d'avantages habituellement attachés à la qualité de cadre, ou l'affiliation au régime de retraite des cadres. Il s'agit là d'indices et non de critères. Toutefois, si le contrat de travail ne peut valablement attribuer une qualification inférieure à celle qui correspond aux fonctions réelles, il peut attribuer une qualification supérieure, dès lors qu'il y a volonté non équivoque de la lui reconnaître, en particulier si la rémunération correspond à ce « surclassement conventionnel ».
Il en résulte souvent en pratique une déqualification due à l'évolution technologique (poste déqualifié), par rapport aux diplômes ou compétences possédés. D'où des conflits fréquents.
En revanche le changement de qualification constitue une modification du contrat de travail exigeant l'accord du salarié, de même que le retrait du surclassement convenu est assimilé à une rétrogradation ; en cas de changement de qualification, la rupture est imputable à l'employeur (par exemple, coefficient modifié).

§ 3 - Droit à la formation professionnelle (art. L. 6311-1 et s., C. trav.)

Le droit de la formation professionnelle a été profondément réformé par la loi du 4 mai 2004 relative au dialogue social et à la formation professionnelle tout au long de la vie. Cette loi reprend en grande partie les dispositions de l'accord national interprofessionnel du 20 septembre 2003 signé par l'ensemble des partenaires sociaux. Elle prévoit notamment la création d'un **droit individuel à la formation** (DIF), la fusion des différents contrats en alternance en un contrat de professionnalisation et la mise en place d'une période de professionnalisation. Elle relève la contribution financière des entreprises, définit la place de la formation dans l'entreprise et surtout développe la dimension négociée de la formation professionnelle (v. vol. 1, La négociation collective). Elle a été codifiée aux articles L. 6311-1 et s. du Code du travail.
Chaque salarié dispose d'un **congé de formation** qui a pour objet de lui permettre de suivre à son initiative et à titre individuel des actions en formation indépendamment de sa participation aux stages compris dans le plan de formation de l'entreprise. Des actions de formation doivent notamment permettre au salarié d'accéder à un niveau supérieur de qualification, de changer d'activité ou de profession (art. L. 6322-1, C. trav.).
Par ailleurs, le droit individuel à la formation permet à tout salarié de bénéficier chaque année de 20 heures de formation cumulables dans la limite de 120 heures sur six ans. Sa mise en œuvre dépend de l'initiative du salarié puis d'une négociation individuelle entre ce dernier et l'employeur. Un accord collectif de branche ou d'entreprise peut aménager l'exercice de ce droit, la nature et le contenu des actions de formation ainsi que la rémunération du salarié durant la période correspondante. En l'absence de droit conventionnel, les actions de formation se déroulent en dehors du temps de travail et les salariés concernés bénéficient d'une allocation de formation d'un montant égal à 50 % de la rémunération nette de référence (art. L. 6323-1).

La circulaire ministérielle du 14 novembre 2006 est venue préciser le champ de la formation professionnelle continue et de la participation financière des employeurs ainsi que les conditions d'imputabilité des dépenses de formation correspondantes. La notion d'action de formation fait l'objet à cette occasion d'une définition en termes d'objectifs à atteindre, de programme, de conditions de niveau ou de connaissances préalables.

NB : un nouvel accord national interprofessionnel sur la formation a été conclu le 7 janvier 2009. Il doit être repris au moins en partie par une nouvelle loi dans le but de diriger les fonds de la formation davantage vers les demandeurs d'emploi, les salariés peu qualifiés et les plus fragiles et les jeunes.

Observation : L'employeur ayant l'obligation d'assurer l'adaptation des salariés à leur poste de travail et de **veiller au maintien de leur capacité à occuper un emploi,** l'absence de formation ou une formation insuffisante permet au salarié de demander réparation du préjudice (distinct de celui né d'un éventuel licenciement sans cause réelle et sérieuse) en résultant (Soc. 23 oct. 2007, *RJS* 1/08 n° 3).

Section 3 › L'APPRENTISSAGE (ART. L. 6211-1 ET S., C. TRAV.)

Largement dépassé et en déclin dans sa forme traditionnelle (prolongation de l'obligation scolaire, inadaptation, insuffisance du contrôle pédagogique et de la protection de l'apprenti), il avait été **profondément réformé** par une loi du 16 juillet 1971. La loi du 18 janvier 2005 y apporte des retouches sur certains points.

Objet d'un **contrat** l'apprentissage :
- est assuré pour partie dans une entreprise et pour partie dans un centre de formation d'apprentis,
- a pour objet non pas seulement la formation mais aussi le travail de l'apprenti,
- est devenu, de contrat d'éducation, **un contrat de travail** de type particulier.

Les réformes intervenues depuis la loi de 1971 n'ayant pas réussi à redonner à l'apprentissage une place importante dans le dispositif de formation, une **loi du 23 juillet 1987** a cherché à l'adapter aux nouvelles données économiques et sociales et à donner plus de cohérence à cette voie de formation, qualifiée de « formation initiale en alternance », mieux articulée avec les autres.

Elle a eu quatre objectifs :
- élargir le champ des entreprises concernées ;
- élargir le champ des bénéficiaires, pour faciliter l'insertion des jeunes les moins favorisés et aussi pour ouvrir l'accès à tous les niveaux de qualification (baccalauréat professionnel, brevet professionnel, BTS, titres homologués par la loi ou les conventions collectives) ;
- encourager l'embauche des apprentis par l'allégement des procédures et par l'exonération des charges sociales ;
- faire contribuer les régions en même temps que l'État.

À la suite d'une négociation nationale et interprofessionnelle ayant abouti à un accord du 8 janvier 1992, une **loi du 17 juillet 1992**, inspirée de cet accord, a en particulier cherché à rendre l'apprentissage plus attractif pour les jeunes et à renforcer la responsabilité des entreprises, et a prévu l'expérimentation de l'apprentissage dans le secteur public.

Une loi du 6 mai 1996 a modifié le régime du financement, mais ce dernier aspect est **à nouveau réorganisé** par la loi de modernisation du 17 janvier 2002 qui contient par ailleurs diverses dispositions nouvelles quant au statut de l'apprenti, et surtout une **définition de l'apprentissage** comme forme d'éducation alternée ayant pour but de donner à des jeunes travailleurs ayant satisfait à l'obligation scolaire une formation générale, théorique et pratique, en vue de l'obtention d'une qualification professionnelle sanctionnée par un diplôme ou un titre à finalité professionnelle enregistré au répertoire national des certifications professionnelles dans les conditions prévues par les textes.

La loi du 18 janvier 2005 dite de « cohésion sociale » modifie le dispositif de l'apprentissage dans ses volets social et fiscal. Elle prévoit un ensemble de mesures qui concernent aussi bien l'entrée en apprentissage (âge limite maximum, durée du contrat…) que son déroulement (rémunération, durée du travail, formation…). La loi modifie également les règles relatives à la taxe d'apprentissage et institue un crédit d'impôt au bénéfice des entreprises qui emploient des apprentis.

§ 1 - Conditions de formation du contrat

A. Forme

- **écrit** authentique ou sous seing privé, à peine de nullité, avec mentions obligatoires. Lorsque le contrat d'apprentissage est nul, il ne peut recevoir exécution et ne peut être requalifié en contrat de droit commun. Le jeune travailleur peut néanmoins prétendre en ce cas au paiement des salaires pour la période où le contrat a été exécuté et à indemnisation du préjudice résultant de la rupture.
- précisant le centre où l'apprenti est inscrit,
- enregistré par la chambre consulaire (recours contre le refus devant le conseil de prud'hommes),
- signature des deux parties, préalable à l'emploi de l'apprenti.

B. Parties

- apprenti : âgé de plus de 16 ans et de moins de 25 ans, sauf dérogation (cf. art. L. 6222-1 et s., C. trav.) À distinguer de « l'apprentissage junior » (art. L. 337-3, C. éduc.) qui commence à 14 ans suivi à 15 ans de la conclusion d'un contrat d'apprentissage de droit commun (loi du 31 mars 2006).
- employeur :
  – majeur ou émancipé (tuteur responsable de la formation),
  – entreprise artisanale, commerciale ou industrielle (élargissement par la loi de 1987).

Observation : l'agrément, qui permettait de vérifier la moralité, la compétence et les moyens de formation de l'employeur-tuteur, et qui avait été simplifié par la loi de 1992 (donné pour 5 ans et non plus pour chaque contrat, contre certains engagements de l'employeur) a été supprimé et remplacé par une déclaration dans laquelle l'employeur s'engage à prendre toutes les mesures nécessaires et à garantir les conditions de sécurité, de moralité et de compétence nécessaires. L'inspecteur du travail peut mettre en demeure l'employeur de rétablir les conditions normales, suspendre l'exécution du contrat avec maintien de la rémunération et saisir le directeur départemental du travail, qui prend une décision rapide. Le comité d'entreprise doit être consulté.

C. Durée

• entre un et trois ans, au moins égale à la durée du cycle de formation, et déterminée en fonction non seulement du type de profession et du niveau de qualification préparés, mais aussi du niveau initial de connaissance de l'apprenti. Par dérogation (loi de 2005) cette durée peut être comprise entre 6 mois et un an lorsque la formation a pour objet l'acquisition d'un diplôme ou d'un titre (art. L. 6222-7 à L. 6222-9);

• résiliation libre pendant 2 mois unilatéralement, sans indemnité, sauf en cas de rupture abusive;

• ensuite résiliation judiciaire pour faute grave ou répétée ou inaptitude de l'apprenti, ou maladie ou inaptitude du maître, ou par accord des parties. L'employeur ne peut de lui-même rompre le contrat quel que soit le bien fondé des motifs invoqués, le salarié non plus;

• possibilité de plusieurs contrat d'apprentissage successifs pour permettre de préparer des diplômes de niveau plus élevé.

Constatant que 25 % des contrats d'apprentissage étaient rompus la première année, le législateur (loi de 2005) a estimé opportun d'instituer un **entretien** entre l'apprenti, l'employeur, le maître d'apprentissage et le formateur du CFA dans un délai de deux mois suivant la conclusion du contrat afin de résoudre les éventuelles difficultés.

Afin d'inciter les apprentis à ne pas quitter l'entreprise à la fin de leur apprentissage, aucune période d'essai ne peut désormais être imposée, sauf dispositions conventionnelles contraires, lorsque le contrat d'apprentissage est suivi de la signature d'un contrat à durée indéterminée dans la même entreprise. La durée du contrat d'apprentissage est par ailleurs prise en compte pour le calcul de la rémunération et l'ancienneté du salarié (cf. L. 6222-27, C. trav.).

§ 2 - Obligations des parties (déterminées strictement par la loi)

A. Employeur (sanctions pénales et civiles)

– effectuer une déclaration auprès de la chambre consulaire;

– inscrire l'apprenti dans le centre prévu et l'y envoyer suivre les activités organisées et passer l'examen correspondant (responsabilité civile de l'employeur envers les parents;

– assurer une formation pratique dans l'entreprise, selon une progression annuelle (tâches et postes adéquats). La formation est initiale et alternée (partie en entreprise, partie en centre de formation);

– surveillance et éducation de l'apprenti (responsabilité civile identique à celle des parents, art. 1384-4°, C. civ.);

– respecter les règles particulières relatives aux conditions de travail des apprentis. À cet égard il existe désormais une **procédure d'urgence**.

Il résulte de l'article L. 6225-4 créé par la loi du 17 janvier 2002 qu'en cas de risque sérieux d'atteinte à la santé ou à l'intégrité physique ou morale de l'apprenti,

l'autorité administrative chargée du contrôle de l'application de la législation du travail propose la **suspension du contrat d'apprentissage** après avoir, si les circonstances le permettent, procédé à une enquête contradictoire. Cette suspension s'accompagne du maintien par l'employeur de la rémunération de l'apprenti. L'autorité administrative compétente peut refuser la reprise de l'exécution du contrat ce qui entraîne la rupture de celui-ci, l'employeur étant alors tenu de verser à l'apprenti les sommes dont il aurait été redevable si le contrat s'était poursuivi jusqu'à son terme. Cette décision de refus s'accompagne le cas échéant de l'interdiction faite à l'employeur concerné de recruter de nouveaux apprentis ainsi que des jeunes sous contrat d'insertion en alternance ;
– verser le salaire convenu. En vertu de l'article L. 6222-27, la rémunération de l'apprenti peut être fixée non seulement en fonction d'un barême d'origine réglementaire égal à un pourcentage du SMIC, mais également en fonction du niveau du diplôme préparé, ce qui évite la pénalisation financière résultant d'un nouveau contrat ;
– délivrer le certificat de fin de l'enseignement pratique (**congé d'acquit**).

B. Apprenti

– exécuter le travail confié ; l'insubordination de l'apprenti peut justifier la rupture anticipée du contrat ;
– parfois (clause du contrat) demeurer un certain temps au service de l'employeur après l'apprentissage.

Observation : l'apprenti a désormais le **statut de salarié** (réglementation du travail, conventions collectives, assurances sociales, accidents du travail...). Mais c'est un « jeune travailleur en première formation professionnelle alternée », d'où quelques particularités de sa situation. Droit des parents aux allocations familiales jusqu'à 18 ans. Il n'est plus pris en compte dans le calcul de l'effectif du personnel de l'entreprise pour la condition d'effectif minimum (seuil) depuis la loi du 25 juillet 1985. Exonération des charges sociales correspondantes pour les entreprises de moins de 11 salariés, partielle pour les autres, par l'État. En revanche, en cas de litige, la juridiction compétente est celle du **conseil des prud'hommes**.

§ 3 - Financement

– par la taxe d'apprentissage imposée, sauf quelques exceptions, à tous les employeurs, dont ils peuvent déduire une partie du salaire de l'apprenti et les sommes consacrées à la formation ;
– par les subventions de l'État aux centres ;
– par des aides à l'embauche et à la formation.

Succession rapide de plans d'urgence destinés à soutenir et à valoriser l'apprentissage au moyen d'allègements de charges et d'aides financières.

Les articles L. 6241-9 et suivants du Code du travail précisent les conditions dans lesquelles les sommes collectées au titre de la taxe d'apprentissage sont reversées aux fonds régionaux de l'apprentissage et de la formation professionnelle continue qui les affectent au financement des centres de formation d'apprentis et des sections d'apprentissage. La liste des organismes collecteurs de la taxe est par ailleurs actualisée (art. L. 6242-1).

Section 4 › LES CONTRATS AIDÉS

La loi du 18 janvier 2005 dite de « cohésion sociale » a été l'origine d'une refonte d'ensemble du régime des contrats de formation et d'insertion. Elle a aménagé plusieurs dispositifs existants en ce qui concerne l'insertion professionnelle des jeunes travailleurs et simplifié l'ensemble des différents contrats aidés pouvant être conclus aussi bien dans le secteur marchand que dans le secteur non marchand.
Retouché à plusieurs reprises, cet ensemble a évolué encore plus profondément. Après une période d'expérimentation menée dans les départements, la loi du 1er décembre 2008 crée un contrat unique d'insertion.

§ 1 - L'insertion professionnelle des jeunes

Si on met à part le contrat d'apprentissage, véritable contrat de travail, dont l'étude a été faite *supra*, la loi institue un droit à l'accompagnement vers l'emploi pouvant conduire à la conclusion d'un Contrat d'insertion dans la vie sociale (CIVIS).
Il ne s'agit pas d'un contrat de travail. Le contrat est en conséquence régi par des dispositions spécifiques concernant les stagiaires de la formation professionnelle. Il s'agit d'un dispositif d'accompagnement vers l'emploi durable mis en œuvre au nom de l'État par les missions locales pour l'insertion professionnelle et sociale des jeunes.
Le dispositif s'adresse aux jeunes de 16 à moins de 26 ans en difficulté et confrontés à un risque d'exclusion professionnelle.
Le bénéficiaire du contrat s'engage à participer aux actions de réalisation de son projet d'insertion.
Le contrat de CIVIS est conclu pour une durée initiale d'un an, renouvelable jusqu'à la réalisation du projet d'insertion ou pour un an dans les autres cas.
L'accompagnement, objet du contrat, peut consister en des mesures d'orientation, de qualification ou d'acquisition d'expérience professionnelle.
Un référent est chargé d'accompagner le jeune jusqu'au terme concluant de la période d'essai suivant la signature d'un contrat de travail. Le référent assure le cas échéant la médiation entre l'employeur et le jeune pour gérer les rapports de travail (absentéisme, retards, etc.).

NB : le contrat jeunes en entreprises précédemment mis en place pour favoriser l'embauche, par contrat de travail, de jeunes peu ou non qualifiés a été supprimé par la loi de finances pour 2008.

§ 2 - Le Contrat unique d'insertion (CUI)

Issu de la loi du 1er décembre 2008, applicable au 1er janvier 2010, le CUI répond à un objectif de nouvelle simplification des dispositifs destinés à favoriser l'insertion des demandeurs d'emploi. Il est également destiné à s'articuler avec le RSA (Revenu de solidarité active).
Subordonné à la conclusion préalable d'une convention d'objectifs et de moyens entre le département et l'État, le contrat unique d'insertion est décliné en deux versions : le contrat initiative emploi, destiné au secteur marchand et le contrat d'accompagnement dans l'emploi pour le secteur non marchand. L'un et l'autre existaient avant la réforme du 1er décembre 2008 mais leur régime juridique est refondu.

A. Contrat initiative-emploi (CIE) (secteur marchand)

Sont concernés tous les employeurs soumis à l'obligation d'assurance chômage ainsi que les groupements d'employeurs organisant des parcours d'insertion et de qualification. Le CIE est destiné d'une manière générale aux personnes rencontrant des difficultés sociales et professionnelles d'accès à l'emploi.

Une convention individuelle tripartite doit être conclue entre l'employeur, le bénéficiaire et les pouvoirs publics afin de permettre l'embauche et de définir l'aide accordée.

Le CIE est un contrat de travail de droit privé. Il peut être conclu pour une durée indéterminée ou déterminée sans que sa durée puisse être inférieure à 6 mois. Il comporte des actions d'accompagnement professionnel et de formation nécessaires à la réalisation d'un projet professionnel (art. L. 5134-65 et s.). La durée hebdomadaire du travail ne peut être inférieure à 20 heures.

Le contrat peut être **suspendu** à la demande du salarié pour lui permettre d'effectuer une période d'essai afférente à un contrat d'au moins six mois. Il peut être rompu avant l'échéance du terme pour favoriser une embauche stable. La suspension peut aussi permettre d'effectuer une évaluation ou une action concourant à l'insertion professionnelle.

L'aide financière correspond à un pourcentage du SMIC par heure travaillée. Elle peut être modulée.

NB : le contrat insertion-RMA (revenu minimum d'activité) issu des précédentes réformes disparaît (sauf pour les contrats en cours à cette date) le 1er janvier 2010.

B. Contrat d'accompagnement dans l'emploi (CAE) (secteur non marchand)

Version du contrat unique d'insertion destinée au secteur non marchand, le Contrat d'accompagnement dans l'emploi (CAE) doit être utilisé pour des emplois visant à répondre à des besoins collectifs non satisfaits. Les employeurs autorisés à le conclure sont les organismes de droit privé à but non lucratif et les collectivités territoriales notamment.

Ce contrat concerne **les personnes sans emploi** rencontrant des difficultés sociales et professionnelles particulières d'accès à l'emploi.

Une convention individuelle tripartite doit être conclue entre l'employeur, le bénéficiaire et les pouvoirs publics afin de permettre l'embauche et de préciser l'aide accordée.

Le CAE est un contrat de travail de droit privé
– à durée indéterminée
– ou à durée déterminée (durée minimale de 6 mois; possibilités de prolongation jusqu'à cinq ans dans certains cas).

Durée du travail : au minimum 20 heures par semaine.

Rupture et suspension comme pour le CIE.

Le CAE comporte des actions d'accompagnement professionnel voire des « périodes d'immersion » auprès d'autres employeurs (art. L. 5134-20).

L'aide ne peut excéder 95 % du SMIC par heure travaillée.

Possibilité d'exonération des cotisations patronales dues sur la rémunération du titulaire d'un CAE.

NB : le contrat d'avenir qu'avait créé la loi en 2005 est supprimé (sauf pour les contrats en cours à cette date) au 1er janvier 2010.

Titre 1

LES CONTRATS ÉTABLISSANT LA RELATION DE TRAVAIL

L'établissement de la relation individuelle de travail résulte de la conclusion de contrats. Dans la majorité des cas, il s'agit encore du contrat de travail, **à durée indéterminée**. Mais pour des raisons multiples et convergentes se sont multipliés des types de contrats, ou bien nouveaux, ou bien jusque-là relativement rares, que l'habitude s'est prise d'appeler précaires ou atypiques, parce qu'ils n'assuraient pas par eux-mêmes au salarié les mêmes garanties que le contrat de travail à durée indéterminée, modèle classique. Il convient donc d'examiner d'abord le contrat de travail, ensuite les contrats « atypiques », précaires en soi ou en ce qu'ils s'insèrent dans une opération de fourniture de main-d'œuvre.

D'une manière plus générale, on assiste à un phénomène **d'incertitude croissante des frontières entre le travail dépendant** (contrat de travail) **et le travail indépendant**, entre le salariat et le non-salariat, certains travailleurs jouissant d'une grande liberté étant traités comme des salariés alors que d'autres, en fait très dépendants, sont traités par leurs donneurs d'ordre comme des travailleurs indépendants, afin qu'ils supportent des risques sans bénéficier des couvertures sociales attachées au contrat de travail. En outre, sous l'influence du droit communautaire (Union européenne), se développe un droit du travail indépendant. La multiplication, dans les pratiques parfois frauduleuses, des « faux travailleurs indépendants », rend plus incertains les critères du contrat de travail. Toutefois la jurisprudence, sur la base du principe de réalité, n'hésite pas à procéder à la **requalification du contrat**, en se fondant sur un certain nombre de critères du contrat de travail, les demandes en ce sens se multipliant, l'enjeu étant principalement le bénéfice de la protection sociale du salarié.

Chapitre 1 › LE CONTRAT DE TRAVAIL

> **› L'essentiel**
> *Le contrat individuel de travail a un rôle capital dans les rapports de travail. Il déclenche l'application des règles légales et conventionnelles du droit du travail. Il abrite des clauses laissées à la liberté des parties. D'où la nécessité d'un critère distinctif : la subordination juridique. La liberté contractuelle reste à la base de la conclusion du contract de travail mais elle s'inscrit dans un cadre tenant compte des droits fondamentaux. La période d'essai est désormais réglementée.*

Section 1 › RÔLE DANS LES RELATIONS INDIVIDUELLES DE TRAVAIL

§ 1 - Évolution du rôle du contrat

Après avoir entièrement dominé les relations de travail dans le capitalisme triomphant, il avait **considérablement diminué** en raison de l'intervention croissante de l'État et du développement des conventions collectives.
– Amenuisement de son contenu (réglementation impérative, destinée à protéger le travailleur).
– Application fréquente des règles de droit du travail même au cas de nullité du contrat de travail.
– Application des règles de droit du travail à des rapports extra-contractuels (requis civils, affectés spéciaux, etc.).

Conséquence : une partie de la doctrine lui avait substitué **la relation de travail** comme fondement des rapports individuels du travail, les rapports entre patrons et salariés se formant par l'entrée du salarié dans l'entreprise (appartenance à l'entreprise). Diverses applications de cette idée en droit positif français.
Mais le contrat conserve un rôle appréciable.

§ 2 - Rôle conservé par le contrat

Il demeure important et même déterminant.

• Le plus souvent un accord est à la base des rapports de travail. Même si le contenu des rapports est fixé auparavant (statut légal ou conventionnel), un contrat permet d'adhérer à ce statut et d'en déclencher les règles.

• Dans une large mesure le contenu des rapports de travail (droits et obligations des parties à la relation de travail) dépend de l'accord des parties :
– possibilité de clauses favorables au travailleur dérogeant à la réglementation générale (loi ou convention collective) ;
– nécessité fréquente d'adapter cette réglementation à chaque cas particulier (qualification professionnelle) ;
– larges zones laissées à la liberté des parties (nature du travail, clauses de non-concurrence, tendance actuelle à individualiser les relations de travail…) ;

– discussion des conditions du travail des cadres, des « seniors » et aussi dans les petites entreprises.

• De nombreux professionnels ont obtenu le statut de salarié, soit par voie législative (VRP, journalistes, artistes du spectacle, certains avocats…) ou en vertu de l'interprétation juridique de leur situation par les tribunaux (médecins, professeurs d'enseignement privé). En revanche certains travailleurs en situation de dépendance réelle se voient imposer une relation de travailleur indépendant, perdant ainsi le bénéfice des garanties sociales, sauf requalification de leur contrat en contrat de travail par le juge.

• On observe un **renouveau contractuel**, dû au développement de certaines formes de contrat de travail (durée déterminée, temps partiel, intermittent, temporaire), de contrats différents (stages…), de nouvelles pratiques d'entreprise, d'une jurisprudence renforçant les obligations de l'employeur, notamment au cas de modification du contrat de travail mais aussi en faveur de l'adaptation du salarié aux changements des conditions de travail et d'emploi et de son reclassement en cas de licenciement pour motif économique.
Une certaine rigidité du contrat de travail (« loi des parties », art. 1134, C. civ.) permet d'assurer une défense de l'emploi du salarié, alors que son statut collectif, apparaît souvent plus souple et plus favorable à une certaine flexibilité.

Section 2 > DÉFINITION ET CRITÈRE

Enjeu important : application des règles légales et conventionnelles du droit du travail, et aussi du droit de la Sécurité sociale.

§ 1 - Définition

Pas de définition dans le Code civil ni dans le Code du travail. La jurisprudence a déterminé ses éléments dont résulte la **définition suivante** :
Convention par laquelle une personne, appelée employé ou salarié, s'engage, moyennant une **rémunération en argent** appelée salaire, à exercer une **certaine activité** au profit d'une autre personne, appelée employeur ou patron, sous la **subordination** de celle-ci dans la mesure nécessaire.
Il y a donc trois éléments constitutifs :
– une **prestation** de travail,
– une **rémunération**,
– un **lien de subordination** juridique (critère).

1re observation : on assiste depuis quelque temps à un certain changement dans la notion même de contrat de travail ; la prestation du salarié peut varier et ne pas nécessairement comporter l'exécution d'un travail, mais par exemple l'acquisition d'une formation, le droit au salaire pouvant être lié plus à l'emploi occupé ou ayant été occupé qu'à une prestation de travail proprement dite. Cf. à cet égard certaines formes de contrats de formation qui sont parfois des contrats de travail encore appelés contrats aidés (cf. *supra*).

2e observation : lorsque les trois éléments sont réunis, il y a en principe contrat de travail. Toutefois le Code du travail contient actuellement une présomption contraire (de non-salariat) dans certaines conditions (cf. *infra*).

§ 2 - Critère

• L'élément caractéristique du contrat de travail est la **subordination juridique** du salarié à l'employeur qui détient l'autorité et en revanche tire les profits et court les risques économiques.

Ce critère est utilisé également par la jurisprudence pour déterminer si une personne doit être affiliée au régime général de sécurité sociale des salariés, et il semble qu'en droit du travail comme en droit de la sécurité sociale, (v. *infra*) on peut parler de subordination dès lors qu'il y a travail au profit d'autrui dans le cadre d'une structure organisée, malgré certaines différences dans l'application pratique du critère.

En revanche la nature des services et le mode de rémunération ne peuvent pas constituer isolément des critères suffisants.

Observation : la subordination juridique, caractéristique du contrat de travail, ne doit pas être confondue avec la **subordination économique**, situation dans laquelle peut se trouver un travailleur indépendant à l'égard d'un client unique, dont il est juridiquement indépendant (cas de la sous-traitance). Le critère de la subordination économique serait trop imprécis.

• La distinction entre les deux subordinations n'est pas toujours aisée, d'autant plus que l'employeur s'efforce parfois d'écarter la qualification de contrat de travail, pour échapper à la législation sociale.

Le juge doit alors **rétablir la véritable qualification** du contrat, qui est **d'ordre public** et ne peut dépendre de la seule volonté des parties (Ass. plén., 4 mars 1983 *D.* 1983.381). Pour cela il tiendra compte à la fois de l'attitude pratique de l'employeur (délivrance d'un bulletin de paie, d'un certificat de travail…), de la dépendance économique du travailleur, des conditions d'exécution du travail (locaux, matériel, produits à façonner… fournis par l'employeur, horaires fixés par lui), du mode de rémunération, du nombre d'employeurs du travailleur, etc. La notion de subordination est donc assez relative (voir par exemple Soc., 19 déc. 2000, *Labbane*, *Grands arrêts du droit du travail* (Dalloz, 4e éd., 2008, ci-après *Grands arrêts*) n° 3, pour un contrat de location de véhicule équipé taxi requalifié en contat de travail).

• D'une manière générale il y a contrat de travail lorsque s'exerce une **direction et un contrôle effectif de l'activité du travailleur**, ce qui implique le plus souvent en pratique un lieu et un horaire imposés, révélateurs d'une soumission. Mais il peut s'agir d'autres éléments et la jurisprudence s'est assouplie.

Par suite, importance de l'indice tiré de **l'intégration de l'intéressé dans la structure d'une entreprise ou d'un service organisé**. La Cour de cassation, en Assemblée plénière (4 mars 1983, arrêt de cassation), relativement à un enseignant d'un établissement privé engagé en qualité de salarié mais ultérieurement maintenu en qualité de « conférencier extérieur » lié par une « Convention de collaboration » et rémunéré par des « honoraires-vacations », a estimé qu'il s'agissait toujours d'un salarié parce qu'il travaillait au sein « d'une organisation fonctionnant sous la direction et la responsabilité » de l'école, même si ses horaires étaient aménagés selon ses convenances.

Cependant, on peut aussi trouver en jurisprudence la limite de ce raisonnement. **Se plaçant à la fois dans le cadre du droit du travail et du droit de la Sécurité sociale**, un arrêt du 13 novembre 1996 (*Grands arrêts* n° 2) censure une cour d'appel qui, pour décider que les honoraires versés à des conférenciers et intervenants extérieurs étaient soumis aux cotisations du régime général de la Sécurité sociale, avait retenu que leurs prestations s'effectuaient dans le cadre d'un service organisé alors qu'elle avait relevé que les intéressés n'étaient soumis à aucun ordre, à aucune directive ni à aucun contrôle dans l'exécution de leur prestation ce dont il résultait qu'ils n'étaient pas placés dans un lien de subordination à l'égard de la société qui les sollicitait.

D'une manière générale, dans les professions libérales, l'indépendance qui les caractérise n'exclut pas qu'un médecin par exemple puisse exercer une activité salariée dans un établissement qui lui impose le lieu, les horaires et les autres conditions matérielles d'exercice de son activité. Le statut de salarié a été appliqué à l'avocat à partir de ce critère.

NB : le contrat de travail suppose la participation à l'entreprise d'autrui, un salarié ne pouvant avoir sa propre clientèle (cf. cependant *infra* pour les VRP) et ne devant pas supporter intégralement les risques de l'entreprise, même s'il est intéressé aux bénéfices.

Toutefois la pratique actuelle révèle que certains transferts de risques sont opérés sur les salariés soit dans des contrats de travail, par exemple en leur imposant des résultats, des performances ou des réalisations d'objectifs, sous peine de résiliation du contrat ou de responsabilités pécuniaires, soit par le biais de contrats commerciaux ou de sous-traitances transformant le salarié en (faux) travailleur indépendant lui-même parfois employeur fictif des salariés qu'il a mis à la disposition d'une entreprise principale (voir prêt illicite de main-d'œuvre).

La requalification du contrat est alors une opération nécessaire mais elle est parfois difficile, malgré la vigilance croissante des juges (application du principe de réalité).

Observation : la diversité des situations de fait, la circonstance que s'estompent les frontières entre travail dépendant et indépendant, les pratiques de contournement du droit du travail, ont pour conséquence que les critères du contrat de travail sont l'objet de discussions et de réexamen permanents. En témoigne l'arrêt (Soc., 3 juin 2009, *Sem. Soc. Lamy* n° 1403) reconnaissant la qualité de salariés aux participants à l'émission de télé-réalité « l'île de la tentation ». Le réalisme, typique de la jurisprudence en matière de requalification du contrat de travail, et la mise en évidence de divers éléments révélateurs d'une subordination (disponibilité permanente, sujétions diverses) fondent la décision. Une difficulté est cependant minimisée : l'activité fournie constituait-elle une prestation de travail (élément constitutif du contrat de travail aux côtés de la subordination cf. *supra* § 1) ? Et ne comportait-elle pas des éléments illicites ?

Il reste que l'attrait du salariat avec ses garanties sociales a conduit le législateur à faire bénéficier de ce régime des travailleurs largement indépendants dans l'exécution de leur prestation de travail.

Pour les applications du critère du contrat de travail, voir *infra*, Distinction des contrats voisins.

§ 3 - Qualification du contrat : charge de la preuve

La qualification juridique donnée à la convention par les parties est relative, l'existence d'une relation de travail ne dépend ni de la volonté exprimée par les parties, ni de la dénomination donnée à la convention, mais des conditions de fait dans lesquelles est exercée l'activité du travailleur (Soc., 17 janv. 1996 et 28 janv. 1998).

En application de la règle générale de procédure, c'est normalement au **demandeur** d'établir les éléments de la qualification, sur la base de la réalité de la situation du travailleur : c'est donc en principe le salarié ou l'organisme de protection sociale qui doit justifier la requalification en contrat de travail en établissant la subordination juridique du travailleur. Cependant, en présence d'un contrat de travail **apparent**, c'est celui qui conteste l'existence d'un lien de subordination qui doit supporter la charge de la preuve.

Des présomptions d'existence d'un contrat de travail ont été établies par la loi en faveur de travailleurs ayant de grandes difficultés à la prouver ou auxquels on a voulu appliquer certaines règles du droit du travail (journalistes professionnels, VRP, artistes et mannequins, assistantes maternelles, travailleurs à domicile...) (cf. *infra*, Distinction des contrats voisins). Ces présomptions reposent sur des éléments objectifs d'une situation réelle de subordination malgré une indépendance plus ou moins grande dans l'exécution du travail (situations intermédiaires).

À l'inverse, pour empêcher des requalifications en contrat de travail, mais en rupture avec le principe de réalité parce que faisant appel à des éléments extérieurs à la situation concrète, la loi du 11 février 1994 (dite loi Madelin) élargie, après une abrogation éphémère en 2000, par les lois du 1er août 2003 et surtout du 4 août 2008 a posé une **présomption de non-existence d'un contrat de travail**. Elle concerne d'abord les personnes physiques immatriculées au registre du commerce et des sociétés, au répertoire des métiers (artisanat), au registre des agents commerciaux ou auprès des Urssaf. Également les dirigeants des personnes morales immatriculées au registre du commerce et des sociétés et leurs salariés. La présomption de non-salariat est aussi applicable aux personnes physiques exerçant une activité commerciale et dispensées de l'obligation de s'immatriculer (régime dit de l'auto-entrepreneur). Est enfin présumé travailleur indépendant « celui dont les conditions de travail sont définies exclusivement par lui-même ou par le contrat les définissant avec son donneur d'ordre ». Toutefois cette présomption n'est que relative et l'intéressé peut rapporter la preuve d'un contrat de travail lorsqu'il y a fourniture directe ou indirecte à un donneur d'ouvrage de prestations « dans des conditions qui (le) placent dans un lien de subordination juridique permanente à l'égard de celui-ci » (art. L. 8221-6 et L. 8221-6-1, C. trav.).

§ 4 - Caractères

A. Contrat à titre onéreux

La prestation gratuite échappe aux règles du droit du travail.

B. Contrat synallagmatique

Conséquence : le gréviste qui s'abstient d'accomplir sa prestation de travail n'a pas droit à un salaire, sauf lorsque la grève est une protestation (exception d'inexécution) contre une violation de ses obligations par l'employeur (cf. volume 1, Grève). Mais l'inégalité entre les parties entraîne des limites au jeu de la réciprocité entre elles.

C. Contrat à exécution successive

Prestations échelonnées dans le temps.

Conséquences :
- non-rétroactivité de la nullité en fait ou de la résolution (résiliation) (cf. *infra*, Sanctions) ;
- suspension au cas de force majeure, avec reprise du contrat ensuite ;
- révision possible au cas de circonstances nouvelles.

Mais la **révision** ne peut être unilatérale, dès lors qu'elle affecte un élément essentiel du contrat (lieu du travail, nature du travail, rémunération, fonction...). Au cas de refus de la modification par le salarié, l'employeur qui le licencie est responsable de la rupture.
La révision du contrat relève de la théorie de la **modification du contrat de travail**, étudié *infra*, titre 2, chapitre 3, avec les vicissitudes du contrat de travail.

D. Contrat conclu *intuitu personae*

Au moins du côté du salarié ; par suite le salarié ne peut se faire remplacer sans l'accord de l'employeur ; ses obligations ne se transmettent pas à ses héritiers.

E. Contrat touchant au droit des personnes

Engagement de la personne du travailleur. Toutefois l'objet du contrat est présenté non sans une certaine artificialité comme la force de travail et non comme portant sur la personne du salarié (normalement hors tout commerce juridique).

Conséquence : nécessité d'un régime particulier : protection des libertés du salarié dont l'article L. 1121-1 du Code du travail est l'expression la plus aboutie.

F. Contrat d'adhésion le plus souvent

D'où nécessité d'une protection de la partie qui adhère aux conditions de l'autre, le salarié. Cette protection passe d'abord par une information aussi complète que possible ainsi que s'est efforcée de l'organiser la directive communautaire du 14 octobre 1991 (voir *infra*, Conditions de forme).

Section 3 › DISTINCTION DU CONTRAT DE TRAVAIL ET DES CONTRATS VOISINS

Observation : l'enjeu de la distinction – devenue moins nette en raison des pratiques récentes (cf. *supra*, § 1, Critères) – étant l'application ou non du droit du travail et de la protection sociale, diverses interventions légales en faveur de certains professionnels ont conduit à l'application du régime du contrat de travail, éventuellement amendé, à des personnes jouissant d'une certaine indépendance.
Le critère principal de distinction varie selon les contrats.

§ 1 - Contrat de travail et contrat d'entreprise

Intérêts multiples : en principe (sauf dérogations), le contrat d'entreprise n'est pas soumis au droit du travail.

A. Critère principal : la subordination juridique

1. Contrat de travail

Autorité de l'employeur sur la personne du salarié.

2. Contrat d'entreprise

Directives relatives au travail à effectuer, seulement. Le travailleur conserve son indépendance (ce peut être du reste un entrepreneur).

3. Applications

a) Contrats de travail

Employés envoyés en mission, artistes lyriques, professeurs attachés à un établissement.

b) Contrats d'entreprise

Artisans et façonniers, médecins et avocats (professions libérales), leçons particulières… Bien que certaines décisions de jurisprudence aient décidé le contraire dans certains cas, une loi du 30 juin 1977 avait dénié la qualité de salarié aux avocats exerçant en qualité de collaborateurs d'un confrère ou de membres d'une société d'avocats. La réforme des professions juridiques et judiciaires réalisée par la loi du 31 décembre 1990 a maintenu la distinction tout en instituant un régime de l'avocat salarié, différent de celui de l'avocat collaborateur non salarié d'un confrère indépendant. L'avocat salarié « n'est soumis à un lien de subordination à l'égard de son employeur que pour la détermination de ses conditions de travail ».

Une loi de 1935 a donné un statut aux journalistes professionnels.

Observations : l'application du critère est une question d'espèce : selon les circonstances, un travail est indépendant ou subordonné (médecins, écrivains, artistes, experts-comptables…). La jurisprudence semble se contenter d'une direction générale du travail pour admettre qu'il y a contrat de travail.

Pour les **artistes du spectacle** et les mannequins, la loi de 1969 pose une **présomption de salariat**. Le cachet est un salaire, mais non les royalties (enregistrements), sauf exception. Une loi du 12 juillet 1990 protège les enfants et pose des règles relatives au contrat de travail et aux agences.

Voir aussi *supra* Section 1 § 3 Les présomptions de non salariat.

B. Critères accessoires

Souvent nécessaires. Mais insuffisants par eux-mêmes.

1. Objet du contrat

– contrat de travail : force de travail,
– contrat d'entreprise : produit du travail.

2. Rémunération

– contrat de travail : d'après le temps du travail,
– contrat d'entreprise : d'après le résultat du travail.

3. Réalisation du travail

– contrat de travail : effectué par le salarié lui-même,
– contrat d'entreprise : effectué par un personnel employé par l'entrepreneur.

Observation : ces critères auxquels on serait tenté de se référer *a priori* n'ont aucune valeur absolue. Souvent la réalité est contraire à ces critères qui ne reposent que sur le *plerumque fit*. D'où nécessité de se référer au critère principal de la subordination.

§ 2 - Contrat de travail et mandat

A. Critère double

1. Critère principal

Objet du contrat : le **mandat** concerne les **actes juridiques** passés par le mandataire pour le compte du mandant; le **contrat de travail** oblige le salarié à accomplir des **actes matériels**.

Observation : souvent le salarié est chargé d'accomplir aussi des actes juridiques, sur la base d'une délégation (par exemple embauche).

2. Critère secondaire

La **subordination**, plus grande pour le salarié que pour le mandataire.

Observation : souvent le mandataire est un professionnel placé dans un état de dépendance au moins économique.

B. Application

1. Notaires ou avoués

Mandataires.

2. Agents d'assurance

Mandataires, mais traités parfois comme des salariés.

3. Voyageurs représentants et placiers (VRP)

En vertu de leur statut particulier (loi 1957) ils sont **traités comme des salariés** à condition :
– qu'ils ne fassent aucune opération pour leur compte personnel;
– que leur contrat indique la nature des marchandises à vendre, la région et le taux de rémunération;
– qu'ils exercent leur profession de manière exclusive et constante. La jurisprudence ayant interprété de manière rigoureuse cette condition et exclu du bénéfice du statut les représentants effectuant accessoirement d'autres activités dans l'entreprise, les protestations des VRP entraînèrent une modification des textes par une loi du 9 mai 1973 déclarant le statut applicable à ceux qui ont accepté de se livrer à

d'autres activités de quelque nature que ce soit, pour le compte de leur (ou leurs) employeur(s).

NB : il est d'autres sortes de représentants, qui sont soit des mandataires (agents commerciaux, courtiers, commissionnaires…) soit des salariés de droit commun si leur subordination à l'employeur est totale.

4. Mandataires sociaux

Les dirigeants de société ont la qualité de mandataires sociaux et non celle de salariés. Ils ne bénéficient donc pas en tant que tels des dispositions du Code du travail. Bien plus, certains d'entre eux, placés au sommet des organes de gestion de l'entreprise, apparaissent comme les titulaires originaires du pouvoir de diriger et de sanctionner les salariés employés par la société qu'ils représentent.
À ce titre ils assument la qualité de chef d'entreprise, interlocuteur de la communauté de travail et responsable pénalement des manquements à la réglementation du travail (voir *infra*, 3e partie, L'entreprise).
Cependant, à certaines conditions, **un cumul** entre mandat social et contrat de travail est possible. Le contrat de travail doit pour ce faire correspondre à un emploi effectif entendu comme l'exercice de fonctions techniques distinctes de celles exercées dans le cadre du mandat et donnant lieu à une rémunération distincte. Le cumul est refusé lorsque le mandat absorbe les fonctions techniques ou que celles-ci entrent directement dans l'objet social de la société. Les administrateurs en fonction ne peuvent obtenir un contrat de travail. Le contrat conclu dans ces conditions est nul.
La loi du 11 février 1994 a supprimé la condition d'antériorité de 2 ans et permet donc plus largement le cumul, en le rendant également possible avec un siège au conseil de surveillance. Mais la condition de travail effectif est maintenue. En outre le nombre de sièges occupés par des salariés est limité au tiers des membres en fonction. Échappe à l'ensemble de ces limitations le contrat de travail conclu entre un cadre et la société mère d'un groupe dans le but de confier à l'intéressé la direction d'une filiale.
Mais, l'exigence du lien de subordination implique que la société-mère conserve les prérogatives de l'employeur à l'égard de l'intéressé. Le « salarié-dirigeant » peut alors être révoqué de son mandat et licencié pour les mêmes faits. La solution est différente lorsque le « salarié-dirigeant » conserve ses fonctions techniques salariées (ingénieur par exemple). Dans ce dernier cas, qui suppose un cumul entre les deux contrats, une faute commise dans le cadre du mandat social ne saurait constituer un motif légitime de licenciement.

Remarque : dans le contexte actuel de mise au grand jour de pratiques de rémunération des dirigeants pour le moins controversées, l'interdiction du cumul entre un mandat social et un contrat de travail est proposée par certains, en particulier pour éviter le versement de doubles indemnités lors de la rupture.

§ 3 - Contrat de travail avec participation aux bénéfices et société

Alors que l'associé est l'égal des autres et participe aux bénéfices et aux pertes, le salarié demeure dans un état de **subordination** et ne participe pas aux pertes. En outre il reçoit une **rémunération fixe** et seulement un complément sur les bénéfices ou sur le chiffre d'affaires.

Observation : tendance, dans certains contrats de travail, à transférer certains risques au salarié, lequel, en tout état de cause, supporte le risque de la perte de l'emploi.

§ 4 - Contrat de travail et contrats relatifs au fonds de commerce

Problème posé par l'intégration des petits commerces dans les chaînes de distribution, de sorte que des personnes juridiquement indépendantes mais placées dans une situation de dépendance économique ont besoin d'une protection sociale.
Le gérant salarié du fonds de commerce est soumis au Code du travail, mais pas le locataire-gérant ou le concessionnaire d'une marque, sauf s'ils travaillent pour une seule entreprise qui fournit le local et impose les conditions et les prix (loi du 21 mars 1941, art. L. 7321-1, C. trav.) (application aux gérants de stations-service par la Cour de cassation). Les gérants non salariés de succursales d'alimentation sont chefs d'établissement mais ont certains droits des salariés (art. L. 7322-1, C. trav.).

Section 4 › CONCLUSION ET CONDITIONS DE VALIDITÉ DU CONTRAT DE TRAVAIL

§ 1 - Les parties au contrat

A. Consentement

Application du **droit commun** et notamment de la **théorie générale des vices du consentement** (art. L. 1221-1, C. trav.).

Application : nullité d'un avenant au contrat de travail dans lequel l'employeur n'avait pas reproduit la qualification professionnelle promise dans une lettre antérieure, pour erreur sur la condition substantielle du contrat (qualification), l'erreur étant déduite de la contradiction entre l'accord signé et l'engagement antérieur de l'employeur. En revanche le juge ne peut prononcer la nullité pour dol s'il n'a pas constaté que, si les documents d'embauche avaient été écrits comme ils auraient dû l'être, de la main du salarié, il était évident que l'employeur n'aurait pas contracté. De même, une mention imprécise du *curriculum vitae* relativement à l'expérience professionnelle du candidat, bien que susceptible d'une interprétation erronée, ne constitue pas une manœuvre frauduleuse.

1re observation : la Cour de cassation paraît réservée à l'égard des vices du consentement, surtout lorsqu'ils sont invoqués par l'employeur.

2e observation : afin d'assurer au salarié des **informations** suffisantes sur ses conditions d'emploi, une **directive européenne** du 14 octobre 1991 fait obligation à l'employeur « d'informer le travailleur des conditions applicables au contrat et à la relation de travail » (lieu, caractéristiques de l'emploi, début et fin, rémunération…). La liste des informations dressée par la directive n'est pas limitative, le salarié devant être informé sur tous les éléments présentant un caractère essentiel, par écrit.

La transposition de cette directive n'a été qu'imparfaitement réalisée, la France estimant que les informations figurant sur le bulletin de paie et dans la déclaration préalable à l'embauche y suffisent ; ce qui n'est pas tout à fait exact.

B. Capacité

1. Employeur

Application du **droit commun** en raison du caractère exclusivement patrimonial du contrat pour lui.

2. Salarié

Engagement de la personne, d'où consentement **personnel** requis.
Interdiction du travail des enfants d'âge scolaire (incapacité de jouissance), sauf apprentissage, stages de formation alternée, travaux légers durant les vacances, ateliers de famille.

• **Mineurs** : incapacité d'exercice, mais dérogation au droit commun en raison du caractère personnel plus que patrimonial du contrat, le mineur **consent personnellement** ; question discutée de la nécessité de l'autorisation du titulaire de l'autorité parentale (en pratique le mineur s'embauche seul).

• **Femmes mariées** : contrat valable depuis les lois de 1938 et 1942 (profession séparée). Liberté totale d'exercice d'une profession depuis 1965.

C. Rapports de famille

Ne sont plus incompatibles avec un contrat de travail.

1. Relation de travail entre époux

La jurisprudence présume que la femme fournit une simple collaboration familiale, mais admet la possibilité d'un contrat de travail entre époux.
Une loi du 10 juillet 1982, prenant en compte le travail du conjoint (ou du signataire d'un PACS) d'un chef d'entreprise (en pratique surtout artisan) a distingué les cas du conjoint collaborateur, associé ou salarié, et déclare applicable à ce dernier les dispositions du Code du travail s'il « participe effectivement à l'entreprise ou à l'activité de son époux à titre professionnel et habituel et perçoit une rémunération horaire minimum égale au SMIC » (art. L. 784-1, C. trav.).
L'existence d'un lien de subordination n'est pas une condition d'application de ce texte. Il suffit de vérifier le travail effectif et la rémunération.
À l'occasion de la recodification, l'art. L. 784-1 a été abrogé. Il convient de se reporter à l'article L. 121-4 du Code de commerce selon lequel l'intéressé doit opter pour le statut de collaborateur, d'associé ou de salarié.

2. Relation de travail entre parents et enfants

– enfants **mineurs** : possibilité généralement admise d'un contrat de travail (question de fait) ;
– enfants **majeurs** : au cas d'absence d'une rémunération (entraide familiale), droit de succession particulier reconnu à l'enfant et aux descendants âgés de plus de 18 ans : indemnisation sous forme de **salaire** différé.

§ 2 - Application des théories de la cause et de l'objet du contrat (cf. Droit civil)

§ 3 - Durée du contrat

Le contrat est à durée déterminée ou indéterminée. Selon la loi du 25 juin 2008, « le contrat à durée indéterminée est la forme normale et générale de la relation de travail. Toutefois, le contrat de travail peut comporter un terme fixé avec précision dès sa conclusion ou résultant de la réalisation de l'objet pour lequel il est conclu dans les cas et conditions » prévus par le Code du travail pour les contrats à durée déterminée (art. L. 1221-2, C. trav.).

A. Durée indéterminée

Cas le plus fréquent (cf. Rupture du contrat de travail). Toutefois on observe depuis des années un accroissement considérable des embauches à durée déterminée.

B. Durée déterminée

Elle doit toujours être inférieure à la durée de la vie du travailleur. Longtemps laissée libre par le droit positif, elle est maintenant régie par les dispositions restrictives relatives au contrat de travail à durée déterminée du fait d'une tendance à la multiplication des contrats à durée déterminée pour éviter l'application des règles concernant la rupture du contrat à durée indéterminée. Les cas de recours à ce type de contrat sont limités par la loi.
Pour le régime particulier du contrat à durée déterminée, cf. *infra* : chapitre 2, Contrats « atypiques ».

C. Cas particulier : la période d'essai

Alors que précédemment le Code du travail ne réglementait l'engagement à l'essai que dans des cas particuliers, **la loi du 25 juin 2008 issue de l'accord national interprofessionnel du 11 janvier 2008** sur la modernisation du marché du travail encadre, par des dispositions générales, la période d'essai dans les contrats à durée indéterminée.

Finalité : permettre à l'employeur d'évaluer les compétences du salarié dans son travail, notamment au regard de son expérience, et au salarié d'apprécier si les fonctions occupées lui conviennent (art. L. 1221-20, C. trav.). Mais sous cette apparente réciprocité, manifestation d'un pouvoir de l'employeur ; d'où un certain contrôle nécessaire.

Durée : le contrat de travail à durée indéterminée peut comporter une période d'essai dont la durée maximale est de :
– 2 mois pour les ouvriers et les employés,
– 3 mois pour les agents de maîtrise et les techniciens,
– 4 mois pour les cadres (art. L. 1221-19, C. trav.).
La période d'essai se situe et commence à courir au commencement de l'exécution du contrat de travail :

– il en est ainsi même si l'employeur impose au salarié de suivre une formation au début de cette exécution. En cas d'embauche dans l'entreprise à l'issue d'un stage intégré à un cursus pédagogique réalisé lors de la dernière année d'études, la durée de ce stage est déduite de la période d'essai. Mais cela ne peut avoir pour effet de réduire cette dernière de plus de la moitié sauf accord collectif plus favorable (art. L. 1221-24, C. trav.) ;
– lorsqu'une période d'essai est stipulée postérieurement au commencement de l'exécution du contrat, la durée déjà exécutée doit être déduite de la durée de l'essai.

Renouvellement possible de la période d'essai : une fois, à la double condition qu'un accord de branche étendu le prévoie et que le contrat de travail ou la lettre d'engagement le stipule expressément. Renouvellement compris, la durée de la période d'essai ne peut pas dépasser :
– 4 mois pour les ouvriers et employés,
– 6 mois pour les agents de maîtrise et techniciens,
– 8 mois pour les cadres (art. L. 1221-21, C. trav.).
En principe impératives, ces durées peuvent être raccourcies par le contrat de travail ou par un accord collectif conclu après le 26 juin 2008. En revanche les accords collectifs conclus avant cette date et prévoyant des durées plus longues restent applicables. Mise à l'écart partielle de la règle de faveur. On remarque que pour la Cour de cassation un essai d'un an peut être déraisonnable au sens de la convention n° 158 de l'OIT.
Selon l'article L. 6222-16 du Code du travail sauf disposition conventionnelle contraire, aucune période d'essai ne peut faire suite à l'embauche d'un apprenti par contrat à durée indéterminée (cf. *supra*, L'apprentissage).
L'engagement à l'essai **ne saurait être présumé** et doit être prouvé par la partie qui s'en prévaut. Il ne peut résulter que du contrat individuel ou de la lettre d'engagement qui doivent le prévoir expressément. De sorte qu'il ne peut être imposé directement par la convention collective.
La prévision de l'essai dans le contrat de travail peut procéder de l'intention, dès l'origine, de limiter l'emploi à la durée de l'essai ; il y a alors détournement de l'objet de la période d'essai par l'employeur.

Rupture : Le principe, typique de la période d'essai, est celui de la **liberté** de rupture, chaque partie étant seule juge des résultats de l'essai. La rupture n'est ni un licenciement ni une démission. Elle n'est pas soumise à l'exigence d'une cause réelle et sérieuse. Des **atténuations** à cette liberté résultent de la loi et de la jurisprudence.
Depuis la loi du 25 juin 2008 un **délai de prévenance** doit être respecté. En cas de rupture à l'initiative de l'employeur, le délai de prévenance ne peut être inférieur à :
– 24 heures en dessous de 8 jours de présence,
– 48 heures entre 8 jours et 1 mois de présence,
– 2 semaines après 1 mois de présence,
– 1 mois après 3 mois de présence.
Lorsque c'est le salarié qui met fin à la période d'essai, il doit respecter un délai de prévenance de 48 heures (ramené à 24 heures si la durée de présence du salarié est inférieure à 8 jours ; art. L. 1221-25, C. trav.).
La possibilité d'indemnité pour **rupture abusive** est admise de longue date par les tribunaux (intention de nuire, légèreté blâmable dans la rupture ; preuve difficile).

La jurisprudence semble tendre à enserrer dans des limites plus étroites le pouvoir discrétionnaire de l'employeur et à retenir l'abus de résiliation du contrat par l'employeur lorsqu'il le rompt l'embauche à peine prononcée ou dans les tous derniers jours de l'essai. Attentive aux finalités de l'essai, la Cour de cassation considère comme abusive la rupture au cours de l'essai pour un motif non inhérent à la personne (motif économique). Et si l'employeur met fin à l'essai en raison d'une faute du salarié, il doit respecter la procédure disciplinaire (voir *infra* Pouvoir disciplinaire) faute de quoi la rupture sera abusive.
Les dispositions de l'article L. 1132-1 du Code du travail interdisant les discriminations sont applicables à la période d'essai.
Une jurisprudence critiquable refuse d'appliquer aux travailleurs engagés à l'essai les règles protectrices de certaines catégories (femmes enceintes sous réserve d'un licenciement abusif voire nul [art. L. 11323-1] fondé sur l'état de grossesse, conseillers prud'hommes, médecins du travail, licenciés pour raisons économiques...). Toutefois jurisprudence différente pour les représentants du personnel (procédure spéciale de licenciement); et les règles protectrices des victimes d'accidents du travail sont applicables en période d'essai.

Nature juridique : discutée (avant-contrat ou contrat sous condition résolutoire pour les uns, contrat de travail se consolidant progressivement, pour les autres). Il est préférable d'y voir un contrat unique avec « période » d'essai.
Règles particulières pour le contrat à durée déterminée et le contrat de travail temporaire (cf. *infra*).

NB : en raison du régime exorbitant de l'essai, celui-ci ne peut être stipulé que lors de la première embauche et non lors d'une modification du contrat (l'essai dans les nouvelles fonctions est une modification du contrat). De même, au cas d'essai imposé en cours de contrat après rétrogradation et mutation dans un autre emploi, et en cas de refus du salarié, il y a licenciement par l'employeur.

§ 4 - Limites à la liberté contractuelle

Observation préalable : la législation récente, dans le cadre de la lutte contre le chômage, a multiplié à la fois les incitations à l'embauche et les limitations à la liberté d'embaucher (voir *supra* La politique de l'emploi).

A. Les diverses limitations à la liberté contractuelle

Le **principe** demeure la **liberté**, malgré certaines limitations et le problème posé par certaines méthodes de recrutement qui permettent des investigations, y compris dans la vie privée des candidats à l'embauche (enquêtes d'officines spécialisées, tests psycho-sociologiques apparemment neutres, tests graphologiques, consultation de fichiers manuels ou informatiques).
Les limitations concernent aussi bien le droit d'embaucher que celui de refuser d'embaucher (liberté de ne pas contracter).

1. Respect de la réglementation impérative

En matière d'embauche (not. jeunes, femmes, étrangers, cas particuliers...), cf. Marché du travail, titre préliminaire.

2. Interdiction des discriminations

V. *supra*, titre préliminaire, chapitre 2, § 1.

3. Respect des conventions collectives

Voir volume 1.

4. Respect de la vie privée et des libertés fondamentales

– Il est interdit de poser dans un questionnaire d'embauche des questions relatives à l'appartenance syndicale (cf. volume 1, Liberté syndicale), ou aux opinions politiques ou religieuses.

– Il est interdit de rechercher, au moment de l'embauche, ce qui n'est « pas en rapport direct avec l'emploi sollicité » (Soc., 17 oct. 1973, qualité de prêtre) et le refus du candidat de le révéler, la dissimulation, n'est pas une faute (qualité d'intellectuel, de diplômé, d'étudiant, de prêtre, grossesse, etc.). Dans la pratique cette protection est difficile à assurer.

5. Clause d'un précédent contrat de travail

Engagement de ne pas travailler chez un concurrent (clauses de non-concurrence), en raison de connaissances techniques, de secrets de fabrication ou de relations avec la clientèle, une fois rompu le contrat de travail (obligation distincte de celle de non-concurrence du salarié en cours de contrat). Cf. *infra* : titre 3, chapitre 3, Clauses de non-concurrence.

6. Obligation pour le nouvel employeur

Depuis l'institution de l'obligation du certificat de travail, de vérifier que le salarié est libre de son dernier engagement.

B. La loi du 31 décembre 1992 : le recrutement (et l'évaluation)

Le problème posé par certaines méthodes de recrutement et aussi d'évaluation et de contrôle des salariés, qui permettent des investigations y compris dans la vie privée des intéressés, s'est trouvé aggravé par le développement de techniques nouvelles (tests divers, fichiers manuels ou informatisés, enquêtes d'officines spécialisées, caméras-vidéo, badges magnétiques, autocommutateurs téléphoniques, logiciels adaptés…) et de cabinets de recrutement. À la suite d'un rapport demandé par le ministre du Travail au professeur Gérard Lyon-Caen (*Les libertés publiques et l'emploi*, Doc. française, 1992) et des propositions qu'il contenait, sans toutefois les retenir toutes, et après de longs débats, la **loi du 31 décembre 1992** est venue considérablement renforcer le droit positif résultant jusque-là de la jurisprudence et des prises de position de la Commission nationale de l'informatique et des libertés (CNIL).

La loi comporte trois volets relatifs aux libertés dans l'entreprise, aux procédés de recrutement et d'évaluation des salariés ainsi qu'à l'information et à la consultation du comité d'entreprise sur les techniques de recrutement, de gestion du personnel et de contrôle de l'activité des salariés.

1. Libertés dans l'entreprise

La loi pose deux principes et institue un mécanisme d'alerte.

a) Un principe général d'interdiction des restrictions des libertés est posé à l'article **L. 1121-1** du Code du travail, aux termes duquel « nul ne peut apporter aux droits des personnes et aux libertés individuelles et collectives des restrictions qui ne seraient pas justifiées par la nature de la tâche à accomplir ni proportionnées au but recherché ».

Observation : prolongeant les dispositions du Code du travail relatives au règlement intérieur, ce principe englobe non seulement le pouvoir normatif de l'employeur (cf. *infra*, titre 2 et s.) mais aussi son pouvoir de direction et concerne tous les actes correspondant à son exercice. En outre il protège à la fois les salariés en place et les candidats à l'embauche non seulement dans leurs rapports avec leur futur employeur, mais aussi avec un éventuel cabinet de recrutement. Enfin il fonde l'exercice du droit d'alerte.

b) En cas d'atteinte aux libertés qui ne serait pas justifiée par la nature de la tâche à accomplir ni proportionnée au but recherché, **un droit d'alerte** est attribué à tout délégué du personnel qui peut saisir l'employeur, lequel doit alors procéder sans délai à une enquête avec le délégué et prendre les dispositions nécessaires pour remédier à cette situation, faute de quoi le salarié intéressé ou le délégué (si le salarié averti par écrit ne s'y oppose pas) saisit le bureau de jugement du conseil des prud'hommes qui statue dans les formes du référé et peut ordonner toutes mesures adéquates, même sous astreinte (art. L. 422 1-1, C. trav.). Par exemple : retrait d'éléments de preuve obtenus par des moyens frauduleux (vidéo) portant atteinte aux droits des personnes et aux libertés individuelles (Soc., 10 déc. 1997).
Le droit d'alerte peut être également exercé en cas d'atteinte à la santé physique et mentale (loi du 17 janvier 2002).

2. Opérations de recrutement et d'évaluation des salariés

La loi du 31 décembre 1992 a institué un certain nombre d'obligations et d'interdictions qui s'imposent, aussi bien pour le recrutement des candidats à un emploi que pour l'évaluation des salariés en cours d'emploi, à la fois aux « recruteurs », au chef d'entreprise et aux organismes de formation, et dont se dégagent deux principes concernant les informations demandées ou collectées :

a) Principes de pertinence des informations recherchées, auquel fait contrepoids une obligation de bonne foi dans les réponses du salarié.
Les informations demandées ou recherchées doivent :
– avoir comme finalité exclusive d'apprécier la capacité du candidat à occuper l'emploi ou ses aptitudes professionnelles (art. L. 1221-6) ou son aptitude à suivre l'action de formation, ce qui exclut les informations sur la vie privée, la distinction entre celle-ci et la personnalité du candidat, importante pour certains postes, pouvant être difficile ;
– présenter un lien direct nécessaire avec l'emploi ou avec l'évaluation des aptitudes professionnelles (art. L. 1221-6) ou avec l'action de formation ou encore avec l'objet du bilan de compétence effectué (art. L. 6313-10).
Dans tous les cas, le candidat ou le salarié a l'obligation de répondre de bonne foi, mais seulement aux demandes d'information conformes au principe de pertinence et aussi dans les limites posées par la jurisprudence.

b) Principe de transparence (ou de loyauté) dans la collecte des informations posé par l'article L. 1221-9 du Code du travail : « aucune information concernant personnellement le salarié ou un candidat à un emploi **ne peut être collectée par un dispositif qui n'a pas été préalablement porté à la connaissance du salarié ou du candidat à un emploi** ».

Dans le cas contraire, les résultats négatifs obtenus ne peuvent être opposés au candidat ou au salarié. La sanction reste toutefois incertaine. Mais une information est par ailleurs exigée en faveur du comité d'entreprise (cf. *infra* 3).

3. Information et consultation du comité d'entreprise

Elle est variable selon l'objet des techniques utilisées.

a) Information préalable relative aux techniques de recrutement utilisées et à leur modification (art. L. 2323-32, al. 1er, C. trav.).

Observations :

– C'est une extension du principe de transparence au profit du comité, en vue de dissuader d'employer certaines méthodes.

– Sanction : infraction d'entrave aux fonctions du comité.

b) Information préalable relative aux traitements informatisés de gestion du personnel, avant leur introduction dans l'entreprise, et à leur modification en vue d'obliger les employeurs à un minimum de transparence et aussi de faciliter l'information de la CNIL.

c) Consultation préalable sur les techniques de contrôle des salariés (art. L. 2323-32, al. 3), la loi légalisant ainsi la jurisprudence *Néocel* (Soc., 20 nov. 1991 : un enregistrement à l'insu du salarié constitue un mode de preuve illicite) en imposant à l'employeur une obligation de loyauté; dissuasive à l'égard de l'emploi de techniques contestables, elle est sanctionnée par les peines de l'infraction d'entrave aux fonctions du comité.

Cette obligation couvre les contrôles concernant aussi la présence du salarié en dehors des temps de travail (cantine...).

§ 5 - Formes du contrat

Aucune n'est exigée sous peine de nullité : forme choisie par les parties (principe du consensualisme). L'engagement verbal est constitutif du contrat.

– Sauf dispositions d'ordre public, clauses des conventions collectives et règlement intérieur.

– Sauf pour de nombreux **cas particuliers** (marins, aéronautique civile, médecins, **contrat de travail à durée déterminée, travail temporaire, travail à temps partiel**, **travail à domicile**, **contrat d'apprentissage** : exigence d'un **écrit**. À défaut le contrat est, selon les cas, nul, présumé à durée indéterminée, à temps plein, sauf preuve contraire.

Si aucune forme véritable n'est exigée à peine de nullité, sauf cas particulier, une **déclaration nominative** d'embauche auprès des organismes de protection sociale (loi du 31 déc. 1991) et la remise au salarié de documents l'informant sur les conditions d'emploi et de travail (directive européenne du 14 oct. 1991 et loi du 31 déc. 1991) sont imposées à l'employeur.

Un décret du 1er avril 1998 simplifiant les formalités administratives des entreprises, institue, sauf pour les particuliers employant des salariés à leur service, une déclaration unique couvrant leurs obligations dans les domaines de la Sécurité sociale, du chômage, de la protection sociale, de la médecine du travail, etc.
Lorsqu'un écrit est rédigé, il doit l'être en français, même, depuis la loi du 4 août 1994, si le contrat doit être exécuté hors de France et ses clauses ne sont opposables au salarié par l'employeur qu'à cette condition.

Section 5 › SANCTIONS DES CONDITIONS DE VALIDITÉ

Parfois peines répressives. Résiliation possible du contrat avec dommages-intérêts.

Nullité : Elle frappe, avec des effets assez spécifiques dans les deux cas.

§ 1 - Nullité du contrat entier

Cas de droit commun (vices du consentement, incapacité, objet illicite ou immoral) et cas de violation de la législation du travail dans la mesure où la disposition violée était déterminante du consentement d'une des parties. Recours fréquent à la résiliation du contrat en pratique.

Effet : la nullité a effet plus pour l'avenir que pour le passé, en raison du caractère successif du contrat de travail, dont les effets déjà réalisés (prestations exécutées) ne peuvent être effacés. D'où : jusqu'à l'annulation :
– l'employeur doit respecter la réglementation du travail (horaires, repos, sécurité…);
– l'état de subordination subsiste (accidents du travail, assurances sociales…);
– les salaires déjà versés ne sont pas restitués, car ils sont la contrepartie d'une prestation exécutée; les salaires non encore versés peuvent être réclamés sur le fondement d'une **relation de travail**. La jurisprudence admet le travailleur à réclamer le salaire dû et l'indemnité de préavis. Il a droit au temps nécessaire pour chercher du travail, à un certificat de travail et à un bulletin de paie.
La jurisprudence fonde la condamnation de l'employeur tantôt sur l'enrichissement sans cause dont il bénéficierait (solution critiquable) tantôt sur le préjudice causé au salarié par la faute de l'employeur (contrat irrégulier). Le caractère « successif » de l'exécution du contrat suffirait à la justifier.
La loi du 17 octobre 1981 relative à l'emploi des travailleurs étrangers en situation irrégulière a posé le principe d'une assimilation de l'étranger au travailleur régulièrement engagé et le fait bénéficier de la réglementation du travail, des salaires et accessoires, d'une indemnité de rupture forfaitaire (1 mois, sauf disposition légale ou conventionnelle plus favorable), versée au besoin par provision sur décision du conseil des prud'hommes. Indemnité supplémentaire possible pour préjudice.

§ 2 - Nullité d'une clause du contrat dans les autres cas

On substitue à celle-ci l'application de la réglementation légale ou de la convention collective, le contrat demeurant valable.

Section 6 › PREUVE DU CONTRAT

Depuis la suppression du livret ouvrier en 1890 et l'abrogation de l'article 1781 du Code civil (preuve de la quotité des gages par l'affirmation de l'employeur), **application du droit commun**, sous réserve de **deux tempéraments** apportés par la jurisprudence :

• au cas d'écrit, dispense en pratique de la formalité du double (interprétation par la jurisprudence) ; une lettre d'engagement émanant de l'employeur est une preuve suffisante. Elle est souvent imposée par les conventions collectives.

• **liberté** de la preuve (non-exigence du commencement de preuve par écrit) :
– soit en raison du caractère commercial du contrat à l'égard de l'employeur (liberté de la preuve en droit commercial) ;
– soit en raison des usages professionnels (impossibilité morale de se procurer un écrit) ;
– le bulletin de paie constitue pour le salarié un commencement de preuve par écrit ou une présomption (également les cartes de pointage).

Chapitre 2 › LES CONTRATS « ATYPIQUES » ET LA MISE À DISPOSITION DE MAIN-D'ŒUVRE

› L'essentiel

Il s'agit de contrats « ***précaires*** *», laissant le salarié dans une situation instable ou précaire, ou de contrats de mise à disposition de main-d'œuvre par une entreprise au profit d'une autre.*

Les ***contrats précaires*** *sont le contrat à durée déterminée et le contrat de travail temporaire. Ce dernier s'inscrivant dans une opération de mise à disposition de main-d'œuvre, il sera étudié dans le cadre de celle-ci, bien que les lois récentes aient considérablement rapproché les régimes respectifs de ces deux contrats, en raison même de la précarité qui caractérise la situation du salarié dans les deux cas.*

Il conviendrait d'en rapprocher le ***contrat de travail à temps partiel****, qui, s'il ne correspond pas à un temps « choisi » par le salarié, se rapproche des contrats précaires. Il sera étudié avec l'aménagement du temps de travail (cf.* infra*, Temps de travail).*

Section 1 › LE CONTRAT DE TRAVAIL À DURÉE DÉTERMINÉE (ART. L. 1241-1 À L. 1248-11, C. TRAV.)

D'abord ignoré par la loi, mais pratiqué et traité par la jurisprudence, ce contrat a été l'objet d'une réglementation détaillée lors d'une succession de réformes législatives d'esprit très différent.

La loi du 3 janvier 1979, tout en donnant plus de garanties au salarié, cherchait surtout à redonner à l'employeur une plus grande liberté pour permettre une meilleure adaptation de l'emploi aux variations de l'économie.

Elle ne limitait donc pas le recours à cette forme de contrat et cherchait à en favoriser la conclusion.

L'ordonnance du 5 février 1982, devant la multiplication des contrats à durée déterminée, même pour des emplois normalement permanents et ainsi « précarisés », a poursuivi un double objectif :

– d'une part limiter ces contrats aux **emplois non permanents** et en limiter la durée ;

– d'autre part assurer aux salariés les mêmes garanties qu'aux salariés permanents (principe d'égalité de traitement).

Une loi de 1985 (25 juill.) a aligné les régimes du travail temporaire et du contrat à durée déterminée, en particulier en établissant une liste identique des cas de recours autorisés.

L'ordonnance du 11 août 1986, consacrant l'**unité de régime** des deux types de contrats précaires, mais faisant prévaloir l'objectif de lutte contre le chômage, supprima la liste des cas de recours permis et lui substitua une règle de principe formulée en termes généraux (exécution d'une **tâche précise**).

Devant la progression des contrats à durée déterminée (représentant plus des 2/3 des embauches) le ministre du Travail déposa un **projet de loi** limitant rigoureusement les cas de recours, ce qui incita le patronat à négocier l'**Accord national interprofessionnel du 24 mars 1990** comportant de sensibles assouplissements par rapport au projet de loi et dont la validité était subordonnée à l'adoption des dispositions légales nécessaires à son application.
La loi du 12 juillet 1990, « favorisant la stabilité de l'emploi par l'adaptation du régime des contrats précaires », a fixé des **cas de recours**, restreint les **durées autorisées** et renforcé les garanties pour les salariés, revenant largement à l'esprit de l'ordonnance de 1982 mais avec plus de souplesse.
La loi du 17 janvier 2002 dite de modernisation sociale a apporté des retouches au dispositif dans le but de renforcer l'encadrement du recours au travail précaire, de prévenir les abus et d'accorder aux salariés quelques droits supplémentaires.
Quelques assouplissement ont été introduits dans un certain désordre en **2003** (lois du 3 janvier et du 1er août) et **2004** (ord. 24 juin).
L'accord national interprofessionnel du 11 janvier 2008 sur la modernisation du marché du travail, repris par la **loi du 25 juin 2008**, a créé une nouvelle variante de contrat à durée déterminée, empruntant quelques traits au contrat à durée indéterminée.

NB : l'unité de régime des contrats précaires permet de **fréquents renvois** aux développements relatifs au travail temporaire, en particulier en ce qui concerne le régime et le domaine (cas de recours) du contrat à durée déterminée.
Le régime du contrat à durée déterminée (CDD) ne s'applique que dans les cas où le recours à ce contrat est autorisé.

NB : la loi pour la cohésion sociale du 18 janvier 2005 a créé le « contrat de mission à l'exportation ». Ce contrat doit avoir été prévu par un accord collectif. Il s'agit d'un contrat à durée indéterminée mais conclu pour une durée minimale de six mois. Sa rupture échappe aux règles du licenciement pour motif économique et relève du droit commun à l'instar des contrats de chantier (cf. *infra*, 2e partie, Rupture du contrat, Licenciement pour motif économique).

§1 - Formation et durée du contrat

Le régime du CDD est dominé à la fois par l'**unité** avec le régime du travail temporaire (cf. *infra*) et par le **principe d'égalité de traitement**.

A. Conclusion et forme

– **écrit** nécessaire (art. L. 1242-12) signé par le salarié.
– **mentions obligatoires** : objet et motif précis du contrat (même s'il s'agit d'un contrat d'usage), étant précisé qu'un même contrat ne peut mentionner qu'un seul motif; date du terme précis ou durée minimale; désignation de l'emploi; nom et qualification du salarié remplacé; convention collective applicable; durée de l'essai éventuel; montant et composantes de la rémunération; clause éventuelle de renouvellement...
– à défaut, le contrat est **réputé conclu pour une durée indéterminée** (**requalification** du contrat par le juge qui est obligé d'y procéder à la demande du salarié sauf lorsqu'est omise une mention non nécessaire au contrôle du bien fondé du recours

au CDD). La preuve contraire par l'employeur n'est pas admise. Mais le salarié peut rapporter la preuve que le contrat conclu verbalement est à durée déterminée. L'énonciation du motif de recours au CDD fixe les limites du litige en cas de contestation de sorte qu'aucun autre motif ne peut être examiné par le juge.

B. Durée

Le contrat à durée déterminée est un **contrat d'exception**, l'art. L. 1221-2, C. trav. disposant que « le contrat de travail à durée indéterminée est la forme normale et générale de la relation de travail ». Sans durée précisée, le contrat de travail est présumé avoir une durée indéterminée.

1. Terme du contrat

Il doit être « fixé avec précision » (**terme précis**) dès la conclusion (art. L. 1242-12).
Exception : contrat conclu :
– pour **remplacer** un salarié absent ou dont le contrat est suspendu,
– dans l'attente de l'entrée en service d'un salarié recruté par contrat à durée indéterminée,
– pour des emplois à caractère **saisonnier** ou pour lesquels il est d'**usage** constant de ne pas recourir au contrat à durée indéterminée.

NB : dans ces trois cas, durée minimale prévue obligatoirement et terme à la fin de l'absence ou lorsque l'objet du contrat a été réalisé. La fin de l'absence est assez largement entendue par les juges : le contrat conclu pour remplacer une salariée absente pour congé de maternité mais qui se poursuit pendant le congé parental sollicité par cette dernière a pour terme la fin du congé parental. Dans le même esprit, le contrat de remplacement prend fin de plein droit lorsque la salariée remplacée en congé de maternité puis en congé parental est licenciée pour motif économique.

2. Durée maximale

Afin de ne pas permettre de pourvoir durablement par ce contrat un emploi normal et permanent de l'entreprise :
– **dix-huit mois** (renouvellement compris) ;
– réduite à **neuf mois** dans certains cas (cf. Travail temporaire, Durée de la mise à disposition) ;
– portée à **vingt-quatre mois** dans d'autres cas, à certaines conditions (cf. *ibid.*).
Lorsque des contrats à durée déterminée successifs sont conclus pour remplacer un salarié absent, pour un emploi temporaire selon l'usage et sans doute pour des emplois saisonniers, la durée maximale n'est pas applicable même si, bien que cela ne soit qu'une faculté, ces contrats comportent un terme précis.

3. Renouvellement

Possible **une fois** pour une durée déterminée sans dépasser la durée maximale (cf. travail temporaire – mise à disposition – renouvellement). À distinguer de la conclusion de contrats successifs avec le même salarié, autorisée dans certains cas (cf. *infra*).

4. Succession de contrats pour un même poste

Afin d'éviter la transformation d'emplois permanents en emplois temporaires, à l'expiration du contrat, il ne peut être recouru pour pourvoir le poste ni à un autre

contrat à durée déterminée, ni à un contrat de travail temporaire avant l'expiration d'une période égale :
– au tiers de la durée du contrat expiré si la durée de ce contrat est au moins égale à 14 jours (renouvellement inclus),
– à la moitié de la durée du contrat expiré si la durée de ce contrat est inférieure à 14 jours (renouvellement inclus).
Ce délai de carence résulte de la loi du 17 janvier 2002. Il n'est pas applicable dans le cas de remplacement, de travaux urgents de sécurité ou de travaux saisonniers, de contrats temporaires consacrés par l'usage (art. L. 1244-3, et cf. Travail temporaire, Durée de la mise à disposition, Succession de missions et contrats) (**Délai de carence**).

NB : *a priori* une succession de contrats de remplacement ou de contrats saisonniers ne crée pas de relation durable à caractère indéterminé. Toutefois le juge doit prendre en considération la réalité d'une relation globale ressortant des circonstances et alors constater l'existence d'une relation contractuelle à durée indéterminée, à laquelle s'appliqueraient les règles du licenciement (jurisprudence classique). Par exemple pour un mannequin employé en fait tout au long de l'année.

C. Principe d'égalité de traitement (avec les salariés bénéficiaires d'un contrat à durée indéterminée)

• En vertu des dispositions de l'article L. 1242-14, C. trav., les lois, conventions collectives et usages applicables au contrat à durée indéterminée bénéficient aux salariés liés par un contrat à durée déterminée (rémunération, avantages sociaux…), à l'exclusion des règles relatives aux modalités de la rupture.
Par suite non seulement ces salariés en bénéficient comme les autres, mais les accords collectifs et les usages ne sauraient valablement leur refuser des avantages qui seraient réservés à ces derniers.

• En application du principe, la **rémunération** « ne peut être inférieure au montant de la rémunération que percevrait dans la même entreprise, après période d'essai, un salarié sous contrat de travail à durée indéterminée de qualification équivalente et occupant les mêmes fonctions » (art. L. 1242-15). La règle est pénalement sanctionnée (loi du 17 janvier 2002). Voir aussi *infra* titre 2, chapitre 2, Égalité de rémunération.

• Indemnité compensatrice de congés payés calculée en fonction de la durée du contrat, quelle qu'elle soit (minimum : 1/10 de la rémunération).

• Droit au congé de formation (ancienneté de 24 mois) et au crédit-formation.

• Droit d'être électeur et éligible aux **institutions représentatives du personnel** et d'être désigné en qualité de délégué syndical (jurisprudence). Prise en compte dans les effectifs requis (seuils) pour la représentation élue ou syndicale au prorata du temps de service dans l'entreprise sauf dans le cas de remplacement d'un salarié absent. Informations du comité d'entreprise sur les contrats à durée déterminée utilisés ainsi que lors des négociations annuelles de branche et d'entreprise au profit des négociateurs (cf. Travail temporaire, Statut du travailleur).

NB : l'employeur doit informer les salariés sous CDD des postes à pourvoir par voie de contrat à durée indéterminée dans l'entreprise si, du moins, une telle information existe aussi au profit des salariés « permanents » (loi du 17 janvier 2002).

D. Requalification du contrat

Comme pour le travail temporaire, le non-respect des conditions de formation du contrat à durée déterminée (cf. conclusion et forme, durée) et la conclusion de celui-ci **en dehors des cas de recours autorisés** (cf. objet et domaine) entraînent des sanctions pénales et aussi la sanction civile de **requalification** du contrat.

• L'article L. 1245-1, C. trav., en particulier, dispose que tout contrat conclu en méconnaissance des dispositions légales est « **réputé à durée indéterminée** », ce qui signifie :
– que le juge constatant la méconnaissance, a l'**obligation** d'opérer la requalification du contrat, mais seul le salarié peut l'invoquer ; de sorte que le juge ne peut prononcer la requalification d'office (Soc. 30 oct. 2002, *BCV* n° 332) ;
– que les règles relatives à la **rupture du contrat à durée indéterminée** sont **applicables** et permettent au salarié de réclamer des indemnités sur la base du droit du licenciement mais non sa réintégration. La rupture s'analysant en un licenciement le salarié ne peut revendiquer l'indemnité de précarité due à la fin de chaque CDD mais s'il l'a perçue avant la saisine du juge, elle lui reste acquise (Soc., 25 mai 2005).
Un arrêt du 7 mai 2003 semble exclure que le licenciement soit automatiquement dépourvu de cause réelle et sérieuse, le juge devant rechercher si la lettre de rupture des relations contractuelles vaut lettre de licenciement et apprécier les motifs qu'elle énonce. La jurisprudence récente sur la prise d'acte de la rupture du contrat de travail (cf. *infra*, 2e partie, titre 1, chapitre 2, section 2, Prise d'acte) suggère cependant la solution contraire.
– que si le tribunal fait droit à la demande du salarié, il doit, d'office, condamner l'employeur au versement d'une indemnité de requalification qui ne peut être inférieure à un mois de salaire. Il s'agit du dernier salaire perçu avant la saisine du juge. Lorsque le juge requalifie une succession de CDD avec un même salarié en contrat à durée indéterminée, il n'accorde qu'une seule indemnité de requalification.

Observation : la jurisprudence a été conduite à distinguer deux sortes de requalifications : la **requalification-interprétation**, restituant aux clauses du contrat leur exacte signification, peut être demandée par chacune des deux parties, donc aussi par l'employeur, et la **requalification-sanction**, sanctionnant la méconnaissance des règles par l'employeur et protégeant le salarié, que seul le salarié peut demander (Soc., 22 juin 1993 *D.* 1993.592).
L'AGS (cf. *infra*, Garanties du paiement des salaires) n'est pas recevable à demander la requalification d'un CDD en contrat à durée indéterminée sauf fraude démontrée.

• Une **procédure dérogatoire** permet de saisir directement le bureau de jugement du conseil des prud'hommes d'une demande de requalification et, dans ce cas, de présenter toutes les autres demandes qui dérivent du contrat de travail.

• Les **organisations syndicales représentatives** peuvent, sans avoir à justifier d'un mandat de l'intéressé, exercer en justice toutes actions en faveur du salarié, lequel doit avoir été averti par lettre recommandée et ne pas s'y être opposé dans un délai de 15 jours, pouvant à tout moment intervenir à l'instance et y mettre un terme (art. L. 1247-1). L'opposition du salarié ne l'empêche pas d'exercer lui-même l'action par la suite.

Observations :

– la requalification du contrat ne modifie pas son contenu et laisse subsister une clause de non-concurrence qui figurait dans le contrat à durée déterminée ;

– le salarié n'a pas toujours avantage à demander la requalification du contrat et peut préférer se prévaloir des règles du contrat à durée déterminée.

§ 2 - Objet et domaine du contrat : les cas de recours

L'ordonnance du 11 août 1986 avait supprimé la liste des cas de recours établie par l'ordonnance de 1982 au profit d'une formule générale : « l'exécution d'une tâche précise ».

La loi du 12 juillet 1990, confirmée par la loi du 17 janvier 2002, limite l'objet du contrat à durée déterminée à « **l'exécution d'une tâche précise et temporaire** et seulement dans les **cas énumérés** à l'article L. 1242-2 », revenant à la méthode des cas de recours et précisant que le contrat « **quel que soit son motif ne peut avoir ni pour objet ni pour effet de pourvoir durablement un emploi lié à l'activité normale et permanente de l'entreprise** » (art. L. 1242-1), et en posant aussi certaines interdictions.

A. Cas de recours autorisés (art. L. 1242-2, C. trav.)

1. Remplacement d'un salarié **absent** ou dont le contrat de travail est suspendu, ou dont le poste va être supprimé après son départ, ou en attente de l'entrée en service effective d'un salarié déjà recruté par contrat à durée indéterminée mais momentanément indisponible.

Cédant à des sollicitations multiples, les textes récents autorisent le recours au CDD pour remplacer un chef d'entreprise, son conjoint collaborateur ou un chef d'exploitation agricole (Ord. du 24 juin 2004, loi du 3 janvier 2003) ou certains salariés passant provisoirement à temps partiel (loi 1er août 2003).

La jurisprudence admet les remplacements « en cascade » : l'employeur n'est pas obligé d'affecter le remplaçant au poste occupé par le salarié absent (Soc., 30 avril 2003, *Dr. soc.* 2003.880). Souci de souplesse.

En revanche, un seul CDD ne peut être conclu pour remplacer simultanément ou successivement plusieurs salariés absents. Il doit être conclu autant de CDD qu'il y a de salariés à remplacer.

2. Accroissement temporaire de l'activité de l'entreprise, **tâche occasionnelle** ou commande exceptionnelle à l'exportation (voir *infra* Section 3 § 2 Cas de recours au travail temporaire).

L'employeur n'est pas tenu d'affecter le salarié à des tâches directement liées au surcroît d'activité. Souplesse encore.

3. Travaux saisonniers ou temporaires selon l'usage constant

Les travaux temporaires selon l'usage constant s'inscrivent dans des secteurs d'activités définis par décret ou par accord collectif étendu. Rompant de manière contestable avec sa jurisprudence antérieure, la Cour de cassation avait limité le contrôle du juge en la matière : il devait seulement rechercher si, pour l'emploi contesté, il est effectivement d'usage constant de ne pas recourir au contrat à durée indéterminée sans avoir à s'assurer que le salarié n'occupe pas durablement un poste lié à l'activité normale et permanente de l'entreprise (Soc., 26 nov. 2003, *RJS* 3/08 n° 256).

Par un nouveau **revirement**, opéré sous l'influence du droit communautaire, la Cour de cassation exige que soit vérifié le caractère par nature temporaire de l'emploi occupé. Cette vigilance s'explique notamment par la possibilité, dans ce cas de recours au CDD, de conclure des CDD successifs sans durée maximale (v. *supra* B. Durée), source d'abus éventuels. C'est pour prévenir de tels abus que le juge doit vérifier que le recours à cette formule est « justifié par des raisons objectives qui s'entendent de l'existence d'éléments concrets établissant le caractère par nature temporaire de l'emploi » (Soc. 23 janv. 2008, *RDT* 2008.170). La Chambre sociale et la Chambre criminelle sont au diapason en la matière.

NB : admission d'un CDD spécifique pour les vendanges (Loi du 21 déc. 2001 intégrée au Code rural).

4. Travaux urgents de sécurité

5. Trois cas liés à des dispositifs d'insertion et de formation dans le cadre de la lutte contre le chômage ;

– contrats conclus au titre des dispositions prévues pour **favoriser l'embauche** de certaines catégories de **demandeurs d'emploi** sous la condition d'un terme précis ;

– contrats par lesquels l'employeur assure un **complément de formation professionnelle** au salarié appartenant à une des catégories précisées par décret, sous condition d'un terme précis, renouvelable une fois ;

– contrat d'embauche à la **fin de l'apprentissage**, à certaines conditions.

Faisant suite à un accord national interprofessionnel du 13 octobre 2005 et dans le cadre d'un Plan national d'action concertée pour l'emploi des « seniors », un décret du 28 août 2006 a mis en place un **« CDD senior »** venant s'ajouter aux trois cas évoqués. Le but est double : favoriser le retour à l'emploi des salariés âgés et leur permettre d'acquérir, par leur activité, des droits supplémentaires en vue de la liquidation de leur retraite à taux plein. Ce contrat est destiné aux personnes de plus de 57 ans inscrites depuis plus de trois mois comme demandeur d'emploi ou bénéficiaires d'une convention de reclassement personnalisé. Nécessairement à terme précis, le « CDD senior » se singularise par une durée maximale pouvant atteindre 36 mois, renouvellement compris. L'ANI du 13 octobre 2005 (étendu) prévoit le versement, au terme du contrat, d'une indemnité équivalente à l'indemnité de précarité de droit commun.

Bien que dérogeant à la prohibition des discriminations liées à l'âge, le CDD senior est sans doute conforme au droit communautaire compte tenu de la légitimité de l'objectif poursuivi et des moyens utilisés. Des interrogations subsistent quant à l'attractivité de la formule et à l'opportunité de multiplier les contrats de travail particuliers.

Observation : la jurisprudence relative aux cas de recours, en particulier aux cas de remplacement, de travaux saisonniers ou par nature temporaires, est très abondante. Elle a donné lieu à des appréciations diverses de la doctrine. Lorsqu'il y a constat d'une activité permanente en réalité, elle opère la requalification en contrat à durée indéterminée. En particulier, l'employeur ne peut recourir au CDD de remplacement pour faire face à besoin structurel de main-d'œuvre. Cohérence avec le principe selon lequel le contrat à durée indéterminée est la forme normale et générale de la relation de travail (art. L. 1221-1).

B. Interdictions

• pour le remplacement d'un gréviste;

• pour les travaux particulièrement dangereux;

• pour accroissement temporaire d'activité s'il y a eu un licenciement pour motif économique (sur les postes concernés) dans les six mois précédents, sauf dans certains cas;

• en raison des limitations légales à la succession de contrats temporaires (cf. *supra*).

NB : les cas de recours autorisés et les interdictions sont les mêmes que pour le travail temporaire (cf. pour plus de détails : travail temporaire – mise à disposition – cas de recours).

§ 3 - Cessation du contrat à durée déterminée

Distinguer la cessation normale (arrivée du terme) et la rupture anticipée.

A. Arrivée du terme (fin du contrat)

C'est la cause normale mais les parties peuvent attendre une prolongation, d'où fréquemment un préavis prévu au contrat.
En principe le contrat **cesse de plein droit à l'arrivée du terme** (L. 1243-5) et la poursuite de la relation contractuelle au-delà du terme transforme le contrat en contrat à durée indéterminée (art. L. 1243-11).

1. Cessation de plein droit (principe)

L'extinction du contrat est automatique et se produit même si, à l'arrivée du terme, le contrat est déjà suspendu (art. L. 1243-6).
Indemnité de fin de contrat (« destinée à compenser la précarité de la situation du salarié », art. L. 1243-8), instituée par l'ordonnance de 1982,

• s'ajoutant à la rémunération totale due, à titre de **complément de salaire** (indemnité plus dissuasive pour l'employeur que réparatrice pour le salarié),

• versée à l'issue du contrat en même temps que le dernier salaire (mentionnée sur le bulletin de salaire),

• égale en principe à 10 % de la rémunération totale due au salarié pendant la durée du contrat; mais un accord collectif de branche étendu ou d'entreprise peut abaisser ce taux à 6 % à condition d'offrir aux salariés des contreparties en matière de formation professionnelle. Après avoir estimé que l'employeur n'avait pas l'obligation de proposer au salarié dont le contrat prend fin, une formation (Soc. 7 fév. 2007), la Cour de cassation se montre plus ferme en exigeant qu'une action de formation ait été effectivement offerte au salarié (Soc. 23 janv. 2008).

NB : l'indemnité de fin de contrat n'a pas à être restituée en cas de requalification ultérieure du contrat en contrat à durée indéterminée (Soc., 9 mai 2001).

• elle n'est **pas due** :
– dans le cas des contrats de **saison**, ou correspondant à un **usage constant** dans la profession,

– dans le cas de contrats favorisant l'embauche de demandeurs d'emploi ou visant à l'insertion ou à la formation,
– en cas de **rupture anticipée due à l'initiative du salarié, à sa faute grave ou à la force majeure**,
– en cas de **refus du salarié** d'accepter un contrat à durée indéterminée pour occuper le même emploi ou un emploi similaire avec rémunération équivalente. Litiges sur la notion d'emploi similaire (par exemple : exercice des mêmes fonctions mais sur un site différent).

2. Obligation d'attendre

Durant un délai égal au tiers ou à la moitié de la durée du contrat pour pourvoir le poste par un nouveau contrat à durée déterminée ou par un contrat de travail temporaire.
Ce **délai de carence** a pour but d'empêcher de pourvoir un emploi permanent par des salariés temporaires ; la sanction est la requalification du contrat suivant en contrat à durée indéterminée (cf. *supra* : Régime du contrat, Durée, Succession de contrats).

3. Poursuite de la relation contractuelle après l'arrivée du terme

La jurisprudence, en vue de protéger les salariés contre la pratique frauduleuse des contrats successifs de courte durée tacitement reconduits (travail fourni et effectué) ou renouvelés, estimait que la reconduction transformait le contrat en contrat à durée indéterminée, avec application des règles sur le licenciement, sauf lorsqu'une clause prévoyait le nombre ou la durée des renouvellements.
L'ordonnance de 1982 a consacré la réaction protectrice de la jurisprudence à l'égard de la pratique des contrats successifs de courte durée, tout en assouplissant certaines solutions jugées trop rigides.

Principe : (re)qualification du contrat : la poursuite expresse ou tacite (travail fourni et effectué) transforme le contrat à durée déterminée en **contrat à durée indéterminée** (art. L. 1243-11). Ce texte est d'application générale quelle que soit la nature de l'emploi occupé, même si un nouveau CDD est ultérieurement signé. Le salarié conserve l'ancienneté acquise au terme du contrat. La transformation du contrat à durée déterminée en contrat à durée indéterminée est automatique. Et si l'employeur rompt le contrat après l'échéance du terme, c'est le droit du licenciement qui est seul applicable. En revanche, le salarié ne pourra prétendre à l'indemnité de requalification si du moins la requalification résulte uniquement de la poursuite du contrat. L'indemnité sera due si la demande s'appuie aussi sur une irrégularité du CDD initial ou de ceux qui lui ont fait suite (Soc., 22 mars 2006). Solution récente, diversement appréciée en doctrine. Quant à l'indemnité de fin de contrat, après quelques tâtonnements, la jurisprudence admet qu'en cas de dépassement du terme, le salarié puisse y prétendre si, et seulement si, l'employeur n'a pas proposé au salarié un contrat à durée indéterminée pour occuper un emploi identique ou similaire avec une rémunération équivalente (Soc. 3 oct. 2007, *RDT* 2007.721).

Exceptions : cas où il y a utilité certaine d'un nouveau contrat à durée déterminée. D'où : **succession** possible de contrats à durée déterminée dans trois cas (où il s'agit de contrats temporaires par nature) :

– emploi **saisonnier**.

Un accord collectif peut prévoir l'obligation pour tout employeur ayant occupé un salarié dans un emploi saisonnier de lui proposer un emploi de même nature pour la même saison de l'année suivante, l'absence de proposition de réemploi ouvrant droit pour le salarié à une indemnité que l'accord doit prévoir (art. L. 1244-2, C. trav.); cette priorité d'emploi ne modifie pas la nature du contrat qui reste à durée déterminée;

– **usage** constant, sauf fraude;

– **remplacement** pour absence temporaire ou suspension du contrat d'un salarié : par ex. autre remplacement proposé à la fin d'un premier remplacement. Mais l'indemnité de rupture sera plus élevée;

NB : clause de reconduction automatique possible dans les contrats saisonniers pour la saison suivante (loi 9 janv. 1985); avec pour effet la création d'une relation d'ensemble à durée indéterminée comportant des périodes de travail garanties.

B. Rupture anticipée : caractère exceptionnel

1. Cas traditionnels : faute grave ou force majeure

Art. L. 1243-1 : « Sauf accord des parties, le contrat à durée déterminée ne peut être rompu avant l'échéance du terme qu'en cas de **faute grave** ou de **force majeure** ». Ce système évite de maintenir pendant une instance judiciaire l'application du contrat en raison des rapports personnels qu'il engendre mais s'expose à des critiques (constatation arbitraire de la faute grave ou de la force majeure par la partie qui rompt et qui se fait ainsi justice à elle-même, en pratique le plus souvent l'employeur).

a) La faute grave est celle qui rend « intolérable » le maintien des relations contractuelles ou « impossible la poursuite du contrat de travail jusqu'à son terme ». Elle est appréciée par les tribunaux sous le contrôle de la Cour de cassation. La perte de confiance n'est pas assimilable à une faute grave. La procédure du licenciement disciplinaire (cf. *infra*) doit être respectée par l'employeur.

NB : le salarié de son côté ne peut rompre que si une faute grave peut être reprochée à l'employeur.

La partie lésée peut **rompre le contrat par sa seule volonté**, le salarié en cessant le travail, l'employeur en congédiant, l'autre partie saisissant le juge si elle estime qu'il n'y a pas faute grave. Le tribunal, s'il est saisi, confirmera la rupture (avec éventuellement dommages-intérêts) ou bien condamnera l'auteur de la rupture pour absence de faute grave ou de force majeure.

NB : dans le cadre du contrat à durée déterminée, il n'y a pas de place pour la prise d'acte de la rupture (voir *infra* 2e partie titre 1, chapitre 2, section 2).

b) La force majeure doit être entendue **strictement** (circonstances économiques justifiant la suppression du poste ne constituant pas une force majeure, pas plus que la liquidation judiciaire entraînant la disparition de l'entreprise, ou la cessation volontaire de son activité par l'employeur, ou les difficultés financières, ou encore l'inaptitude physique du salarié).

NB : lorsque la force majeure est due à un sinistre, le salarié a droit à une indemnité compensatrice dont le montant est au moins égal aux salaires qu'il aurait perçus jusqu'à l'échéance du contrat, sous réserve d'un plafond (loi du 17 janvier 2002 de modernisation sociale).

Observation : on a pu craindre une dérive dangereuse et critiquable de la jurisprudence, en particulier avec un arrêt de la chambre sociale du 22 octobre 1991 considérant que les insuffisances du salarié « mettaient en péril le bon fonctionnement de l'établissement au point de rendre impossible le maintien du lien contractuel jusqu'au terme » du contrat, et risquant de mettre en cause l'une des finalités du contrat à durée déterminée : la stabilité de l'emploi pendant un laps de temps limité. Mais un arrêt de la même chambre du 10 juin 1992 (*BCV* n° 375) a rappelé que « l'insuffisance de rendement ne caractérise ni la faute grave ni la force majeure, seuls cas, outre l'accord des parties, dans lesquels le contrat de travail à durée déterminée peut être rompu avant l'échéance du terme ».

c) **Sanction de l'absence** de faute grave ou de force majeure :
La loi rompt avec le principe égalitaire de la responsabilité contractuelle et distingue selon l'auteur de la rupture :
– l'employeur a droit à la réparation du préjudice subi (art. L. 1243-3) au cas de rupture par le salarié;
– le salarié a droit à une indemnité au moins égale aux rémunérations qu'il aurait perçues jusqu'au terme du contrat (et à davantage si le préjudice est supérieur), sans préjudice de l'indemnité de fin de contrat (art. L. 1243-4), au cas de rupture par l'employeur. En cas de CDD sans terme précis, les dommages-intérêts doivent être évalués en fonction de la durée prévisible du contrat. Cette indemnité constituant une réparation forfaitaire minimum, elle ne saurait subir aucune réduction. Elle est due, que l'exécution du contrat ait ou non commencé.

NB : l'AGS (Assurance garantie des salaires, v. *infra* Titre 2 Chapitre 2 Salaire) ne peut limiter sa garantie à la durée légale du contrat (18 mois) si le terme (irrégulier) était fixé à 2 ans, dès lors que le salarié n'a pas demandé la requalification du contrat mais a agi en rupture abusive de ce contrat avant le terme convenu (Soc. 18 oct. 2007, *Dr. soc.* 2007.742).

2. Cas récent

La loi du 17 janvier 2002 (modernisation sociale) permet au salarié de prendre l'initiative d'une rupture anticipée lorsqu'il justifie d'**une embauche sous contrat à durée indéterminée** dans une autre entreprise. Sauf accord des parties, il doit alors respecter **un préavis** calculé à raison d'un jour par semaine compte tenu :
– de la durée totale du contrat si le CDD comporte un terme précis;
– de la période de travail déjà effectuée si le CDD ne comporte pas de terme précis.
En aucun cas la durée du préavis ne peut dépasser deux semaines.

Observation : une clause résolutoire prévoyant la rupture pour d'autres causes que la faute grave ou la force majeure serait nulle et réputée non écrite, les règles légales étant d'ordre public. Toutefois, une clause évaluant par avance l'indemnité due par le salarié en cas de rupture de son fait serait licite, mais réductible par le juge si le montant est excessif.

Quant à la résiliation judiciaire, elle est en principe exclue si elle est demandée par l'employeur, seule l'inaptitude professionnelle justifiant encore le recours patronal à ce mode de rupture (avis Cass., 29 avril 2002). L'action en résiliation judiciaire du contrat pour faute grave de l'employeur reste en revanche ouverte au salarié (Soc., 14 janv. 2004).

Observation générale: le recours aux contrats précaires est un phénomène massif (2/3 des embauches sont actuellement réalisées sous forme de CDD), source de situations parfois préoccupantes (endettement, difficultés de logement, santé) et non exempt de risques d'abus. La loi du 17 janvier 2002 (modernisation sociale) tente de rendre les institutions représentatives du personnel plus actives dans la surveillance de l'application des textes. Le comité d'entreprise (ou à défaut les délégués du personnel) peut saisir l'inspecteur du travail aux fins d'enquête si un recours abusif aux contrats précaires ou un accroissement important de leur nombre apparaissent. L'employeur peut être conduit à établir un plan de résorption de la précarité.

Une directive européenne du 25 juin 1991 vise à assurer aux salariés en situation précaire le même niveau de protection en matière de santé et de sécurité que celui dont bénéficient les autres salariés de l'entreprise (amélioration du milieu de travail, formation adéquate, information sur les risques éventuels du poste, surveillance médicale spéciale).

Un accord-cadre européen du 18 mars 1999, repris par une directive du 28 juin 1999, fixe les principes généraux applicables au contrat à durée déterminée en lui-même et pose un principe d'égalité de traitement avec les travailleurs à durée indéterminée comparables, sauf raisons objectives. Le juge communautaire en fait une interprétation constructive (CJCE 4 juill. 2006). Et la Cour de cassation en tient compte (v. *supra* § 2 A-3).

Section 2 › PROPOSITIONS DE RÉFORME ET EXPÉRIENCES

De nombreuses propositions de réforme ont été avancées dans différents rapports remis au gouvernement depuis 2003 : création d'un « contrat de projet » à durée déterminée de longue durée ou encore fusion du CDD et du contrat à durée indéterminée en un contrat unique conférant au salarié des droits en fonction de son ancienneté.

Après avoir privilégié le contrat à durée déterminée comme outil de flexibilité, des textes plus récents ont cherché à faire du contrat à durée indéterminée le vecteur d'une souplesse encore accrue en inventant un contrat de travail à durée indéterminée atypique, le contrat « nouvelles embauches ». Cette expérience a tourné court en raison des failles juridiques recelées par les textes qui la supportaient. Aujourd'hui c'est un nouveau type de contrat à durée déterminée, empruntant certains traits au contrat à durée indéterminée, qui est expérimenté sous la dénomination de « contrat à durée déterminée à objet défini ».

§ 1 - Un échec : le Contrat nouvelles embauches (CNE)

A été mis en place par ordonnance du 2 août 2005.

Partant de l'idée que les petites entreprises renferment d'importants gisements d'emploi mais qu'elles hésitent à embaucher par crainte de ne pouvoir licencier facilement par la suite au gré de la conjoncture, la réforme, applicable dans les entreprises de 20 salariés au plus, permettait à celles-ci de recruter des salariés par la voie d'un contrat à durée indéterminée écrit échappant tout à la fois à la réglementation des CDD et aux règles encadrant le licenciement dans le cadre des contrats à durée indéterminée.

Pendant ses deux premières années d'exécution, ce contrat pouvait être rompu par l'employeur sans procédure préalable et sans avoir à justifier d'une cause réelle et sérieuse de licenciement, par simple notification par lettre recommandée avec demande d'avis de réception.

Restaient cependant applicables : la procédure disciplinaire en cas de faute du salarié, l'interdiction des discriminations, les règles sur le harcèlement, la protection des femmes enceintes.

Toute contestation sur la rupture se prescrivait par douze mois à compter de l'envoi de la lettre recommandée de rupture.

Les garanties accordées au salarié étaient au nombre de trois :

• Droit à un préavis lorsque l'employeur est à l'initiative de la rupture si celle-ci n'est pas due à une faute grave du salarié ou à la force majeure et si le salarié a au moins un mois d'ancienneté dans l'entreprise. Préavis d'une durée de :
– deux semaines pour un contrat conclu depuis moins de six mois à la date de la rupture ;
– un mois pour un contrat conclu depuis au moins six mois.

• Droit à une indemnité égale à 8 % du montant total de la rémunération brute due au salarié depuis la conclusion du contrat.

• Allocation de chômage, forfaitaire, d'une durée d'un mois à condition de justifier de quatre mois d'activité continue en contrat nouvelles embauches et accès aux conventions de reclassement personnalisé à certaines conditions.

Censé garantir aux entreprises simplicité, sécurité juridique et faible intervention du juge, le dispositif s'est avéré grevé d'**incertitudes** en particulier sur sa conformité aux engagements internationaux de la France, spécialement à la Convention n° 158 de l'OIT, en matière de respect des droits de la défense et de motivation de la rupture du contrat de travail. Le Conseil d'État a estimé que la période de deux ans pendant laquelle le droit commun du licenciement était neutralisé était raisonnable au sens de la Convention n° 158 (CE 19 oct. 2005) tandis qu'un conseil de prud'hommes la jugeait nécessairement déraisonnable et écartait l'application des règles de rupture propres au CNE (Cons. prud'h. Longjumeau, 28 avril 2006).

Le BIT a fait connaître par décision du 14 novembre 2007 que la CNE était contraire à la convention n° 158, la période dite de « consolidation » de deux ans n'étant pas raisonnable et les règles de licenciement applicables au cours de cette période ne permettant pas de prendre effectivement des mesures contre un licenciement fondé sur des motifs non valables.

Les interlocuteurs sociaux n'ont pu que prendre en compte cette nouvelle donne dans l'accord national interprofessionnel sur la modernisation du marché du travail du 11 janvier 2008, repris et complété par la loi du 25 juin 2008 (art. 9). Les CNE en cours ont été requalifiés en contrats à durée indéterminée de droit commun et la législation relative au CNE abrogée. La Cour de cassation a pour sa part confirmé l'applicabilité directe de la convention n° 158 de l'OIT et estimé que les dispositions litigieuses de l'ordonnance du 2 août 2005 étaient contraires à cette convention (Soc. 1er juin 2008, *RDT* 2008.514).

Pour autant, toute recherche de souplesse n'a pas été abandonnée, une nouvelle expérience, différente, étant engagée, sur le terrain du contrat à durée déterminée cette fois.

§ 2 - Une expérience en cours : le contrat à durée déterminée à objet défini

Dit aussi contrat de projet, ce nouveau dispositif né de l'accord national interprofessionnel du 11 janvier 2008 a trouvé une base légale dans la loi du 25 juin 2008 (art. 6). À caractère expérimental, sur une période de 5 ans, le texte n'est pas codifié. L'ambition proclamée est de prendre en compte le fonctionnement des entreprises sur la base de projets, de favoriser certains recrutements et d'éviter l'intervention du juge. Thématique de la « flexisécurité ».

A. Caractéristiques

Contrat à durée déterminée dont l'échéance est la réalisation d'un objet défini.

Durée minimale : 18 mois.

Durée maximale : 36 mois.

Non renouvelable.

Réservé au recrutement d'ingénieurs et de cadres.

Le **recours** au contrat à objet défini est subordonné à la conclusion préalable d'un **accord collectif** de branche étendu ou, à défaut, d'un accord d'entreprise. L'accord collectif définit les nécessités économiques auxquelles les contrats de projet sont susceptibles de répondre, diverses garanties en matière de reclassement, de validation des acquis de l'expérience, d'accès à la formation, d'organisation de « la suite du parcours professionnel » des salariés ainsi que les conditions d'accès de ces derniers aux emplois à durée indéterminée dans l'entreprise. Rôle important de l'accord collectif.

Nécessité d'un contrat écrit comportant, en plus de clauses imposées pour tout CDD, de nombreuses clauses obligatoires en particulier :
– une clause descriptive du projet en mentionnant sa durée prévisible,
– la définition des tâches,
– l'événement ou le résultat objectif déterminant la fin de la relation contractuelle,
– le délai de prévenance de l'arrivée au terme du contrat,
– la possibilité de rupture à la date anniversaire de la conclusion du contrat.

B. Cessation du contrat

Dispositif hybride : mêlant règles caractéristiques du CDD et règles empruntées au contrat à durée indéterminée.

Le contrat à objet défini prend fin avec la réalisation de l'objet pour lequel il a été conclu après un délai de prévenance au moins égal à deux mois. Dans ce cas, le

salarié a droit à une indemnité égale à 10 % de sa rémunération totale brute. À moins que les relations contractuelles ne se poursuivent par un contrat à durée indéterminée.
Mais le contrat de projet peut aussi être rompu unilatéralement par l'employeur ou par le salarié d'abord au bout de 18 mois puis, chaque année, à la date anniversaire de sa conclusion. La rupture n'est admise que pour un motif réel et sérieux.
Très succincte, la loi relative au contrat de projet suscite de nombreuses interrogations qu'il s'agisse de la notion de réalisation du projet, des règles de preuve et des sanctions en ce qui concerne le motif réel et sérieux de rupture ou de l'articulation avec les règles générales applicables aux CDD. Incertitudes aussi quant à l'avenir de ce contrat et à sa réception par la pratique.

Section 3 › LA MISE À DISPOSITION DE MAIN-D'ŒUVRE

De plus en plus souvent des entreprises qui assuraient elles-mêmes toutes les fonctions nécessaires à la réalisation du processus de production, hormis des tâches très spécifiques, ont recours à des prestataires de services pour l'accomplissement de tâches, telles que recrutement et formation de personnels, entretien, nettoyage, gardiennage, maintenance de matériel, services informatiques, etc.
La raison de ce recours à une main-d'œuvre extérieure est souvent une rationalisation de la gestion ; elle peut résider aussi – ou exclusivement – dans la recherche d'une limitation du nombre des salariés de l'entreprise, donc des charges sociales et aussi des contraintes juridiques (application des conventions collectives de la branche, représentation du personnel, etc.), une partie des travailleurs jusque-là membres du personnel se trouvant « extériorisée » parce qu'ayant pour employeur une autre entreprise qui fournit leurs services. L'extériorisation est structurelle quand des travailleurs étrangers à l'entreprise prennent place au côté des salariés directement embauchés par elle. L'extériorisation est conjoncturelle quand le recours à la main-d'œuvre extérieure est liée à un surcroît d'activité purement temporaire.
Les **formes juridiques en sont variées** : sous-entreprise de travaux (sous-traitance), sous-entreprise de main-d'œuvre (tâcheronnage), travail intérimaire (ou « temporaire »), contrats de services, sociétés de gestion de personnel… Elles ont en commun de reposer sur une relation non plus bilatérale mais **triangulaire** de travail, par suite d'une dissociation entre gestion et utilisation de la main-d'œuvre.
Elles n'appellent pas toutes les mêmes protections contre une « **précarisation** » de la situation des travailleurs qu'elles concernent et les abus auxquels elles peuvent donner lieu. La loi a même encouragé certaines formes de mise à disposition de main-d'œuvre effectuée par des groupements d'employeurs ou par des « entreprises intermédiaires », susceptibles de faciliter l'embauche pour des activités pour lesquelles le recrutement est malaisé ou pour des personnes en difficulté.
Le législateur, devant l'ampleur prise par le phénomène de la « fourniture » de main-d'œuvre, a interdit l'activité exclusive de prêt de main-d'œuvre autrement que dans le cadre du travail temporaire, lui-même réglementé. La violation de cette interdiction constitue un délit pénal qui va souvent de pair avec le délit de marchandage dont la répression s'est trouvée progressivement renforcée.

§ 1 - La fourniture illicite de main-d'œuvre (art. L. 8231-1 et s., C. trav.)

En France, il existe essentiellement deux possibilités juridiques offertes aux entrepreneurs confrontés à une extériorisation de la main-d'œuvre : la sous-traitance et le recours au travail temporaire (voir *infra*). Les infractions de fourniture illicite de main-d'œuvre peuvent donc être rattachées à ces deux modes légaux d'exécution d'une tâche par des salariés extérieurs à l'entreprise.

A. Interdiction du marchandage

Énoncée depuis un décret de 1848 (IIe République) elle a longtemps été limitée au cas d'exploitation du salarié. La prohibition a été élargie par la loi du 6 juillet 1973 relative à la répression du trafic de main-d'œuvre, qui interdit toute opération à but lucratif de fourniture de main-d'œuvre ayant pour effet de causer un préjudice aux salariés ou d'éluder l'application de la loi ou des conventions collectives (art. L. 8231-1) (salaire inférieur à la normale, perte d'avantage, etc.).

Il suffit donc qu'un préjudice quelconque risque d'être causé au salarié, même sans intention de nuire, le marchandage se définissant par ses effets; par exemple la privation du statut de salarié permanent de l'entreprise (Crim., 23 juin 1987; *Bull. crim.* p. 263), mais aussi la privation de la protection spéciale accordée aux salariés temporaires, la jurisprudence allant jusqu'à retenir que c'est la précarité même de la situation du travailleur qui constitue le préjudice (Crim., 7 août 1995 *Dr. ouvrier* 1996 p. 138).

La loi du 20 décembre 1993 a permis d'imputer ce délit aux personnes morales (art. L. 8234-2, C. trav.) alors que parallèlement il reste imputable au chef de l'entreprise utilisatrice ou à ses délégataires en tant que co-auteurs de l'infraction, à côté du fournisseur de main-d'œuvre ou marchandeur (art. L. 8234-1, C. trav.).

B. Le prêt illicite de main-d'œuvre

En vue d'éviter les abus, une loi de 1972 a prévu que toute opération ayant pour objet **exclusif le prêt de main-d'œuvre lucratif** doit être effectuée dans le cadre de la réglementation du **travail temporaire** (cf. *infra*), toute autre forme étant illicite (art. L. 8241-1, C. trav.) et étant susceptible de constituer un second délit puni des mêmes peines que le marchandage (art. L. 8234-1, C. trav.) mais qui s'en distingue par le **caractère exclusif** de l'opération de fourniture de main-d'œuvre (Crim., 18 avril 1989). Ici encore, les personnes morales pouvaient être poursuivies en marge des personnes physiques depuis la loi du 20 décembre 1993, la généralisation de leur responsabilité pénale par la loi du 9 mars 2004 ayant consolidé cette solution.

La notion de but lucratif a donné lieu à des approches diverses en jurisprudence. Il convient de distinguer cette notion du caractère simplement onéreux de l'opération. L'infraction suppose qu'un bénéfice ou profit puisse être caractérisé. Tel était le cas dans l'affaire jugée par la chambre criminelle de la Cour de cassation le 12 mai 1998 (*Bull. crim.* n° 160) où la société prêteuse, située en Suisse, n'avait d'autres activités que de mettre ses salariés à la disposition de la société mère située en France, les privant ainsi de certains avantages sociaux. Le but lucratif est alors constitué par l'économie de charges réalisée par la société utilisatrice (v. également Crim., 20 mars 2007, Rev. droit pénal 2007 comm. n° 88).

Observation : le Code du travail (art. L. 8241-2, alinéa 2) autorise le prêt de main-d'œuvre à but non lucratif (mise à disposition provisoire de salariés permanents à une entreprise tierce). Mais les conditions en sont strictes (problème du prêt à prix coûtant). À défaut sont encourues les mêmes sanctions civiles et pénales qu'en cas de but lucratif avéré.

Lorsqu'ils sont saisis, il appartient aux tribunaux civils ou répressifs de rectifier la qualification de l'opération en se fondant sur la réalité des faits. Cette requalification pourra aller jusqu'à faire de l'utilisateur l'employeur véritable des salariés du faux sous-traitant.

La mise en œuvre de l'interdiction repose sur la distinction à opérer entre les prêts illicites et les **sous-traitances véritables**, c'est-à-dire les conventions par lesquelles un employeur offre à son cocontractant un travail ou un service réalisé par son propre personnel restant placé sous sa direction et sa responsabilité et ayant pour objet l'exécution d'une tâche précise et rémunérée de manière forfaitaire. Les critères en sont la responsabilité de l'exécution des travaux, l'encadrement des salariés, le prix forfaitaire et non calculé sur les heures de travail, la spécificité de la prestation fournie, distincte de l'activité générale de l'entreprise utilisatrice (Crim., 25 févr. 1997, *Dr. ouvrier* 1997 p. 268).

Par suite, il y a prêt de main-d'œuvre illicite dès lors que le soi-disant sous-traitant n'offrait que le seul travail de ses employés mais aucun encadrement, aucune organisation, aucune modalité originale d'exécution traduisant un savoir-faire (Crim., 15 févr. 1983, *JCP E* II 14244).

Certaines situations sont d'une qualification plus délicate, c'est le cas des **prestations intellectuelles** sans matériel ni fournitures comme le conseil en informatique en présence desquelles le critère de l'encadrement des salariés paraît alors décisif (Crim., 7 févr. 1984, *Bull. crim.* n° 46).

Les syndicats représentatifs peuvent exercer **l'action civile** sans avoir à justifier d'un mandat de l'intéressé qui bénéficie d'un simple droit d'opposition. Mais cette action spécifique laisse entière la possibilité d'exercer l'action syndicale générale fondée sur l'article L. 2132-3 du Code du travail.

C. Dans les marchés de travaux publics

La sous-entreprise est soumise à une autorisation administrative.

D. Garantie du paiement des salaires

Les salariés, au cas d'insolvabilité du sous-entrepreneur, ont une action directe contre l'entrepreneur en paiement des salaires ainsi que pour l'exécution des obligations résultant de la législation sur les assurances sociales (sauf lorsque le sous-entrepreneur est lui-même inscrit au registre du commerce ou des métiers, ou propriétaire d'un fonds de commerce). L'entrepreneur principal est également responsable de l'observation de la réglementation du travail dans ses locaux.

NB : la loi du 25 juillet 1985 (art. 88) a étendu aux opérations de prêt de main-d'œuvre à but non lucratif un certain nombre de droits des salariés temporaires et certaines obligations des entrepreneurs de travail temporaire et des utilisateurs (art. L. 8241-2, C. trav.). Le non-respect de ces obligations entraîne l'application des mêmes peines que celles encourues pour le prêt illicite à but lucratif (art. L. 8234-1, C. trav.).

§ 2 - Le travail temporaire (art. L. 1251-1 à L. 1251-59, C. trav.)

A. Évolution

Les sociétés de services ou les entreprises de **travail intérimaire**, dont le développement est rapide, correspondent à un **besoin** économique mais présentent des **dangers**, en particulier en tant que moyen de faire échec aux droits collectifs des salariés (droit de grève, représentation du personnel, droit syndical...) et par le risque pour ceux-ci de perdre certains avantages sociaux. En outre le travail temporaire s'est considérablement développé comme moyen de flexibilité de gestion du personnel, d'extériorisation de la main-d'œuvre, et comme facteur de précarisation de l'emploi (540 000 équivalents emplois à temps plein en 2004). Grande sensibilité aux variations économiques d'où une particulière vulnérabilité des travailleurs temporaires en période de récession.

Après l'accord Manpower-CGT (1969), le législateur est intervenu pour donner un statut au travail temporaire, organiser un **contrôle** des entreprises de travail temporaire (ETT) et **protéger** les salariés, par la loi du 3 janvier 1972, puis par une **ordonnance du 5 février 1982** en vue de **réunifier** la collectivité de travail, d'assurer une **meilleure protection** des travailleurs intérimaires et de **renforcer les sanctions** en cas de non-respect de la législation. À cette fin, il a cherché à :

– définir un cadre limité de recours au travail temporaire ;
– assurer à l'ensemble des salariés temporaires un traitement similaire à celui des salariés permanents qu'ils remplacent ;
– assurer une meilleure régulation de l'emploi précaire ;
– sanctionner le recours abusif à la main-d'œuvre temporaire.

Tenant compte de l'**accord** intervenu le 13 mai 1985 dans la branche du travail temporaire la **loi du 25 juillet 1985** a modifié l'ordonnance de 1982 en vue à la fois d'**harmoniser** le régime du travail temporaire avec celui du contrat de travail à durée déterminée quant aux **cas de recours** et de mieux éviter la transformation d'emplois permanents en emplois temporaires en **interdisant**, sauf dans certains cas, la **succession de missions d'intérim** à des contrats à durée déterminée et vice versa.

Après le changement de majorité politique, dans l'esprit d'une plus grande souplesse de l'utilisation de la main-d'œuvre, une ordonnance du 11 août 1986 a **facilité le recours** à cette forme d'emploi, en supprimant la liste des cas de recours et en le permettant pour l'exécution d'une tâche non durable, mais sans modifier le statut du travailleur temporaire et en évitant le recours systématique au travail temporaire.

Devant la progression du travail temporaire (ainsi que des contrats à durée déterminée) le ministre du Travail déposa un projet de loi « favorisant la stabilité de l'emploi par l'adaptation du régime des contrats précaires » (travail temporaire et contrats à durée déterminée), limitant de façon très rigoureuse les cas de recours, de sorte que le patronat engagea une négociation qui aboutit à l'**Accord national interprofessionnel** du 24 mars 1990 comportant de sensibles assouplissements par rapport au projet de loi, **devenu loi du 12 juillet 1990**.

La **loi du 17 janvier 2002** dite de modernisation sociale retouche le dispositif dans le sens d'un encadrement renforcé. Quelques aménagements ont été introduits par l'ordonnance du 24 juin 2004 et par la loi du 18 janvier 2005.

Actuellement le Code du travail (art. L. 1251-1 à L. 1251-59 et L. 1254-1 à L. 1254-12) :

1. Définit l'ETT : une entreprise dont l'activité exclusive est de mettre à la disposition provisoire d'utilisateurs des salariés embauchés et rémunérés par elle (toute activité de travail temporaire s'exerçant hors d'une telle entreprise est interdite). La jurisprudence réprime les artifices.

2. Soumet les ETT à une **déclaration préalable** (sanctions pénales) auprès de l'autorité administrative, à l'obligation de fournir certaines **informations** à celle-ci et au Pôle Emploi, à un **contrôle administratif** et à l'obtention d'une **garantie financière** assurant, en cas de défaillance, le paiement de leurs dettes de nature sociale. À défaut, outre les **sanctions pénales**, le président du tribunal de grande instance, saisi par l'inspecteur du travail après mise en demeure infructueuse, peut ordonner la **fermeture de l'entreprise** pendant deux mois au plus et le contrat de mise à disposition est nul.

3. Réglemente les deux contrats liant l'ETT avec l'entreprise utilisatrice et avec le travailleur temporaire, en établissant un **lien étroit** entre les deux contrats (clauses essentielles et durée). Si l'ETT est l'employeur, l'entreprise utilisatrice a aussi certaines obligations d'employeur à l'égard du salarié.

B. Contrat de mise à disposition (entre l'ETT et l'entreprise utilisatrice)

L'ordonnance de 1982 avait entendu resserrer les motifs de recours au travail temporaire et impliquer l'utilisateur dans les conditions de licéité de l'opération de mise à la disposition. Contrairement à l'ordonnance de 1986, la **loi du 12 juillet 1990** revient à la méthode des cas de recours, plus larges chacun mais moins nombreux.

1. Cas de recours au travail temporaire

Tâches non durables dénommées « **missions** », le contrat ne pouvant « quel que soit son motif avoir ni pour objet ni pour effet de pourvoir durablement un emploi lié à l'activité normale et permanente de l'entreprise utilisatrice » et ne pouvant être utilisé que pour « l'exécution d'une tâche précise et temporaire » (art. L. 1251-5 et L. 1251-6), dans **trois cas** :

a) Cas

• **remplacement** d'un salarié pour :

– absence (de l'entreprise ou même du poste de travail) ou suspension de son contrat de travail,

– départ définitif précédant la suppression de son poste (après saisine du comité d'entreprise ou des délégués du personnel),

– attente de l'entrée en service effective d'un salarié recruté par contrat à durée indéterminée.

Le remplacement d'un chef d'entreprise est désormais légalement prévu (cf. *supra*, CDD, Cas de recours).

• **accroissement temporaire de l'activité** de l'entreprise. Se trouve donc exclu le recours au travail temporaire en cas d'accroissement durable et constant de l'activité. La jurisprudence procure cependant une notable souplesse aux entreprises en autorisant le recours à des salariés intérimaires notamment en cas de variations cycliques de la production, estimant qu'il n'est pas nécessaire que l'accroissement d'activité présente un caractère exceptionnel (il doit seulement être temporaire).

Elle a néanmoins marqué la volonté de pratiquer une « interprétation mesurée » de la notion de variation cyclique d'activité, excluant le recours au CDD (ou de travail temporaire) lorsque la variation intervient avec une régularité, une prévisibilité et une programmation telles qu'il s'agit en vérité d'une activité permanente (la permanence n'excluant pas l'intermittence ; Soc. 18 déc. 2008, *RDT* 2009.161).
La jurisprudence n'exige pas que le salarié recruté soit affecté à la réalisation même des tâches résultant de l'accroissement d'activité.

• travaux temporaires par nature, c'est-à-dire :
– emplois à caractère **saisonnier**,
– emplois par lesquels il est d'**usage constant** de ne pas recourir au contrat à durée indéterminée en raison de la nature de l'activité et du caractère par nature temporaire de ces emplois, dans des secteurs définis par décret ou accord étendu (cf. *supra*, Contrat à durée déterminée, Cas de recours).

NB : en cas de litige sur le motif du recours au travail temporaire, c'est à l'entreprise utilisatrice qu'il incombe de rapporter la preuve de la réalité du motif énoncé dans le contrat.

Observation : alignant le travail temporaire sur le CDD, la loi du 18 janvier 2005 (cohésion sociale) fait figurer parmi les cas de recours au contrat de travail temporaire deux cas liés à des dispositifs de lutte contre le chômage ou de formation : contrats visant, dans le cadre de dispositions légales ou conventionnelles à faciliter l'embauche de chômeurs rencontrant des difficultés particulières d'une part, contrats visant à assurer un complément de formation professionnelle aux salariés, d'autre part.

b) À ces cas limités s'ajoutent des interdictions
– d'une part il ne peut y avoir de recours au travail temporaire (ou au contrat à durée déterminée) pour **remplacer un gréviste** ou un médecin du travail (art. L. 1251-10) ;
– d'autre part il en est de même pour des travaux particulièrement dangereux ou faisant l'objet d'une surveillance médicale spéciale (liste fixée par arrêté) ;
– interdiction, dans les six mois qui suivent un licenciement pour motif économique et pour les postes concernés, d'utiliser le travail temporaire pour un accroissement temporaire d'activité (même pour une tâche occasionnelle), sauf pour une durée maximum de 3 mois ou pour survenance d'une commande exceptionnelle à l'exportation exigeant des moyens exorbitants, et après concertation des représentants du personnel (art. L. 1251-9) ;
– interdictions résultant des limitations légales à la succession de missions et de contrats à durée déterminée (cf. *infra*, Durée…).

NB : le recours au travail temporaire est interdit, quel que soit le motif de la mission, pour certains travaux donnant lieu à une surveillance médicale.

2. Durée de la mise à disposition : engagement pour une durée précise

a) Obligation, sauf dans certains cas (remplacement, attente d'un recrutement définitif, emplois saisonniers ou usuellement temporaires), de fixer un **terme précis** dans le contrat et de l'y mentionner par écrit. Innovation de l'ordonnance de 1982, en vue de mettre fin à l'abus de l'utilisation pratiquement indéfinie de travailleurs temporaires par certaines entreprises. Au cas de remplacement, le terme de la mission

peut être antérieur à la reprise de l'emploi par le salarié absent; le contrat peut aussi prendre effet avant l'absence du salarié (art. L. 1251-13).
Ce terme détermine la **durée minimum** de la mission, mais il peut être avancé ou reporté à raison d'1 jour pour 5 jours de travail, sans pouvoir réduire la mission de plus de 10 jours ni la faire dépasser le maximum légal, et à condition de l'avoir mentionné dans le contrat. Cette règle a pour but d'inciter les entreprises à l'autolimitation dans la fixation initiale de la durée des missions.

b) Durée maximale de la mission : 18 mois en général (loi et accord), y compris l'éventuel renouvellement (cf. *infra*), mais durée ramenée à neuf mois au cas de travaux urgents de sécurité ou de remplacement en attente d'une embauche définitive, et portée à vingt-quatre mois au cas de mission exécutée à l'étranger, de départ définitif pour suppression de poste ou de commande exceptionnelle à l'exportation.

c) Renouvellement de la mise à disposition : il est possible **une fois** pour une durée déterminée sans dépasser la durée maximale (cf. *supra*). Les conditions du renouvellement doivent ou bien être stipulées dans le contrat, ou bien faire l'objet d'un avenant soumis à l'accord du salarié préalablement au terme initialement prévu.

d) Succession de missions et de contrats à durée déterminée : afin d'éviter la transformation d'emplois permanents en emplois temporaires, la loi du 25 juillet 1985 retouchée par la loi du 17 janvier 2002, a généralisé le **délai de carence** séparant deux contrats de durée temporaire, qu'il s'agisse de contrat à durée déterminée ou de contrat de mise à disposition.
En effet, à l'expiration du contrat de mission il ne peut être recouru pour pourvoir le poste à un contrat à durée déterminée ou à un autre contrat de travail temporaire avant l'expiration d'une **période égale** :
– au tiers de la durée de la mission achevée si la durée de ce contrat était d'au moins 14 jours (renouvellement inclus);
– à la moitié de la durée de la mission achevée si cette durée était inférieure à 14 jours : souci de rendre moins attractives les missions de courte durée.
Toutefois ce délai de carence n'est **pas imposé** dans les cas de remplacement d'un absent, de travaux urgents, saisonniers, de recours usuel à des contrats temporaires, et en cas de rupture anticipée du fait du salarié ou de refus du renouvellement de son contrat par celui-ci.
Le non-respect du délai de carence n'entraîne pas la requalification du contrat de travail temporaire en contrat à durée indéterminée (Soc., 23 févr. 2005 : revirement de jurisprudence fondé sur une lecture littérale des textes sur le travail temporaire lesquels diffèrent sur ce point de ceux applicables au CDD sans que l'on saisisse la justification de cette différence).

3. Forme et contenu du contrat

– exigence d'un **écrit** (dans les deux jours suivant la mise à disposition), établi par l'ETT pour chaque salarié, à peine de nullité absolue d'ordre public (Soc., 17 avril 1980);
– mentionnant le cas de recours au travail temporaire, avec justifications, le terme, les caractéristiques particulières du poste à pourvoir, la qualification professionnelle exigée, le lieu de la mission et l'horaire, le montant et les composantes de la rémunération d'un salarié de qualification équivalente après essai dans le même poste de l'entreprise, les équipements de protection individuelle.

Le but de ces exigences est une **individualisation** réelle et immédiate de la mission, contrairement à la pratique fréquente du « volant » indifférencié de travailleurs temporaires. L'entrepreneur utilisateur se trouve du même coup impliqué dans l'opération de mise à disposition, car lui seul peut caractériser la mission.

4. Sanctions

Elles sont de deux sortes et font apparaître l'idée que l'entreprise utilisatrice est elle-même un peu employeur :

a) Sanctions pénales aggravées en 1982 (délits) et multipliées en 2002, pour un grand nombre d'irrégularités de forme et de fond, applicables
– non seulement à l'ETT (définition de l'ETT, conclusion du contrat, déclaration préalable, garantie financière…),
– mais aussi à l'utilisateur (cas non prévu par la loi, durée excessive, contrat tardif, absence d'écrit, mentions inexactes…).

b) Sanctions civiles : La loi permet au salarié de « **faire valoir auprès de l'utilisateur des droits afférents à un contrat à durée indéterminée prenant effet au premier jour de sa mission** ». Il s'agit donc d'une **requalification** du contrat irrégulier, sanction qui frappe essentiellement l'utilisateur qui devient employeur, pour des violations énumérées par la loi ou encore lorsqu'il continue à faire travailler le salarié temporaire après la fin de la mission sans conclure un contrat de travail ou un nouveau contrat de mise à disposition dans les conditions permises (art. L. 1251-39).
Une procédure dérogatoire permet la saisine directe du bureau de jugement du conseil des prud'hommes qui accordera au salarié une indemnité de requalification, à la charge de l'utilisateur, égale au moins à un mois de salaire, en plus des autres indemnités prévues (cf. *infra*).

NB : dans le cas – fréquent – où l'utilisateur est un employeur public (État, collectivité locale...) et où la violation des règles du travail temporaire a pour conséquence la substitution de l'utilisateur, en qualité d'employeur, à l'ETT, le juge administratif est seul compétent pour connaître du litige opposant le travailleur temporaire à son employeur (Trib. conflits, 2 mars 2009, *Sem. Soc. Lamy* n° 1395).
La requalification prend effet au premier jour de la première mission irrégulière effectuée par le salarié auprès de l'entreprise utilisatrice. Les contrats successifs ultérieurs relèvent de la même relation à durée indéterminée ; par suite, le juge accordera au salarié une seule indemnité de requalification.
Au cas de requalification de la relation avec l'entreprise utilisatrice il y a cumul de l'indemnité de préavis et de l'indemnité spécifique de précarité (cf. *infra*).
En revanche, en cas de requalification du contrat avec l'entreprise de travail temporaire (admise par la jurisprudence en dépit de l'absence de texte) il ne peut y avoir cumul des deux indemnités.
Dans les deux cas l'indemnité de précarité reste acquise au salarié.

C. Contrat de travail temporaire (entre l'ETT et le salarié)

C'est un contrat de travail, appelé souvent **contrat de mission**, soumis au droit commun, sauf règles particulières suivantes :

1. Contrat **écrit**, adressé au salarié dans les deux jours suivant la mise à disposition, et comportant les clauses et mentions du contrat de mise à disposition, la qualification du salarié, les modalités de rémunération dont l'indemnité de précarité, une clause de rapatriement du salarié à la charge de l'entreprise de travail temporaire en cas de mission hors de métropole…

Il peut mentionner une **période d'essai** dont la durée est fixée par voie de convention ou accord professionnel de branche étendu ou d'accord d'entreprise et, à défaut d'accord, ne peut dépasser un maximum légal bref et variable selon la durée du contrat, avec rémunération identique à celle prévue au contrat.

2. La **durée** du contrat de travail est la même que celle de la mission. C'est le système des **contrats de mission**, et non celui du contrat permanent. Il y a par suite intermittence des relations juridiques entre l'ETT et le salarié et absence de lien juridique entre les missions.

À l'échéance du terme de la mission, le contrat de travail prend donc automatiquement fin. Au cas de contrat de travail non conforme à des règles essentielles, l'action en requalification en contrat à durée indéterminée dirigée contre l'ETT est admise par la jurisprudence (contrat de mission non signé; absence de contrat de mission écrit; absence de mention de la qualification du salarié).

En pareil cas, l'entreprise de travail temporaire ne peut être condamnée au paiement d'une indemnité de requalification mais elle devra verser des dommages-intérêts en raison du préjudice nécessairement subi du fait de l'irrégularité. Une telle requalification devrait entraîner l'application des règles du licenciement.

Il semble qu'en cas d'irrégularités respectivement commises par l'entreprise utilisatrice et par l'entreprise de travail temporaire le salarié puisse présenter deux demandes de requalification distinctes avec des conséquences indemnitaires elles-mêmes distinctes.

Autre combinaison possible, le salarié peut exercer concurremment une action en paiement de dommages-intérêts à l'encontre de l'ETT pour rupture anticipée du contrat de mission et une action en requalification du contrat de travail temporaire à l'encontre de l'entreprise utilisatrice.

D. Statut du travailleur temporaire

1. Dans l'entreprise de travail temporaire (ETT; employeur du salarié)

Il est commandé par deux idées :

a) La précarité de sa situation a été atténuée par le législateur

– Il peut être **défendu en justice** sans mandat spécial par les organisations syndicales représentatives qui peuvent exercer les actions civiles nées en vertu des dispositions relatives au travail temporaire, pourvu qu'il ait été averti et n'ait pas déclaré s'y opposer dans un délai de 15 jours.

– Une **indemnité** « **destinée à compenser la précarité de sa situation** » (indemnité de précarité), complément de salaire, est due par l'ETT au salarié s'il ne bénéficie pas immédiatement d'un contrat à durée indéterminée, sauf si le contrat est rompu pour force majeure, faute grave du salarié, ou à l'initiative de celui-ci. Elle est calculée en fonction de la durée de la mission et de la rémunération du salarié; elle est fixée par la loi à 10 % de la rémunération totale brute du salarié. Elle doit être

versée à l'issue de chaque mission avec le salaire. Elle n'est pas due dans le cas de contrats saisonniers ou pour des emplois habituellement temporaires. Un accord collectif de branche étendu ou un accord d'entreprise peut la supprimer dans le cas du remplacement d'un chef d'entreprise absent.
– **L'ancienneté** du salarié dans l'ETT s'apprécie en totalisant les périodes pendant lesquelles il a été lié à l'ETT. Les durées d'ancienneté pour l'exercice du droit syndical, de l'électorat et de l'éligibilité aux fonctions représentatives, sont réduites.
– Les salariés temporaires comptent dans l'effectif de l'entreprise pour le droit syndical et les élections de représentants, ainsi que pour les droits à la formation. Les heures de délégation, utilisées en vertu d'un accord collectif par les représentants du personnel entre deux missions, sont considérées comme heures de travail.
– Régime particulier pour les communications syndicales.
– Le **terme certain** du contrat de mise à disposition stabilise provisoirement la situation du salarié.
En effet, la **rupture anticipée** par l'ETT oblige celle-ci, sauf faute grave ou force majeure, à proposer au salarié un nouveau contrat de travail prenant effet dans les trois jours ouvrables, sans modification substantielle concernant la qualification, la rémunération, l'horaire de travail et le temps de transport, d'une durée au moins équivalente à celle qui restait à courir du contrat précédent. Sinon, l'ETT doit verser le montant de la rémunération restant à échoir, plus l'indemnité de précarité.
Lorsque la durée restant à courir est supérieure à 4 semaines, l'ETT peut alors remplir ses obligations en proposant non plus une seule mission, mais trois (trois contrats brefs) au plus (loi 25 juill. 1985).
La rupture du contrat de mise à disposition par l'utilisateur ne constitue pas un cas de force majeure. Elle n'entraîne pas non plus la rupture de plein droit du contrat de travail liant le salarié à l'ETT.

NB : la rupture anticipée par le salarié n'a pas les mêmes effets : l'employeur a droit à des dommages-intérêts correspondant au préjudice subi. Mais la loi de modernisation sociale permet au salarié de prendre l'initiative d'une rupture anticipée s'il justifie d'une embauche à durée indéterminée, à condition de respecter un délai de préavis (cf. *supra* Contrat à durée déterminée, Rupture anticipée).

b) Un principe de parité des ressources du travailleur temporaire avec le travailleur permanent de l'entreprise utilisatrice a été consacré, qui pèse à titre principal sur l'ETT (idée de reconstitution de la collectivité de travail dans l'ETT).
– Indemnité de congé payé, d'intempéries.
– **Rémunération** : elle ne peut être inférieure à celle que percevrait dans l'entreprise utilisatrice après période d'essai un salarié de qualification équivalente occupant le même poste, (y compris les avantages en nature entrant dans la rémunération ; tickets-restaurant par ex.) mais sans que le travailleur temporaire puisse prétendre au coefficient attribué à titre personnel ou attaché à l'ancienneté de celui qu'il remplace. Cette règle a pour but de mettre fin au sous-paiement parfois très important du travailleur temporaire par rapport à ceux avec lesquels il travaille dans l'entreprise utilisatrice. Mais les conditions d'ancienneté souvent posées à l'octroi de certaines primes les rendent inaccessibles aux travailleurs temporaires.

NB : l'ETT, sur laquelle pèse l'obligation de verser des salaires respectant l'égalité de traitement peut, en cas de manquement à cette obligation, se retourner contre

l'entreprise utilisatrice si celle-ci a commis une faute (fourniture à l'ETT d'informations incomplètes ou inexactes sur la rémunération des salariés permanents).
– Paiement des jours fériés dès lors que les salariés de l'utilisateur en bénéficient.

2. Dans l'entreprise utilisatrice

Bien que celle-ci ne soit pas l'employeur, les textes font un effort d'**assimilation et d'intégration des travailleurs temporaires**, en prenant en considération le rapport de fait qui s'établit entre eux et l'entreprise utilisatrice (À certains égards la loi traite l'entreprise utilisatrice, employeur en fait, comme si elle était employeur en droit. Idée de reconstitution de la collectivité de travail dans l'entreprise utilisatrice).
– Si les obligations générales de l'employeur pèsent sur l'ETT, en revanche l'**utilisateur est responsable des conditions d'exécution du travail** (durée, nuit, repos, hygiène et sécurité, femmes, enfants, jeunes, dans certains cas médecine du travail) durant la mission.
– Accès des travailleurs temporaires aux moyens de transports collectifs et aux installations collectives (restauration…).
– Possibilité de faire présenter par des **délégués du personnel** leurs réclamations individuelles et collectives. Les délégués du personnel et le comité d'entreprise ont droit à des informations relatives au travail temporaire dans l'entreprise, de même que les négociateurs lors des négociations annuelles d'entreprise ou de branche. Ils peuvent prendre connaissance des contrats de mise à disposition. Les syndicats représentatifs peuvent exercer les actions nées des dispositions légales sans mandat spécial.
Sur la possibilité pour le comité d'entreprise de saisir l'inspecteur du travail en cas de recours abusif aux contrats précaires cf. *supra*, Contrat à durée déterminée, observation finale relative aux contrats précaires.
– L'entreprise utilisatrice est substituée à l'ETT défaillante à l'égard des salariés et des institutions sociales pendant la mission.
– Les travailleurs temporaires sont pris en considération dans les effectifs des entreprises utilisatrices pour la représentation élue et syndicale (pour plus de précision, cf. *supra*, CDD). Mais ils n'ont pas la qualité d'électeur dans l'entreprise utilisatrice.
– Toute clause de contrat de mise à disposition tendant à interdire l'embauche du salarié temporaire par l'utilisateur à la fin de la mission est réputée non écrite (but de faire connaître la possibilité d'une embauche). Sur l'obligation faite à l'employeur d'informer les salariés précaires sur les postes stables vacants dans l'entreprise cf. *supra*, Contrat à durée déterminée, Égalité de traitement.

Observation générale : on a constaté dès 1984 une concentration (réduction du nombre d'ETT) et une certaine « moralisation » du secteur, une amélioration de la rémunération et de la protection sociale des intérimaires, notamment grâce à une série d'accords collectifs conclus dans la profession, et aussi des droits collectifs des intérimaires (accords sur le droit syndical, la formation, la protection sociale des travailleurs temporaires, l'aménagement et la réduction du temps de travail, la santé et la sécurité au travail).

§ 3 - La mise à disposition par des groupements d'employeurs

En vue de faciliter l'embauche et d'assurer des emplois stables et à temps plein à des salariés travaillant pour des durées limitées ou à temps partiel pour le compte de plusieurs employeurs (main-d'œuvre d'appoint pour un travail d'une durée insuffisante pour un salarié à temps complet), la loi du 25 juillet 1985 a ouvert la possibilité pour des personnes physiques ou morales de se regrouper en associations déclarées de la loi de 1901 (ou en société coopérative depuis la loi du 2 août 2005), ne pouvant effectuer que des opérations à **but non lucratif**, dans le but exclusif de mettre à la disposition des membres de l'association des salariés liés à ces groupements par un contrat de travail (art. L. 1253-1 et s., C. trav.), dans les conditions suivantes :

1. Constitution libre du groupement à la condition que les personnes physiques ou morales membres relèvent du champ d'application de la même convention collective, soumise sinon à agrément administratif et à condition que soit déterminée la convention collective applicable au groupement.

2. Seules des **entreprises occupant moins de 300 salariés** peuvent faire partie de ces groupements (loi du 20 déc. 1993, modifiée par l'Ord. 24 juin 2004) toutefois cette condition de seuil peut être levée par accord collectif (loi du 23 févr. 2005 modifiant l'article L. 1253-5, C. trav.).

Une même entreprise peut adhérer à deux groupements d'employeurs (loi du 20 déc. 1993).

3. Le groupement est l'employeur, recrute et passe les contrats de travail, par écrit et contenant des mentions obligatoires (conditions d'emploi, rémunération, qualification, utilisateurs potentiels, lieux d'exécution du travail).

Les membres du groupement sont solidairement responsables de ses dettes à l'égard des salariés et des organismes créanciers des cotisations sociales obligatoires.

4. Chaque entreprise utilisatrice est responsable des conditions d'exécution du travail (durée, repos, hygiène et sécurité, etc.) selon les règles applicables au lieu de travail, dans les mêmes conditions que les entreprises utilisatrices de travail temporaire (cf. *supra* C) et les salariés du groupement y ont accès aux moyens de transports collectifs et aux installations collectives dans les mêmes conditions que les salariés de cette entreprise.

5. Les organisations syndicales représentatives dans l'entreprise utilisatrice ou dans le groupement peuvent exercer en justice les actions civiles des salariés du groupement sous mandat de l'intéressé, qui doit être averti et peut s'y opposer.

6. Sanctions pénales prévues (art. L. 1254-13, C. trav.).

Observation : la circulaire d'application du 20 mai 1994 insiste sur le fait qu'un groupement d'employeurs ne peut en aucun cas mettre ses salariés à la disposition d'entreprises non membres du groupement. Elle rappelle également que les groupements d'employeurs ne peuvent effectuer que des opérations de prêt de main-d'œuvre à but non lucratif, ce qui les distingue nettement des entreprises de travail temporaire (sur la définition du prêt illicite de main-d'œuvre voir *supra*). La loi du 2 août 2005 prévoit que les groupements d'employeurs peuvent désormais apporter à leurs membres aides et conseils en matière d'emploi et de gestion des ressources humaines.

Évolution envisagée : sous couvert de mesures destinées à soutenir l'emploi dans un contexte de crise, diverses démarches sont entamées en vue de faciliter le prêt de main-d'œuvre, notamment la constitution de groupements d'employeurs (pourparlers au niveau national interprofessionnel, proposition de loi).

§ 4 - Associations intermédiaires (art. L. 5132-7 et s., C. trav.)

En vue de mettre en relation des demandeurs d'emploi et des personnes proposant des activités correspondant à des besoins non satisfaits (services au foyer, gardes d'enfants ou de personnes âgées, débarras ou débroussaillage...), une loi du 27 janvier 1987, modifiée par une loi du 4 février 1995 puis par celle du 17 janvier 2002 a autorisé des associations agréées par l'État à embaucher des personnes sans emploi rencontrant des difficultés particulières d'insertion ou de réinsertion (Rmistes, plus de 50 ans, jeunes en difficulté...) pour les mettre à la disposition d'utilisateurs pour des activités qui ne sont pas assurées par l'initiative privée ou par les organismes publics, les salariés étant rémunérés forfaitairement ou au temps.
Elles participent aussi à l'accueil de ces personnes et à l'accompagnement et au suivi de leurs itinéraires.
Les salariés sont liés à l'association par un CDD ou un CDI à temps partiel et bénéficient d'une protection sociale. En 1993 il existait plus de 1 000 associations concernant l'équivalent de 13 000 emplois à temps plein. Nombre d'entre elles sont devenues des partenaires d'entreprises du secteur traditionnel. Les associations de services aux personnes ont pour objet de rendre des services aux domiciles des particuliers (tâches ménagères, garde d'enfants, aides aux personnes âgées ou handicapées...). Elles peuvent embaucher des salariés ou les faire embaucher par le particulier, et recourir au chèque emploi-service.
Sur l'exclusion de la qualification pénale de marchandage concernant des associations intermédiaires qui à l'époque des faits avaient exercé leur activité dans les limites de leur objet tel que défini par la loi, cf. *supra* Le délit de marchandage.

§ 5 - Détachement transnational de travailleurs (art. L. 1261-1 et s., C. trav.)

La loi du 2 août 2005 a créé un nouveau chapitre (titre dans la nouvelle codification) du Code du travail consacré au détachement transnational. Au sens des nouveaux textes est un salarié détaché tout salarié d'un employeur régulièrement établi et exerçant son activité hors de France et qui, travaillant habituellement pour le compte de celui-ci, exécute son travail à la demande de cet employeur pendant une durée limitée sur le sol français dans les conditions définies par la loi. Les employeurs concernés sont soumis aux dispositions applicables aux salariés employés par les entreprises de la même branche d'activité établies en France dans des domaines majeurs (libertés individuelles et collectives, durée du travail et congés, salaire minimum et paiement du salaire, garanties du travail temporaire, sécurité et santé, discrimination, travail illégal).
Un employeur ne peut se prévaloir de ces dispositions que lorsque son activité est entièrement orientée vers le territoire français ou lorsqu'elle est réalisée dans des locaux ou avec des infrastructures à partir desquelles elle est exercée de façon stable et continue (art. L. 1262-3, C. trav.).
Les obligations et interdictions qui s'imposent aux entreprises françaises lorsqu'elles font appel à des prestataires de services, notamment celles prévues par l'article L. 8211-1 (travail illégal, voir *supra*), s'appliquent dans les mêmes conditions lorsque les prestations de services sont réalisées par des entreprises établies hors de France et détachant du personnel sur le territoire français (art. L. 1262-1).

§ 6 - Travail à temps partagé (art. L. 1252-1 et s., C. trav.)

Une nouvelle forme de mise à disposition est rendue possible par la loi du 2 août 2005 autorisant la création d'entreprises de travail à temps partagé permettant l'organisation d'une pluri-activité. Leur activité exclusive consiste à mettre à disposition d'entreprises clientes du personnel qualifié qu'elles ne peuvent recruter elles-mêmes à raison de leur taille ou de leurs moyens. Elles peuvent aussi apporter à leurs seules entreprises clientes des conseils en matière de gestion des compétences. Un contrat doit être conclu entre l'entreprise de travail à temps partagé et l'entreprise cliente pour chaque mise à disposition individuelle de salarié précisant le contenu et la durée de la mission, la qualification, les caractéristiques du poste, le montant de la rémunération du salarié. Le contrat de travail est conclu entre le salarié et l'entreprise de travail à temps partagé. Il est réputé à durée indéterminée. La règle est celle de l'égalité de rémunération avec les salariés de l'entreprise cliente de niveau de qualification équivalent occupant le même poste ou les mêmes fonctions. Le salarié mis à disposition a accès aux moyens de transports collectifs et aux installations collectives de restauration dont peuvent bénéficier les salariés de l'entreprise cliente. Pendant toute la durée de la mise à disposition, l'entreprise utilisatrice est responsable des conditions d'exécution du contrat de travail.

NB : les entreprises de travail temporaire peuvent exercer l'activité d'entreprise de travail à temps partagé.

Observation : pratique en plein essor mais d'une légalité douteuse, le **portage salarial** est en voie de consécration par les textes. À la suite de l'accord national interprofessionnel du 11 janvier 2008, la loi du 25 juin 2008 en livre une définition : « ensemble de relations contractuelles organisées entre une entreprise de portage, une personne portée et des entreprises clientes, comportant pour la personne portée le régime du salariat et la rémunération de sa prestation chez le client par l'entreprise de portage » (art. L. 1251-64, C. trav.).
L'opération permet à une personne de fournir, avec le statut de salarié, une prestation de services à une entreprise sans que cette dernière assume la qualité d'employeur, celle-ci revenant à l'entreprise de portage.
Les conditions de mise en œuvre de l'opération doivent être organisées par un accord de branche étendu. Dispositif controversé.

Section 4 › LES TRAVAILLEURS À DOMICILE (ART. L. 7411-1 ET S., C. TRAV.)

Les travailleurs à domicile, isolés et peu syndiqués, donc plus vulnérables, ont bénéficié (lois 1915 et 1957) :
- de l'extension de la législation sociale,
- de la garantie d'un salaire minimum,
- de la conclusion de conventions collectives,
- ils sont liés par un contrat de travail qui peut être à durée indéterminée comme à durée déterminée.

§ 1 - Notion du travail à domicile

Conditions nécessaires :

- rémunération forfaitaire du travail ;
- travail fourni par un donneur d'ouvrage (chef d'établissement) et non par un simple particulier (ce serait alors un artisan) ;
- travail effectué seul, ou avec le concours du conjoint, des enfants à charge ou d'un auxiliaire ;
- matières premières procurées par le donneur d'ouvrage.

Remarque : peu importe la subordination juridique ou l'indépendance, l'appartenance du local où a lieu le travail ou de l'outillage. Seule la fourniture des matières premières doit ne pas être libre (sinon travailleur indépendant) : elle marque la **subordination économique**.
De nouvelles formes de travail à domicile sont apparues avec le développement de la télématique : « télétravail » ou « travail à distance » de groupes de salariés, en particulier par le **travail sur réseau**. En l'absence de restriction légale le statut du travailleur à domicile doit pouvoir s'appliquer à ces nouvelles formes de travail. **Les télétravailleurs** bénéficient du statut lorsqu'ils effectuent un travail hors des locaux de l'entreprise ou de ses clients ; lorsque leur donneur d'ordre ne peut physiquement surveiller l'exécution de la prestation et que celle-ci s'effectue au moyen de l'outil informatique avec ou sans outil de télécommunication. Transposant un accord-cadre européen du 16 juillet 2002, l'accord national interprofessionnel du 19 juillet 2005 relatif au télétravail esquisse un cadre juridique. Des propositions d'évolution législative sont par ailleurs avancées (limitation des plages horaires d'intervention de l'employeur mais aussi possibilités d'aménagements exceptionnels relevant du pouvoir de direction).

§ 2 - Garantie du salaire minimal

A. Définition

Rémunération calculée de manière à permettre à un travailleur d'habileté moyenne de gagner, pendant toute la durée légale du travail, au moins le salaire minimum, déterminé pour la profession et pour la région.

B. Calcul

Double opération, faite par **convention collective**, à défaut par le préfet.

1. Fixation du salaire minimum

Sur la base du taux habituel dans la profession. Majoration éventuelle pour tenir compte des frais d'atelier. Application de la réglementation du SMIC.

2. Détermination des temps d'exécution

Résultat : le salaire est le produit du salaire minimum horaire par le nombre d'heures nécessaires à l'exécution du travail. En l'absence de convention collective ou d'arrêté préfectoral fixant le salaire horaire et le temps d'exécution, le salarié a droit à une rémunération au moins égale au SMIC horaire multiplié par le nombre d'heures effectuées (jurisprudence).

NB : la rémunération ne peut être subordonnée au paiement de la commande par le client (télé-vendeurs), ce qui reviendrait à faire peser le risque de l'entreprise sur le salarié.

3. Contrôles

a) De l'inspecteur du travail, informé obligatoirement des travaux à domicile par une déclaration obligatoire d'ouvrage.

b) Par affichage des prix de façon et des temps d'exécution dans certains lieux.

c) Par le bulletin ou carnet délivré obligatoirement, lors de la remise des travaux, au salarié.

4. Sanctions

a) Civiles
– paiement du complément (partie du salaire non versée),
– dommages et intérêts.
Réclamation dans les 4 mois.

b) Pénales
– amende,
– action civile du travailleur lésé. Les syndicats professionnels peuvent agir aux lieu et place du salarié (exception remarquable à la règle « nul ne plaide par procureur »).

§ 3 - Extension de la législation sociale

Les travailleurs à domicile bénéficient des dispositions législatives et réglementaires applicables aux salariés ainsi que des conventions collectives applicables au donneur d'ouvrage sauf clause contraire de la convention collective.
Législation des assurances sociales ;
Mesures d'hygiène et de sécurité du travail ;
Principales règles du droit du travail :
– durée du travail ;
– allocations familiales ;
– congés payés ;
– règles relatives à la rupture du contrat de travail ;
– règles relatives au certificat de travail ;
– électorat : comités d'entreprises et délégués du personnel (règles adaptées, loi 28 oct. 1982).

Observation : désormais, comme pour tous les salariés, la durée du travail journalière ou hebdomadaire doit être communiquée par écrit au travailleur à domicile au plus tard dans les deux mois suivant le début du travail (directive 91/533 du 14 oct. 1991).

Par ailleurs, s'agissant du **travail sur écran**, lorsqu'un télétravailleur à domicile est occupé sur un équipement à écran de visualisation, une surveillance médicale spécifique est prévue. L'employeur doit également organiser son activité de façon à permettre une interruption périodique du travail conformément à l'article L. 3121-33 du Code du travail issu de la loi du 13 juin 1998 relative à la réduction du temps de travail et qui prévoit une pause de 20 minutes pour six heures de travail effectif.

Observation : le donneur d'ouvrage qui cesse de remplir ses obligations contractuelles rend impossible la poursuite du contrat par le salarié et est responsable de la rupture du contrat.

POUR ALLER PLUS LOIN

BIBLIOGRAPHIE :

› H. Blaise, « À la frontière du licite et de l'illicite : la fourniture de main-d'œuvre », *Dr. soc.* 1990 p. 418.

› Y. Chalaron, « Pour un nouveau concept pénal de marchandage ou trafic de main-d'œuvre », *Dr. soc.* 1980 p. 507.

› A. Cœuret et E. Fortis, *Droit pénal du travail*, coll. « manuel », Litec, 2008 n° 593 et s.

› A. Creplet, J. Dirringer, Y. Ferkane, M. Sweeney, T. Sachs (dir. E. Peskine), « Variations sur la période d'essai », *RDT* 2008.515.

› F. Doroy, « Le préjudice causé au salarié dans le délit de marchandage », *Dr. soc.* 1994 p. 547.

› A. Mazeaud, « Un nouveau droit de la formation du contrat de travail », *Dr. soc.* 2008. 626.

› J. Mouly, « Une innovation ambiguë : la réglementation de l'essai », *Dr. soc.* 2008. 288.

› E. Peskine, « Entre subordination et indépendance : en quête d'une troisième voie », *RDT* 2008.371.

› A. Supiot, « Les nouveaux visages de la subordination », *Dr. soc.* 2000.131.

Titre 2

LE DÉROULEMENT DE LA RELATION DE TRAVAIL

La vie de la relation individuelle de travail ne peut échapper à l'emprise des pouvoirs du chef d'entreprise et des décisions qu'il prend à l'égard d'un salarié en particulier ou de l'ensemble de la collectivité à laquelle celui-ci appartient. Mais, étudier le déroulement de cette relation conduit également à revenir sur le contrat de travail qui, en tant que contrat à exécution successive parfois dans une longue durée, peut être sujet à modification dans des conditions et avec des conséquences juridiques complexes. Ce même contrat donnera éventuellement lieu également à suspension temporaire, pour des causes multiples alors qu'il pourra résister dans son existence et dans son contenu aux perturbations qu'entraînent les transferts d'entreprises à l'occasion notamment d'opération de restructuration. La rémunération du salarié et ses conditions matérielles de travail (durée et sécurité) sont également des aspects importants dans le déroulement de la relation de travail. Mais avant d'aborder ces différentes questions il convient de rappeler de façon liminaire que le contrat individuel crée des obligations, soit par nature soit par l'effet de stipulations complémentaires, que l'employeur et le salarié doivent ensuite respecter.

Chapitre préliminaire › LES OBLIGATIONS DES PARTIES AU CONTRAT DE TRAVAIL

> **› L'essentiel**
> *Contrat synallagmatique à exécution successive, le contrat de travail constitue le support d'obligations principales et accessoires pesant sur chacune des parties. Leur violation entraîne la responsabilité du débiteur. Mais côté salarié, celle-ci paraît limitée. L'invocation des clauses correspondant à l'intérêt de l'entreprise donne lieu à un contrôle judiciaire de plus en plus poussé.*

Section 1 › OBLIGATIONS DU SALARIÉ

§ 1 - Obligation d'exécuter le travail

C'est l'obligation principale qui pèse sur le salarié.

A. Caractères

1. Obligation de faire

Non susceptible d'exécution forcée.
Sanction : congédiement, dommages-intérêts, sanctions disciplinaires.

2. Obligation personnelle

Contrat *intuitu personae*.

Conséquence : elle ne passe pas aux héritiers, le salarié ne peut se faire remplacer en principe (exécution personnelle).

3. Obligation de suivre les directives de l'employeur

Subordination. Cette obligation subit des changements dans ses modalités et dans son contenu (cf. *supra*). Elle est influencée par les prévisions du règlement intérieur de l'entreprise (voir *infra*, chapitre 1).

B. Objet

• **La prestation prévue au contrat**, que l'employeur ne peut modifier de façon essentielle sans l'accord du salarié (cf. Modification du contrat de travail).

• **Accomplissement consciencieux**. Toutefois l'exécution défectueuse ou les malfaçons n'engagent la **responsabilité contractuelle** du salarié qu'en cas de **faute personnelle lourde**, assimilable au dol, parce qu'elles constituent un risque de l'entreprise et que le salarié est en état de subordination et ne doit pas supporter les risques de l'exploitation (Soc. 27 nov. 1958, *Grands arrêts* n° 47).
La faute lourde, qui a des conséquences également en matière d'indemnité compensatrice de congés payés et de grève, est une faute plus grave que la faute grave

(fautes professionnelles d'une gravité particulière, activités concurrentes déloyales, malhonnêtetés caractérisées…). Elle a donné lieu à des appréciations variables de la jurisprudence selon les règles applicables.

Depuis une série d'arrêts de 1990, la chambre sociale de la Cour de cassation ne retient plus la responsabilité contractuelle du salarié que pour **faute intentionnelle** (Soc. 31 mai 1990, *Dr. soc.* 1991 p. 105).

En effet, si elle continue à exiger une faute lourde du salarié, elle en donne une nouvelle définition qui la caractérise par l'**intention de nuire** à l'employeur ou à l'entreprise. Cette définition plus étroite, qui n'autorise à retenir comme faute lourde que des fautes intentionnelles, conduit à ne mettre en jeu la responsabilité du salarié que dans des cas exceptionnels, la majorité des fautes étant de négligence ou d'incompétence. En outre la jurisprudence considère que les clauses de responsabilité personnelle du salarié figurant dans les contrats de travail ne peuvent produire effet, quels qu'en soient les termes, que s'il y a faute lourde, même pour des gérants salariés tenus d'assumer les déficits d'exploitation.

En revanche, vis à vis des tiers, la responsabilité civile du salarié est désormais plus large en raison d'une évolution jurisprudentielle commencée avec l'arrêt *Costedoat* (Ass. plén. 25 février 2000, *Grands arrêts* n° 48) puis complétée par l'arrêt *Cousin* (Ass. plén. 14 décembre 2001, *D.* 2002, p. 1930). Engage sa responsabilité civile à l'égard d'un tiers, le préposé qui, fut-ce sur ordre du commettant a intentionnellement commis une infraction lui causant un préjudice. Cette solution a ensuite été étendue à la Commission par un préposé délégataire de pouvoirs, d'une faute d'imprudence qualifiée (violation délibérée d'une obligation) au sens de l'article 121-3 du Code pénal (Crim. 28 mars 2006, *Bull. crim.* n° 91).

La jurisprudence reconnaît la validité de « **clauses de résultat** » fixant dans le contrat les performances attendues du salarié (quotas de vente, chiffre d'affaires minimum…). Mais si le fait de ne pas atteindre les résultats peut constituer un juste motif de licenciement, c'est à la condition que les objectifs fixés au salarié soient réalisables. En toute hypothèse, le juge doit pouvoir exercer son contrôle sur cette cause de rupture. La non-réalisation des objectifs contractuels ne peut donc constituer en soi une cause réelle et sérieuse de licenciement (Soc., 22 févr. 2000).

En outre une clause du contrat de travail ne saurait avoir pour effet, en mettant à la charge du salarié certains manquements entraînant des prélèvements sur le salaire (déficits de caisse ou manquements d'inventaire pour les gérants salariés de magasins ou succursales), de conduire à verser au salarié un salaire inférieur au SMIC ou au salaire minimum conventionnel (accord collectif), sauf faute lourde (jurisprudence).

§ 2 - Obligations accessoires

• **Obligation de ne pas accomplir en surplus une activité susceptible de concurrencer celle du patron**, sauf au cas de travail à temps partiel. Problème du « travail noir », interdit par la loi du 12 juillet 1972 (désormais travail dissimulé depuis la loi du 11 mars 1997), interdiction mal appliquée, d'autant plus que le travail noir est un moyen pour certains employeurs d'échapper aux obligations sociales et fiscales (cf. *supra*, Droit à l'emploi et marché du travail). En outre obligation de respecter, en fin de contrat, **les clauses de non-concurrence** (cf. Clauses de non-concurrence).

• **Interdiction d'accepter des tiers une rémunération occulte** sous réserve du pourboire licite en vertu des usages de la profession.

• **Non-divulgation des secrets de fabrication**.
Problème de la divulgation d'informations sur l'entreprise : la jurisprudence paraît la considérer comme fautive s'il s'agit d'informations à caractère confidentiel (situation financière de l'entreprise, par ex.), surtout pour des cadres.

• **Obligation générale de sécurité** dans les termes de l'article L. 4122-1 du Code du travail (v. *infra*, Les conditions de travail).

• **Obligation de loyauté**, plus sensible pour les cadres et limitant leur possibilité de manifester publiquement leur désaccord avec la direction et leurs critiques.

NB : cette dernière obligation pose le problème du respect des **libertés fondamentales** des salariés : liberté d'opinion et d'expression, liberté du mariage, liberté de la vie privée et de la vie personnelle du salarié, etc. (cf. Pouvoir de direction – limites). Spécialement, la Cour de cassation a récemment affirmé que l'abus de droit était la seule limite apportée à la liberté d'expression des salariés en dehors de l'entreprise, ce qui semble fixer la limite de la loyauté contractuelle (Soc., 4 févr. 1997).

• **Obligation de mobilité** (sur laquelle v. *infra*, chapitre 3).

• **Obligation** pour le salarié de respecter le **dispositif d'alerte éthique**, lequel est subordonné au respect de conditions strictes mises en évidence par la CNIL (délibération du 8 décembre 2005 v. *infra*, le pouvoir normatif de l'employeur).

Section 2 › OBLIGATIONS DE L'EMPLOYEUR

L'employeur doit :
– **procurer le travail convenu** qui ne peut être modifié qu'avec l'accord du salarié, son licenciement au cas de refus du salarié étant alors imputable à l'employeur, même si la modification est imposée par une nécessité, et en outre abusif dans le cas contraire (cf. Modification du contrat de travail) ; obligation d'assurer des conditions de travail normales ;
– traiter humainement le salarié et respecter sa **vie privée** et plus largement sa **vie personnelle** (cf. Pouvoir de direction) ;
– payer le **salaire** convenu (cf. Rémunération) ;
– obligation générale de **sécurité** (cf. *infra*, Hygiène et sécurité du travail) ;
– outre l'obligation d'affilier le salarié à un régime de sécurité sociale ou de retraite, le droit positif fait apparaître d'autres obligations nées du contrat de travail : obligation à une gestion prévisionnelle de l'emploi (cf. Licenciement économique), obligation de formation ou d'adaptation des salariés aux changements dans l'emploi et les technologies, obligation de reclassement (cf. *infra*, Licenciement économique).
Plus précisément, depuis quelques années la jurisprudence fait peser sur l'employeur, une **obligation d'assurer l'adaptation des salariés à l'évolution de leurs emplois**. Cf. *infra*, Licenciement. En outre la loi fait peser sur l'employeur une **obligation de reclassement** au cas de licenciement économique (cf. *infra*, Licenciement économique, Mesures sociales d'accompagnement. Plan de sauvegarde de l'emploi).

NB : au cas d'inexécution par l'employeur, possibilité d'appliquer l'exception d'inexécution au profit du salarié mais aussi la prise d'acte produisant les effets d'un licenciement sans cause réelle et sérieuse (voir *infra*, 2e partie).

Observation : prenant appui sur l'exigence légale **d'exécution de bonne foi** énoncée à l'article 1134, al. 3, du Code civil, la jurisprudence récente redéfinit les obligations des parties au contrat de travail et spécialement, celle de l'employeur. Outre les exemples cités ci-avant (adaptation, reclassement) on peut citer l'obligation d'informer le salarié sur l'existence et le contenu de la convention collective ou encore la manière d'utiliser un droit que l'on tient du contrat lui-même. Ainsi, a-t-il été jugé, par référence à l'exigence de bonne foi dans l'exécution, que l'employeur faisait un usage abusif d'une clause de mobilité en imposant au salarié, qui se trouvait dans une situation familiale critique, un déplacement immédiat dans un poste qui pouvait être pourvu par d'autres salariés. Cette jurisprudence se trouve consolidée par le nouvel article L. 1222-1 du Code du Travail qui énonce que le contrat de travail doit être exécuté de bonne foi. **Sur le plan probatoire**, on signalera l'apport de deux arrêts du 23 février 2005 (*Grands arrêts* n° 52), par lesquels la chambre sociale de la Cour de cassation énonce que, la bonne foi contractuelle étant présumée le juge du fond n'a pas à rechercher si la décision de l'employeur de modifier les conditions de travail d'un salarié est conforme à l'intérêt de l'entreprise. Il incombe au salarié de démontrer que cette décision a en réalité été prise pour des raisons étrangères à cet intérêt ou bien qu'elle a été mise en œuvre dans des conditions exclusives de la bonne foi contractuelle. La preuve n'a pas ici pour objet un état psychologique mais des éléments factuels tels qu'une précipitation suspecte de l'employeur, l'existence de tensions préalables ou de solutions alternatives.

POUR ALLER PLUS LOIN

BIBLIOGRAPHIE :

› P.-H. Antonmattei, *Les clauses du contrat de travail*, éd. Liaisons, 2005.

› F. Gaudu et R. Vatinet, *Les contrats du travail*, LGDJ, 2001.

› X. Lagarde, « Aspects civilistes des relations individuelles de travail », *RTD civ.* 2002, p. 435.

› J. Pélissier, « Pour un droit des clauses du contrat de travail », *RJS* 2005, p. 499 et s.

Chapitre 1 > LES POUVOIRS DU CHEF D'ENTREPRISE

> **> L'essentiel**
>
> *L'organisation de l'entreprise reste principalement* ***hiérarchique****, l'entreprise étant le siège d'un pouvoir de commandement détenu par le chef d'entreprise (direction, organisation et édiction des règles internes dans le règlement intérieur et les notes de service), assorti d'un pouvoir disciplinaire, exercé directement ou par délégation (Sur les éléments constitutifs de l'entreprise, voir infra 3e partie). Cette structure hiérarchique classique s'est trouvée contestée, moins dans son principe que dans ses manifestations et dans ses liens avec l'organisation du travail.*
>
> ***Des limites*** *ont été apportées au caractère discrétionnaire de l'exercice du pouvoir, source d'un éventuel arbitraire et aussi des tempéraments à l'autorité du chef d'entreprise dans le sens d'une certaine démocratisation de l'entreprise et d'une participation au moins consultative des travailleurs à sa gestion, essentiellement par l'intermédiaire de leurs représentants élus et syndicaux, également par la voie d'une expression directe des salariés sur leurs conditions de travail et l'institution d'un droit disciplinaire ; enfin, par l'institution d'une participation financière aux résultats de l'entreprise.*
>
> *Les réformes engagées depuis 1981 ont accentué ce mouvement mais sans remettre en cause le pouvoir de décision du chef d'entreprise.*
>
> *Si le* ***pouvoir de direction*** *n'a pas subi de modification sensible du fait des réformes récentes, en revanche le* ***pouvoir réglementaire*** *et le* ***pouvoir disciplinaire*** *connaissent des limites nouvelles avec une protection accrue des libertés des travailleurs dans l'entreprise et l'apparition d'une ébauche de droit disciplinaire (loi du 4 août 1982 ; loi du 31 déc. 1992). Le contrôle judiciaire exercé en particulier sur les licenciements économiques réduit le pouvoir de direction quant à l'appréciation des exigences de l'intérêt de l'entreprise (cf. infra, Licenciement économique).*

Section 1 > POUVOIR DE DIRECTION

Traditionnellement présenté comme fondé sur la propriété et le contrat (subordination juridique), il trouve aussi de plus en plus appui en jurisprudence sur le rôle et les responsabilités du chef d'entreprise, mais connaît certaines limites dans la législation sociale, les conventions collectives et le respect des droits fondamentaux du travailleur dégagés par la jurisprudence.

§ 1 - Contenu

A. Concernant la gestion de l'entreprise

L'employeur détermine les formes juridiques et leur modification, la cession, la fermeture, la mise en chômage technique, le rythme de la production, l'utilisation du matériel, les horaires de travail, etc., sous réserve des consultations (notamment du comité d'entreprise et du CHSCT) auxquelles il doit procéder, plus exigeantes depuis la loi de 1982, impliquant une gestion moins secrète et, depuis la loi du 1er mars 1984 sur la prévention des difficultés des entreprises, plus prévisionnelle, avec un droit d'alerte reconnu aussi au comité d'entreprise (v. vol. 1).

Bien que dans les rapports de travail la **liberté d'entreprendre, fondement du pouvoir de direction**, soit rarement utilisée par le juge pour défendre les prérogatives du chef d'entreprise, il arrive néanmoins que tel soit le cas. Ainsi par arrêt du 13 juillet 2004 la Cour de cassation a décidé que porterait atteinte au pouvoir de direction les juges du fond qui ordonnent à l'employeur de modifier l'implantation dans son entreprise d'appareils de pointage. Une telle injonction revient en effet à contrôler un choix de gestion ou d'organisation en dehors de raisons très particulières telle que la prévention d'un danger imminent. Un rapprochement est à faire entre cette décision et l'arrêt *Sat* du 8 décembre 2000 rendu par l'assemblée plénière de la Cour de cassation qui, en matière de licenciement économique, interdit au juge de contrôler le choix de gestion à l'origine de la mesure (cf. 2e partie, titre 3).

B. Concernant le personnel

L'employeur embauche, répartit les tâches, attribue les postes, fixe les rémunérations, licencie, sous réserve de l'interdiction des discriminations et des restrictions au droit de licencier. Il peut modifier unilatéralement les conditions de travail de chaque salarié en cours de contrat.

Le changement s'impose au salarié sans qu'il soit nécessaire de formaliser l'acceptation de celui-ci (voir au contraire pour les modifications d'un élément essentiel du contrat, *infra*, Les vicissitudes du contrat de travail). La seule exception à ce principe concerne les salariés protégés, aucune modification de leurs conditions de travail ne pouvant leur être imposée de même que ne peut être mise en œuvre sans leur accord une clause de mobilité préalablement souscrite (voir volume 1, Le statut protecteur des représentants du personnel).

L'exercice du pouvoir de direction est **présumé être fait de bonne foi**. Dès lors, sauf exigence légale, son titulaire n'a pas à justifier sa décision. En cas de contentieux, ce sera donc au salarié de prouver que cette décision relative aux conditions de travail a été prise pour des raisons étrangères à l'intérêt de l'entreprise ou mise en œuvre dans des conditions exclusives de la bonne foi contractuelle (Soc., 23 févr. 2005, *Grands arrêts* n° 53).

Observation : la Cour de cassation a refusé de permettre aux salariés de mettre en jeu la responsabilité du chef d'entreprise pour faute dans la gestion technique, économique ou financière ayant entraîné la fermeture et le licenciement collectif (Soc., 31 mai 1956, aff. *Brinon* : théorie de l'employeur « seul juge » de l'intérêt de l'entreprise).

Cette jurisprudence a été généralement critiquée. Mais certaines décisions ont admis la désignation d'un expert pour vérifier la situation économique de l'établissement au cas de fermeture d'usine. En outre, la Cour de cassation a permis au juge de condamner l'employeur pour détournement du pouvoir de direction dans l'exercice de son droit de licencier ou pour légèreté blâmable, laquelle doit néanmoins être distinguée d'un mauvais choix de gestion.

§ 2 - Limites

Outre le respect des lois, des règlements et des dispositions conventionnelles applicables à l'entreprise, le pouvoir de direction se heurte à des limites découlant des **droits fondamentaux de la personne** du salarié ainsi que des **libertés publiques** (liberté d'opinion, liberté syndicale, droit de grève, etc.). Logiquement toute violation devrait entraîner la **nullité** de la mesure contraire, avec **remise en l'état** (par ex. réintégration du salarié licencié), comme l'admet le Conseil d'État, et non seulement l'allocation de dommages-intérêts. Un arrêt de la Cour de cassation du 28 avril 1988 a approuvé les juges du fond d'avoir ordonné la réintégration d'un salarié licencié dont la liberté d'expression n'avait pas été respectée, alors qu'aucun texte ne prévoit expressément la nullité dans ce cas (v. *infra*, Les sanctions du licenciement illicite).

Cf. en ce qui concerne les limites apportées par la loi du 31 décembre 1992 au pouvoir d'embaucher, en particulier quant aux techniques de recrutement, *supra*, Les limitations à la liberté d'embauchage.

Le juge judiciaire s'efforce aujourd'hui de préserver **la vie privée du salarié** et plus largement, **sa vie personnelle**, les faits s'y rattachant ne pouvant plus en principe constituer une cause légitime de rupture du contrat de travail. Il n'est fait exception à ce principe que lorsque le comportement du salarié a créé un **trouble caractérisé** au sein de l'entreprise (voir *infra*, Le licenciement).

Interprétant la validité d'une clause d'un contrat de travail permettant à l'employeur de modifier le domicile du salarié, la Cour de cassation a ainsi marqué les limites du pouvoir de direction en subordonnant la validité de la clause au caractère indispensable à la protection des intérêts légitimes de l'entreprise et proportionné, compte tenu du travail et de l'emploi occupé, au but recherché. Ladite clause doit, hors de ces conditions strictes, être déclarée contraire à **l'article 8 de la Convention européenne de sauvegarde des droits de l'homme et des libertés fondamentales**.

Plusieurs lois récentes ont interdit toute mesure ou toute clause d'un contrat de travail ou d'un accord collectif qui porterait atteinte aux droits des personnes et aux libertés individuelles et collectives sauf si elles sont justifiées par la nature de la tâche à accomplir et proportionnées au but recherché (**art. L. 1121-1, C. trav.**). Diverses lois ont précisé l'objet des interdictions, qui relève souvent du domaine de la vie privée ou personnelle du salarié (sexe, mœurs, situation de famille, origines, opinions ou confessions, handicap, nationalité, race, activités syndicales, état de santé, exercice du droit de grève...), pour le règlement intérieur ou les sanctions disciplinaires, en prévoyant la **nullité de plein droit** des actes contraires.

Il convient de souligner une nouvelle fois (voir *supra* titre préliminaire, L'embauchage) l'importance du rôle joué par **l'article L. 1121-1** précité du Code du travail dans la régulation des rapports entre l'exercice du pouvoir de direction et les libertés et droits de la personne du salarié. C'est notamment au visa de ce texte qu'a été rendu l'arrêt *Nikon* du 2 octobre 2001 (*Grands arrêts* n° 70) énonçant que le salarié a droit, au même temps et au même lieu de travail, au respect de l'intimité de sa vie privée et que celle-ci implique en particulier le secret des correspondances ; que l'employeur ne peut dès lors sans violation de cette liberté fondamentale prendre connaissance des messages personnels émis par le salarié et reçus par lui grâce à un outil informatique mis à sa disposition pour son travail et ceci même au cas où l'employeur aurait interdit une utilisation non professionnelle de l'ordinateur. Le 17 mai 2005 (*Dr. soc.* 2005 p. 789) la chambre sociale de la Cour de cassation a cependant nuancé cette première solution très protectrice du salarié en décidant que sauf risque ou événement particulier, l'employeur ne peut ouvrir les fichiers identifiés par le salarié comme personnels contenus sur le disque dur de l'ordinateur mis à sa disposition qu'en présence de ce dernier ou celui-ci dûment appelé. On doit comprendre cette formule comme posant une **présomption de caractère professionnel** du fichier qui peut alors être consulté librement par l'employeur. Cette liberté cesse et les garanties sus-énoncées s'appliquent lorsque le salarié a clairement identifié le fichier comme étant personnel, ce qui apparaît comme l'exception en milieu de travail. Il est suggéré de transposer cette solution de titrage aux courriels bénéficiant par ailleurs d'une protection spécifique pénalement sanctionnée : la violation du secret des correspondances (art. 226-15, C. pén.). Sur l'interdiction pour l'employeur de fonder une sanction disciplinaire sur le contenu d'une correspondance privée ouverte par mégarde : Ch. mixte, 18 mai 2007.

Les NTIC procurent également aux employeurs des moyens nouveaux pour contrôler la conformité du comportement des salariés à leurs engagements contractuels. Mais dans ce cas, il peut y avoir traitement automatisé d'informations nominatives au sens de la loi informatique et libertés du 6 janvier 1978, ce qui impose déclaration auprès de la CNIL. Un salarié ayant refusé à 19 reprises en violation du règlement intérieur de badger à sa sortie de l'entreprise, son licenciement ultérieur est sans cause réelle et sérieuse car l'employeur ne peut imposer une obligation à des salariés découlant de l'installation d'un dispositif non déclaré quand bien même ceux-ci auraient été régulièrement informés à titre individuel et le comité d'entreprise consulté (Soc., 6 avril 2004, *RJS* 6/04, n° 787).

Observations : on rapprochera cette solution de la position prise par la CNIL le 13 avril 2007 aux termes de laquelle la notation annuelle et les « potentiels de carrière » des salariés doivent être communiqués aux intéressés, s'ils en font la demande conformément à l'article 39 de la loi du 6 janvier 1978.

Transposant le débat sur le terrain de la preuve du comportement fautif du salarié, la Chambre sociale considère que les moyens de contrôle mis en place par l'employeur ne peuvent être utilisés dans un tel débat que s'ils ont au préalable donné lieu à une information du personnel (*not. Soc.*, 7 juin 2007, pour des enregistrements résultant d'un système de vidéosurveillance).

• La réflexion actuelle s'oriente vers l'examen des conditions dans lesquelles une entreprise soumise au droit du travail français peut intégrer dans les principes de son fonctionnement, via notamment son règlement intérieur (sur lequel : *infra*) **la charte d'éthique** émanant de la société étrangère dont elle est la filiale. La procédure de signalement d'infractions souvent prévue par de telles chartes a donné lieu à des prises de position très hostiles de la part de la CNIL (délib. 26 mai 2005), qui évoque le risque d'un système organisé de délation professionnelle. Elle a néanmoins par la suite nuancé sa position (délib. 10 nov. 2005).

• Cas particulier des **entreprises « de tendance »** (religieuses, politiques, syndicales, associatives…) pour lesquelles la jurisprudence admet des engagements particuliers des salariés, pour certaines fonctions ou tâches au moins, relativement à certains aspects de leur vie privée ou personnelle. Il ressort de la jurisprudence judiciaire et administrative, comme d'une décision du Conseil constitutionnel (23 nov. 1977), que l'obligation de loyauté n'implique pas par elle-même une communauté de pensée mais postule un devoir de réserve, lui-même tempéré par le principe de proportionnalité. La tendance générale est de n'admettre qu'exceptionnellement des restrictions à la liberté d'opinion et d'expression du salarié.

§ 3 - Exercice

- **Directement ou par délégation** (cf. *infra*, 3e partie, L'entreprise).

- **Par mesures individuelles et par mesures collectives** (not. par notes de service, circulaires, instructions; cf. *infra*, Le règlement intérieur).

Observation : la théorie juridique devrait, à terme, prendre en considération **la notion de décision** en tant que manifestation du pouvoir – traduite en fait ou en acte juridique, selon – déclenchant une procédure spécifique (par exemple décision de licencier) et entraînant des garanties de forme et de fond pour le ou les salariés dont la situation dans l'entreprise se trouve, par suite modifiée ou remise en cause (voir à cet égard Soc., 5 mai 1998 soumettant à la consultation préalable du comité d'entreprise la « décision » de négocier : *infra*, Le comité d'entreprise, Attributions). Il est intéressant aussi de signaler la jurisprudence relative à l'identification du titulaire du pouvoir en liaison avec la validité de la décision prise lorsqu'il ne s'agit pas du chef d'entreprise lui-même mais d'un délégataire (Soc., 30 avril 1997, *Dr. soc.* 1998, p. 25).
Il convient par ailleurs de tenir compte du rôle joué par la **sanction pénale** (dissuasion), véritablement **omniprésente** dans les relations du travail puisqu'elle accompagne aussi bien le non-respect des lois et règlements relatifs aux conditions de travail (hygiène, sécurité, durée du travail et repos) que les comportements illicites dans la gestion administrative du personnel (respect du salaire minimum, interdiction du prêt de main-d'œuvre généralisé, du marchandage et du travail dissimulé) sans oublier la méconnaissance des droits collectifs des salariés dans l'entreprise (délit d'entrave aux institutions élues et syndicales). La caractéristique de ces sanctions, tantôt correctionnelles tantôt contraventionnelles, est de peser à titre initial sur le **chef d'entreprise** en raison de l'autorité qui lui est reconnue, puis de descendre le long de la chaîne hiérarchique pour s'appliquer à un **responsable substitué** préalablement désigné par une délégation ou une subdélégation de pouvoirs et qui, en principe, a qualité de salarié de l'entreprise. Depuis la réforme du Code pénal en 1992, il convient de tenir compte en outre de l'éventuelle **responsabilité pénale de la personne morale** employeur instaurée dès cette date pour certaines infractions (travail illégal, atteintes à l'intégrité physique ou à la vie…) et qui se trouve désormais généralisée à toutes les infractions (L. 9 mars 2004). Cette responsabilité va, soit s'ajouter soit se substituer à la responsabilité pénale traditionnelle des personnes physiques ci-dessus mentionnées (décideurs). Cf. *infra*, La responsabilité pénale en matière d'hygiène et de sécurité du travail.

Section 2 › LE POUVOIR NORMATIF DU CHEF D'ENTREPRISE (RÈGLEMENTATION INTÉRIEURE) (ART. L. 1311-1 ET S., C. TRAV.)

Émanant de façon unilatérale du chef d'entreprise, le règlement intérieur, document écrit propre à l'entreprise n'est que la principale manifestation d'un pouvoir plus général. Il s'enracine dans une pratique ancienne (règlement d'atelier). Destiné à imposer aux salariés une **police du travail**, il est porteur de prescriptions générales et permanentes qui lui donnent l'allure d'une loi au sens matériel. C'est là l'expression d'un pouvoir propre à toute organisation humaine orientée vers une fin et le rattachement du règlement intérieur au contrat individuel de travail (le salarié ayant tacitement accepté de le respecter au moment de l'embauche), participe assez largement d'une fiction qui paraît avoir été abandonnée par la jurisprudence contemporaine (Soc., 24 févr. 1971 et 4 mai 1977, *Bull. civ.* V, n° 285). De son côté, le Conseil d'État a jugé que le règlement intérieur était applicable à toutes les personnes qui exécutent un travail dans l'entreprise ou l'établissement, que ces personnes soient liées ou non par un contrat de travail avec l'employeur qui a établi ledit règlement (CE 4 mai 1988, *D.* 1990, som. 134). La Cour de cassation analyse le règlement intérieur comme un **acte réglementaire de droit privé** (Soc., 25 sept. 1991, *Grands arrêts* n° 177).

Dénoncé par une partie de la doctrine comme une « anomalie juridique » et vivement critiqué en raison de la sévérité fréquente de son contenu (exemple historique de l'interdiction du port des sabots sanctionnée par une amende, Civ. 14 févr. 1866, *D.* 1866, I, 84), ainsi que de la tendance des employeurs à l'utiliser pour éviter une négociation collective avec les syndicats (fixation unilatérale par ce moyen des questions les plus diverses : rémunération, organisation du temps de travail, rupture des contrats, protection sociale…), les règlements intérieurs ont fait l'objet d'une **réforme profonde**. La loi du 4 août 1982 relative aux libertés des travailleurs dans l'entreprise a sensiblement modifié leur régime juridique en s'inspirant à la fois du rapport de la **Commission Rivero** (1978) et de la **jurisprudence du Conseil d'État** (CE 1er févr. 1980, *Dr. soc.* 1980, p. 310).

Sans en faire un acte bilatéral (négocié ou approuvé) la **loi de 1982** a atténué son caractère unilatéral, en a restreint sensiblement le contenu, lui a assimilé les notes de service et les circulaires internes parfois très fréquentes dans les grandes entreprises, en a clarifié enfin les modalités d'élaboration et de contrôle.

§ 1 - Élaboration des normes

1. Obligatoire dans toutes les entreprises employant habituellement au moins 20 salariés ; contrôle de l'inspection du travail. Dans les entreprises comportant plusieurs établissements, un règlement unique peut être établi pour l'ensemble dès lors qu'ils ne présentent pas de particularités exigeant des dispositions propres à l'un ou plusieurs d'entre eux (CE 5 juin 1987, *Dr. soc.* 1987, p. 651) ;

2. Établi par écrit à l'initiative de l'employeur et rédigé en français ;

3. Soumis à l'avis du comité d'entreprise, à défaut des délégués du personnel, éventuellement du CHSCT ; il s'agit toujours là d'une formalité substantielle (Cass., 4 juin 1969, *Dr. soc.* 1969, p. 515) ;

4. Contrôle : communiqué, avec cet avis, à **l'inspecteur du travail** qui peut **à tout moment** exiger le **retrait** ou la **modification** des dispositions contraires aux lois et règlements ou aux conventions et accords collectifs applicables dans l'entreprise, de celles qui débordent les limites du contenu du règlement fixées par les articles L. 122-34 et 35 et L. 1321-1 et 2 (cf. *infra*, Contenu), adressant à l'employeur une injonction mais sans pouvoir modifier lui-même le règlement (mise en demeure et, au cas de refus, procès-verbal). La décision motivée de l'inspecteur est communiquée pour information aux représentants du personnel. Elle est susceptible d'un recours hiérarchique devant le directeur départemental du travail dans les deux mois, la décision de ce dernier étant notifiée à l'employeur et communiquée aux représentants du personnel. Un recours contentieux est possible.
À côté du contrôle administratif de l'inspecteur du travail, **les juridictions de l'ordre judiciaire** peuvent avoir à connaître de la licéité du règlement intérieur, en particulier à l'occasion de la contestation d'une sanction prise sur la base du règlement; copie du jugement est alors adressée à l'inspecteur du travail et aux représentants du personnel (art. L. 1322-4).
Le règlement intérieur étant un **acte juridique de droit privé**, ainsi que l'a rappelé la Cour de cassation, le juge judiciaire peut se prononcer sur la validité de ses dispositions même sur une demande principale en annulation, du moins pour toutes celles au sujet desquelles l'autorité administrative ne s'est pas prononcée (Soc., 16 déc. 1992, *Grands arrêts* n° 208); en revanche il devrait, en vertu du principe de la séparation des pouvoirs, surseoir à statuer jusqu'à décision du juge administratif pour les clauses ayant été l'objet d'une décision administrative (jurisprudence critiquée du Conseil d'État). Cf. aussi *infra*, Limitations à la liberté d'embauchage.

5. Dépôt au secrétariat-greffe du conseil de prud'hommes et affichage sur les lieux de travail et d'embauche. La date d'entrée en vigueur du règlement intérieur est nécessairement postérieure d'un mois à l'accomplissement des deux formalités précitées (art. L. 1322-4).

Observation : en droit français, le règlement intérieur demeure **unilatéral**, à la différence de ce qu'il est dans de nombreux pays (Allemagne, Belgique, Pays-Bas…).
Néanmoins sa **force obligatoire** non seulement à l'égard des salariés mais aussi vis-à-vis de l'employeur lui-même n'est pas contestable. Ainsi par exemple, le règlement intérieur prévoyant que la mise à pied ne peut être supérieure à trois jours, l'employeur ne peut fixer à celle-ci une durée plus longue (Soc., 27 févr. 1985; v. égal Soc., 2 mai 2000 pour l'obligation de rechercher une autre affectation suite au refus du salarié d'accepter sa mutation en exécution d'une clause de mobilité).

§ 2 - Contenu

Ici, depuis 1982, le changement est sensible, le législateur ayant entendu à la fois renforcer la protection des droits des travailleurs et exclure du règlement les matières où la concertation et la négociation sont possibles et souhaitables.

A. Matières

Exclusivement (art. L. 1321-3, C. trav.) :

– les mesures d'application de la réglementation relative à l'hygiène et à la sécurité (décisions de l'employeur correspondant à sa responsabilité, en particulier pénale, en la matière);
– les règles générales et permanentes relatives à la **discipline** (conditions de circulation dans et hors de l'établissement, horaires de travail, délivrance de matière et d'outillage…), y compris la nature et l'échelle des sanctions que peut prendre l'employeur (cf. *infra,* Pouvoir disciplinaire), ainsi que la **procédure** disciplinaire et les **droits de la défense**, dans les limites fixées par les dispositions relatives au droit disciplinaire (cf. *infra, ibid.*); le rappel, enfin, des dispositions légales relatives à l'interdiction du harcèlement sexuel et moral.

1re observation : il s'agit là de matières dont le législateur a pensé qu'elles se prêtent mal à la négociation en raison de leur caractère contraignant. On peut y voir également l'expression nécessaire de l'autorité du chef d'entreprise, la négociation collective ne pouvant au mieux qu'encadrer par des garanties de forme et de fond l'exercice de cette autorité.

2e observation : sont en conséquence désormais **interdites** les clauses (auparavant fréquentes) relatives au contrat de travail, à la rémunération, à l'embauchage ou au licenciement, à l'ordre des licenciements collectifs (matière désormais réservée à la négociation collective ou à la concertation avec les représentants du personnel), à l'exercice du droit de grève (CE 12 oct. 1992 : occupation des locaux, piquets de grève,… qualifiés de fautes graves ou lourdes), au droit syndical ou à la représentation des salariés, à la maladie…
Les dispositions se situant hors du contenu légal du règlement peuvent toutefois constituer un engagement unilatéral de l'employeur obligeant celui-ci (cf. Engagement unilatéral).

B. Limites

3 sortes :

1. Dans les matières *a priori* autorisées

Le règlement ne peut contenir de clauses contraires aux lois, règlements, conventions et accords collectifs applicables (**ordre public**) par exemple en matière de droit de retrait d'une situation dangereuse;

2. Respect des droits fondamentaux

Dans l'arrêt *Corona* du 1er février 1980, le Conseil d'État avait confirmé la décision d'un inspecteur du travail exigeant le retrait d'une disposition autorisant la direction à soumettre les salariés à l'alcootest, au motif que des clauses de cette nature, « eu égard à l'atteinte qu'elles portent aux droits de la personne… excèdent, par leur généralité, l'étendue des sujétions que l'employeur pouvait légalement imposer en l'espèce, en vue d'assurer la sécurité dans son entreprise » (*Dr. soc.* 1980. 310).
Dans cet esprit, la loi du 4 août 1982 a disposé que le « règlement intérieur ne peut apporter aux **droits des personnes et aux libertés individuelles et collectives** des restrictions qui ne seraient pas justifiées par la nature de la tâche à accomplir, ni proportionnées au but recherché » (respect des libertés) (art. L. 1321-3). La pratique des fouilles est en principe interdite sauf lorsqu'il existe des raisons particulières de

l'effectuer et dans des conditions préservant la dignité et l'intimité de la personne. Faute de comporter ces restrictions et précisions, la clause du règlement intérieur la prévoyant doit être considérée comme une atteinte excessive aux droits des personnes (CE 19 juin 1989). Il en va de même de la clause relative à l'ouverture des armoires et vestiaires individuels qui doit en particulier prévoir la présence des intéressés et doit être justifiée par les nécessités de l'hygiène et de la sécurité (CE 11 juill. 1990).

La clause prévoyant l'usage de l'alcooltest n'est licite que si elle a pour but de prévenir ou de faire cesser une situation dangereuse et non de permettre à l'employeur de faire constater par ce moyen une éventuelle faute disciplinaire (CE 1er févr. 1980), ce qui se justifie davantage à raison des fonctions occupées par le salarié (conducteurs) (CE 12 nov. 1990).

Sont illicites également les clauses du règlement restreignant la liberté du mariage entre salariés, prévoyant le contrôle des absences pour maladie par l'employeur, la prohibition des conversations étrangères au service (CE 25 janv. 1989, *Dr. soc.* 1990, p. 201), les contrôles non annoncés des vestiaires individuels (CE 12 juin 1987, *Dr. soc.* 1987, p. 615), l'interdiction faite aux caissières et vendeuses d'accepter le passage des membres de leur famille (CE 9 déc. 1994), l'obligation faite à des employés de banque d'informer l'employeur des comptes bancaires qu'ils détiennent dans d'autres établissements bancaires (CE 3 oct. 1997).

À l'inverse, est licite une clause qui peut avoir des incidences sur le droit de grève mais qui est justifiée par des impératifs de sécurité (CE 29 déc. 1995, *RJS* 12/97, n° 1371, pour des produits nucléaires), de même qu'une disposition portant interdiction de fumer dans l'entreprise (CE 18 mars 1998). En outre les diverses interdictions d'un règlement doivent réserver les droits reconnus par la loi aux syndicats, aux représentants syndicaux et aux représentants élus du personnel (CE 1er févr. 1993).

3. Principe général de non-discrimination

En raison de ce principe, le règlement intérieur ne peut comporter de dispositions lésant les salariés dans leur emploi ou leur travail, en raison de leur sexe, de leurs mœurs, de leur orientation sexuelle, de leur âge, de leur situation de famille ou leur grossesse, de leurs origines, de leurs opinions ou confessions, de leur apparence physique, de leur patronyme ou de leur handicap, à capacité professionnelle égale – (art. L. 1321-1 modifié par la loi du 16 novembre 2001 relative à la lutte contre les discriminations). On rapprochera cette disposition des articles 225-1 et 225-2 du Code pénal eux-mêmes modifiés par la loi ci-avant citée.

C. Notes de service

Assimilation au règlement intérieur, et soumission au même régime, des **notes de services** et autres documents portant prescriptions générales et permanentes dans les matières pouvant figurer au contenu du règlement intérieur (art. L. 1321-5, C. trav.). La règle a pour but d'éviter que ces notes puissent permettre de contourner la loi et de recréer de l'arbitraire en marge du règlement intérieur proprement dit.

Observation : Toutefois les prescriptions relatives à l'hygiène et à la sécurité, lorsqu'il y a **urgence**, peuvent recevoir application immédiate à condition d'être simultanément communiquées au CHSCT, au comité d'entreprise et à l'inspecteur du travail.

Les prescriptions générales et permanentes autres que celles concernant la discipline, l'hygiène et la sécurité sont également interdites dans les notes de service ou documents de même nature, comme elles le sont dans le règlement intérieur (cohérence de la protection légale) ; seules sont permises les mesures individuelles ou particulières ou circonstancielles (la distinction n'est pas encore parfaitement nette en jurisprudence).

Selon certaines juridictions (not. TGI Nanterre, 6 oct. 2004) **les codes de conduite et chartes d'éthique** énonçant des règles dans les domaines de la sécurité, de la santé, de l'environnement, des rapports avec la clientèle et les partenaires de l'entreprise, doivent être considérés comme des notes de services soumises au même régime que le règlement, ce d'autant plus que leur non-respect est assorti de sanctions disciplinaires.

Un rapport sur le sujet (Antonmattei-Vivien) déposé en novembre 2006 formule un certain nombre de propositions afin d'encadrer juridiquement ces « codes » et opte pour un rattachement seulement partiel au pouvoir réglementaire du chef d'entreprise. V. aussi la circulaire DGT du 19 novembre 2008 qui précise les modalités de contrôle de ce document par l'administration et d'où il ressort qu'il ne serait qu'en partie rattachable au champ du règlement intérieur.

Section 3 › LE POUVOIR DISCIPLINAIRE (ART. L. 1331-1 ET S., C. TRAV.)

§ 1 - Définition et évolution

Deux conceptions rivalisent pour rendre compte de ce pouvoir et lui procurer un fondement juridique. La conception **contractuelle**, la plus ancienne et qui fut d'abord accueillie en jurisprudence. La conception **institutionnelle** qui, à partir de la seconde moitié du XXe siècle a entendu prendre le relais en s'appuyant sur un plus grand réalisme sociologique. Selon la première, le salarié aurait par avance accepté d'être sanctionné au cas où, durant l'exécution du travail, il commettrait un manquement à la discipline fixée par l'autre partie au contrat. La principale conséquence de cette opinion était qu'une sanction ne pouvait être appliquée que si elle était prévue par le contrat ou plus précisément le règlement intérieur transformé en annexe de celui-ci.

Outre le caractère largement fictif de cette adhésion contractuelle du salarié à la discipline, la conception contractuelle limitait fortement le contrôle du juge sur l'exercice du pouvoir disciplinaire et en particulier sur le contrôle de la proportionnalité entre la faute reprochée et la sanction prononcée.

La conception institutionnelle présentait le pouvoir disciplinaire comme la contrepartie des responsabilités assumées par le chef d'entreprise et attachées à sa fonction. Elle en tirait la double conséquence que le pouvoir disciplinaire ne pouvait être exercé que dans l'intérêt de l'entreprise, sous le contrôle des tribunaux et que toute sanction disciplinaire même non prévue pouvait être appliquée.

Dans le silence quasi total du Code du travail la jurisprudence avait fini par s'inspirer de l'une et l'autre thèse mais pour adopter des solutions le plus souvent défavorables aux salariés. En 1945 (*Poliet et Chausson*, Soc. 16 juin 1945, *Grands arrêts* n° 65) elle avait consacré la théorie institutionnelle à propos de la sanction de mise à pied l'admettant bien que non prévue par le règlement intérieur de l'entreprise, mais elle maintenait en pratique la conception contractuelle en refusant que le juge exerce un contrôle réel. De cette époque date la formule selon laquelle l'employeur est seul juge du point de savoir si l'intérêt de la discipline exigeait l'application de la sanction (Soc., 10 mars 1965, *Grands arrêts* n° 31). Les tribunaux se bornaient à vérifier la matérialité de la faute et le respect des éventuelles clauses disciplinaires du règlement intérieur, voire l'absence de détournement de pouvoir. Le contraste était grand entre le droit commun de la discipline et les solutions spécialement applicables au secteur public. **Dans l'entreprise privée** il y avait donc absence d'un droit disciplinaire, en partie due au droit de résiliation unilatérale de l'employeur, le licenciement apparaissant comme la sanction disciplinaire majeure insusceptible comme telle de faire l'objet d'un contrôle judiciaire poussé ni même d'être encadrée par une procédure.

Pourtant, des trois pouvoirs reconnus au chef d'entreprise c'est indiscutablement celui de pronocer des sanctions, parfois proches dans leur nature et leurs effets des sanctions pénales, qui requiert le plus de vigilance. Le droit reconnu à une personne privée, en raison de sa fonction dirigeante, d'infliger à une autre, subordonnée à elle, des mesures proches d'une peine, apparaît en effet **fortement dérogatoire au principe de l'égalité civile** et appelle de la part de l'État la mise en place de diverses garanties.

Cette lacune d'importance a été comblée par la loi du 4 août 1982 (art. L. 1331-1 et s., C. trav.) qui institue une procédure disciplinaire, définit la sanction et étend le contrôle du juge à la proportionnalité entre la faute et la sanction, posant ainsi les bases d'un droit disciplinaire qui fournit un cadre au pouvoir du chef d'entreprise en même temps qu'il achève de le légitimer. La jurisprudence postérieure soucieuse de faire progresser la protection des libertés du salarié mais aussi les conventions collectives, de plus en plus sensibles à cet aspect des relations du travail, ont singulièrement enrichi le régime juridique de ce pouvoir.

§ 2 - Définition de la sanction disciplinaire (soumise à une procédure)

C'est « toute mesure, autre que les observations verbales, prise par l'employeur à la suite d'un agissement du salarié considéré comme fautif », qu'elle soit de nature « à affecter immédiatement ou non la présence du salarié dans l'entreprise, sa fonction, sa carrière ou sa rémunération » (art. L. 1331-1).

1. La formule signifie que **toute mesure affectant**, même à terme, les conditions d'emploi du salarié est une sanction disciplinaire, à laquelle s'applique désormais une procédure. Sont donc visés notamment l'avertissement, le blâme, la mise à pied, la mutation, le blocage de la rémunération ou de l'avancement, la rétrogradation, le congédiement avec ou sans préavis, le changement d'horaire de travail,… sauf la simple explication verbale, dès lors que la raison n'en est pas une nécessité économique ou technique de fonctionnement de l'entreprise (mais un courriel de rappel à l'ordre est une sanction : Soc., 6 mars 2007). **La définition est donc large** et englobe les brimades et les sanctions déguisées (cf. Débats parlementaires). Finalement le rattachement de la mesure au domaine disciplinaire dépend essentiellement de ce que l'employeur, en la prenant, formule ou non un reproche envers le salarié.

L'employeur doit prévoir dans le règlement intérieur la nature et l'échelle des sanctions applicables (art. L. 1321-1 § 3), de sorte que seules les sanctions prévues peuvent être utilisées, contrairement à la jurisprudence antérieure. Toutefois un arrêt (Soc., 25 juin 1987, *Bull. civ.* V, n° 423) a déclaré que **la sanction de mise à pied** « est inhérente au pouvoir disciplinaire de l'employeur, lequel a la faculté, en l'absence de dispositions restrictives d'un règlement intérieur ou d'une convention collective, d'en faire usage » ; jurisprudence critiquable en ce qu'elle refuse le caractère limitatif à la liste des sanctions du règlement intérieur, à l'encontre de la volonté certaine du législateur, sauf s'il s'agit de la mise à pied conservatoire (cf. *infra*, Procédure) mais qui peut aussi trouver sa justification dans le caractère de riposte immédiate à un comportement illicite ou dangereux. En outre la Cour de cassation paraît autoriser l'application d'une sanction moins grave que celle prévue par le règlement intérieur (Soc., 20 avril 1989, *RJS* 1989, n° 425).
Le Conseil d'État juge que la mise à pied ne peut pas figurer parmi les sanctions disciplinaires prévues par le règlement intérieur si celui-ci ne précise pas la durée maximale de cette sanction (CE 21 sept. 1990) solution qui paraît sous-entendre que l'employeur ne peut pas prononcer une sanction qui ne serait pas prévue par le règlement intérieur.
Une mise à pied pour une durée déterminée est donc nécessairement une sanction, ce qui a pour conséquence de déclencher l'application de la règle *non bis in idem* à l'encontre du licenciement qui en est la suite (voir *infra*, Procédure).

Observation : la distinction entre mesures d'exercice du pouvoir de direction ou du pouvoir disciplinaire est souvent délicate, surtout lorsqu'il s'agit de modifications des fonctions du salarié : ainsi au cas de modification des attributions de celui-ci à la suite d'une plainte d'un client (Soc., 16 janv. 1990 : prérogative normale de l'employeur pour la bonne marche de l'entreprise et non sanction disciplinaire). De même le refus d'un avancement au choix ou d'une promotion plus rapide qu'à l'ordinaire n'a pas été considéré comme une sanction disciplinaire (Soc., 10 mai 1989).

2. Depuis une loi de 1978, en raison des abus auxquels elles avaient donné lieu, les **amendes et autres sanctions pécuniaires sont interdites** (art. L. 1331-2), toute disposition contraire étant réputée non écrite; cette interdiction vise certainement des pertes pécuniaires directement liées à la faute, par exemple la suppression d'une prime, mais éventuellement aussi celles qui découlent d'une rétrogradation sans modification du travail ou de la fonction (par ex. perte de salaire consécutive à une rétrogradation sans modification de la prestation de travail), mais non celle qui correspond à une affectation de niveau inférieur.
La jurisprudence a paru se clarifier : la retenue pratiquée sur la rémunération de salariés auxquels l'employeur reproche une mauvaise exécution de leurs obligations constitue une sanction pécuniaire interdite. Il en est de même de la privation de primes ou de compléments de rémunérations en raison des faits qualifiés fautifs par l'employeur. Ainsi, la réduction d'une prime d'objectif en raison de dysfonctionnements du comportement du salarié vis-à-vis de sa hiérarchie et de la clientèle est une sanction pécuniaire illicite. En revanche, n'ont pas ce caractère, les refus d'avantages pécuniaires liés au mérite ou consécutifs à des promotions au choix. De même la suppression du complément des indemnités journalières versées par la sécurité sociale en cas de maladie lorsque le salarié refuse la contre-visite médicale n'est

pas une sanction pécuniaire. Enfin, la mise à pied entraînant l'absence du salarié provoque de façon licite la suppression de la prime d'assiduité (Soc., 19 juill. 1994, *Dr. soc.* 1994, p. 893).

NB: la suppression d'un avantage en nature (en l'occurrence un véhicule) a été qualifiée de sanction précuniaire : Soc., 12 déc. 2000, *Dr. soc* 2001 p. 195).

3. Prescription des sanctions après 3 ans (cf. *infra* § 3).

4. Non-cumul des sanctions : en principe des faits déjà sanctionnés ne peuvent l'être à nouveau (application de la règle *non bis in idem* du droit pénal). Mais la jurisprudence admet l'employeur à retenir des manquements professionnels antérieurs, déjà sanctionnés pour apprécier la gravité des faits reprochés (Soc., 27 oct. 1998, *RJS* 12/98, n° 1482). Par ailleurs, dans l'hypothèse d'une seconde sanction disciplinaire prononcée à la suite d'une première légitimement refusée par le salarié comme entraînant modification de son contrat de travail (Soc., 16 juin 1998, *Grands arrêts* n° 67), la règle *non bis in idem* n'a pas lieu de s'appliquer car l'employeur a retrouvé son pouvoir disciplinaire pour sanctionner la faute initiale, fut-ce par un licenciement (cf. *infra*, Modification du contrat de travail).

§ 3 - La faute disciplinaire

Les « agissements fautifs » sont ceux qui sont considérés comme tels par l'employeur, mais ils connaissent désormais plusieurs limites :

1. Tout en couvrant un domaine très large, la notion de faute disciplinaire qui peut par ailleurs aller de la faute légère à la faute grave en passant par la faute sérieuse, doit être distinguée d'autres notions telles que **l'insuffisance professionnelle** insusceptible en tant que telle d'entraîner une sanction disciplinaire (ainsi, l'inadaptation du salarié à une technique nouvelle). La frontière est cependant ténue dans certaines hypothèses où cette insuffisance s'accompagne d'un comportement fautif consistant en un manque d'efforts du salarié dûment mis en garde.

2. D'autre part, il résulte de **l'article L. 1132-1, texte fondamental du Code du travail**, qu'aucune faute disciplinaire ne peut trouver sa source dans l'origine du salarié, son sexe, ses mœurs, son orientation sexuelle, son âge, sa situation de famille, ses caractéristiques génétiques, son appartenance ou sa non appartenance vraie ou supposée à une ethnie, une nation ou une race, ses opinions politiques, ses activités syndicales ou mutualistes, ses convictions religieuses, son apparence physique, son patronyme, son état de santé et son handicap. La loi du 23 mars 2006 a ajouté à cette énumération la grossesse de la salariée qui devient ainsi un motif discriminatoire à part entière. La même règle s'étend à l'**exercice normal du droit de grève** ainsi qu'à la qualité de témoin dans un litige où de tels agissements discriminatoires seraient soumis au juge.
Il n'est ici question que des sanctions disciplinaires proprement dites mais la même règle s'applique au licenciement (V. *infra*, chap. 5, Les conditions de travail).
Dans le même ordre d'idée, aucune sanction ne peut être motivée par les opinions émises dans le cadre du **droit d'expression directe** et collective des salariés (art. L. 2281-3, voir *infra*, Les conditions de travail).
Malgré le principe légal de non-discrimination, une jurisprudence parfois critiquée permet à l'employeur, « dans l'exercice de son pouvoir d'individualisation des mesu-

res disciplinaires et dans l'intérêt de l'entreprise, de sanctionner différemment des salariés qui ont participé à une même faute » (Soc., 15 mai 1991 ; *Dr. soc.* 91 p. 624 ; Soc. 14 mai 1998, *BCV* n° 250 ; dans cette dernière affaire la Cour de cassation souligne que les juges du fond ont contrôlé l'absence de détournement de pouvoirs et de discrimination de la part de l'employeur).

À coté de la discrimination proprement dite, **le harcèlement tant sexuel que moral** fait l'objet de dispositions qui s'inscrivent désormais dans le droit disciplinaire par apports successifs des lois du 2 novembre 1992, 9 mai 2001 et 17 janvier 2002 (voir *infra*, Les conditions de travail).

3. Prescription

Aucun fait fautif connu de l'employeur ne peut donner lieu à lui seul à poursuite disciplinaire au-delà d'un **délai de 2 mois**, sauf poursuite pénale dans le même délai (**prescription des faits fautifs**, art. L. 1332-4) et aucune sanction antérieure de plus de 3 ans ne peut être invoquée à l'appui d'une nouvelle sanction (**prescription des sanctions**) (ibid.), ce qui interdit des sanctions aggravantes pour récidive depuis plus de 3 ans. Le délai de deux mois, qui n'est ni suspendu ni interrompu par la maladie du salarié, peut ne partir qu'à compter du jour où l'employeur a eu connaissance du fait fautif, à condition que l'employeur apporte la preuve de sa connaissance tardive (jurisprudence différente du Conseil d'État chargeant le juge d'établir sa conviction sur les éléments du dossier, CE 31 janv. 1990). Le délai de deux mois pour engager les poursuites disciplinaires est **interrompu** par la mise en mouvement de l'action publique à raison des mêmes faits. L'employeur dispose à nouveau du délai de deux mois à compter du jour où la décision pénale est devenue définitive pour engager une procédure disciplinaire (Soc., 6 déc. 2000, *BCV* n° 411).

Par exception à la règle précédente, l'employeur peut sanctionner un fait fautif qu'il connaît depuis plus de deux mois dans la mesure où le comportement du salarié s'est poursuivi dans ce délai (Soc., 13 janv. 2004, *BCV* n° 6).

4. Il existe une **amnistie** des fautes disciplinaires semblable à celle des fautes pénales (cf. loi 6 août 2002 en dernier lieu).

§ 4 - Procédure disciplinaire (L. 1332-1, C. trav.)

Il s'agit de garantir les droits de la défense. Cet impératif a conduit la jurisprudence à étendre le respect des formalités disciplinaires à la rupture de la période d'essai dès lors que celle-ci a pour motif une faute du salarié (Soc., 10 mars 2004, *Dr. soc.* 2004, p. 733).

La loi (art. L. 1332-2, C. trav.) distingue entre une **procédure « simplifiée »** applicable aux **seuls avertissements**, qui ne nécessite que la notification écrite des griefs, et une **procédure « normale »**.

La procédure « normale » ou « renforcée » est donc applicable aux **sanctions** autres que l'avertissement ou qu'une sanction de même nature qui n'a pas d'incidence, immédiate ou non, sur la présence dans l'entreprise, la fonction, la carrière ou la rémunération des salariés. La Cour de cassation, après avoir hésité, décide **qu'il n'y a pas lieu de distinguer** selon que les faits invoqués par l'employeur à l'appui de l'avertissement sont ou non susceptibles de déclencher une sanction plus grave en cas de récidive.

Observation : un blâme avec inscription au dossier du salarié est une sanction susceptible d'avoir une influence sur la carrière du salarié et doit faire l'objet en tant que telle d'un entretien préalable (Soc., 7 déc. 1999, *BCV* n° 476).

A. Déroulement de la procédure légale

1. Le salarié doit être entendu

Il s'agit donc d'un entretien préalable auquel l'employeur doit convoquer le salarié en lui indiquant l'objet de l'entretien. Le salarié peut se faire assister par un membre du personnel de l'entreprise de son choix, l'employeur indique le motif de la sanction envisagée et recueille les explications du salarié.
L'entretien est irrégulier lorsque l'employeur ne donne au cours de celui-ci aucune explication au salarié. Mais en cas de mise à pied conservatoire, puisque celle-ci n'est pas une sanction (voir *infra*) l'employeur n'a pas à organiser un entretien.

NB : lorsque le salarié refuse une mesure de rétrogradation disciplinaire notifiée après un premier entretien préalable, l'employeur qui envisage de prononcer un licenciement au lieu et place de la sanction refusée doit convoquer l'intéressé à un nouvel entretien. Il en résulte que le délai d'un mois prévu par l'article L. 122-41 court à compter de la date fixée pour ce nouvel entretien (Soc., 27 mars 2007, *JCP S* 2007, n° 1444). Cette solution est à rapprocher de celle en vertu de laquelle l'employeur informé de l'impossibilité pour le salarié de se présenter à l'entretien, peut en reporter la date, le délai d'un mois courant alors à compter de cette nouvelle date (Soc., 7 juin 2006, *BCV* n° 210).

2. La notification de la sanction

Toute sanction, mineure ou non, doit faire l'objet d'une notification écrite et être motivée.

a) La sanction ne peut intervenir moins d'un jour franc ni plus d'un mois après le jour fixé pour l'entretien (art. L. 1332-2) (éviter la précipitation et la menace d'une sanction retardée). Passé un mois, l'employeur ne peut, pour les mêmes faits, ni convoquer à nouveau à un entretien préalable, ni sanctionner. Cependant, il est à noter que lorsque l'employeur est tenu de recueillir l'avis d'une instance disciplinaire, le délai d'un mois pour notifier la sanction ne court qu'à compter de l'avis rendu par cette instance (Soc., 13 févr. 2001). Par ailleurs, la sanction doit être prononcée dans le mois qui suit l'avis donné par la commission de discipline (Soc., 31 oct. 2000).
La procédure renforcée (préalable) leur étant applicable (v. *infra*, Le licenciement) **les licenciements pour fautes** doivent être notifiés dans le délai d'un mois de l'article L. 1332-2, le caractère tardif de la sanction privant le licenciement lui-même de cause réelle et sérieuse (Soc., 3 avril 1997, *BCV* n° 138). En revanche le délai minimum est désormais de 2 jours ouvrables depuis l'ordonnance du 24 juin 2004.

b) Cas particulier : une mise à pied conservatoire peut avoir effet immédiat sans entretien préalable à la condition que l'agissement du salarié l'ait rendue « indispensable ». Mais aucune sanction définitive relative à cet agissement ne pourra être prise sans que la procédure préalable ait été respectée. Et, en l'absence de faute grave, les salaires correspondant à la durée de la mise à pied devront être versés. L'employeur peut imputer la durée de la mise à pied conservatoire sur celle de la mise à pied définitive. Lorsque la mise à pied d'un salarié n'a pas été suivie immédiatement de l'ouverture d'une procédure de licenciement et que, au surplus, le licenciement n'est pas intervenu dans le délai prévu par la convention collective en cas de mise à pied conservatoire, cette mesure a un caractère disciplinaire.

3. Incidence des procédures conventionnelles ou statutaires

De plus en plus souvent les conventions collectives et les statuts aménagent la procédure disciplinaire en imposant au chef d'entreprise des formalités plus contraignantes que celles prévues par la loi : avis préalable d'une commission de discipline, voire avis conforme de celle-ci… La jurisprudence la plus récente a tendance à y voir des garanties de fond dont le non-respect ne fonde pas seulement un droit à indemnité mais aboutit soit à la nullité de la sanction soit au constat d'un défaut de cause réelle et sérieuse s'il s'agit d'un licenciement. Une partie de la doctrine reproche à cette solution de priver les juges du fond de leur pouvoir d'appréciation sur la justification du licenciement. Mais elle marque la volonté de la Cour de cassation d'étendre au maximum la garantie des droits de la défense dans une matière où l'employeur est à la fois juge et partie. En dernier lieu, v. soc. 21 janv. 2009 (*JS Lamy* 2009, n° 251)

§ 5 - Contrôle de l'exercice du pouvoir disciplinaire par le juge

Il y a eu dans ce domaine innovation majeure par l'institution d'un pouvoir du juge de contrôler la **proportionnalité** de la sanction à la faute, contrairement à la jurisprudence antérieure à la loi de 1982 (art. L. 1333-1).

A. Pouvoir du juge

Contrôle : il exerce un **triple contrôle** :

– il vérifie la **régularité de la procédure suivie** (entretien, assistance d'un autre salarié, indication du motif, respect des délais, notification écrite…), même s'il s'agit d'une procédure prévue par un accord collectif ou un statut;

– il apprécie « si les faits reprochés au salarié sont **de nature à justifier une sanction** », c'est-à-dire qu'il vérifie la matérialité des faits; que ces faits ne sont pas antérieurs de 2 mois; qu'il n'y a pas détournement de pouvoir; que le règlement intérieur, qui lie l'employeur, permet la sanction pour le fait reproché (échelle);

– il apprécie la **proportionnalité** et vérifie que la sanction prévue au règlement intérieur n'est pas disproportionnée pour le fait incriminé, mais sans être lié par la définition de la faute figurant au règlement;

– il vérifie également que, en l'absence de disposition du règlement prévoyant la faute et la sanction, celle-ci n'est **pas disproportionnée**, en tenant compte des caractéristiques de l'entreprise, de la fréquence des faits fautifs dans l'atelier ou le service, des conséquences des faits fautifs, des conditions particulières de travail, du contexte social et psychologique, etc.

Décision : le juge peut **annuler** une sanction :

– pour irrégularité de la procédure,

– pour absence de justification,

– pour disproportionnalité entre la faute et la sanction.

B. Limites

Afin de maintenir la cohérence du droit du licenciement dans son ensemble (voir *infra*, 2e partie) le législateur a expressément soustrait le **licenciement disciplinaire** illégitime ou disproportionné au pouvoir d'annulation du juge (art. L. 1333-3). Seul un défaut de cause réelle et sérieuse entraînant les sanctions civiles prévues par l'article L. 1235-3 du Code du travail pourra être constaté.
D'autre part, même en présence de sanctions autres que le licenciement, le juge n'a pas le pouvoir de substituer à l'ancienne sanction une sanction nouvelle. L'annulation laisse par conséquent à l'employeur la possibilité de prendre une nouvelle sanction, sauf si le juge a estimé que le salarié n'a commis aucune faute.

NB : le juge n'est pas obligé d'annuler une sanction même après avoir constaté l'irrégularité de celle-ci (sauf discrimination). Il devra alors condamner l'employeur à la réparation du préjudice, lequel existe nécessairement en cas d'inobservation des règles de forme.

C. Effets

L'annulation de la sanction a pour effet, la sanction étant réputée n'avoir pas existé, d'obliger l'employeur à verser les salaires retenus (au cas de mise à pied), à réintégrer dans son emploi, ou dans un autre de même qualification, un salarié rétrogradé ou muté etc., éventuellement à payer des dommages-intérêts pour préjudice établi.

Observation : l'annulation par le juge d'une sanction pour disproportion à la faute commise laisse subsister la procédure disciplinaire suivie antérieurement et par suite l'employeur n'a pas à recommencer la procédure, sauf à notifier la nouvelle sanction.
En revanche, en l'absence d'entretien préalable ou de notification énonçant les griefs retenus, la sanction ne peut être régularisée par une nouvelle procédure.

D. Preuve

C'est à l'employeur de fournir au juge les éléments qu'il a retenus pour prendre la sanction (art. L. 1333-1 al. 2) et, au vu de ces éléments et de ceux qui peuvent être fournis par le salarié, le juge forme sa conviction en ordonnant au besoin les mesures d'instruction qu'il estime utiles.
« **Si un doute subsiste, il profite au salarié** » (art. L. 1333-1 al. 3).
La combinaison de ces dispositions réalise *a priori* un renversement de la charge de la preuve des éléments justifiant la sanction, qui incombe désormais à l'employeur, malgré la suppression d'une adjonction explicite faite par l'Assemblée nationale en première lecture. Dans la pratique les deux parties apportent leurs « éléments », mais le doute doit entraîner l'annulation de la sanction.

Observation : le législateur n'est pas allé, comme certains le souhaitaient, jusqu'à instituer un organe disciplinaire de l'entreprise, qui n'intervient que s'il est prévu par un accord collectif ou par un statut.
Pour le pouvoir disciplinaire à l'égard des représentants du personnel, cf. volume 1, Statut protecteur des représentants du personnel.

POUR ALLER PLUS LOIN

BIBLIOGRAPHIE :

- P.-A. Antonmattei et Ph. Vivien, « Chartes d'éthique, alerte professionnelle et droit du travail français : état des lieux et perspectives (Rapport pour le ministre chargé du Travail) », *Dr. soc.* 2007 p. 522.
- G. Couturier, « Le risque du tout disciplinaire », *Études dédiées à P. Ostscheidt*, 2003, p. 83.
- E. Dockès, « De la supériorité du contrat de travail sur le pouvoir de l'employeur », *Études Pélissier* p. 203.
- A. Jeammaud (coor.), « Le pouvoir patronal », *Sem. soc. Lamy* n° 1340.
- J. Pélissier (ouvrage collectif sous la direction de), *Le pouvoir du chef d'entreprise*, Dalloz 2002.
- J. Pélissier, « Les ambiguïtés du droit disciplinaire dans les relations de travail », *Mélanges J. Savatier* 1992 p. 367.

Chapitre 2 › LA RÉMUNÉRATION DU SALARIÉ

> **› L'essentiel**
> *Sa composition peut être complexe, le salaire pouvant n'en être qu'un élément, et ayant lui-même un régime juridique spécifique en raison de sa nature de moyen de subsistance. La fixation de son montant relève de nombreux impératifs, dont beaucoup ne sont guère juridiques. Le salaire s'est* ***socialisé*** *en ce sens que le lien entre travail effectué et rémunération s'est distendu. L'****individualisation*** *des salaires progresse, surtout pour les cadres.*

Section 1 › LES ÉLÉMENTS DE LA RÉMUNÉRATION ET LA NOTION DE SALAIRE

La rémunération du salarié apparaît à la fois comme :

a) la contrepartie d'un travail et de la disponibilité du salarié; la jurisprudence met l'accent sur la contrepartie d'un travail fourni, mais fait aussi de la disponibilité du salarié un critère à part entière, l'employeur ayant l'obligation de fournir du travail;

b) une créance alimentaire, en tant que revenu essentiel et même unique de la grande majorité des salariés, dont il est le moyen de subsistance, pour eux et leur famille (caractère social du salaire).
D'où l'institution d'un **salaire minimum**, de compléments familiaux, ainsi que l'indexation légale du salaire minimum (cf. *infra*, Taux des salaires).
D'où aussi le développement de la **garantie du revenu salarial en cas d'interruption du travail** due aux périodes de repos (congés payés, jours fériés chômés), aux accidents ou maladies, au chômage ou à la réduction d'activité;

c) un élément du coût de production. D'où encore une complexification croissante des éléments de la rémunération et une tendance à une répartition de ceux-ci sur une base plus large que l'entreprise, la charge de certains éléments étant diffusée au sein de groupes plus larges (profession, interprofession, voire collectivité nationale tout entière).
D'où enfin une extension de la notion de salaire, soumis à un régime juridique particulier (cf. *infra*, Taux – paiement – et protection contre les créanciers personnels du salarié). Il est dès lors essentiel de déterminer, parmi les éléments de la rémunération, ceux qui ont la nature juridique de salaire, non seulement pour leur en appliquer le régime particulier, mais pour déterminer l'assiette d'un certain nombre de prestations (indemnités diverses, œuvres sociales, cotisations de sécurité sociale, etc.), calculées sur le salaire.

1re observation : il y a une certaine **relativité** de la notion de salaire, qui varie dans une certaine mesure selon l'intérêt pratique en cause et la règle qu'il s'agit d'appliquer.

2e observation : une tendance se manifeste pour ajouter à la rémunération proprement dite une participation des salariés aux profits de l'entreprise.

La **notion de salaire** soulève un important problème de **qualification** (le salaire est une catégorie juridique). La notion de salaire apparaît plus large en droit de la sécurité sociale qu'en droit du travail.
La complexification de la rémunération a fait apparaître des substituts, des compléments et des accessoires du salaire.

§ 1 - Le salaire au sens strict

C'est la rémunération reçue par le salarié en **échange de son travail ou de sa disponibilité**. Il est susceptible de **diverses modalités**.

A. Salaire fixe ou variable

Ou comprenant à la fois un élément fixe (minimum assuré) et un élément variable, en fonction du rendement, du chiffre d'affaires, de la réalisation d'objectifs…

B. Salaire fixé en argent (espèces)

Le plus souvent, mais pouvant comporter une **partie en nature** (nourriture, logement, fournitures…). Ces avantages en nature ne sont des salaires que s'ils sont la contrepartie d'un travail (le transport gratuit, la fourniture de vêtements de travail, d'outils, n'est pas un salaire). Ils donnent lieu à une évaluation forfaitaire pour le calcul de prestations sur la base du salaire. Ils sont courants pour les employés de maison, les travailleurs agricoles et maritimes, l'hôtellerie et la restauration.

C. Salaire au temps ou au rendement

1. Le salaire au rendement

Il est, selon les conventions collectives, celui qui varie en fonction de la quantité de production par un individu ou une équipe dans un temps donné, selon une formule déterminée et des normes de qualité (salaire à la tâche, aux pièces, à la commission, au prorata des ventes…).
Il suscite de vives critiques des syndicats car il crée des inégalités selon les postes, indépendantes des qualités professionnelles, crée la concurrence entre salariés et aboutit souvent à des cadences inhumaines qu'il faut suivre pour avoir le salaire minimum, enfin permet l'arbitraire patronal dans l'attribution des postes. Cette forme de rémunération peut être tempérée par la limitation du pourcentage de la rémunération variable.
En outre l'obligation de respecter le SMIC oblige le plus souvent à le combiner avec un salaire au temps.
L'accord-cadre du 17 mars 1975 sur l'amélioration des conditions de travail prévoyait sa suppression progressive.

2. Le salaire au temps

Il est le plus répandu, bien qu'il n'incite pas à améliorer le rendement, il a l'avantage de la sécurité pour le travailleur.
Le salaire au temps peut être horaire (ouvriers) ou mensuel (employés). Le salaire mensuel ayant un caractère forfaitaire plus avantageux car il est perçu malgré les

jours fériés ou chômés, les salariés payés à l'heure ont réclamé et obtenu, pour certains d'entre eux, leur « mensualisation ».

La mensualisation. Outre le changement du mode de calcul et le paiement du salaire, elle implique l'extension aux ouvriers (horaires) du statut des mensuels par disparition du régime des « horaires » auxquels sont étendus les **avantages des mensuels**, conventionnels surtout (paiement des jours fériés chômés, maintien du salaire malgré les réductions temporaires d'horaires, majorations pour ancienneté, indemnités plus fortes au cas de licenciement ou de départ en retraite, plein salaire en cas de maladie, accident ou maternité…).

La généralisation de la mensualisation résulte de l'accord interprofessionnel du 10 décembre 1977, étendu à toutes les entreprises par la loi du 19 janvier 1978 (cf. *supra*, Catégories professionnelles), y compris aux employés de maison, au *prorata* du temps quotidien (Soc., 19 mars 1987). Mais quelques catégories restent exclues (travailleurs temporaires, saisonniers, intermittents, art. L. 3242-1, C. trav.).

Observation : le lien entre le travail et le salaire se trouve quelque peu distendu par le **salaire d'inactivité** (par ex. maintien du salaire, total ou partiel, durant la maladie) prévu par des accords collectifs. Inversement des accessoires du salaire rémunèrent certaines conditions particulières de travail (pénibilité, productivité…, cf. *infra*).

§ 2 - Les substituts du salaire

Il s'agit :

– d'**indemnités diverses** versées par l'entreprise elle-même au titre de salaire d'inactivité (maladie, jours fériés et chômés, indemnités au cas de réduction d'horaire et de chômage partiel, de congés payés, de stage de formation…). Leur nature juridique de salaire est discutée mais leur régime juridique est en tout état de cause assez voisin de celui du salaire ;

– de l'**indemnité compensatrice de congés payés**, qui est un salaire, parce qu'elle remplace l'indemnité de congés payés qui est elle-même un salaire (cf. Congés payés) ;

– de l'**indemnité de préavis**, qui est un salaire.

§ 3 - Les compléments de salaire

Ils sont distincts du salaire et recouvrent :

a) les prestations de sécurité sociale ou de régimes complémentaires conventionnels, des allocations familiales, qui ont une large autonomie par rapport au salaire et ont un régime propre ;

b) des indemnités réparatrices d'un préjudice, telles les indemnités de licenciement abusif ou injustifié, de licenciement (ancienneté), de rupture anticipée d'un contrat à durée déterminée, qui n'ont pas la nature de salaire, ayant leur cause dans la faute de l'employeur ou la garantie d'emploi par celui-ci.

§ 4 - Les accessoires du salaire

Ils se multiplient, au risque de permettre de faire échapper une partie du salaire aux charges sociales et de rendre impossibles les comparaisons des rémunérations entre catégories ou professions.

Ils sont inclus dans le salaire lorsqu'ils constituent un avantage en contrepartie d'un travail et sont versés en raison d'une obligation. Par suite :

a) les primes ou indemnités compensant des **frais ou débours** (transport, usure, salissure, déplacements, frais de route…) ne sont pas des salaires sauf exception ;

NB : Le coût d'entretien de vêtements de travail dont le port est obligatoire pour les salariés doit être supporté par l'employeur (Soc. 21 mai 2008, *RDT* 2008. 536, fondant cette obligation, indépendamment des textes propres à l'hygiène et à la sécurité, sur le droit civil – art. L. 1135 – rendu applicable par l'art. L. 1221-1 C. trav.).

b) les primes rémunérant les **conditions particulières du travail** (primes de pénibilité, de nuit, de productivité, à l'économie) sont des salaires ;

c) les **participations individuelles** (aux bénéfices, au chiffre d'affaires, etc.) sont des salaires, même si elles représentent une grosse part de la rémunération. En revanche, les participations collectives (Intéressement, cf. *supra*) ne sont pas des salaires ;

d) les **gratifications**, procédant d'un usage ou multipliées par les employeurs qui comptent en garder la maîtrise et ne pas les faire entrer dans l'assiette d'autres prestations (13e mois, primes de vacances, de bilan, de fin d'année, d'assiduité, exceptionnelles, etc.) sont l'objet d'une distinction fondamentale en jurisprudence :

– devenues **constantes** (régulières), **fixes** (condition appréciée avec une grande souplesse) et **générales** (attribuées non individuellement mais à une catégorie de salariés), elles sont **obligatoires** (usage de l'entreprise, contrat de travail, convention collective) et constituent un **salaire** ; toutefois elles sont parfois soumises à des conditions particulières que le salarié doit remplir (ancienneté, assiduité, présence dans l'entreprise à une date déterminée). Les trois critères sont cumulatifs ;

– demeurées **bénévoles**, à la discrétion de l'employeur (irrégularité ou caractère occasionnel de leur attribution) et variables dans leur taux, elles constituent des **libéralités** et ne sont pas un salaire.

NB : tendance de la jurisprudence à fonder le caractère obligatoire des avantages non plus sur l'usage mais sur l'existence d'un engagement de l'employeur. Celui-ci doit être respecté selon les conditions qu'il a lui même fixées de sorte que les exigences de constance et de fixité ne sont plus nécessairement requises (Soc., 28 oct. 1997 : prime variable). Encore faut-il que les conditions dont l'employeur assortit la prime ne portent pas atteinte aux libertés et droits fondamentaux du salarié (Soc., 18 avril 2000 : liberté du travail).

e) les **pourboires**, versés par des tiers (clients), facultatifs ou obligatoires, sont toujours des **salaires** (l'employeur en tient souvent compte dans la fixation du salaire fixe). Ils sont protégés par la loi quand ils sont perçus par l'employeur (« service »), qui doit les reverser aux salariés (abus nombreux). Le service collectif porté sur la facture est versé à une masse et réparti entre les personnes en rapport direct avec la clientèle.

Section 2 › MONTANT DES SALAIRES

§ 1 - Évolution historique

• Fixation libre au XIXe siècle. Soumis à la loi du jeu de l'offre et de la demande, en tant que prix d'un travail.

• Intervention progressive de l'État jusqu'en 1939.

• Fixation autoritaire : 1939-1950, corrélative au blocage des prix rendu nécessaire par l'état de guerre et la pénurie.

• Retour à la liberté depuis 1950 en raison de l'augmentation progressive de la production.

Le régime actuel, qui n'est ni le dirigisme, ni le non-interventionnisme, repose sur **deux principes** :
– d'une part la fixation d'un salaire interprofessionnel **minimum** par le gouvernement;
– d'autre part la fixation des salaires dans leur ensemble par voie de conventions collectives et par les contrats de travail (principe de **liberté contractuelle**).
Il faut ajouter la règle de **l'égalité** des salaires masculins et féminins et le principe « à travail égal salaire égal ».

Observation : Des incitations gouvernementales à la modération des salaires ont eu lieu à plusieurs reprises.

§ 2 - Salaire minimum

Évolution du minimum garanti au minimum de croissance (1970).

A. Régime de la loi du 11 février 1950 : le Salaire minimum national interprofessionnel garanti (SMIG)

NB : le minimum garanti sert encore, depuis 1970, de base de calcul de diverses prestations.

Fondement : assurer le minimum vital, en raison du caractère alimentaire du salaire, et contrôler les répercussions du salaire minimum sur l'échelle des salaires.

Caractères : minimum garanti, national et interprofessionnel : commun aux différentes activités professionnelles soumises à la législation des conventions collectives (hormis l'agriculture et la marine).

Détermination : sur la base :
– d'un **budget type** : celui du manœuvre ordinaire célibataire de la région parisienne, comprenant les différentes consommations correspondant aux besoins mensuels et pécuniairement évaluées (**indice du coût de la vie**);
– de **l'évolution** du coût de la vie.

B. Régime de la loi du 2 janvier 1970 : le Salaire minimum interprofessionnel de croissance (SMIC)

La loi du 2 janvier 1970 a substitué le SMIC au SMIG.

1. Raisons

• Éviter l'érosion sociale du salaire minimum, qui augmentait moins vite que les salaires réels moyens ;

• Faire participer les travailleurs les moins bien rémunérés à la croissance due en partie à leur travail ;

• Adapter l'institution après la forte revalorisation du SMIG (37,86 %) consécutive aux événements de mai-juin 1968.

2. Objectif

Le SMIC doit garantir :
– un minimum vital,
– un pouvoir d'achat constant,
– la croissance du salaire minimum (et des salaires les plus bas) parallèlement au développement économique.
On observe néanmoins la multiplication de travailleurs pauvres dont l'emploi, précaire ou à temps partiel, ne leur procure qu'une faible rémunération. Des mécanismes fiscaux tentent de corriger la tendance (prime pour l'emploi) sans y parvenir pleinement.

3. Mécanisme

Fixation du salaire minimum horaire :

a) L'indexation est accélérée et automatique : dès que l'indice des prix dépasse de 2 % son dernier niveau, le SMIC est relevé aussitôt de 2 %.

b) La croissance du pouvoir d'achat est assurée :

• par la **révision annuelle** du SMIC au 1er janvier, égale au moins à la moitié de l'augmentation du pouvoir d'achat des salaires horaires moyens ; précédemment fixée au 1er juillet, la révision annuelle interviendra au 1er janvier à partir de 2010 (loi du 3 décembre 2008, art. L. 3231-6 et L. 3231-11, C. trav.).

• par décision laissée à l'appréciation du Conseil des ministres en cours d'année.

c) Rapports et intervention de la Commission nationale de la négociation collective
Innovation de la loi du 3 décembre 2008, un groupe d'experts désignés par le Premier ministre est chargé d'établir un rapport sur l'évolution du SMIC, transmis à la Commission nationale de la négociation collective. Le gouvernement remet également à la Commission, préalablement à la fixation annuelle du SMIC, une analyse des comptes économiques de la Nation et un rapport sur les conditions économiques générales. Si ce rapport s'écarte de celui du groupe d'experts, le gouvernement doit motiver ces différences.
La Commission nationale de la négociation collective émet un avis sur l'augmentation annuelle envisagée. Son avis relate la position des minoritaires comme celle de la majorité.
Elle est consultée sur les majorations en cours d'année et sur les modifications des indices de référence.

d) Mensualisation du SMIC, en vue de faire bénéficier les travailleurs les plus défavorisés du mouvement de mensualisation des salaires (cf. *supra*). La loi (art. L. 3232-1, L. 3232-3 à L. 3232-5, C. trav.) prévoit :

– que tout salarié effectuant au moins 35 heures par semaine de travail (durée légale) doit percevoir une rémunération mensuelle minimale égale au SMIC × nombre d'heures de durée légale (réduction au cas d'absence, maladie, accident, maternité ou grève) ;
– qu'au cas de réduction de l'horaire de travail au-dessous de la durée légale est versée une allocation complémentaire égale à la différence entre la rémunération globale perçue et la rémunération minimale fixée par la loi (il s'agit là d'une indemnisation du chômage partiel), payée par l'employeur auquel l'État rembourse la moitié, dans la limite d'un plafond.

NB : depuis la réduction à 35 heures par semaine de la durée légale du travail (lois « Aubry »), la base de calcul du SMIC mensuel est de 151 heures 67.
Des règles spéciales de revalorisation du SMIC ont été appliquées en 2003, 2004 et 2005 pour tenir compte de certains effets de la réduction du temps de travail sur les plus bas salaires. Les règles ordinaires sont de nouveau applicables pour les revalorisations postérieures au 1er juillet 2005.

1re observation : certaines prestations demeurent calculées sur la base du SMIG et non du SMIC.

2e observation : plus de 15 % des salariés sont payés au SMIC.

3e observation : la composition (articles) de l'indice officiel du coût de la vie (Insee) est contestée par certains syndicats (indice propre de la CGT).

4. Application du SMIC et droits du salarié (mécanisme d'imputation du SMIC)

La jurisprudence souligne la valeur de principe du droit au respect du SMIC : sauf disposition législative contraire, un salarié a droit, quel que soit le mode de rémunération pratiqué, à une rémunération au moins égale au SMIC pour le nombre d'heures effectuées. La liberté laissée au salarié d'organiser son travail et de n'être soumis à aucun horaire déterminé ne permet pas à l'employeur de se soustraire à l'application du SMIC (Soc., 31 janv. 2006).
Pour déterminer si le salarié perçoit le salaire minimum, il convient de tenir compte des avantages en nature, évalués forfaitairement.
Pour les autres avantages, en tant que le SMIC assure un minimum vital, tous devraient être pris en considération ; mais en tant qu'il est un salaire de base assurant un pouvoir d'achat mensuel en croissance éventuelle, les suppléments de rémunération (primes ou « indemnités ») ne doivent pas entrer en ligne de compte.
La jurisprudence a d'abord considéré que les primes et indemnités doivent être prises en considération si elles ont un caractère de rémunération en raison de leur nature, de leur généralité, de leur fixité et de leur mode de paiement. Cette position, défavorable au salarié, a évolué pour les primes d'ancienneté ou d'assiduité, les primes correspondant à des conditions particulières de travail (danger, froid, insalubrité, nuit…). La jurisprudence est allée dans le même sens pour les primes d'ancienneté ou d'assiduité, qui ne sont pas imputables sur le SMIC (Soc., 7 janv. 1985), de même que les primes de 13e mois ou de vacances, avec des exceptions (Crim., 29 nov. 1988 ; Soc., 3 mars 1988). Les majorations pour heures supplémentaires sont exclues du calcul. La tendance de la jurisprudence paraît être d'en exclure tous les

éléments de rémunération « qui n'ont pas le caractère de fait d'un complément de salaire » (Crim., 27 janv. 1987) ou ont un caractère aléatoire.

Exemple : Prime de résultat

5. Indexation sur le SMIC

Est interdite, en vue d'éviter des répercussions trop directes des hausses du SMIC sur l'ensemble des salaires, toute clause d'une convention ou d'un accord collectif indexant les salaires en fonction du SMIC, la jurisprudence faisant application des ordonnances de 1958 et 1959, sauf si l'indice choisi se rattache directement à l'activité de l'entreprise ou à ses produits. Des clauses plus souples prévoient des procédures de révision des salaires à date fixe ou en raison des circonstances.
Il y a là application de l'ordre public économique.

§ 3 - Fixation conventionnelle ou contractuelle des salaires. Les salaires réels

Principe : En la matière, le principe de **liberté contractuelle** est un des principes fondamentaux du droit du travail (Conseil constitutionnel).

1. La loi encourage la fixation des salaires par **convention collective** et toute convention nationale de branche, pour être étendue, doit fixer le minimum professionnel ainsi que la procédure et la périodicité de révision des salaires *minima* (art. L. 2261-22). Mais dans l'ensemble les salaires fixés par la profession demeurent inférieurs aux **salaires réels**, pratiqués dans les entreprises et fixés soit par l'accord d'entreprise (lequel doit respecter les *minima* hiérarchiques de branche), soit par les contrats de travail, soit par décision unilatérale de majoration. Aussi les disparités sont-elles grandes d'une région à l'autre, d'une profession ou d'une entreprise à l'autre.
Pour déterminer si les salaires conventionnels *minima* de branche sont respectés, il convient de se référer aux conventions collectives quant aux éléments de rémunération qu'il faut prendre en compte.
La Cour de cassation considère que le salaire minimum conventionnel englobe, sauf clause contraire, « toutes les sommes versées en contrepartie ou à l'occasion du travail » du moins lorsqu'elles sont exclusivement et directement liées à l'accomplissement du travail. Mais de nombreuses conventions collectives excluent les primes d'ancienneté, d'assiduité et de pénibilité (solution favorable aux salariés).

2. La jurisprudence actuelle contribue à la **valorisation du contrat de travail** en matière salariale en affirmant que « la rémunération, contrepartie du travail du salarié, résulte **en principe** du contrat de travail sous réserve d'une part du SMIC, d'autre part des avantages résultant des accords collectifs, des usages et des engagements unilatéraux de l'employeur » (Soc., 28 janv. et 3 mars 1998). Le salaire contractuel est un élément essentiel du contrat de travail, non modifiable sans l'accord du salarié. Le pouvoir du contrat quant à la fixation du salaire n'est toutefois pas sans limites. Les **clauses de variation** sont encadrées par la jurisprudence. Elles ne sont valables que si 1) elles sont fondées sur des éléments objectifs indépendants de la volonté de l'employeur, 2) elles ne font pas porter le risque de l'entreprise sur le salarié, 3) elles n'ont pas pour effet de réduire la rémunération en dessous des *minima* légaux et conventionnels (Soc., 2 juill. 2002, *Grands arrêts* n° 54). Sont en revanche nulles les

clauses permettant, en termes généraux, à l'employeur de modifier unilatéralement la rémunération contractuelle (Soc., 27 févr. 2001, *BCV* n° 206). Illustration de l'objectivation du contrat et des interrogations qu'elle suscite.
Le salarié a le droit de pouvoir vérifier les modalités de calcul de sa rémunération, par suite, l'employeur doit produire les éléments nécessaires sans pouvoir opposer le secret des affaires ou l'intérêt de l'entreprise (Soc. 18 juin 2008, *D.* 2008. 2209).

NB : la fixation du salaire incombe **au juge** dans au moins deux cas :
– À défaut d'accord des parties sur le montant d'une rémunération variable prévue par le contrat. Le juge détermine alors le salaire en fonction des critères visés au contrat et des accords conclus les années précédentes et, à défaut, en fonction des éléments de la cause (Soc. 9 avril 2008, *RDT* 2008. 534).
– Lorsque la rémunération résultait exclusivement d'un usage ou d'un engagement unilatéral de l'employeur par la suite dénoncé sans que les parties parviennent à un accord contractuel (Soc., 20 oct. 1998). Expression d'une certaine hostilité à la fixation unilatérale du salaire par l'employeur.

3. La protection du pouvoir d'achat des salariés avait conduit à multiplier dans les accords collectifs les mécanismes d'**indexation** des salaires, malgré l'interdiction des indexations fondées sur le SMIC, le niveau général des prix et des salaires, celui des produits ou services, sans relation directe avec l'activité de l'entreprise (Ord. 1958, loi 2 janv. 1970).
Les actions en nullité ont été rares, mais la Cour de cassation a censuré les décisions appliquant une clause d'indexation prohibée.
Dans la conjoncture présente, les clauses d'indexation ont perdu presque toute actualité. Certains accords se sont tournés vers la fixation d'une rémunération annuelle minimale. Faiblesse des négociations salariales depuis quelques années. Tentatives de relance par la menace de réduction de certaines aides publiques en cas de non respect de l'obligation annuelle de négocier sur les salaires (loi du 3 déc. 2008).

NB : la loi du 13 novembre 1982 a institué une **obligation annuelle de négociation** des salaires dans les branches couvertes par une convention collective, et, dans les entreprises où existe une section syndicale, une obligation annuelle de négocier sur les salaires effectifs (cf., volume 1, 3e partie, titre 1, Conventions collectives).
Les recommandations des organisations patronales en matière de salaires sont fréquentes; La jurisprudence leur reconnaît un effet obligatoire à la suite de l'échec d'une négociation collective, (cf., volume 1 précité, Conventions collectives).
On note une certaine tendance à une **individualisation** des salaires. Les augmentations de salaires sont libres, mais ne doivent pas être discriminatoires ni contraires à l'égalité de traitement. Les réductions de salaires relèvent de la théorie de la modification du contrat de travail.

NB : pour le salaire forfaitaire et son rapport avec le temps de travail, cf. *infra* : Durée du travail, Conventions de forfait.

§ 4 - Égalité des rémunérations

A. Entre hommes et femmes

1. La loi du 22 décembre 1972 (et décr. 27 mars 1973) oblige tout employeur à assurer entre hommes et femmes, pour un travail identique ou de valeur égale, « **l'égalité**

de rémunération » (comprenant le salaire et tous les autres avantages et accessoires) (art. L. 3221-2 et s., C. trav.).

2. Les normes de calcul (catégories, classifications et promotions…) doivent être les mêmes.

3. Sanction :
– **nullité** de plein droit des clauses contraires (art. L. 3221-7),
– **substitution** de plein droit de la rémunération la plus élevée,
– **pénales** (amende, emprisonnement; art. L. 3222-1 et L. 3222-2, C. trav.).

4. En pratique, les disparités de salaires restent fortes. La loi du 23 mars 2006 vise à **supprimer les écarts salariaux** d'ici le 31 décembre 2010, en stimulant **la négociation collective**. À cette fin, les négociations annuelles obligatoires au niveau de la branche et au niveau de l'entreprise en matière de salaires doivent traiter spécifiquement des écarts de rémunérations entre les femmes et les hommes. Les mesures nécessaires doivent être définies et programmées afin de réaliser l'objectif avant la fin 2010. L'une des grandes difficultés est d'établir un diagnostic partagé compte tenu de la complexité des situations. La négociation dans l'entreprise doit s'engager sur la base d'un rapport annuel sur la situation comparée des hommes et des femmes dans l'entreprise, document soumis à l'avis du comité d'entreprise et devant comporter, dans les entreprises d'au moins 300 salariés, des indicateurs définis par décret. D'autres projets de loi sont annoncés sur le même thème.

5. Le traité de Rome (art. 119 aujourd'hui 141) consacre le principe de l'égalité de rémunération, « pour un même travail », mis en œuvre en particulier par une directive du 10 février 1975, et appliqué par la Cour de justice des Communautés européennes, qui exige que l'employeur prouve que sa pratique salariale n'est pas discriminatoire dès lors qu'il apparaît que la rémunération moyenne des travailleurs féminins est inférieure à celle des travailleurs masculins, la discrimination pouvant être indirecte, par exemple en cas de rémunération horaire inférieure des travailleurs à temps partiel alors que ceux-ci sont presque exclusivement des femmes (CJCE 17 oct. 1989; 4 juin 1992; 27 oct. 1993). Le droit communautaire exerce une influence déterminante en ce domaine sur le droit français.

6. La jurisprudence ayant eu tendance à admettre assez facilement des différences justifiant une rémunération inférieure, la loi du 13 juillet 1983 a précisé que « sont considérés comme ayant une valeur égale les travaux qui exigent des salariés un ensemble comparable de connaissances professionnelles consacrées par un titre, un diplôme ou une pratique professionnelle, de capacités découlant de l'expérience acquise, de responsabilités et de charge physique ou nerveuse ». La jurisprudence reste très stricte voire restrictive (Soc. 26 juin 2008, *Dr. soc.* 2008. 1131).

Observation : dans ce domaine, le régime de la preuve a été pendant longtemps plus avancé et plus adapté que dans d'autres. La loi du 16 novembre 2001, texte général relatif aux discriminations au travail a, sous l'influence des normes communautaires et avec l'appui de la jurisprudence, mis en place un nouveau dispositif probatoire modernisé applicable y compris à l'égalité de rémunération entre hommes et femmes (art. L. 3221-8, C. trav.). Il est exposé *infra*, interdiction des discriminations. Il n'y a donc plus de spécificité en la matière. Avec cette particularité que le texte précédent affirmant que « si un doute subsiste il profite au salarié » n'a pas été repris en 2001. L'avenir de la jurisprudence faisant supporter à l'employeur le risque de la preuve (Soc., 19 déc. 2000, *D.* 2001. *IR.* 358) est dès lors incertain.

NB : le principe d'égalité ne s'oppose pas à l'octroi aux seuls travailleurs féminins d'avantages liés aux données biologiques de la maternité (CJCE 16 sept. 1999; Soc., 21 mars 2000, *BCV* n° 110).
L'égalité professionnelle entre hommes et femmes (art. L. 1142-1 et s., C. trav.) a une portée plus large mais recouvre expressément l'égalité de rémunération (cf. *supra* Politique de l'emploi et marché du travail « égalité professionnelle entre hommes et femmes »).

B. Le principe « à travail égal, salaire égal »

Principe : L'égalité de rémunération doit être respectée non seulement entre hommes et femmes mais encore « entre tous les salariés de l'un ou l'autre sexe pour autant que les salariés en cause sont placés dans une situation identique » (Soc., 23 oct. 1996, *Ponsolle, Grands arrêts* n° 71). Cette affirmation en forme de principe forgée par la jurisprudence n'interdit pas à l'employeur d'individualiser les salaires. Mais elle l'oblige, en cas de litige, **à justifier la différence de traitement par des raisons objectives dont il revient au juge de contrôler la réalité et la pertinence**. Ce contrôle est opéré sur la base d'une appréciation concrète en fonction de l'avantage réclamé.
Le salarié qui invoque une atteinte au principe « à travail égal, salaire égal » doit soumettre au juge les éléments de fait susceptibles de caractériser une inégalité de rémunération; l'employeur doit rapporter la preuve d'éléments objectifs justifiant cette différence (Soc., 25 mai 2005, *RJS* 8-9/05 n° 84 prenant appui sur l'article 1315 du Code civil).

NB : par arrêt du 30 avril 2009 (*Sem. soc. Lamy* n° 1399), la Cour de cassation pousse jusqu'à ses ultimes conséquences la logique de cette construction. Dans le cas de « bonus » ou primes variables que l'employeur se réservait d'attribuer discrétionnairement, elle impose à l'employeur d'établir que la différence de rémunération entre des salariés effectuant le même travail était justifiée par des éléments objectifs et pertinents. L'employeur ne peut opposer son pouvoir discrétionnaire pour échapper à cette obligation. Ainsi « le seul fait qu'une prime soit laissée à la libre appréciation de l'employeur n'est pas de nature, en soi, à justifier au regard du principe « à travail égal, salaire égal », une différence de rémunération » (communiqué de la Cour de cassation).
La palette des justifications admises par le juge est plutôt large. Mais une tendance à l'approfondissement du contrôle du juge est perceptible.

Exemples : le recrutement de toute urgence d'une salariée pour en remplacer une autre en congé maladie, la première ayant obtenu, pour prix de son acceptation, une rémunération plus élevée en constitue un exemple. Encore est-il souligné qu'en l'absence d'un tel recrutement l'entreprise était menacée de fermeture administrative (Soc., 21 juin 2005). La qualité du travail étayée par des documents objectifs, l'expérience professionnelle ont été, parmi tant d'autres, admises. Si le comportement professionnel semble pouvoir constituer aussi une justification, la question des conditions dans lesquelles l'évaluation de ce comportement a été réalisée reste posée.

Mais, conséquence de **l'appréciation concrète**, de nombreux arrêts précisent que tel ou tel élément ne constitue pas à soi seul ou en lui-même une justification suffisante. C'est le cas en présence de différences fondées sur des statuts juridiques distincts, sur l'appartenance à des catégories distinctes (cadre/non-cadre) ou la détention de diplômes différents mais de niveau équivalent. Beaucoup dépend alors de la nature de l'avantage salarial revendiqué.

L'identité de situation garantit un traitement salarial égal mais non, pour autant, l'égalité des rémunérations. En effet le principe n'est pas violé lorsque l'employeur subordonne l'octroi d'un avantage à des conditions particulières dès lors que tous les salariés peuvent bénéficier, dans les mêmes conditions, de l'avantage accordé. Les règles déterminant l'octroi de cet avantage doivent être préalablement définies et contrôlables (Soc., 10 déc. 2008 *RJS* 2/09 n° 173).

Quant aux **accords collectifs**, ils doivent respecter le principe « à travail égal, salaire égal » et relèvent du contrôle judiciaire ci-avant présenté. Certaines décisions ont pu faire craindre une moindre vigilance du juge à l'égard des différences de rémunération inscrites dans un accord collectif, en admettant notamment la prise en compte de « parcours professionnels spécifiques » construits par l'accord lui-même. Cette orientation est aujourd'hui délaissée au profit d'éléments de différenciation objectifs, tels que les fonctions exercées, les formations, ou l'ancienneté dans l'emploi (Soc. 4 fév. 2009 *JCP S* 2009, 1198).

Les accords collectifs peuvent donc, eux aussi, établir des différences mais avec des **limites** : la seule circonstance que des salariés aient été engagés avant ou après l'entrée en vigueur d'un accord collectif ne saurait suffire à justifier des différences de traitement entre eux, à moins qu'il ne s'agisse de compenser un préjudice subi par les salariés présents dans l'entreprise au moment de l'entrée en vigueur de l'accord. Et si un accord collectif posant le principe d'une prime ne fixe pas de règles d'attribution particulières préalablement définies et contrôlables, l'employeur ne peut opérer de distinction entre salariés placés dans une situation identique.

Des difficultés apparaissent quant à la délimitation du **périmètre** à l'intérieur duquel doit être vérifiée l'application de la règle d'égalité de traitement. La comparaison doit être opérée entre salariés d'une même entreprise (Soc., 12 juill. 2006). Lorsque l'entreprise comporte des **établissements distincts**, il ne peut y avoir de différences de traitement entre salariés d'établissements différents, exerçant un travail égal ou de valeur égale, que si elles reposent sur des raisons objectives dont le juge doit contrôler concrètement la réalité et la pertinence (Soc. 21 janv. 2009, *Dr. soc.* 2009.406). Si le périmètre de vérification est ainsi, y compris dans le cas d'établissements distincts, en principe l'entreprise, la portée de la règle est moins évidente lorsque un accord collectif est à la source de la différence de traitement. En effet, selon le droit des conventions collectives, des accords collectifs d'établissement différents peuvent être conclus directement, de sorte que le périmètre de vérification serait limité à l'établissement. Ne doivent-ils pas néanmoins répondre à l'exigence de justifications objectives aux différences de traitement qu'ils introduisent entre salariés de la même entreprise ? Si, autre hypothèse envisagée par la jurisprudence, un accord conclu au niveau de l'entreprise tout entière peut autoriser des différences de traitement dans certains établissements compte tenu de leurs caractéristiques ou de leurs activités (Soc., 18 janv. 2006 ; Soc., 12 juill. 2006), ce devrait être désormais sous réserve d'un contrôle approfondi des caractéristiques justificatives des différences opérées.

Au sein d'une unité économique et sociale, composée de personnes juridiques distinctes, des différences salariales peuvent être opérées d'une société à l'autre sauf si un accord collectif commun fixe les conditions de rémunération ou si les salariés inclus dans l'UES accomplissent leur travail dans un même établissement (sur l'UES cf. *infra*, 3e partie, titre 1, chapitre 4).
Le principe général dégagé par la jurisprudence est à rapprocher de la loi de lutte contre les discriminations qui prohibe les mesures discriminatoires directes ou indirectes notamment en matière de rémunération (cf. *infra* Chapitre 5, protection de la dignité, discriminations).
Pour autant, les deux ne se confondent pas. Le principe « à travail égal salaire égal » pose une règle d'égalité de traitement entre salariés placés dans la même situation. L'interdiction des discriminations vise à éliminer les différences fondées sur des critères prohibés, énumérés par la loi (cf. art. L. 1133-1, C. trav.).
Ce clivage se retrouve s'agissant des licenciements prononcés en riposte à l'action en justice exercée par un salarié. Le licenciement faisant suite à une action fondée sur la discrimination est frappé de nullité. Ce n'est pas le cas en présence d'une action fondée sur le principe « à travail égal, salaire égal ». Solution controversée.

1re Observation : d'apparence très simple, le principe « à travail égal, salaire égal », régulièrement visé par la Cour de cassation, est en réalité fort complexe, la difficulté majeure tenant à la notion étroite de situations identiques. D'où des désillusions pour les salariés.

2nde Observation : tendance récente de la Cour de cassation à rattacher le principe « à travail égal, salaire égal » à un principe de plus grande ampleur dit « d'égalité de traitement » dont les contours et la portée demeurent incertains.

Section 3 › RÉGIME JURIDIQUE DE LA CRÉANCE DE SALAIRES

Contrairement à la tendance générale du Droit contemporain à favoriser le débiteur, le droit du travail, s'écartant de la technique civiliste, a évolué dans le sens de la **protection du créancier** (salarié), en vue d'assurer un paiement régulier et aisément vérifiable, ainsi que des garanties de paiement à l'égard de l'employeur, des créanciers de celui-ci et des créanciers personnels du salarié, en raison du caractère **alimentaire** du salaire.

§ 1 - Paiement du salaire

A. Modalités du paiement

Lieu : libre, en général au siège de l'établissement : interdiction de paiement dans les débits de boissons et magasins de vente.

Périodicité : fixée par convention, mais la loi, en raison du caractère alimentaire du salaire, détermine des *maxima* :
– salariés non mensualisés : 16 jours,
– employés : une fois par mois,

– travail aux pièces : acompte chaque quinzaine et solde dans la quinzaine après la livraison,
– voyageurs et représentants : 3 mois.

NB : l'employeur doit payer ponctuellement le salaire ; des difficultés financières ne sauraient justifier le manquement à cette obligation. Il engage sa responsabilité s'il ne s'acquitte pas de l'intégralité du salaire ou s'acharne dans une résistance abusive (Soc., 28 mars 2007 *RJS* 6/07 n° 725).

Monnaie de paiement : doit avoir cours légal.

• Le salarié peut exiger le **paiement en espèces** si le montant mensuel est inférieur à un seuil fixé par décret ; au-dessus de 1 500 euros, paiement par chèque ou virement obligatoire (art. L. 3241-1, C. trav.).

• **Interdiction des économats** et du « *truck system* » (salariés obligés de se fournir dans des magasins désignés) en raison des abus (produits inférieurs ou plus chers), sauf dans les chemins de fer. Licéité des clauses de fournitures (logement, nourriture…).

• D'une manière générale, **interdiction de la dation en paiement** (paiement en marchandises ou en bons d'achat). Cette règle d'ordre public a pour but d'assurer au salarié la libre disposition de son salaire.

• **Chèque emploi-service universel** : succédant à des formules de chèque-service introduites à partir de 1993, le chèque emploi-service universel, créé par la loi du 26 juillet 2005, vise à favoriser l'emploi dans les services aux particuliers et à simplifier pour ces derniers certaines contraintes. Il s'élargit à des services à la personne de plus en plus variés. Ce mode de paiement, remis au salarié qui le présente comme un chèque classique, permet d'acquitter le salaire et certaines indemnités. Le comité d'entreprise (ou l'employeur) est autorisé à apporter une aide financière à l'acquisition de chèques emploi-service par le personnel.

• Dans le même esprit, le **chèque emploi associatif**, créé par la loi du 19 mai 2003, s'adresse aux associations employant au plus 9 salariés.

B. Justification du paiement du salaire

NB : la preuve du paiement du salaire et des accessoires incombe à l'employeur (Soc., 24 nov. 1993).

1. Bulletin de paie

Remis obligatoirement au travailleur lors de chaque versement périodique (renseigner le travailleur). Si ce dernier donne son accord, la remise du bulletin peut être effectuée sous forme électronique (art. L. 3243-2, C. trav.).

Domaine : tous les employeurs, à l'égard de tous salariés (même agricoles).

Mentions obligatoires : principalement noms et adresses des parties, heures de travail, période de travail, primes, déductions, date, nature et montant des primes, classement de l'emploi, convention collective applicable. La loi interdit depuis 1988 de faire apparaître les abattements pour heures de grève et les rémunérations des heures de délégation des représentants du personnel, qui doivent figurer sous le vocable « absences non rémunérées » ou « autres heures », afin de ne pas révéler à des employeurs futurs les activités conflictuelles ou syndicales du salarié.

Effets : jurisprudence et loi (art. L. 3243-3) ont refusé d'assimiler l'acceptation du bulletin sans réserve à une renonciation au paiement de ce qui resterait dû. En outre (**revirement de jurisprudence**) la délivrance d'un bulletin de paie ne fait pas présumer le paiement du salaire. L'employeur doit, notamment par la production de pièces comptables, prouver ce paiement (Soc., 2 févr. 1999, *Dr. soc.* 1999. 257) et sa date.
Le bulletin de paie constitue pour le salarié un commencement de preuve par écrit ou une présomption simple de l'existence ou de la prolongation du contrat de travail, de sa qualification professionnelle, de ses fonctions. L'absence de mention d'une somme fait présumer qu'elle n'a pas été payée et c'est à l'employeur de prouver le contraire.
La signature ou l'émargement éventuellement exigé du salarié peut seulement établir que la somme remise correspond bien à celle qui figure sur le bulletin.
Sanctions pénales au cas de refus de délivrance qui peut constituer une faute grave (jurisprudence).
L'employeur a l'obligation de conserver un double des bulletins de paie pendant 5 ans.

2. Reçu pour solde de tout compte

Remis lors de la cessation du travail par le salarié à l'employeur. Évolution législative tourmentée. D'abord réglementé en raison des abus possibles (signatures à la légère), qu'il s'agisse de sa date, de sa forme ou de sa dénonciation, le reçu pour solde de tout compte n'en produisait pas moins des effets importants puisque, à moins d'avoir été dénoncé dans les deux mois, il faisait obstacle à toute action du salarié contre l'employeur (effet libératoire) relativement aux éléments de rémunération ou aux indemnités envisagées par les parties lors du règlement. La jurisprudence s'était progressivement efforcée d'atténuer la portée du reçu. De manière beaucoup plus radicale, la loi dite de modernisation sociale, n'a plus reconnu au reçu qu'un simple effet probatoire : il n'a eu alors que la valeur d'un simple reçu des sommes qui y figurent expressément (loi du 17 janvier 2002).
La loi du 25 juin 2008 issue de l'accord national interprofessionnel sur la modernisation du marché du travail a rétabli l'effet libératoire du reçu. Ce document fait l'inventaire des sommes versées au salarié lors de la rupture du contrat. Il peut être dénoncé dans les six mois qui suivent sa signature. Passé ce délai, il devient libératoire pour l'employeur pour les sommes qui y sont mentionnées (art. L. 1234-20, C. trav.). L'espoir d'une « sécurité juridique » accrue risque d'être déçu vu le contentieux nourri qu'avait fait naître la législation antérieure à la réforme de 2002.

3. Observation

Un autre mécanisme – contractuel cette fois – tend à faire obstacle à des contestations ultérieures du salarié.
La Cour de cassation admet la possibilité d'une **transaction** sous condition d'une convention véritable, après délai de réflexion suffisant et concessions réciproques sans pression de l'employeur. Cette jurisprudence a connu pendant plusieurs années des développements critiquables. Des transactions sans concession ont été admises dans certains cas. Certains arrêts ont admis que la transaction puisse opérer en même temps une résiliation amiable du contrat. D'autres ont estimé valables des

transactions dangereuses pour le salarié parce que conclues à un moment où le salarié était encore sous la dépendance de l'employeur, par exemple avant notification du licenciement mais après l'entretien préalable.

Depuis plusieurs années une **nouvelle orientation** s'est affirmée. La transaction ne peut être valablement conclue qu'une fois la rupture intervenue et définitive (Soc., 29 mai 1996 *Grands arrêts* n° 120). Elle ne peut donc valoir accord de résiliation amiable. Elle doit être conclue après la notification du licenciement par lettre recommandée et plus précisément après que le salarié a retiré cette lettre, son information effective sur les motifs de la rupture étant une condition de validité de la transaction. Elle doit avoir un objet certain. La transaction doit comporter des concessions réciproques « appréciables » et non dérisoires. Les juges n'ont pas à rechercher si les prétentions des parties sont justifiées mais, pour apprécier la réalité des concessions, ils peuvent restituer aux faits invoqués leur véritable qualification (par exemple absence de faute grave de sorte que le salarié a droit au préavis et à l'indemnité de licenciement, Soc., 27 mars 1996 *Grands arrêts* n° 119) et doivent vérifier que la lettre de licenciement est motivée.

La validité de la transaction peut être contestée par une action en nullité.

Depuis un arrêt rendu le 28 mai 2002 (*D.* 2002. 3116), la jurisprudence considère que la nullité est relative car instituée dans l'intérêt du salarié, par suite la prescription est de cinq ans.

Quant à la portée d'une transaction valable, elle se limite normalement aux questions se rattachant au différend à l'origine du litige. La chambre sociale de la Cour de cassation a établi une jurisprudence en ce sens (Soc., 6 mai 1998 *BCV* n° 228). Mais l'assemblée plénière s'est montrée favorable à la reconnaissance d'une très large portée aux transactions rédigées en termes généraux (renonciation à toute réclamation, Ass. plén., 4 juill. 1997 *Grands arrêts* n° 121).

Si les tiers ne peuvent se prévaloir de l'autorité d'une transaction à laquelle ils ne sont pas intervenus (effet relatif des contrats), ils peuvent néanmoins invoquer à leur profit la renonciation à un droit contenue dans cette transaction.

Pour l'interdiction de subordonner l'application d'un accord collectif à la conclusion de transactions individuelles (cf. volume 1, 3e partie, titre 1, Conventions collectives).

Dans la même logique, un plan de sauvegarde de l'emploi ne saurait prévoir la substitution d'une indemnisation aux mesures de reclassement qu'il comporte, sous condition de conclusion d'une transaction emportant renonciation à toute contestation ultérieure de ces mesures (Soc. 20 nov. 2007, *RDT* 2008.101).

Observation : il est possible que la nouvelle formule dite de **rupture conventionnelle** (cf. *infra* 2e partie, chapitre 2, section 3), visant, par d'autres moyens, à limiter le recours au juge, rende, en fait, la transaction moins attractive. En droit, les deux mécanismes sont incompatibles. La transaction suppose un différend entre les parties tandis que la rupture d'un commun accord implique l'absence de litige entre elles. À la différence de la rupture conventionnelle, la transaction n'est pas un mode de rupture du contrat de travail.

Remarque : le fait qu'un salarié propose une négociation financière de son éventuel licenciement ne constitue pas en soi une faute en l'absence d'utilisation de termes polémiques ou injurieux.

NB : l'absence de tenue du registre du personnel et l'établissement de bulletins de paie intentionnellement inexacts constituent le délit de travail dissimulé. Les juges du fond apprécient souverainement l'existence de l'intention.

§ 2 - Prescription de la créance du salaire : 5 ans

Longtemps régie exclusivement par des dispositions du Code civil et fondée sur une présomption de paiement, elle était de six mois pour les salariés en général et d'un an pour les employés de maison.
La subordination du salarié et l'obligation du bulletin de paie ont conduit le législateur à substituer à cette courte prescription une **prescription quinquennale** unique pour tous les salariés (loi 16 juill. 1971, art. L. 3245-1, C. trav.).

Fondement : protéger le débiteur (employeur) d'une dette périodique contre une accumulation excessive.

Domaine : la jurisprudence en adopte une conception de plus en plus extensive, incluant au-delà du salaire au sens strict les compléments de salaire mais aussi les avantages liés à l'exécution d'un travail salarié (contrepartie financière de la clause de non-concurrence, sommes dues en raison de la privation de repos, remboursement de frais par exemple) peu important la périodicité du paiement. La prescription quinquennale s'applique ainsi à l'action en paiement des indemnités de congés payés ou de préavis et même à l'action en répétition de l'indu engagée par l'employeur.

NB : le particularisme de la prescription des créances de salaires a fortement diminué en raison de la réforme de la prescription de droit commun des actions personnelles, ramenée par la loi du 17 juin 2008 à cinq ans à compter du jour où le titulaire d'un droit a connu ou aurait dû connaître les faits lui permettant de l'exercer. De sorte que, sous réserve du droit transitoire, les sommes n'ayant pas le caractère d'un salaire (indemnité de licenciement, indemnité pour rupture abusive...) sont soumises à une prescription de cinq ans, sauf exception légale. Sur le cas des actions en discrimination voir *infra* Chapitre 5.

Portée : l'aveu de non-paiement par l'employeur ne permet pas de combattre la prescription, pas plus que le serment déféré ou le bulletin de paie.
La prescription peut être interrompue dans les conditions du droit commun (citation en justice, reconnaissance de dette par l'employeur,…).

§ 3 - Garanties de paiement

Elles procèdent du caractère **alimentaire** du salaire.

A. Garanties à l'égard de l'employeur

Il s'agit de **limitations apportées à la compensation**. Protection contre l'employeur créancier du salarié : pour cela la loi restreint les droits de l'employeur sans décourager certaines formes de crédit consentis par celui-ci au salarié (fournitures d'instruments ou de matériaux de travail).

• **Avances en argent (prêt)** : compensation par retenues successives ne dépassant pas le dixième du salaire exigible (non confondu avec la partie saisissable). Les acomptes peuvent être intégralement retenus (paiement anticipé) (par ex. des avances sur salaires perdus pour grève, sous réserve de récupération).

• **Fournitures** : compensation interdite en principe, sauf pour les fournitures d'instruments de travail et de matériaux. Mais cette exception est entendue très strictement, la jurisprudence ne l'admettant qu'en présence d'une faute lourde du salarié (Soc., 20 avril 2005 *BCV* n° 148 : à la suite de la détérioration d'un badge d'accès à l'entreprise, l'employeur ne peut retenir sur le salaire le coût du renouvellement du badge en l'absence de faute lourde du salarié). La solution s'explique par la limitation de principe de la responsabilité pécuniaire d'un salarié à l'hypothèse de faute lourde.

• **Autres créances** : compensation permise dans la limite de la portion saisissable par certaines décisions (Soc., 21 mars 2000), exclue par d'autres (Soc., 11 janv. 2006), admise intégralement par d'autres... (jurisprudence complexe).

NB : l'employeur opère sur le salaire des retenues diverses (cotisations de sécurité sociale, de retraites...) auxquelles les limitations de la compensation ne s'appliquent pas. Il ne peut opérer la compensation entre les salaires dus et l'indemnité de préavis due par le salarié.

B. Garanties à l'égard des autres créanciers de l'employeur (protection contre l'insolvabilité de l'employeur)

Une convention de l'OIT prévoit des garanties du salarié contre l'insolvabilité de l'employeur, de même qu'une directive européenne du 20 octobre 1980 modifiée le 23 septembre 2002.

La loi du 27 décembre 1973 a institué une garantie des salaires par le mécanisme de l'assurance.

La loi du 25 janvier 1985 relative au redressement et à la liquidation judiciaires des entreprises, en instituant ces procédures nouvelles en vue de mieux assurer la sauvegarde de l'entreprise, le maintien de l'activité et de l'emploi, et l'apurement du passif, a promu à divers égards la situation des salariés, notamment en garantissant mieux le paiement de leurs créances, en particulier au cas de continuation de l'exploitation. Les travailleurs, non associés à la gestion et au profit de l'entreprise, ne doivent pas en subir le risque, et par conséquent des garanties croissantes leur ont été reconnues, considérablement renforcées par la loi du 25 janvier 1985 au cas de procédure collective.

NB : il y a lieu de tenir compte également de la loi de sauvegarde des entreprises du 26 juillet 2005.

1. Garanties de droit commun

a) Les privilèges spéciaux de droit commun (auxiliaires salariés des travailleurs à domicile, préférence sur les sommes dues à l'entrepreneur de travaux publics par l'État, privilège pour frais de conservation d'une chose ou sur le prix d'une récolte) se sont avérés d'application rare.

b) Privilège général des salariés sur les meubles et les immeubles de l'employeur garantissant le paiement de **toute rémunération** des salariés et des apprentis pour les six derniers mois de travail effectif restés impayés et des gens de service pour

l'année échue et l'année courante, des indemnités de préavis, de rupture abusive, de brusque rupture et de fin du contrat à durée déterminée, de congés payés, des journalistes professionnels, des indemnités prévues par les usages et les conventions collectives et de l'indemnité de licenciement, dans les limites d'un plafond. Quatrième rang (après frais de justice, funéraires et de dernière maladie), (art. 2101-4°, C. civ.) sur les meubles, deuxième sur les immeubles (art. 2104-2°, C. civ.).
En outre il passe après les privilèges spéciaux (bailleur d'immeuble, vendeur de meubles, nantissement…). D'où inefficacité fréquente.

2. Garanties particulières dans le cadre du traitement des difficultés des entreprises (redressement et liquidation judiciaires, sauvegarde)

Tout en fixant pour objectif principal des procédures de redressement judiciaire et de liquidation judiciaire la sauvegarde de l'entreprise et le maintien de l'activité et de l'emploi, la loi du 25 janvier 1985 a organisé l'apurement du passif dû aux créances des salariés, en particulier pour celles qui sont nées après le jugement d'ouverture de la procédure collective du fait de la continuation de l'exploitation, donc de l'activité des salariés ou de certains d'entre eux.
En outre elle fait intervenir le représentant des salariés pour l'établissement des créances salariales.
La loi, tout en maintenant les garanties antérieures (superprivilège et assurance garantie des salaires), en a étendu le champ et a établi un ordre nouveau de préférence pour les créances nées après l'ouverture de la procédure.

a) Superprivilège des salariés

Il garantit le paiement, avant toute autre créance, des rémunérations de toutes natures et de leurs accessoires dus aux salariés et apprentis (60 derniers jours), aux VRP (90 derniers jours), marins (90 derniers jours) jusqu'à concurrence d'un plafond mensuel (décret) au moins égal au double du plafond retenu pour le calcul des cotisations de sécurité sociale, ainsi que de l'indemnité de congés payés.
Les sommes garanties doivent être payées avant toute autre créance sur les disponibilités dans les 10 jours du prononcé du jugement ouvrant la procédure, ou sur les premières rentrées de fonds. Dans la mesure des fonds disponibles un acompte d'un mois de salaire est immédiatement versé par l'administrateur, sur ordonnance du juge-commissaire.

b) Préférence des créanciers dont le droit est né régulièrement après le jugement d'ouverture de la procédure

Cette préférence instituée par la loi du 25 janvier 1985 et destinée à faciliter la continuation de l'activité d'une entreprise en difficulté mais viable profite en particulier aux **salariés maintenus dans leur emploi** pour la poursuite de l'activité. Ces créances sont payées par préférence aux créances antérieures à l'ouverture de la procédure, à la seule exception du superprivilège des salariés.
L'article 40 de la loi institue l'ordre de préférence suivant :
– superprivilèges des salariés,
– frais de justice,
– prêts consentis par les établissements de crédit,
– créances nées de l'exécution des contrats en cours dont le paiement a été différé,

– certaines avances de l'AGS (cf. *infra* c) pour payer des créances salariales dues pour la continuation d'activité.

c) AGS : Assurance garantie des créances des salariés

Le privilège général des salariés se trouvant passer après d'autres et le superprivilège ne garantissant qu'une faible partie des salaires et obligeant à attendre les rentrées de fonds entre les mains du syndic, le législateur, à la suite du conflit Lip, a institué une garantie plus efficace.

La loi du 27 décembre 1973 a institué, sur la base d'une solidarité entre employeurs pouvant être mis en faillite, une obligation de tout commerçant d'assurer le personnel contre le non-paiement des sommes dues en exécution du contrat de travail à la date du jugement prononçant le règlement judiciaire ou la liquidation des biens (salaires et accessoires, indemnités de préavis, de licenciement, de brusque rupture, de rupture abusive ou de congés payés, participations, préretraites, etc.).

La loi du 25 janvier 1985, tout en soumettant les entreprises artisanales au système de l'AGS, a étendu le champ d'application de celle-ci dans le temps, en cas de poursuite d'exploitation durant la procédure, en vue d'éviter les licenciements précipités au cours de la « période d'observation » de la procédure, de sorte que la garantie de l'AGS couvre aussi les indemnités de rupture du contrat de travail et partiellement les créances d'exécution de contrat.

La loi du 26 juillet 2005, créant une nouvelle procédure collective (procédure de sauvegarde des entreprises), étend dans certaines limites la garantie déjà prévue en cas de redressement ou de liquidation judiciaire au cas de procédure de sauvegarde. Elle fait entrer dans le champ de l'AGS les personnes physiques exerçant une activité professionnelle indépendante.

• **Les créances garanties sont les suivantes :**

– les sommes **dues aux salariés** à la date du jugement d'ouverture de toute procédure de redressement ou de liquidation judiciaire mais non de sauvegarde ;

– les **créances résultant de la rupture des contrats** de travail intervenant pendant la période d'observation, ou dans le mois suivant le jugement arrêtant le plan de redressement, de sauvegarde ou de cession, ou dans les 15 jours suivant le jugement de liquidation, ou pendant le maintien provisoire de l'activité autorisé par le jugement de liquidation et dans les 15 jours suivant la fin de ce maintien d'activité.

Il en va de même pour les créances nées du licenciement d'un salarié protégé, si l'intention de rupture du contrat a été manifestée pendant les mêmes périodes, même si le licenciement intervient plus tard ;

– les **rémunérations impayées** durant la période d'observation ou les 15 jours suivant le jugement de liquidation ou la période de maintien provisoire de l'activité autorisée par le jugement de liquidation, mais dans la limite d'un montant égal à un mois et demi de travail ;

– les sommes dues par l'entreprise au titre de l'intéressement, de la participation ou des fonds salariaux, de même que les arrérages de préretraites, à certaines conditions ;

– les sommes dues aux travailleurs étrangers employés irrégulièrement, à certaines conditions ;

– les sommes dues aux salariés travaillant en France pour un employeur en faillite à l'étranger, à certaines conditions (Soc., 3 juin 2003).

NB : la jurisprudence a sensiblement **étendu le champ de la garantie**, appliquant celle-ci à des créances non salariales mais se rattachant au contrat de travail (capital-décès), aux créances bénéficiant aux ayants droit du salarié, à des créances non encore exigibles à la date du jugement d'ouverture. Cette ouverture s'est accentuée plus récemment : doivent être garantis, outre les créances dues en exécution du contrat de travail, les dommages-intérêts alloués aux salariés à raison de l'inexécution par l'employeur d'une obligation résultant du contrat de travail (Soc., 2 mars 1999) elle-même largement comprise (Soc., 25 janv. 2005) ou de la rupture de contrat. Tendance à inclure dans le champ de la garantie des indemnités prévues par un plan social (Soc., 25 mai 2004).
En revanche, la loi exclut de la garantie les sommes concourant à l'indemnisation du préjudice causé par un licenciement économique accordées en application d'un accord d'entreprise ou de groupe ou d'une décision unilatérale de l'employeur intervenus moins de 18 mois avant la date du jugement d'ouverture de la procédure de sauvegarde, de redressement ou de liquidation judiciaire (loi 4 mai 2004).

• **Les relevés des créances**, effectués par le représentant des créanciers et visés par le juge-commissaire, sont vérifiés par le représentant des salariés, ces derniers étant dispensés de la déclaration des créances.

• **Le règlement des sommes** dues doit être effectué dans certains délais en ce qui concerne les créances superprivilégiées, sur les fonds disponibles, à défaut sur les premières rentrées de fonds (cf. *supra* a). Les autres créances doivent être payées sur les fonds disponibles avant l'expiration des délais d'établissement des relevés ; à défaut l'avance des fonds est demandée aux Assedic qui les versent au représentant des créanciers dans des délais brefs, cette avance devant avoir lieu même en cas de contestation par un tiers.

• **L'assurance** est prise auprès d'une association patronale agréée par l'État, et gérée par l'Unedic et les Assedic (organismes paritaires). Les cotisations sont à la charge des seuls employeurs.
L'association qui paie est subrogée dans les droits des salariés et peut produire à la faillite à leur place.
En raison du montant élevé de certains avantages contractuels réclamés, la loi a institué un **plafond** de garantie.

C. Garanties à l'égard des créanciers personnels du salarié

Incessibilité et insaisissabilité partielles du salaire.
En vue d'éviter qu'une saisie-arrêt entre les mains de l'employeur ou une cession de la créance de salaires par un travailleur imprévoyant ne viennent absorber intégralement son moyen de subsistance, le salaire est frappé d'une indisponibilité partielle, sauf au profit des dettes alimentaires et des contributions aux charges du mariage (loi de 1973), une indisponibilité totale risquant de nuire au salarié (obtention de crédit, location de logement…).

• **Quotité forfaitaire** insaisissable, variable, suivant l'importance du salaire, y compris les accessoires, hormis quelques exceptions (indemnités en remboursement de frais, indemnités insaisissables, allocations et indemnités pour charges de famille).

• **Procédure de saisie-arrêt simplifiée** devant le juge d'instance par simple lettre recommandée, avec tentative de conciliation obligatoire. Elle ne porte que sur la part saisissable. Elle est applicable que le contrat de travail soit ou non en cours d'exécution (Ass. plén., 9 juill. 2004).

• **Cession seulement par acte authentique** devant le greffier du tribunal d'instance (simplification en vue de rendre moins coûteuses les formalités d'opposabilité de la cession de créance au débiteur-employeur).

NB : diverses allocations versées aux personnes privées partiellement ou totalement d'emploi bénéficient du régime d'incessibilité et insaisissabilité partielles du salaire.

POUR ALLER PLUS LOIN

BIBLIOGRAPHIE :

› A. Jeammaud, « Du principe d'égalité de traitement des salariés », *Dr. soc.* 2004. 694

› A. Lyon-Caen, « À travail égal, salaire égal. Une règle en quête de sens », *RDT* 2006. 16

› P. Morvan, « Le nouveau droit de la rémunération », *Dr. soc.* 2008. 643

Chapitre 3 › LES VICISSITUDES DU CONTRAT DE TRAVAIL

> › L'essentiel
> *Le contrat de travail peut, en raison de sa durée d'exécution, être* ***modifié*** *dans des conditions assez complexes qui mettent en cause à la fois la qualité de partie au contrat de l'employeur et le pouvoir de direction qui lui est reconnu. S'il survit aux* ***transferts d'entreprise*** *effectués dans certaines conditions, il cesse temporairement de s'appliquer (****suspension****) pour de multiples causes.*

Section 1 › LA MODIFICATION DU CONTRAT DE TRAVAIL

L'étalement dans la **durée** de l'exécution du contrat de travail a pour conséquence qu'une des parties – en général l'employeur – peut souhaiter en modifier certains éléments ; on parle souvent à cet égard de révision du contrat (cf. *supra*, Caractères du contrat).

– Le principe demeure, en vertu des dispositions de l'article 1134, C. civ., qu'une modification du contrat de travail ne peut être imposée unilatéralement par une partie à une autre. Par suite une des parties ne peut exiger de l'autre qu'elle exécute le contrat à des conditions modifiées qu'elle n'accepte pas. Ce principe s'applique aussi bien aux contrats à durée déterminée qu'aux contrats à durée indéterminée.

– Mais en cas de contrat de travail à durée indéterminée, lorsque l'adaptation de l'entreprise aux conditions techniques ou économiques l'exige, l'employeur ayant par ailleurs la possibilité de mettre fin au contrat et d'en subordonner la poursuite à des conditions modifiées (cf. *infra*, Droit du licenciement), la jurisprudence a longtemps considéré que l'employeur pouvait imposer en pratique des modifications à certaines conditions, le salarié n'ayant aucun droit au maintien du *statu quo* contractuel.

– Cette analyse a fortement évolué dans le sens d'un plus grand respect du contrat imposé à l'employeur. Mais toutes les modifications souhaitées par ce dernier ne remettent pas en cause de la même façon la situation contractuelle du salarié. D'où une **distinction entre deux catégories de modifications** : celles que l'employeur peut imposer de façon unilatérale et celles qui nécessitent l'accord du salarié. On a longtemps parlé de modification accessoire du contrat dans le premier cas et de modification substantielle de ce même contrat dans le second cas. Cette distinction est aujourd'hui abandonnée en jurisprudence au profit d'une autre moins confuse et moins paradoxale qui permet d'opposer « **la modification du contrat** » à « **la modification des conditions de travail** » (Soc., 10 juill. 1996, *Grands arrêts* n° 50). Le régime juridique de l'une et de l'autre va différer profondément, ce qui impose une étude séparée. On regroupera dans un premier point les modifications dans les conditions de travail et les modifications plus lourdes mais prévues d'avance qui peuvent être imposées au salarié, un second point étant consacré aux modifications d'un élément essentiel du contrat de travail dont la mise en œuvre nécessite l'accord des parties.

§ 1 - Les modifications pouvant être imposées au salarié

A. Le simple changement des conditions de travail

En vertu de son **pouvoir de direction** l'employeur peut modifier ou aménager les conditions de travail du salarié sans que celui-ci puisse refuser la modification. La modification en tant que décision repose alors sur un fondement purement institutionnel puisque l'élément de la situation du salarié remis en cause n'est pas entré dans le champ contractuel. Néanmoins, le caractère obligatoire de cette modification pour le salarié peut aussi s'analyser comme une conséquence de son obligation contractuelle d'obéissance. Poussant jusqu'à son extrémité l'analyse contractuelle, la jurisprudence antérieure décidait que le salarié qui n'exécutait pas sa tâche selon les nouvelles conditions de travail (modifications accessoires) se mettait de lui-même hors contrat et assumait la responsabilité de la rupture sans pouvoir réclamer d'indemnités. Cependant, telle n'est plus la solution retenue. Selon un arrêt rendu le 8 juillet 1992, « le refus par le salarié de poursuivre l'exécution du contrat de travail, qui n'a fait l'objet d'aucune modification substantielle de la part de l'employeur, n'entraîne pas à lui seul la rupture du contrat de travail, même en cas de départ du salarié, mais constitue **un manquement aux obligations contractuelles** que l'employeur a la faculté de sanctionner, au besoin en procédant au licenciement de l'intéressé ». Un tel manquement ne caractérise pas à lui seul une faute grave.

Il convient donc de souligner que, la démission ne se présumant pas, devant résulter d'un acte non équivoque et ne pouvant même se déduire du fait que le salarié refuse de travailler dans des conditions nouvelles ou même quitte alors son emploi, le contrat de travail n'est pas rompu par le simple refus du salarié et l'employeur n'est pas en droit de considérer le contrat rompu du fait du salarié ; s'il « prend acte de la rupture », il opère un **licenciement** entraînant les conséquences habituelles, licenciement disciplinaire pour faute sérieuse et non pas automatiquement pour faute grave.

Sans prétention à l'exhaustivité, on citera comme ayant été considérées comme de **simples changements des conditions de travail** les modifications suivantes :

– les mesures liées à **l'organisation du travail** tel qu'un changement de bureau ou un changement de planning de travail ;

– la modification de la **tâche** du salarié dès l'instant où elle correspond toujours à sa qualification ;

– l'affectation sur un **nouveau poste de travail équivalant** au premier sans changement des fonctions ;

– la modification des **horaires de travail** si la variation est faible et qu'elle n'affecte pas la rémunération. Ainsi, selon la jurisprudence, le changement d'horaire consistant en une nouvelle répartition de l'horaire au sein de la journée, alors que la durée du travail et la rémunération restent identiques, constituent un simple changement des conditions de travail relevant du pouvoir de direction du chef d'entreprise et non une modification du contrat de travail ; *idem* pour l'instauration du travail durant l'heure de déjeuner. L'obligation de travailler le vendredi après-midi alors que la demi-journée n'était pas travaillée, la mise en œuvre des astreintes prévues par un accord collectif et s'imposant au salarié en l'absence de disposition contractuelle, le remaniement de la répartition de l'horaire en l'absence de clause de variabilité de l'horaire à temps partiel.

– La modification du **lieu de travail**, avec la même réserve que ci-dessus. Ainsi jugé que le salarié dont le contrat de travail ne comportait pas l'indication d'un lieu de travail précis ne pouvait refuser une mutation alors que l'entreprise lui assurait le transport gratuit entre son ancien lieu d'affectation et le nouveau. Sur l'importance du critère du secteur géographique dans le classement de la modification v. *infra*, § 2, A.

B. Les modifications prévues d'avance

Certains contrats de travail prévoient expressément la possibilité pour l'employeur de procéder à des modifications ultérieures que rendraient nécessaires l'organisation de l'entreprise et les fonctions du salarié : horaires, attributions et, plus souvent encore, lieu de travail. L'exemple le plus fréquent est celui de la **clause de mobilité** par laquelle le salarié accepte par avance toute modification de son lieu de travail. Lorsque le changement du lieu est demandé en application de la clause celui-ci s'impose au salarié. La jurisprudence considère en effet que, dans ce cas, l'employeur ne fait qu'exercer son pouvoir de direction parce que la mutation fait alors partie du domaine des conditions de travail. Encore faut-il que la clause définisse de manière précise sa zone géographique d'application (Soc., 7 juin 2006, *Grands arrêts* n° 52) et que la modification décidée corresponde à la modification prévue par le contrat.

On notera cependant l'existence de **deux réserves**. La première est que, dans l'utilisation de cette extension contractuelle de son pouvoir, l'employeur ait un comportement loyal. À défaut il commettrait un détournement de pouvoirs ou un abus de droit contraire à la **bonne foi contractuelle**. Par ailleurs, la Cour de cassation a décidé que le salarié pouvait refuser la mise en œuvre de la clause de mobilité lorsque la mutation entraîne une baisse de rémunération ou le passage d'un horaire de nuit à un horaire de jour. La seconde réserve, plus récente, est que, lorsque le salarié le demande, les juges du fond doivent rechercher si la mise en œuvre de la clause de mobilité ne porte pas une atteinte au droit du salarié à une vie personnelle et familiale et si une telle atteinte peut être justifiée par la tâche à accomplir et **proportionnée** au but recherché (Soc., 14 oct. 2008, *RDT* 2008. 731). Prise en compte accrue des droits fondamentaux.

Sur le plan probatoire, il y a lieu de considérer que **la bonne foi contractuelle est présumée**, ce qui a pour conséquence que les juges n'ont pas à rechercher si la décision de l'employeur de faire jouer une clause de mobilité stipulée dans le contrat de travail est conforme à l'intérêt de l'entreprise.

Il incombe donc au salarié de démontrer que cette décision a en réalité été prise pour des raisons étrangères à cet intérêt, ou bien qu'elle a été mise en œuvre dans des conditions exclusives de la bonne foi contractuelle.

Tel est le cas de la situation d'une salariée informée seulement un mois avant le déménagement de l'entreprise dans une nouvelle localité alors que la décision a été prise plusieurs mois auparavant et que ce bref délai n'avait pas permis à cette dernière de s'organiser dans les meilleures conditions. Le licenciement consécutif au refus est alors sans cause réelle et sérieuse.

Si en revanche, le salarié allègue que l'exécution de la clause porte atteinte à son droit à une vie personnelle et familiale, il incombe à l'employeur de démontrer que l'atteinte est justifiée et proportionnée (art. L. 1121-1, C. trav.)

1re observation : la jurisprudence n'admet pas que l'employeur insère au contrat une clause par laquelle le salarié accepterait par avance telle ou telle modification du contrat en cours d'exécution, au gré de la seule volonté patronale (Soc., 29 juin 1999 pour une clause prévoyant un changement d'horaire du temps complet au temps partiel).

Une clause de mobilité ne saurait autoriser l'employeur à en étendre unilatéralement la portée. Sur les clauses de variation des salaires voir *supra* Chapitre 2, Section 2 § 3.

2e observation : s'agissant de **l'incidence des dispositions conventionnelles**, au terme d'une évolution qui pourrait connaître de nouveaux rebondissements, la Cour de cassation considère qu'une convention collective ne peut imposer directement une obligation de mobilité que si certaines conditions sont réunies. La clause conventionnelle doit se suffire à elle-même. Elle doit définir une zone géographique précise. Le salarié doit avoir été informé de l'existence de la clause et mis en mesure d'en prendre connaissance. La convention collective ne produit cet effet que si elle est entrée en vigueur antérieurement à la conclusion du contrat de travail.

L'accord national interprofessionnel du 11 janvier 2008 (art. 10) sur la modernisation du marché du travail, non repris par la loi sur ce point, indique néanmoins que les contrats de travail devront préciser les conditions de mise en œuvre des clauses de mobilité. Dans cette perspective les clauses conventionnelles ne pourraient en aucun cas se suffire à elles-mêmes.

On notera par ailleurs que l'employeur peut imposer aux salariés contre leur gré, la suppression d'avantages créés par voie d'usage puisque, sauf circonstances particulières, ces avantages ne sont pas incorporés au contrat de travail.

§ 2 - Les modifications impliquant accord

Succédant aux modifications dites « substantielles » de l'ancienne jurisprudence, les modifications (d'un élément essentiel) du contrat de travail nécessitent l'accord du salarié.

A. Identification de la modification mettant en cause le contrat

Observation : les juges du fond sont en principe souverains pour apprécier si une mesure modifie le contrat ou s'il ne s'agit que d'un changement des conditions de travail. Cependant, au-delà du contrôle de la motivation, la Cour de cassation impose un mode d'appréciation et fournit certains critères. Partis d'une démarche classique de recherche des éléments ayant déterminé le consentement des parties, les juges s'orientent aujourd'hui vers une **appréciation objective** des situations qui leur sont soumises (en particulier, pour le changement du lieu de travail v. *infra*).

D'une jurisprudence toujours évolutive, on peut extraire les solutions suivantes quant aux modifications touchant la matière du contrat :

1. La modification de la rémunération

Celle-ci étant par principe un élément essentiel du contrat de travail qui ne peut être modifié, même de manière minime, sans l'accord du salarié. Cependant cette analyse ne concerne que les éléments de la rémunération qui résultent de **l'accord**

individuel, ce que la jurisprudence dénomme « rémunération contractuelle ». En revanche, les éléments de la rémunération qui ont **une source extracontractuelle** (conventions collectives, usages ou engagements unilatéraux) peuvent être modifiés sans l'accord du salarié dans la mesure où ils ne constituent pas un élément du contrat. L'employeur peut modifier unilatéralement le régime des heures supplémentaires sauf si celui-ci est prévu par une convention de forfait. Le mode de calcul de la rémunération constitue également un élément essentiel du contrat et ce, peu important que l'employeur prétende que le nouveau mode serait plus avantageux pour le salarié.

NB : ne constitue pas une modification du contrat de travail la seule modification de la structure de la rémunération résultant d'un accord de réduction du temps de travail.

2. La modification de la durée du travail

Elle constitue aussi le plus souvent une modification du contrat. La solution est certaine en cas de passage du travail à temps plein au travail à temps partiel, ou de réduction de l'horaire contractuellement prévu, ou encore lorsque l'employeur veut imposer deux plages de travail nocturnes ; de même lorsqu'il est imposé au salarié de travailler deux dimanches sur trois et non plus un dimanche sur trois. La réduction de la durée du travail sans compensation salariale constitue une modification du contrat. Selon l'article L. 1222-7 du Code du travail issu de la loi du 19 janvier 2000, la seule diminution du nombre d'heures stipulé au contrat de travail **en application d'un accord de réduction de la durée du travail**, ne constitue pas une modification du contrat de travail. Il en résulte *a contrario* que la réduction de la durée du travail même sans baisse de salaire dans toute autre hypothèse que celle visée par le texte, constitue une modification du contrat (voir *infra*, La réduction de la durée du travail).

Observation : le principe de faveur peut intervenir dans la qualification de la modification. Ainsi, en l'absence de réduction de la durée du travail, dès lors que l'entreprise a maintenu le salaire antérieur, les salariés qui n'ont pas subi de réduction de leur rémunération ne peuvent se prévaloir d'une modification de leur contrat de travail.
Par ailleurs, la Cour de cassation a décidé que **la mise en chômage partiel** pendant la période d'indemnisation prévue par le Code du travail ne constituait pas une modification du contrat de travail (Soc., 18 juin 1996). Pourtant, la mesure affecte la rémunération et l'exécution de la prestation de travail. Mais la jurisprudence entend favoriser ici les mesures de flexibilité interne en tant qu'alternatives au licenciement économique (solution différente à propos des représentants du personnel).

3. La modification du lieu de travail

Elle est moins nettement affirmée par la jurisprudence comme un élément essentiel du contrat de travail. C'est un domaine dans lequel les juges se livrent à un examen au cas par cas. On observe cependant une tentative pour dégager des critères, de la part de la Cour de cassation, celle-ci ayant affirmé que le changement de lieu de travail devait être apprécié de manière objective ce qui tend logiquement à uniformiser les solutions en la matière et à détacher l'appréciation judiciaire de la situation personnelle ou familiale du salarié. **La notion de secteur géographique** semble à cet égard jouer un rôle clef en ce sens que les juges du fond doivent rechercher si la nouvelle affectation du salarié est ou non située dans un secteur géographique différent de celui où il travaillait précédemment (Soc., 4 mai 1999, *Grands arrêts* n° 51). S'il y a identité de secteur, la mutation du salarié peut être décidée sans requérir son consentement. Il reste à déterminer avec plus de précision ce que l'on doit entendre ici par « secteur » : « bassin d'emploi » au sens de l'article L. 1233-2 du Code du travail, qui fixe le contenu du plan de sauvegarde de l'emploi ? D'autre part, il convient de distinguer le changement temporaire du lieu de travail du changement définitif, seul le second emportant modification du contrat.

Observation : la difficulté à trouver un critère permettant d'identifier dans chaque litige quel est le secteur géographique a suscité des critiques de la part d'une partie de la doctrine. Plus récemment, la Cour de cassation a utilisé une autre notion, celle de « couronne urbaine ». L'essentiel est sans doute de privilégier une appréciation objective, écartant toute considération trop liée à la situation personnelle du salarié, comme les conditions de transport entre la résidence de celui-ci et le nouveau site d'activité.

On citera encore comme modification du contrat : celle qui porte sur la qualification du salarié, sur les fonctions et les attributions, l'accroissement permanent des tâches.

Selon la Cour de cassation lorsque « l'économie fonctionnelle » du contrat de travail est affectée, il y a modification du contrat. Il en va ainsi lorsque le salarié était employé initialement à la vente de produits et qu'il a été affecté au service location de ces mêmes produits, car il ne s'agit pas d'un changement de simples tâches, mais bien d'un changement de fonctions qui s'accompagne en outre du retrait de certains avantages matériels.

NB : le contenu des fonctions peut également être modifié pour des **raisons disciplinaires**. Là encore, bien que la solution soit controversée, il y a une modification du contrat que le salarié peut refuser (voir *supra*, chapitre 1, Les pouvoirs du chef d'entreprise).

4. La création d'obligations nouvelles

La création d'obligations nouvelles non prévues par le contrat initial constitue une modification sans que l'importance de la modification ait à être considérée par le juge (clause de non-concurrence, clause d'objectifs ou de quotas, clause de mobilité, clause d'exclusivité).

B. Régime de la modification du contrat

La jurisprudence considère aujourd'hui que le refus d'une telle modification (ex-substantielle) est un droit pour le salarié, qu'il ne peut donc constituer une faute, et que le contrat n'est pas modifié tant que ce dernier ne l'a pas acceptée, même s'il continue à travailler (arrêt *Raquin* du 8 oct. 1987, *Grands arrêts* n° 49). Par suite, il appartient à l'employeur ou bien de rétablir le salarié dans ses droits, ou bien de le licencier en respectant la procédure prévue et en lui versant les indemnités de rupture. Sauf lorsque le licenciement a un caractère disciplinaire, la procédure est celle du licenciement pour motif économique (loi du 2 août 1989, art. L. 1233-3, C. trav.) et, si plusieurs salariés ayant refusé la modification d'un élément essentiel sont licenciés, c'est celle du licenciement collectif pour motif économique (art. L. 1233-25).

Mais la jurisprudence *Framatome-Majorette* (Soc., 3 déc. 1996, *Grands arrêts* n° 109) qui assimilait proposition de modification et licenciement n'a plus cours depuis la loi du 18 janvier 2005 qui a modifié les termes de l'article L. 1233-25 du Code du travail situant désormais sans interprétation possible le point de départ de la procédure de licenciement collectif **en aval** de la proposition de modification pour les salariés ayant refusé cette modification (voir 2e partie, titre 3, Le licenciement économique).

La modification, donc, exige le **consentement** du salarié et soulève deux problèmes :

1. L'acceptation par le salarié

C'est à l'employeur d'en apporter la preuve en cas de contestation, la novation ne se présumant pas. Si elle peut être tacite, encore doit-elle résulter d'actes non équivoques manifestant certainement l'intention d'accepter. Une réponse dilatoire ou conditionnelle du salarié constitue une réponse négative.

Le fait de rester dans l'entreprise n'implique pas l'acceptation du salarié. À cet égard la jurisprudence a évolué. Alors qu'elle considérait le salarié qui continue de travailler comme acceptant tacitement la modification, ce qui obligeait en pratique le salarié voulant la refuser à cesser le travail, elle juge, depuis l'arrêt de la chambre sociale du 8 octobre 1987 (*Raquin*) que l'acceptation d'une modification « substantielle » par le salarié « ne peut plus résulter de la seule poursuite par lui du travail » et que c'est donc à l'employeur, devant le refus du salarié, de prendre la responsabilité d'une rupture, par exemple pour le cas d'une poursuite du travail durant 18 ans ne valant pas acceptation tacite. En cas de persistance de l'employeur à maintenir les conditions nouvelles, le salarié peut agir en résiliation judiciaire du contrat, tout en continuant son activité.

Toutefois lorsque la modification résulte de la dénonciation d'un usage par l'employeur, cette modification (perte d'un avantage usuel) est opposable aux salariés dès lors qu'ils en ont été informés, ainsi que les instances représentatives du personnel, dans un délai permettant d'éventuelles négociations, mais sans qu'elle ait été acceptée par chaque salarié.

Observation : modification ex-« substantielle » pour motif économique. La loi « quinquennale » du 20 décembre 1993 a institué une procédure relative à l'acceptation du salarié (L. 1222-6). L'employeur qui envisage une telle modification pour un motif économique doit en informer chaque salarié par lettre recommandée avec accusé de réception, en précisant que le salarié dispose d'un mois pour faire connaître son refus. L'information doit préciser les nouvelles conditions d'emploi et les mesures d'accompagnement (Soc., 30 janv. 2008). À défaut de réponse dans ce délai, le salarié est réputé avoir accepté la modification proposée, son silence valant consentement à la transformation du contrat, contrairement à la règle ordinaire. Pour plus de précisions notamment sur l'effet des refus à l'égard de l'obligation de présenter un plan de sauvegarde de l'emploi, voir *infra* 2e partie titre 3.

2. Les conséquences du refus du salarié

Le problème se trouve transposé sur le terrain de la **rupture du contrat**. Si l'employeur congédie le salarié, la rupture lui incombe et il s'agit d'un licenciement : il doit en respecter la procédure (l'offre de modification est analysée en un congé conditionnel en cas de refus).

En outre s'applique le régime de la cause du licenciement : celui-ci peut avoir une cause réelle et sérieuse, personnelle ou d'ordre économique ; en l'absence de celle-ci, le salarié a droit à des dommages-intérêts. Depuis la loi du 2 août 1989, le régime du licenciement économique doit être appliqué dès lors que la modification a un motif économique (cf. *infra*, Licenciement économique).
Le licenciement n'est justifié que si la modification est elle-même justifiée. L'exigence de cause réelle et sérieuse s'applique donc au motif de la modification. Le licenciement ne peut pas être fondé sur le seul refus de la modification du contrat.

Cas particulier : la **modification du contrat peut avoir un motif disciplinaire** (mutation, rétrogradation). Après avoir décidé que le refus du salarié d'accepter cette sanction-modification constituait une faute grave, la Cour de cassation a reviré en excluant que la sanction puisse être imposée (Soc., 16 juin 1998, *Grands arrêts* n° 67). Le salarié peut donc refuser bien que, par hypothèse, il ait commis une faute. Mais l'employeur n'a pas pour autant épuisé son pouvoir disciplinaire et il peut prononcer une autre sanction allant jusqu'au licenciement sans que la règle *non bis in idem* lui soit opposable (cf. *supra*, Le pouvoir disciplinaire). Cette jurisprudence, qui assoit la prééminence du contractuel sur l'institutionnel, n'est pas à l'abri de toute critique car elle risque de dissuader le chef d'entreprise d'user de son pouvoir disciplinaire de crainte d'être contredit et de le pousser à adopter d'emblée la mesure maximale du licenciement.
Observation : l'accord national interprofessionnel sur la modernisation du marché du travail du 11 janvier 2008, sans se prononcer immédiatement sur ce point, a prévu l'ouverture d'une « réflexion » ayant pour objectif de déterminer *a priori* et de manière limitative les éléments qui devraient être considérés comme contractuels et donc requérir l'accord du salarié. Risques d'illusions sur la sécurité qui pourrait en être attendue.

Section 2 › TRANSFERT D'ENTREPRISE (MODIFICATION DANS LA SITUATION JURIDIQUE DE L'EMPLOYEUR) (ART. L. 1224-1 ET S., C. TRAV.)

Aux termes de l'article L. 1224-1 du Code du travail (loi de 1928), « s'il survient une modification dans la situation juridique de l'employeur, notamment par succession, vente, fusion, transformation du fonds, mise en société, tous les contrats de travail en cours au jour de la modification subsistent entre le nouvel employeur et le personnel de l'entreprise ».
Cette disposition, destinée à protéger la stabilité de l'emploi a été appliquée par la jurisprudence dans les cas les plus divers mais sa portée concerne essentiellement la conservation des droits attachés à l'ancienneté et certaines garanties des salariés quant aux conditions dans lesquelles s'opèrent leurs licenciements.
Ce texte trouve une application fréquente en période de mutations économiques et technologiques et de restructurations ; il a donné lieu à une jurisprudence encore plus abondante depuis 30 ans et à de multiples controverses relatives aux transferts d'entreprise.

Objectif : son but est la **sauvegarde de l'emploi** du salarié et non la recherche de la continuité de l'entreprise, mais la doctrine a parfois évoqué l'existence d'un **lien**

d'entreprise. Ainsi opère-t-il le maintien « automatique » des contrats de travail en cours, par « l'effet de la loi », et non en vertu d'un accord des parties. Ce maintien est impératif, cette disposition étant **d'ordre public**, son application ne pouvant être écartée par une convention entre les employeurs successifs (jurisprudence constante).

NB : la règle de l'article L. 1224-1 peut faire l'objet d'une **application volontaire** par la volonté des parties à l'opération juridique de transfert, ce qui suppose **l'accord exprès du salarié**, un tel accord ne pouvant résulter de la seule poursuite du travail avec le nouvel employeur car cette substitution dans l'identité de la partie patronale constitue une modification du contrat du travail. Toutefois, seul le salarié pourrait invoquer l'absence d'accord pour s'opposer au transfert le concernant (Soc., 10 oct. 2006, *BCV* n° 294).

• **Dans la jurisprudence**, deux tendances se sont affirmées en longue période, avec des inflexions sensibles depuis le milieu des années 1970 :
– une application extensive quant au domaine de la règle, suivie d'une réduction du champ d'application, puis d'une extension nouvelle ;
– une interprétation relativement stricte du texte quant à sa portée et ses effets, le pouvoir d'organisation ou de réorganisation des deux employeurs successifs autorisant des licenciements après et même avant le transfert.
Une loi du 28 juin 1983 a précisé les obligations du nouvel employeur en vue d'accroître les garanties des salariés touchés par un transfert.
Cette loi faisait suite à une **directive européenne** du 14 février 1977 concernant le rapprochement des législations des États membres relatives au maintien des droits des travailleurs en cas de transferts d'entreprises, d'établissements ou de parties d'établissement résultant d'une cession conventionnelle ou d'une fusion. L'application faite par la Cour de justice de l'Union européenne (CJCE) a conduit la Cour de cassation à modifier sa position quant au champ d'application de l'article L. 1224-1 du Code du travail. Mais, bien qu'atténuées, des différences subsistent entre les deux jurisprudences. Une refonte de la directive est intervenue le 29 juin 1998 dont le principal intérêt consiste à donner une définition du transfert et de la réalité sur laquelle il porte (cf. *infra* C). Cette nouvelle directive a elle-même été recodifiée par celle du 12 mars 2001.

§ 1 - Domaine et conditions d'application de l'article L. 1224-1, C. trav.

La règle posée est générale et concerne en principe tous les salariés et tous les changements dans la situation juridique de l'employeur. Encore faut-il définir le transfert d'entreprise. Sur ce point l'évolution de la jurisprudence est essentielle pour comprendre l'état actuel du droit positif.

A. Évolution de l'interprétation jurisprudentielle du texte

1. La jurisprudence initiale

Elle a longtemps considéré que le texte « doit recevoir application dans tous les cas où la même entreprise continue à fonctionner, même partiellement, sous une direction nouvelle » (arrêt *Goupy*, 27 févr. 1934, *Grands arrêts* n° 62), « peu important l'absence de tout lien de droit entre les employeurs successifs », ou même « sous une forme différente ». C'est donc la continuité d'activité ou même la simple continuation du même travail qui importait. Le texte s'appliquait en jurisprudence dès lors que subsistait une possibilité de maintenir l'emploi du salarié, même au cas de succession de prestataires de services dans un marché (entretien, nettoyage, gardiennage, restauration...).

2. Les revirements

Des décisions rendues en 1983 et 1984 avaient déjà constitué un certain reflux et, devant certaines critiques adressées à la jurisprudence (obligation de conserver un personnel non satisfaisant, charges pouvant rendre plus difficile la reprise d'une entreprise en difficulté, concurrence faussée...), et malgré le souhait contraire de certains employeurs, la jurisprudence a opéré **un revirement total en deux temps** :
– le 15 novembre 1985 une Assemblée plénière affirma qu'« une modification dans la situation juridique de l'employeur ne peut résulter de la seule perte d'un marché », écartant donc l'application du texte au cas de succession de prestataires de services ou de concessionnaires, sauf arrangement conventionnel entre eux ;
– allant plus loin, la chambre sociale de la Cour de cassation, revenant totalement sur l'interprétation donnée à cet égard depuis 1934 (arrêt *Goupy*), déclare le 12 juin 1986 (*Desquenne et Giral, Dr. soc.* 1986 p. 1) que **« la modification dans la situation juridique de l'employeur implique l'existence d'un lien de droit entre les deux employeurs successifs »**, un arrêt ultérieur exigeant même un lien de droit direct, contrairement à l'arrêt *Goupy* de 1934.

Observation : dès 1986 trois accords collectifs conclus dans la manutention ferroviaire, dans la restauration des collectivités et dans le nettoyage des locaux ont fait obligation au nouvel employeur (prestataire de services succédant à un autre) de maintenir les contrats de travail en cours pour tout ou partie du personnel (la nouvelle jurisprudence présentant dans certaines professions plus d'inconvénients que d'avantages).

3. Les critiques et leurs effets

Les critiques adressées à cette jurisprudence (not. absence de définition du lien de droit) et la position de la Cour de justice des Communautés européennes allaient entraîner un **revirement** nouveau de la Cour de cassation.

Parallèlement, la **Cour de justice des Communautés européennes** jugeait le 10 février 1988 que la directive européenne du 14 février 1977 relative au maintien des droits des travailleurs lors de transferts d'entreprises ou d'établissements ou de parties d'établissements s'applique à un nouveau concessionnaire qui poursuit l'exploitation sans interruption avec le même personnel antérieurement licencié à l'expiration de la première concession. Par suite la reprise volontaire du personnel rend obligatoire le maintien des droits des salariés repris, contrairement à la jurisprudence de la Cour de cassation française. La Cour de cassation, ne pouvant donner de l'article L. 1224-1 une interprétation contraire à la directive européenne et à son application par la Cour de justice, devait réexaminer sa position.

Elle l'a fait dans **trois arrêts d'Assemblée plénière du 16 mars 1990** (*Grands arrêts* n° 63) en énonçant que « les articles premier et trois de la directive du

14 février 1977… et L. 1224-1, al. 2 du Code du travail s'appliquent, même en l'absence d'un lien de droit entre les employeurs successifs, à tout transfert d'une entité économique conservant son identité et dont l'activité est poursuivie ou reprise», reprenant les termes employés par la Cour de justice, mais ajoutant que «l'article L. 122-12… **n'est pas applicable dans le cas de la seule perte d'un marché**».

Observation : L'**arrêt *Schmidt* du 14 avril 1994 de la CJCE** a fait du transfert d'une entité économique le critère essentiel et définitif du champ d'application de la directive dans des conditions telles que certains y ont vu une différence sensible avec la position de la Cour de cassation, de nature à entraîner une nouvelle évolution de la jurisprudence de cette dernière, d'autres commentateurs minimisant au contraire l'écart entre les deux jurisprudences. Avec le recul, c'est cette seconde opinion qui semble la mieux fondée, les différences constatées, tout en étant indiscutables, s'expliquant davantage par une dualité de méthodes que par des divergences de fond, la CJCE étant au total plus pragmatique, comme le montre sa jurisprudence ultérieure (cf. not. CJCE 11 mars 1997, *Ayse Süzen*; 10 déc. 1998, *Hidalgo et A.*; 24 janv. 2002, *Temco-service Industries*).
Il en ressort que les conditions d'application de l'article L. 1224-1 sont d'une part l'existence d'une modification dans la situation juridique de l'employeur, d'autre part un transfert total ou partiel d'entreprise ou d'établissement ou, selon la nouvelle terminologie, d'une entité économique.

B. Première condition : une modification dans la situation juridique de l'employeur, peu importont la nature du changement

Le texte s'applique dans les cas expressément envisagés par lui (vente, succession, fusion, transformation, mise en société), mais aussi en cas de reprise en régie, mise sous séquestre, prise en location, nationalisation, redressement judiciaire, cession partielle, reprise par le bailleur, location-gérance, adjudication, transfert d'un service d'une société à une autre, etc. Plusieurs précisions sont toutefois nécessaires.

1. Il n'est pas nécessaire qu'il y ait un lien de droit entre les deux employeurs successifs, comme en cas de cession, de succession, de fusion, de location, etc. Aussi l'article L. 1224-1 est-il appliqué au cas d'adjudication, de nationalisation, de concessions successives par l'Administration, de mise sous séquestre et même (mais à certaines conditions, cf. *infra* b) de succession de prestataires de services. Il n'est donc pas nécessaire que le second employeur soit l'ayant cause du premier, l'exigence d'un lien de droit entre eux, posée par l'arrêt *Dequenne et Giral* (1986) ayant été expressément abandonnée par la Cour de cassation en Assemblée plénière en 1990 (arrêts précités). L'article trouve application également en cas de locations-gérances successives d'un fonds de commerce ou de vente de celui-ci à la fin de la location, ou encore au cas d'exploitation d'une activité économique par des concessionnaires successifs.

2. Le texte «n'est pas applicable dans le cas de la seule perte d'un marché» (Ass. plén., 16 mars 1990, *SARL – ONET précité* reprenant la position prise dans l'arrêt d'Ass. plén. du 15 nov. 1985). Cette réserve concerne en pratique surtout les activités de prestation de services (nettoyage, gardiennage, etc.). Elle traduit l'une des principales divergences avec le juge communautaire (arrêt *Schmidt* précité nuancé par l'arrêt *Ayse Süzen* du 11 mars 1997). Mais la Cour de cassation en a précisé la raison : « à elle seule, l'exécution d'un marché de prestation de services par un nouveau titulaire ne réalise pas le transfert d'une entité économique ayant conservé son identité et dont l'activité est poursuivie ou reprise » (Soc., 6 nov. 1991), de sorte que la règle légale pourrait être applicable lorsqu'un prestataire de services succède à un autre pour l'exécution d'un marché s'il y a transfert de l'un à l'autre d'une exploitation dotée d'une autonomie économique. En jurisprudence, les exemples illustrent cependant plutôt l'hypothèse contraire, ainsi, la seule poursuite de l'activité avec tout ou partie du personnel pour l'exécution d'un marché de gardiennage d'un hypermarché ne constitue pas un élément suffisant pour déclencher l'application de la règle.

3. Le texte n'est pas applicable lorsque l'entreprise a disparu avant la modification juridique de la situation de l'employeur (par ex. au cas de ruine du fonds de commerce par l'exploitant avant la fin du contrat de location-gérance).

C. Seconde condition : le transfert d'une entité économique

Selon la directive modificative du 29 juin 1998 recodifiée en 2001, est considéré comme transfert « … celui d'une **entité économique** maintenant son identité, entendue comme un ensemble organisé de moyens, en vue de la poursuite d'une activité économique, que celle-ci soit essentielle ou accessoire ». La notion d'entité économique a donc remplacé celle d'entreprise, d'établissement ou de partie d'établissement, utilisée par la directive de 1977 et par la jurisprudence nationale jusqu'en 1990. En effet, à partir de cette date, la Cour de cassation, reprenant les termes utilisés par la CJCE a déclaré l'article L. 1224-1, applicable « à tout transfert d'une **entité économique** conservant son identité et dont l'activité est poursuivie ou reprise ».

Actuellement, le **critère de l'application du texte** est assurément le transfert d'une **entité économique** conservant son **identité**, peu important que cette entité n'ait pas d'autonomie juridique, par exemple au cas de cession de la distribution d'une marque et sur ce point il y a parfaite concordance entre la jurisprudence de la Cour de cassation et celle de la Cour de justice de l'Union européenne.

La référence à la notion d'**entité économique**, sans constituer un bouleversement par rapport à la jurisprudence antérieure, évoque un ensemble de moyens affectés à une même exploitation, biens corporels (locaux, matériel, stocks…) ou incorporels (clientèle, marque, contrats en cours…).

La Cour de cassation française en donne désormais la définition suivante : « … un ensemble organisé de personnes et d'éléments corporels et incorporels permettant l'exercice d'une activité économique qui poursuit un objectif propre. Dans l'hypothèse de **l'externalisation** de certaines activités, la Cour de cassation a été amenée à refuser l'application de la règle au motif que l'activité cédée ne disposait pas d'une véritable autonomie (Soc., 18 juill. 2000, *BCV* n° 285). Un temps interprété comme une tendance nouvelle de la Haute juridiction vers une application plus stricte du texte, ces arrêts (*Perrier*) montrent avec le recul que l'entité considérée doit, à l'instar d'une entreprise, présenter une capacité minimale à faire durer l'emploi pour mériter l'appellation d'entité économique au sens de la règle étudiée.

Bilan : après de multiple péripéties le droit français apparaît ainsi aujourd'hui pour l'essentiel dans la continuité du droit européen.
Ainsi, la jurisprudence française a fini par considérer, à l'instar de la jurisprudence communautaire (CJCE 19 sept. 1995) que la reprise de la totalité ou de l'essentiel du personnel attaché à l'entité économique considérée constituait un **critère additionnel** de l'existence du transfert et donc, de l'applicabilité de l'article L. 1224-1 (Soc., 7 juill. 1998). Mais du même coup la proposition peut s'inverser : lorsqu'aucun salarié n'est spécifiquement affecté à une activité, celle-ci ne constitue pas une entité susceptible de transfert au sens de la directive et de la loi interne (Soc., 26 avril 2000).

• L'application de l'article L. 1224-1 en cas de **procédure collective** n'est actuellement plus discutable. La cession globale dans le cadre du redressement judiciaire entraîne de plein droit le transfert d'une entité autonome conservant son identité. Depuis la loi du 26 juillet 2005, le principe est identique qu'il agisse de la cession d'une ou de plusieurs activités dans le cadre du plan de sauvegarde de l'entreprise (art. L. 626-1, C. com.) ou dans celui du redressement judiciaire ou de la liquidation, dès lors que la cession a pour but d'assurer le maintien d'activités susceptibles d'exploitation autonome.

• **L'interruption d'activité** suite à la liquidation de l'entreprise et au licenciement de tous les salariés n'exclut pas nécessairement l'application de la règle.

• Enfin la transformation de l'activité, du fait du transfert, en **mode public d'exploitation** a cessé de faire obstacle à l'application des textes ce, sous l'influence de la jurisprudence de la CJCE (*Mayeur*, 26 sept. 2000) – La seule circonstance que le cessionnaire soit un établissement public à caractère administratif lié à son personnel par des rapports de droit public ne peut donc suffire désormais à caractériser une modification dans **l'identité** de l'entité économique transférée qui la ferait échapper à la règle étudiée.

NB : les contrats de travail demeurent des contrats de droit privé tant que le nouvel employeur public n'a pas placé les salariés dans un régime de droit public, ce qui fonde la compétence du juge judiciaire en cas de litige (T. confl., 19 janv. 2004, *Dr. soc.* 2004 p. 433). En cas de refus des salariés d'accepter les modifications de leur contrat, la personne publique procède à leur licenciement dans les conditions prévues par le Code du travail (loi du 26 juill. 2005, art. 20).

§ 2 - Portée de l'article L. 1224-1, C. trav.

L'interprétation jurisprudentielle du texte, qui permet des licenciements ou des modifications de contrats en cours, a réduit sensiblement sa portée, sans toutefois le priver de son effet dissuasif, obligeant l'employeur à prendre l'initiative de licenciements qui lui seront imputables, même s'ils ne sont pas considérés comme abusifs. Tout en rappelant que le texte est **d'ordre public** et que les contrats se maintiennent de **plein droit**, la jurisprudence se montre plus libérale pour permettre les réorganisations d'entreprise, au profit du premier comme du second employeur, mais en veillant à empêcher les manœuvres privant les salariés des garanties auxquelles ils ont droit.

A. Droits et obligations du premier employeur : principe du maintien du contrat de travail

1. Obligation d'acquitter ses dettes envers les salariés

Sauf accord avec le second employeur prévoyant leur prise en charge par celui-ci, les salariés conservant un recours contre le premier (inopposabilité de la cession de dette au créancier).

2. Absence d'obligation d'informer les salariés du projet de transfert

Sauf information et consultation du comité d'entreprise (cf. *infra*).

3. Interdiction de principe de licencier en prévision du transfert

Le 1er employeur ne peut fonder le motif (par hypothèse économique) du licenciement sur la circonstance du transfert lui-même (sur les sanctions d'un tel licenciement, voir *infra* C). Mais l'article L. 1224-1 ne fait pas obstacle à des licenciements intervenant antérieurement à la cession pour des raisons économiques ou techniques impliquant une suppression d'emploi.

B. Droits et obligations du second employeur

Les contrats sont maintenus de plein droit, mais l'incertitude de la situation des salariés résulte du pouvoir de réorganisation reconnu au second employeur et aussi des effets du transfert sur les rapports collectifs.

1. Maintien de plein droit des contrats de travail en cours

a) Maintien automatique d'où :

– le refus de poursuivre les contrats en cours constitue des licenciements engageant la responsabilité de l'employeur ;

– il y a continuation des contrats, aux mêmes conditions, avec **conservation des droits attachés à l'ancienneté** (préavis, congés payés, indemnité de licenciement, électorat et éligibilité…), calculée en totalisant les services au regard des deux employeurs depuis l'engagement initial par le premier ;

– les salariés sont **tenus de rester au service du second employeur** (le refus = démission), jurisprudence critiquable car le texte protège la stabilité de l'emploi et non la continuité de l'entreprise ; un salarié qui refuse de travailler pour le second employeur et n'accepte pas le nouveau contrat que lui propose le premier est responsable de la rupture (Soc. 11 mars 2008, *Voisin*, *Grands arrêts* n° 64).

Cette jurisprudence devrait être abandonnée, la Cour de justice de l'Union européenne ayant jugé qu'un **salarié peut s'opposer au transfert de son contrat** ou de sa relation de travail, la législation nationale devant déterminer le sort de son contrat avec le premier employeur et la résiliation du contrat en raison d'une modification du niveau de rémunération étant imputable à l'employeur (CJCE 7 mars 1996) ;

– **dettes envers les salariés** (répartition entre les deux employeurs). Le deuxième employeur n'était en principe tenu que des dettes nées après le transfert, n'étant pas subrogé dans les obligations du 1er employeur, sauf convention expresse différente. Toutefois la jurisprudence lui faisait déjà supporter les dommages-intérêts non payés par le premier employeur (obligation de surveillance de l'application de la règle par

ce dernier et responsabilité solidaire), de même que le versement des cotisations de retraite complémentaire au même taux.
Suivant la directive du Conseil des Communautés européennes de 1977, la **loi du 28 juin 1983**, ajoutant un article **L. 1224-2**, dispose que le nouvel employeur « est en outre tenu, à l'égard des salariés dont les contrats de travail subsistent, des obligations qui incombaient à l'ancien employeur à la date » du transfert, par exemple des salaires acquis avant le transfert. Le salarié a donc l'avantage de pouvoir s'adresser à l'employeur actuel pour tout ce qui lui est dû, y compris les dettes échues au jour du transfert.
Le second employeur peut exercer un **recours** contre le premier employeur en remboursement, en vertu d'une subrogation légale, sauf si une convention de transfert avait tenu compte de la charge de l'obligation du 2e employeur.
Les salariés conservent un recours contre le premier employeur (Soc., 3 avril 1991).
Cette disposition ne s'applique toutefois pas au cas de transfert intervenu dans le cadre d'une procédure de sauvegarde de redressement ou liquidation judiciaires ou sans qu'il y ait eu une convention entre les deux employeurs.

b) Exercice du pouvoir de réorganisation du second employeur
Appliquant le droit commun du licenciement au profit du second employeur, la Cour de cassation considère que « la continuation des contrats de travail en cours ne fait pas en principe obstacle à l'exercice, par l'employeur, de son pouvoir de direction ».
Toute autre solution irait à l'encontre du droit communautaire car l'article 4-1 de la directive de 1977 considère comme licites les licenciements (par hypothèse économiques) décidés pour des raisons d'organisation impliquant des changements sur le plan de l'emploi. Le juge français semble cependant s'orienter vers une application stricte de cette solution.
De même le nouvel employeur peut **modifier les contrats de travail**, « la poursuite des contrats en cours n'impliquant pas automatiquement le maintien des avantages acquis, qu'ils soient ou non essentiels ». Si la modification « non substantielle » peut être librement imposée, la modification « substantielle » refusée par le salarié entraîne une rupture imputable à l'employeur mais pouvant être justifiée (cf. modification du contrat de travail).
Le licenciement et la modification « substantielle » du contrat constituent une rupture imputable à l'employeur obligeant celui-ci au préavis, à l'indemnité de licenciement, à la justification (cause réelle et sérieuse), au respect de la procédure de licenciement.

Observations :
– le salarié ne pouvant renoncer au bénéfice des dispositions de l'article L. 1224-1, d'ordre public, c'est de manière critiquable que la jurisprudence avait admis certaines modifications du contrat de travail affectant la stabilité du lien contractuel (période d'essai au service du nouvel employeur, transformation du contrat en contrat à durée déterminée, etc.).
Revenant sur sa jurisprudence antérieure, la Cour de cassation a exclu l'introduction dans le contrat de travail d'une clause prévoyant une période d'essai au service du nouvel employeur.
– malgré la possibilité de la rupture par le second employeur, la règle, si elle n'assure pas la stabilité inconditionnelle de l'emploi, reporte l'imputabilité de la rupture sur

l'employeur, l'oblige à observer la procédure de licenciement, et permet au salarié de conserver les droits attachés à l'ancienneté acquise à la date du transfert.

2. Rapports collectifs

a) Représentation élue ou syndicale

La jurisprudence avait considéré que le mandat d'un délégué syndical se poursuit, comme le contrat de travail, malgré le transfert d'entreprise (Crim., 25 févr. 1976). Cette jurisprudence était transposable au mandat des représentants élus.

La loi du 28 octobre 1982 a d'une manière générale disposé que le transfert ne met pas fin au mandat d'un délégué syndical ou d'un représentant élu si l'entreprise ou l'établissement transféré conserve son autonomie et le licenciement par le second employeur exige l'autorisation préalable de l'inspecteur du travail.

Dans le cas de transfert partiel dans lequel le représentant se trouve compris, elle soumet son propre transfert à autorisation de l'inspecteur du travail qui s'assure de l'absence de discrimination.

Au cas de refus d'autorisation, l'employeur doit proposer au salarié un emploi similaire.

Ainsi la cessation d'un mandat ne peut procéder de la seule décision du chef d'entreprise en tant qu'il est maître de l'organisation de l'entreprise (cf. Représentation syndicale, Délégués du personnel, Comité d'entreprise, volume 1).

b) Convention collective

Le nouvel employeur n'est pas tenu, sauf si elle a été étendue, ou s'il y a un usage d'entreprise, d'appliquer au personnel transféré la convention collective régissant le premier employeur, mais depuis la loi de 1971 celle-ci continue à s'appliquer au personnel jusqu'à conclusion d'une nouvelle convention et, à défaut, au moins pendant 1 an (exception jurisprudentielle pour les régimes de retraite complémentaire : les engagements du premier employeur s'imposent au second).

Depuis la loi du 13 novembre 1982 sur la négociation collective, une nouvelle négociation doit s'engager dans l'entreprise dans les trois mois à la demande d'une des parties ; à défaut d'accord nouveau les salariés conservent les avantages individuels qu'ils ont acquis (cf. conventions collectives – cessation). Le contrat individuel de travail ne peut déroger à la convention dans un sens moins favorable.

c) Usages

L'usage en vigueur dans l'entreprise est opposable au nouvel employeur et sa dénonciation n'est opposable aux salariés que si elle a été précédée d'une information des intéressés et des représentants du personnel dans un délai permettant d'éventuelles négociations.

Observation : le nouvel employeur ne peut mettre fin à un **engagement unilatéral de portée collective** du premier employeur qu'à la condition de prévenir individuellement les salariés et les représentants du personnel dans un délai permettant d'éventuelles négociations. Certains ont pu voir dans cette solution, l'affirmation implicite d'un principe général de transfert du statut collectif des salariés qui s'imposerait au nouvel employeur.

C. Sanctions de la violation de l'article L. 1224-1

En cas de licenciement jugé contraire à la règle légale, **une option** s'offre au salarié :

– il peut demander au **nouvel l'employeur** la poursuite de son contrat de travail qui est censé ne jamais avoir été rompu (Soc., 20 mars 2002, *BCV* n° 94). En cas de refus de celui-ci, les indemnités résultant d'un défaut de cause réelle et sérieuse devront être versées. Mais le salarié peut également demander au juge des référés d'ordonner sa réintégration chez le second employeur ;
– il peut au contraire s'adresser **à l'auteur du licenciement** (premier employeur) pour lui demander la réparation du préjudice résultant de la rupture (Soc., 20 mars 2002 précité).
Dans le second cas une exception existe cependant : si le cessionnaire notifie en cours de préavis qu'il a l'intention de poursuivre le contrat de travail de ce salarié, la faculté de demander l'indemnisation au cédant disparaît (Soc., 11 mars 2003, *Voisin* précité).

Section 3 › LA SUSPENSION DU CONTRAT DE TRAVAIL

§ 1 - Les causes de suspension

Nombreuses, au point qu'il convient ici de renvoyer, pour certaines, aux développements qui les concernent. Elles proviennent du salarié (grève, congés, maladie…) ou de l'employeur (mise à pied, mise en chômage technique…).

Observation : la **force majeure** n'entraîne pas la cessation définitive mais la simple suspension du rapport de travail quand on peut prévoir que le travail pourra être repris (contrat à exécution successive).

A. Maladie de courte durée

Obligation pour le salarié d'avertir l'employeur et de fournir un certificat médical.
Droit aux prestations de sécurité sociale et éventuellement à une indemnisation complémentaire conventionnelle (régime minimum résultant de l'art. L. 1226-1 relatif à la mensualisation durant le **congé de maladie**.
En vue de mettre un terme à des incertitudes de la jurisprudence, la **loi du 31 décembre 1992** a mis directement à la charge de l'employeur une **obligation de reclassement** en disposant (art. L. 1226-2, C. trav.) qu'« à l'issue des périodes de suspension du contrat de travail consécutives à une maladie ou un accident, si le salarié est déclaré par le médecin du travail inapte à reprendre l'emploi qu'il occupait précédemment, l'employeur est tenu de lui proposer un autre emploi approprié à ses capacités… et aussi comparable que possible à l'emploi précédemment occupé, au besoin par la mise en œuvre de mesures telles que mutations ou transformations de postes de travail ou aménagement du temps de travail » (interprétation stricte par la jurisprudence). Au bout d'un mois le salarié ni reclassé ni licencié retrouve droit au paiement de son salaire.
Problème du **contrôle médical** des arrêts de travail par contre-visite d'un praticien désigné par l'employeur : contestée par des syndicats comme attentatoire à des droits fondamentaux de la personne et par l'Ordre des médecins (déontologie), cette pratique, instituée par des accords de mensualisation, a été légalisée par la loi du

19 janvier 1978 dans une certaine mesure et à certaines conditions. Le salarié doit s'y soumettre, sous peine de perdre l'indemnisation conventionnelle.
Mais s'il refuse ou encore s'il reprend le travail à la date fixée par son médecin traitant et non par le médecin contrôleur patronal, il ne commet pas de faute et ne saurait donc encourir de sanction disciplinaire (Soc., 10 oct. 1995).
En cas d'absences répétées pour raisons de santé ou d'absence d'au moins 21 jours : visite médicale de reprise effectuée par le médecin du travail obligatoire (art. R. 4624-1 et s.).
Pour la maladie prolongée et la rupture éventuelle du contrat de travail, cf. *infra*, 2e partie, titre 1, chapitre 1, Causes communes de rupture.

B. Accident du travail et maladie professionnelle

Le contrat est suspendu pendant tout l'arrêt de travail et la durée du stage de rééducation, réadaptation ou formation, après quoi le salarié retrouve son emploi ou un emploi similaire assorti d'une rémunération équivalente. En cas d'inaptitude déclarée par le médecin du travail pour le poste précédent, l'employeur doit proposer un autre emploi approprié aux capacités du salarié et aussi comparable que possible à l'emploi précédent (art. L. 1226-7 à L. 1226-22, C. trav., lois 1981 et 1992).

C. Maternité

Une série d'interventions législatives destinées à renforcer la protection de la femme salariée et à faciliter l'éducation des enfants (art. L. 1225 et s., C. trav.) ainsi que des accords collectifs ont fait de la maternité :
– une **cause de suspension** du contrat de travail qui s'impose à l'employeur,
– et **éventuellement** une cause de **rupture** par la femme elle-même.
Le dispositif protecteur complexe comporte deux volets :

1. Des facultés offertes à la femme salariée

a) La démission
Rupture dès constatation de la grossesse apparente, sans préavis, mais avec risque de perdre l'indemnité de licenciement (initiative de la rupture).

b) Le congé de maternité suspendant le contrat
6 semaines avant la date présumée de l'accouchement jusqu'à 10 semaines après (8 et 18 semaines au 3e enfant et dans d'autres cas), avec prolongation en cas d'accouchement prématuré avec hospitalisation de l'enfant (loi du 11 févr. 2005), certaines conventions collectives assurant le paiement intégral du salaire durant un certain temps.

NB : la salariée peut, à sa demande et sur avis favorable du professionnel de santé qui suit la grossesse, réduire la durée du congé prénatal de 3 semaines au plus, le congé postnatal étant augmenté d'autant (loi du 5 mars 2007).

• aucun licenciement ne peut être notifié ou prendre effet pendant la suspension du contrat (même s'il a été notifié avant le congé) ;

• à l'expiration, la salariée reprend son poste ou résilie sans préavis, avec priorité de réembauchage. Si elle reprend son poste, elle a droit à un entretien avec son employeur en vue de son orientation professionnelle (loi du 18 janv. 2005). Sa

rémunération doit être majorée des augmentations générales et de la moyenne des augmentations individuelles dont ont bénéficié, pendant son congé, les salariés appartenant à la même catégorie professionnelle (loi du 23 mars 2006).
Le congé de maternité est assimilé à une période de travail effectif pour les droits attachés à l'ancienneté.
Sur le congé de paternité, cf. *infra* : Temps de travail, Congés

c) Le congé parental d'éducation

• condition d'ancienneté : 1 an,

• durée initiale : 1 an ; deux prolongations possibles pour arriver au 3e anniversaire de l'enfant, 1 an de plus en cas de maladie ou de handicap grave,

• droit à reprise de l'emploi (ou similaire) à la fin, avec entretien sur l'orientation professionnelle,

• congé ouvert au père et à la mère ;

d) La réduction de la durée de travail

Possibilité, à la fin du congé de maternité, de réduire sa durée du travail d'au moins 1/5 avec un minimum de 16 heures hebdomadaires (temps partiel) selon les mêmes conditions et pour les mêmes durées que pour le congé parental d'éducation.
Quelques autres **facultés sont offertes** à la femme salariée :
– autorisation d'absence pour se rendre aux examens médicaux obligatoires, assimilée à une période de travail pour la durée des congés payés et pour les droits attachés à l'ancienneté, et sans diminution de rémunération ;
– droit à une action de formation professionnelle et à un bilan de compétence (cf. Congé parental d'éducation) ;
– le congé de maternité est assimilé à une période de présence dans l'entreprise au regard de la participation des salariés aux résultats de l'entreprise.

2. Des interdictions faites à l'employeur

De manière générale, la grossesse figure parmi les critères de discrimination prohibés par la loi (loi du 23 mars 2006, art. L. 1132-1, C. trav., cf. *supra*, titre préliminaire, chapitre 1, section 6). Plus précisément : **interdiction de prendre en considération l'état de grossesse (discrimination)** pour refuser l'embauche, pour résilier en cours de période d'essai ou pour effectuer une mutation d'emploi (avec interdiction de faire des recherches sur l'état de la femme enceinte). Toutefois mutation possible dans un autre emploi à l'initiative de la salariée ou de l'employeur si l'état de santé l'exige. Et même obligation pour l'employeur d'aménager le poste ou de proposer un autre emploi lorsque le poste de la salariée l'expose à des risques spécifiques ; en cas d'impossibilité de prendre de telles mesures, suspension du contrat jusqu'au plus tard un mois après le retour de l'intéressée, avec une garantie de rémunération (Ord., 22 févr. 2001).
Le retard de promotion au motif que la salariée n'a pas eu la faculté de se présenter à l'entretien prévu à l'effet de cette promotion est une mesure discriminatoire.
En cas de litige relatif à une décision de refus d'embauche, de résiliation du contrat de travail en cours d'essai ou de mutation d'emploi, « l'employeur est tenu de communiquer au juge tous les éléments de nature à justifier sa décision », **la charge de la**

preuve pesant ainsi sur l'employeur, et, si un doute subsiste, il profite à la salariée en état de grossesse (art. L. 1225-3). En outre, en cas de **mutation** exigée par l'état de santé médicalement constaté de la salariée, « le changement d'affectation ne doit entraîner aucune diminution de rémunération » (art. L. 1225-7).
Repos légal obligatoire (pour éviter toute pression morale) : interdiction d'employer des femmes 8 semaines au total avant et après l'accouchement, dont 6 au moins après.

Principe : Interdiction de licencier une femme enceinte ou venant d'accoucher :

• aucun licenciement ne peut être signifié ou prendre effet durant la suspension (cf. *supra* 1) ;

• **interdiction de résilier le contrat de travail** à partir de la constatation médicale de la grossesse et pendant 14 semaines après l'accouchement
– sauf faute grave non liée à la grossesse (loi 12 juill. 1978),
– sauf impossibilité de maintenir le contrat pour un motif étranger à la grossesse ou à l'accouchement (force majeure, licenciement collectif nécessaire, réorganisation impérative, liquidation judiciaire…). En l'absence de faute grave, cette impossibilité ne peut résulter que de « circonstances indépendantes du comportement de la salariée ». La lettre de licenciement doit non seulement expliciter le motif mais encore préciser en quoi il place l'employeur dans l'impossibilité de maintenir le contrat de travail.

NB : si le licenciement a été effectué alors que l'employeur n'avait pas été avisé de la grossesse, la salariée peut le faire annuler en envoyant dans les 15 jours un certificat médical (en recommandé). Le licenciement est nul de plein droit et non pas seulement suspendu.

Sanction : nullité du licenciement et versement du salaire pour la période couverte par la nullité (art. L. 1225-71, C. trav.) ; éventuellement dommages et intérêts. Amende.
Mettant fin à une jurisprudence critiquée, la Cour de cassation tire les conséquences de la nullité du licenciement en affirmant désormais que la réintégration de la salariée doit être ordonnée si elle le demande (Soc., 30 avril 2003, *BCV* n° 152). Mais la salariée peut aussi opter pour une indemnisation incluant les indemnités de rupture (indemnités de préavis et de licenciement), les salaires correspondant à la période couverte par la nullité et des dommages-intérêts pour préjudice subi d'un montant au moins égal à six mois de salaires.

Observation : cet ensemble protecteur est applicable au contrat à durée déterminée également. En revanche, la rupture pendant la période d'essai n'est pas sanctionnée par la nullité mais seulement par des dommages-intérêts (Soc., 21 déc. 2006, *JCP E* 2007.1424). L'introduction de la grossesse dans la liste générale des cas de discrimination prohibée par la loi du 23 mars 2006 devrait désormais justifier la nullité.

NB : au regard du droit communautaire, la femme suivant un traitement de fécondation *in vitro* ne bénéficie pas de la protection propre aux femmes enceintes. Mais, en vertu du principe d'égalité de traitement, le licenciement prononcé en raison du suivi d'un tel traitement constitue une discrimination directe fondée sur le sexe (CJCE 26 févr. 2008, *RDT* 2008.313).

NB : une suspension du contrat de travail et une protection contre le licenciement sont prévues au cas d'**adoption**, au profit de la mère ou du père.
– Durée du congé d'adoption : 10 semaines (22 en cas d'adoptions multiples)
– En cas d'adoption par un couple de parents salariés, possibilité de partager le congé entre le père et la mère, la part de l'un des parents ne pouvant toutefois être inférieure à 11 jours. La durée globale du congé est alors augmentée de 11 jours (18 jours en cas d'adoptions multiples) (loi du 21 déc. 2001).

D. Obligations militaires

1. Rappel du salarié sous les drapeaux (suspension du contrat).

2. Activités dans la réserve opérationnelle (suspension du contrat).

3. Appel sous les drapeaux (service légal) : sauf circonstances exceptionnelles, l'appel sous les drapeaux est supprimé (Décr. 27 juin 2001) et remplacé par une journée de préparation à la défense qui ne doit pas entraîner de diminution de rémunération.

E. Exercice de fonctions publiques

Obligation pour l'employeur de laisser au salarié le temps nécessaire pour participer aux séances d'un conseil municipal ou général ou d'un conseil d'administration d'un organisme de sécurité sociale. Temps non rémunéré. Idem pour les conseillers prud'hommes, les assesseurs d'un tribunal des affaires de sécurité sociale et les membres des organismes représentatifs des populations immigrées (loi 25 juill. 1985).
Le contrat de travail d'un salarié membre de l'Assemblée nationale ou du Sénat est suspendu durant son mandat à sa demande, avec droit de retrouver un emploi analogue (loi du 2 janv. 1978).

F. Grève, *lock-out* et fermeture temporaire

Cf. volume 1, 3e partie, titre 2, Conflits collectifs.

G. Mise à pied

Cf. *supra*, chapitre 1, Pouvoir disciplinaire.

H. Congés divers

• **Congés supplémentaires non payés.**

• **Congés de formation** (cf. *supra*, 1re partie, Formation professionnelle et *infra*, chapitre 4, Temps de travail, Congés).

• **Congé de naissance** (cf. *infra*, congés).

• **Congé parental** (cf. *infra*, congés).

• **Congé de paternité** (cf. *infra*, congés)
Pour une liste exhaustive cf. *infra*, chapitre 4, Temps de travail, Congés.

I. Fermeture temporaire de l'entreprise pour force majeure

J. Accident du travail ou maladie professionnelle, durant l'arrêt de travail et le stage de réadaptation

Depuis une loi de janvier 1981 (cf. *supra*).

Observation : l'incarcération du salarié est une cause de suspension du contrat de travail du moins quand elle résulte du placement en détention provisoire, ceci en raison de la présomption d'innocence. L'incarcération de l'employeur n'est pas une cause de suspension du contrat de travail du salarié.

§ 2 - Les effets de la suspension

A. Principe

Suspension de l'exécution des obligations des parties, ou du moins de certaines d'entre elles (certaines obligations accessoires demeurant : discrétion, loyauté…).

D'où :

– **perte du droit au salaire**, sauf disposition conventionnelle contraire ; mais dans certains cas indemnisation de cette perte du salaire, totalement ou partiellement (sécurité sociale, dispositions particulières légales ou conventionnelles) ;

NB : délicate quand certaines formes d'annualisation du temps de travail avec lissage des rémunérations sont pratiquées dans l'entreprise, la comptabilisation des temps d'absence pour maladie peut, malgré son caractère apparemment neutre, constituer une mesure discriminatoire en raison de l'état de santé du salarié (Soc., 9 janv. 2007, accueillant la notion de discrimination indirecte).

– le salarié **demeure membre de l'entreprise** et conserve les droits qui en découlent (électorat, éligibilité, ancienneté dans l'entreprise, congés payés, indemnités de licenciement…) ; manifestation du lien d'entreprise. Le maintien du lien d'entreprise explique qu'un accident qui se produit pendant une période de suspension constitue un accident du travail si le salarié établit qu'il est survenu par le fait du travail, par exemple tentative de suicide pendant un arrêt maladie pour dépression, elle-même liée aux conditions de travail).

En revanche, le **lien d'autorité se trouve suspendu**. Conséquences en ce qui concerne les accidents de trajet et l'exercice du pouvoir disciplinaire, en principe suspendu. La période de suspension (sauf exception légale tel le congé de maternité), ne compte pas pour l'ancienneté, sauf accord plus favorable, alors qu'elle ne fait pas perdre l'ancienneté acquise ;

– **reprise** du contrat lors de la cessation de la suspension ;

– **indemnité** en cas de suspension due à une faute de l'employeur, versée par celui-ci (ex. : fermeture de l'entreprise à titre de sanction).

NB : la jurisprudence récente affirme que la suspension du contrat de travail provoquée par la maladie ne supprime pas l'obligation de loyauté du salarié à l'égard de l'employeur. Étroite et limitée, l'obligation de loyauté interdit tout de même au salarié de paralyser l'activité de l'entreprise par son comportement (par exemple non-restitution de documents nécessaires à la poursuite de cette activité, non-communication d'un mot de passe informatique) ou d'exercer pour son compte et moyennant rémunération l'activité pour laquelle il a été placé en arrêt de travail ou même de tenir des propos injurieux dans des conditions se rattachant à la vie de l'entreprise.

En revanche, dispensé de son obligation de fournir sa prestation de travail le salarié ne peut être tenu de poursuivre une « collaboration » avec l'employeur (salarié refusant de communiquer des informations touchant à la marche de l'entreprise. Distinguo subtil mais qui s'inscrit dans la recherche d'une distinction nécessaire entre vie personnelle et vie professionnelle.

B. Exceptions

But : éviter des conséquences trop défavorables au salarié.

1. Interruption du travail due à une faute de l'employeur

Exemple : fermeture pour raisons de sécurité. Au lieu de la résiliation et de l'octroi des allocations de chômage, le salarié reçoit les salaires, indemnités et rémunérations de toute nature auxquels il avait droit.

2. Interruption due à un risque anormal

Insuffisance de courant, guerre, rationnement… : partage de la charge de l'indemnité entre l'État et l'entreprise ; indemnités prévues par des textes et assimilées au salaire.

3. Maladie ou maternité

Indemnité compensatrice de la perte de salaire, versées par la caisse de sécurité sociale. En outre indemnités prévues par les conventions collectives. Cf. *supra*, maternité.

› POUR ALLER PLUS LOIN

BIBLIOGRAPHIE :

- Y. Chagny et P. Rodière, « Faut-il reconnaître au salarié la faculté de refuser le transfert de son contrat de travail ? », *RDT* 2007 p. 216.
- P. Lokiec, « La mise en œuvre des clauses contractuelles », *D.* 2009, Chron. 1427.
- A. Mazeaud, « Reprise d'une entité économique par une personne publique dans le cadre d'un service public administratif », *Dr. soc.* 2006 p. 283.
- J. Mouly, « Les licenciements antérieurs au transfert de l'entreprise. Pour dissiper quelques malentendus », *Dr. soc.* 2007 p. 534.
- Ph. Waquet, « Sur l'entité économique autonome », *RDT* 2006 p. 391.

Chapitre 4 › LE TEMPS DE TRAVAIL (ART. L. 3111-1 À L. 3172-2, C. TRAV.)

› L'essentiel

*De manière générale dans le domaine des conditions de travail des mesures à caractère interventionniste se sont peu à peu multipliées pour constituer une réglementation abondante. Le contrôle de leur application est assuré par les inspecteurs du travail, dont le travail est facilité par l'**obligation de déclarer les établissements industriels et commerciaux**, qui pèse sur les employeurs lors de leur ouverture, de leur transfert, de leur agrandissement, de l'embauche d'un personnel nouveau.*

*La **durée du travail** en particulier a constitué depuis longtemps un thème de revendication et de lutte des travailleurs, soumis à certaines époques et parfois encore à des temps et rythmes de travail excessifs. Par le passé les revendications ouvrières, fondées sur la nécessité des temps de repos permettant la réparation des forces et le loisir, ont pu être assez largement satisfaites en raison de l'augmentation de la productivité. D'où une réglementation limitative, mais assouplie pour permettre, dans certaines limites et sur la base de négociations, l'aménagement du temps de travail et la modulation des horaires dans le sens d'une gestion des ressources humaines plus fluide et d'une utilisation optimale des équipements, avec tous les risques que cela comporte pour la santé et pour la vie familiale et sociale des salariés.*

L'annualisation du temps de travail, réclamée par une partie du patronat, a été sensiblement facilitée par les législations successives.

*La **réduction du temps de travail** est revenue à l'ordre du jour mais, controversée, elle est remise en cause de plus en plus vigoureusement depuis 2002.*

*La réduction de la durée du travail concerne la durée de la **journée** et de la **semaine** de travail, celle de l'**année** de travail, enfin celle de la **vie** de travail.*

Le problème est rendu plus aigu par l'aggravation des conditions de travail de certains travailleurs (équipes de nuit, travail posté). Surtout la persistance d'un chômage important (« partage » du temps de travail), ainsi que la recherche patronale d'une certaine flexibilité des horaires et de la durée du travail ont conduit à d'importantes réformes. Elles-mêmes font l'objet de corrections de plus en plus importantes.

*Loin d'être remise en cause, la flexibilité du temps s'approfondit alors. Mais, à rebours des évolutions précédentes, le thème de la **revalorisation du travail** et de l'allongement de sa durée inspire désormais de nombreuses interventions législatives renvoyant elles-mêmes largement à la négociation collective.*

La réglementation de la durée du travail se double d'une réglementation des congés et des jours fériés.

Section 1 › LA DURÉE DU TRAVAIL

Les textes organisent une limitation de la durée de la journée et de la semaine de travail, ainsi qu'un régime du repos hebdomadaire et des jours fériés, assortis de possibilités croissantes d'aménagement des horaires et de la durée pouvant s'étendre toute l'année.

§ 1 - Limitations légales, dépassements autorisés, réduction et augmentation du temps de travail

A. Cadre juridique de référence

1. Objectifs de la réglementation

a) Sociaux

Protection de la santé physique et morale du travailleur, sauvegarde de sa vie familiale, civique et intellectuelle. La réduction de la durée du travail est une « libération » opérée parfois contre le gré même des travailleurs, mais rendue plus nécessaire en raison du rythme de travail imposé par les machines ou l'organisation du travail, et aussi de l'ennui au travail.

b) Économiques

– éviter la diminution de rendement du travail trop prolongé ;
– éviter ou résorber le chômage, notamment technologique. Depuis l'aggravation du chômage et la prolongation d'une situation de sous-emploi le « partage » du temps de travail réclamé par certains a conduit à une réduction plus prononcée du temps de travail de chacun. Orientation vivement contestée par d'autres.

c) Idéologiques ou politiques

La réduction de la durée du travail a été un cheval de bataille des socialistes. Elle constitue une des principales revendications « quantitatives » des syndicats et des travailleurs. Mais elle ne doit pas, selon eux, entraîner une diminution du revenu du travail ou une flexibilité excessive, toutefois la position de certains syndicats s'est assouplie ou même modifiée sur ces points.

La revalorisation du travail (« travailler plus pour gagner plus ») est revendiquée par la droite. Le dogmatisme n'est absent d'aucune des deux thèses.

NB : les problèmes de la durée et du temps de travail sont étroitement liés à ceux de la négociation collective. Les possibilités d'aménagement du temps de travail constituent une revendication patronale allant dans le sens de la « flexibilité » de la gestion du personnel ; mais les aménagements doivent être confiés à des négociateurs responsables dans le cadre de limites fixées par la loi. Plusieurs textes importants sont intervenus en ce domaine : la loi du 28 février 1986 (loi Delebarre) et la loi du 19 juin 1987 (loi Seguin), puis les lois du 13 juin 1998 (loi Aubry I) et du 19 janvier 2000 (loi Aubry II).

Désormais la négociation sur le temps de travail relève du droit commun des conventions collectives, réformé par les lois du 4 mai 2004 et du 20 août 2008 avec cependant des particularités quant à l'agencement des sources de règles (voir volume 1, Relations collectives de travail, 3e partie, titre 1).

2. Évolution de la législation

La réglementation a varié selon la prédominance de tel ou tel des objectifs poursuivis. Quelques tendances majeures se dessinent aujourd'hui.

a) Principales étapes

• **Période de liberté complète**, après l'abolition des corporations. Abus dénoncés par l'enquête du docteur Villermé.

• **Mesures spéciales au travail des femmes et des enfants :** lois des 22 mars 1841, 19 mai 1874, 2 novembre 1892, créant l'inspection du travail (10 heures de 13 à 16 ans, 11 heures de 16 à 18 ans). Protection des faibles seulement.

• **Abaissement uniforme de la durée quotidienne du travail**
– Lois 1900, 1902, 1904 : limitation de la durée du travail des adultes dans les établissements employant aussi des enfants.
– Loi 29 avril 1919 : **journée de 8 heures**, à la suite de l'agitation ouvrière.
– **Semaine de 40 heures** (loi 21 juin 1936) à la suite du chômage provoqué par la crise économique, qui avait déjà conduit certaines entreprises à réduire spontanément la durée du travail (pratique du « short time »). Les décrets d'application de 1936-1937 sont, pour une part, toujours en vigueur.
– **Régime des heures supplémentaires**, afin de remédier aux inconvénients de la réduction qui risque d'abaisser la production.

Observation : la limitation de la semaine de travail à quarante heures et la réglementation des heures supplémentaires ont été très mal respectées.

• **L'ordonnance du 16 janvier 1982 ramenant à 39 heures** la durée de la semaine de travail se voulait simple étape d'une réduction progressive de la durée légale et du temps effectif de travail, l'objectif étant d'atteindre une durée hebdomadaire moyenne de travail de **35 heures**.
Illustrant la combinaison entre négociation entre partenaires sociaux et action normatrice de l'État, faisant suite au Protocole du 17 juillet 1981 (CNPF, FO, CFDT, CGC, CFTC – mais non la CGPME et la CGT), qui réduisait la durée du travail (objectif majeur des syndicats) et assouplissait les conditions d'aménagement du temps de travail (revendication du patronat), l'ordonnance du 16 janvier 1982, tout en réduisant la durée du travail a satisfait certaines demandes patronales d'assouplissement de la réglementation antérieure (recours aux heures supplémentaires).
Les objectifs du législateur étaient la lutte contre le chômage, l'amélioration de la situation des salariés, celle de la compétitivité des entreprises, le développement du processus de négociation en ce domaine.
Le système légal avait été assoupli par deux lois : la loi du 28 février 1986 avait confié les aménagements à la négociation collective de branche professionnelle ; la loi du 19 juin 1987 en avait élargi les possibilités et les avait confiés à la négociation de branche ou d'entreprise. Un accord national interprofessionnel sur l'aménagement du temps de travail avait été conclu le 21 mars 1989.
La loi du 20 décembre 1993 a encore assoupli les possibilités de dépassement de la durée légale. Elle a très timidement incité à la réduction négociée du temps de travail, couplée avec l'annualisation, pour promouvoir l'emploi. L'accord national interprofessionnel sur l'emploi du 31 octobre 1995 (en fait accord sur le temps de travail) a tenté en vain de relancer la formule. C'est la loi du 11 juin 1996 (loi Robien)

qui a marqué un tournant en encourageant ouvertement la réduction négociée du temps de travail assortie de créations ou du maintien d'emplois au moyen d'allègements de charges sociales substantiels et durables.

• **Une nouvelle période s'est ouverte avec les lois du 13 juin 1998 (loi Aubry I) et du 19 janvier 2000 (loi Aubry II)** Amplifiant l'incitation – si ce n'est l'injonction – le premier de ces textes a programmé une nouvelle réduction de la durée légale du travail, ramenée de 39 heures à 35 heures à compter du 1er janvier 2000 ou 2002 (cf. *infra*, Réduction du temps de travail). Des aides financières ont été accordées aux entreprises pour qu'elles anticipent cette réduction et concluent à cette fin des accords collectifs avant les échéances.
La seconde loi (dite loi Aubry II), du 19 janvier 2000, est venue fixer les modalités du passage aux 35 heures en tenant compte des accords conclus entre temps, stabiliser les règles du temps de travail et inciter à nouveau à la négociation.

• À la suite du changement de majorité politique de 2002, le dispositif a subi des modifications. En réaction contre « les trente-cinq heures », un processus de « **contre-réforme** » a été engagé.
La **loi du 17 janvier 2003** vise à simplifier la législation et à assouplir les dispositifs existants sans les remettre directement en cause. Ce texte marque néanmoins une vraie rupture en ce sens qu'il est mis fin à la politique volontariste de réduction du temps de travail à l'œuvre, sous des formes diverses, depuis vingt ans. De nouveaux espaces sont ouverts à la négociation collective. Sur ce dernier point, elle préfigure la loi du 4 mai 2004 sur le dialogue social, texte général, mais qui a eu un impact sur le droit du temps de travail en donnant une large autonomie à l'accord d'entreprise par rapport à la convention collective de branche et même à la loi avec, en contrepoint l'ébauche timide de nouvelles exigences quant à la légitimité des accords (idée majoritaire) mais aussi la consécration de nouveaux négociateurs (élus du personnel, salariés mandatés) dans les entreprises sans implantation syndicale (voir volume 1, 3e partie, titre 1).
La **loi du 30 juin 2004** a institué la « journée de solidarité » destinée à financer des mesures en faveur de l'autonomie des personnes âgées ou handicapées par l'accomplissement obligatoire d'une journée de travail supplémentaire sans rémunération supplémentaire. Forte valeur symbolique. Réactions sociales variées. Ce texte a en outre des retombées sur la réglementation de la durée du travail.
Faisant écho à divers rapports réclamant des assouplissements plus appuyés encore, la **loi du 31 mars 2005** facilite l'accomplissement d'heures supplémentaires et l'abandon de jours de repos sous couvert d'un libre choix opéré par la négociation, collective et individuelle. Face au choix entre « plus de repos ou plus d'argent », le texte opère un arbitrage en faveur de l'augmentation relative des revenus salariaux.
Peu utilisées, ces possibilités d'accroissement de la durée du travail sont redoublées par une **loi du 21 août 2007** exonérant de charges sociales et fiscales les heures supplémentaires. L'objectif avancé est de faire progresser le pouvoir d'achat (« travailler plus pour gagner plus ») tout en stimulant l'activité économique et la compétitivité des entreprises.

Observation : la législation française a dû subir en tout état de cause quelques modifications en raison de l'obligation de retranscrire la **directive européenne du**

23 novembre 1993 recodifiée par la directive du 4 novembre 2003 dont l'esprit est sensiblement différent, puisqu'elle traite le problème du temps de travail sous l'angle de l'exigence de périodes de repos minimales plus que sous celui de la durée maximale du travail.

Une révision en profondeur de la directive de 2003 a été recherchée depuis l'automne 2004, suscitant des réactions vives et contrastées en raison des orientations défendues par la Commission en faveur d'une souplesse accrue. D'où un blocage persistant.

Très ambitieuse, la **loi du 20 août 2008** portant rénovation de la démocratie sociale **et** réforme du temps de travail présente **deux volets** d'origines très différentes. Le premier, consacré à la démocratie sociale, est issu d'une position commune du 9 avril 2008, œuvre des partenaires sociaux (loi négociée). Il modifie en profondeur les règles de la représentativité et les conditions de validité des accords collectifs, y compris les accords sur le temps de travail (voir volume 1). Contraste frappant avec le second volet traitant du temps de travail. Non pas négocié mais imposé par le gouvernement et par le Parlement contre le gré des interlocuteurs sociaux. Abandonnant la méthode des retouches successives, la réforme entreprend une simplification drastique des dispositifs renvoyant largement leur mise en œuvre à la négociation collective, par priorité au niveau de l'entreprise. Développement des **heures supplémentaires** et **flexibilité** du temps de travail en constituent les objectifs majeurs.

b) Tendances marquantes aujourd'hui

Depuis 2003, le droit du temps de travail se signale par les mutations qu'il opère dans l'ordonnancement des normes (« laboratoire » des réformes en droit du travail). Voir volume 1.

• **Tendance à l'abaissement de la loi** par

– approfondissement des possibilités de dérogation à celle-ci par voie d'accords collectifs dans un sens non nécessairement favorable aux salariés ; tendance à rendre la norme étatique simplement supplétive de l'accord ;

– restriction du domaine de la loi, celle-ci se bornant à fixer quelques principes et à renvoyer à la négociation collective pour la fixation de règles précises (avec une limite constitutionnelle : le législateur doit exercer pleinement sa compétence c'est-à-dire la détermination des principes fondamentaux du droit du travail, art. 34 de la Constitution).

• **Valorisation appuyée de la négociation d'entreprise**

Sur des sujets importants, l'accord d'entreprise, s'il existe, est seul applicable, la convention de branche ayant le même objet ne s'appliquant qu'à défaut d'accord d'entreprise peu important que le second soit plus ou moins favorable que la première (voir volume 1).

• **Mise en exergue du « libre choix » du salarié ou d'arrangements individuels** de gré à gré entre employeur et salarié, au détriment des garanties collectives ; plus largement, tendance à l'individualisation du temps de travail.

3. Principe de limitation

a) Principes

• **durée légale hebdomadaire de 35 heures**, tout travail effectif au-delà devant donner lieu à bonification en argent ou en repos.

L'abaissement de la durée légale hebdomadaire à 35 heures est intervenu :
– à partir du 1er janvier 2000 pour les entreprises de plus de 20 salariés,
– à partir du 1er janvier 2002 pour les entreprises de 20 salariés et moins (v. *infra*, Réduction du temps de travail).

• **maximum de la durée quotidienne du travail : dix heures** en général, huit heures pour les apprentis et les jeunes travailleurs âgés de moins de 18 ans (dérogations administratives ou conventionnelles possibles). Au bout de 6 heures de travail quotidien, **pause obligatoire** d'au moins 20 minutes (directive européenne du 23 nov. 1993 et loi du 13 juin 1998).

• **repos minimal entre deux journées de travail : 11 heures** (dérogations possibles), induisant une limitation de l'amplitude de la journée de travail à 13 heures.

Observation : la Cour de cassation donne du repos – notion montante dans le droit du temps de travail – l'analyse juridique suivante : le repos « suppose que le salarié soit totalement dispensé directement ou indirectement, sauf cas exceptionnels, d'accomplir pour son employeur une prestation de travail même si elle n'est qu'éventuelle ou occasionnelle » (Soc., 10 juill. 2002, *Grands arrêts* n° 60).
La CJCE affirme que les prescriptions de la directive de 2003 en matière de temps minimal de repos constituent des règles du droit social communautaire revêtant une importance particulière dont doit bénéficier chaque travailleur pour assurer la protection de sa sécurité et de sa santé.

Exception : catégorie particulière de salariés, les **cadres dirigeants** échappent en grande partie à la réglementation du temps de travail qu'il s'agisse de la durée légale et des heures supplémentaires, des durées maximales du travail ou encore des repos quotidien, hebdomadaire ou des jours fériés. Ne restent guère que les congés annuels et le repos obligatoire en cas de maternité.
Les cadres dirigeants sont définis par la loi. Ce sont ceux :
– auxquels sont confiées des responsabilités dont l'importance implique une grande indépendance dans l'organisation de leur emploi du temps,
– qui sont habilités à prendre des décisions de façon autonome,
– qui perçoivent une rémunération se situant dans les niveaux les plus élevés pratiqués dans l'entreprise (art. L. 3111-2, C. trav.).
Le juge doit vérifier que ces critères cumulatifs sont remplis, peu important les prévisions d'un accord collectif en la matière. Les conditions réelles d'emploi sont déterminantes.

b) La durée légale hebdomadaire correspond à un temps de travail effectif
S'inspirant de la jurisprudence, la loi du 13 juin 1998 donne du travail effectif la définition générale suivante : **« temps pendant lequel le salarié est à la disposition de l'employeur et doit se conformer à ses directives sans pouvoir vaquer librement à des occupations personnelles »** (art. L. 3121-1, C. trav.). Dans cette ligne, il y a travail effectif lorsque le salarié reste en permanence à la disposition de son employeur dans les locaux de l'entreprise (par ex. : veilleurs de nuit tenus à une présence permanente mais n'intervenant qu'en cas de nécessité). Sur ce dernier point il y a convergence entre les jurisprudences nationale et communautaire mais les propositions de révision de la directive tendent à remettre en cause la jurisprudence de la CJCE. Il s'agirait de soustraire les temps de garde dans l'entreprise à la

qualification de temps de travail seules les périodes d'intervention conservant cette qualification.

c) Difficultés

Certaines difficultés particulières ont fait l'objet d'un traitement législatif au cas par cas, au prix, parfois, de heurts avec la jurisprudence (art. L. 3121-2 et s., C. trav.).

• Les temps de **pause** et de restauration ne constituent pas du temps de travail effectif (sauf dispositions conventionnelles). Il en est autrement, conformément au critère de disponibilité et d'absence de liberté, si le salarié ne peut s'éloigner de son poste de travail et reste prêt à intervenir pendant la pause (p. ex. casse-croûte auprès de la machine). Mais la brièveté d'un temps de pause ne permet pas de le considérer comme temps de travail effectif, pas plus que le seul fait que le salarié soit astreint au port d'une tenue de travail (solutions révélatrices d'un certain resserrement de la jurisprudence, également perceptible pour des temps d'attente dans des lieux isolés la nuit).

Par ailleurs, la Cour de cassation a jugé nécessaire de préciser, en une formule de principe que « la période de pause qui s'analyse comme un arrêt de travail de courte durée sur le lieu de travail ou à proximité n'est pas incompatible avec des interventions éventuelles et exceptionnelles demandées durant cette période au salarié en cas de nécessité notamment pour des motifs de sécurité » (Soc., 1er avril 2003, *Dr. soc.* 2003.651). D'où il ressort que, même lorsqu'elle ne constitue pas du temps de travail effectif, la pause n'est pas forcément un temps de repos protégé de tout empiètement de l'employeur. C'est, dit-on, un « temps de détente ».

• Les temps d'**habillage** et de déshabillage ne sont pas des temps de travail effectif (sauf dispositions conventionnelles). Mais ils doivent donner lieu à des contreparties en repos ou financières lorsque le port d'une tenue de travail est obligatoire et que les opérations ont lieu dans l'entreprise ou sur le lieu de travail (art. L. 3121-3). Après avoir exigé, pour sa part, que les opérations d'habillage et de déshabillage aient toujours lieu dans l'entreprise et donc donnent toujours lieu à contrepartie, la Cour de cassation est revenue à une lecture littérale de la loi. Le droit à contrepartie suppose le port obligatoire d'une tenue de travail **et** l'obligation, si l'employeur le décide, de la revêtir ou de l'enlever sur le lieu de travail. En l'absence d'accord collectif ou de clause du contrat individuel, il appartient au juge de fixer la contrepartie.

• **Les temps de déplacement professionnel**

N'ont fait l'objet d'une intervention législative que récemment (loi du 18 janv. 2005). La jurisprudence créatrice qui s'était développée peu avant est, pour une part, désavouée.

Principes : le temps de déplacement professionnel, pour se rendre sur le lieu d'exécution du travail n'est pas un temps de travail effectif. S'il doit dépasser le temps normal de trajet entre le domicile et le lieu habituel de travail, il n'y a toujours pas travail effectif mais le salarié a droit à des contreparties en repos ou financières déterminées par accord collectif, où à défaut, par décision unilatérale du chef d'entreprise.

La jurisprudence antérieure excluait déjà le temps habituel du trajet entre le domicile et le lieu de travail de la qualification de temps de travail effectif. En revanche, elle avait considéré comme temps de travail effectif le trajet s'écartant de la normale ainsi définie, que devait accomplir un salarié.

donc pas condamné dans son principe. Cela d'autant moins que le droit communautaire ne se prononce pas sur ses conséquences en matière de rémunération. Mais la Cour de cassation manifeste sa vigilance en imposant aux juges du fond la vérification de l'existence concrète de périodes d'inaction pour des emplois déterminés, condition indispensable à l'application d'un régime d'équivalence. En pratique, certains secteurs ont choisi, par accord collectif, d'abandonner ce système, non sans recourir à d'autres dispositifs dérogatoires permettant de neutraliser le coût financier de l'opération (Accord du 5 février 2007 pour les hôtels, cafés, restaurants). À plus long terme, il y aurait lieu de tenir compte d'une éventuelle révision de la directive de 2003 sur l'aménagement du temps de travail. Enjeux en termes de durée maximale du travail, de santé et de sécurité des travailleurs. Tout au fond, le système des équivalences revient à faire peser sur le salarié le risque des périodes d'inaction.

Observation générale : affaiblissement de la fonction de la loi, censée fixer les principes fondamentaux du droit du travail (art. 34 de la Constitution) et laisser au juge une marge d'interprétation.
Il peut être **dérogé** à certaines règles (aménagement et répartition des heures de travail sur la semaine, récupération) par accord d'établissement ou d'entreprise ou par accord de branche (cf. *infra*, Aménagement du temps de travail).

4. Dépassement de la durée légale : les heures supplémentaires et la compensation obligatoire en repos

Une certaine souplesse est ménagée pour le recours aux heures supplémentaires. Traditionnellement leur coût est renchéri pour en réduire l'usage. Mais une tendance inverse s'affirme : leur coût est abaissé pour en encourager l'usage.

a) Heures supplémentaires

• Deux catégories :

– **Heures effectuées dans le cadre d'un contingent annuel après information du comité d'entreprise ou des délégués du personnel.**
La détermination du **volume horaire du contingent** repose sur une articulation particulière des normes, organisée sur le mode de la supplétivité. Il est défini par accord d'entreprise (ou d'établissement) et, à défaut, par accord de branche, et, à défaut d'accord de branche, par décret. Dans ce dernier cas, il est de 220 heures par salarié et par an (décret du 21 déc. 2004).

NB : L'accord d'entreprise ou, à défaut, de branche peut prévoir un contingent inférieur ou supérieur au contingent réglementaire. Autonomie de l'accord d'entreprise : s'il existe, il est seul applicable sans que l'accord de branche puisse l'empêcher (loi du 20 août 2008). Déclin de la régulation de la concurrence au niveau des branches d'activité. Risques d'inégalités. Recours aux heures supplémentaires facilité.
Débats sur le point de savoir si un accord d'entreprise conclu après l'entrée en vigueur de la loi du 20 août 2008 dispose d'une autonomie totale vis-à-vis de la convention de branche antérieure comportant un dispositif interdisant les dérogations défavorables aux salariés au niveau de l'entreprise.

Observation : le salarié ne saurait refuser d'effectuer des heures supplémentaires commandées par l'employeur, usant de son pouvoir de direction, dans la limite du contingent, sans s'exposer à des sanctions disciplinaires, pouvant aller jusqu'au licenciement. Deux atténuations : dans le cas de motif légitime de refus (inexécution de ses propres obligations par l'employeur) et dans l'hypothèse d'une contractualisation de la durée du travail laquelle ne peut alors être modifiée sans l'accord du salarié. Au vu de la jurisprudence communautaire, dans tous les cas, une information écrite du salarié est requise. La suppression d'heures supplémentaires régulières, sans aucun élément la justifiant au regard des intérêts de l'entreprise, caractérise un manquement de l'employeur à l'obligation de bonne foi dans l'exécution du contrat (jurisprudence récente).

– **Heures effectuées au-delà du contingent :** jusqu'à la réforme du 20 août 2008, l'employeur ne pouvait faire accomplir de telles heures supplémentaires qu'à condition d'obtenir l'autorisation de l'inspecteur du travail. Le but était de conduire l'employeur à s'expliquer sur son choix, peu propice à de nouveaux recrutements. Ce contrôle est supprimé. La liberté de gestion de l'employeur trouve ses limites dans l'obligation de respecter les durées maximales du travail et dans le coût particulier des heures hors contingent, lesquelles donnent lieu à compensation obligatoire en repos. Consultation du comité d'entreprise une fois par an en cas de dépassement du contingent réglementaire. Le dispositif dit des heures « choisies » au-delà du contingent mis en place par la loi du 31 mars 2005 est supprimé pour l'avenir.

Limite : *maxima* « absolus » :

– durée maximale hebdomadaire : 48 heures ;

– durée moyenne maximale sur 12 semaines consécutives : 44 heures.

NB : des dérogations sont possibles, à certaines conditions, permettant de dépasser ces deux plafonds. Des conventions collectives prévoient des niveaux inférieurs.

• **Majoration**

La loi distingue deux paliers. Mais à chacun de ces deux stades, elle laisse le rôle primordial à la négociation collective (loi supplétive de l'accord collectif). Le taux de majoration conventionnel peut dépasser mais aussi minorer le taux légal sans pouvoir être inférieur à 10 % (lois du 17 janvier 2003 et du 4 mai 2004).

– Heures comprises entre la 36e et la 43e heure

À défaut de convention de branche étendue ou d'accord d'entreprise, elles donnent lieu à une majoration de 25 %.

– Heures accomplies au delà de la 43e heure

À défaut d'accord de branche étendu ou d'accord d'entreprise, elles donnent lieu à une majoration de 50 %.

Ce système de rémunération permet depuis longtemps aux employeurs, grâce aux heures supplémentaires, d'augmenter le revenu des salariés, sans relèvement du salaire horaire. Mais en cas de réduction de l'activité, la diminution des revenus du salarié est plus que proportionnelle à celle de la durée du travail.

• **Exonération de charges**

Dans le but d'accroître le pouvoir d'achat des salariés et de stimuler la croissance, la loi du 21 août 2007 adaptée en 2008 prévoit que la majoration de la rémunération des heures supplémentaires (ainsi que des heures complémentaires dans le cadre du temps partiel) est exonérée de l'impôt sur le revenu et donne lieu à une réduction des cotisations sociales, tant patronales que salariales. Deux conditions : respect de la réglementation de la durée du travail et non-substitution des heures supplémentaires à d'autres éléments de rémunération.

Les avis sont partagés sur l'efficacité économique de cette mesure, sur son coût pour les finances publiques et sur sa conformité à la Constitution au regard du principe d'égalité devant les charges publiques. Elle suppose que du travail soit disponible, voire que les pouvoirs du chef d'entreprise soient repensés dans la logique d'un choix offert aux salariés. Elle favorise ceux qui ont un emploi, non les chômeurs.

NB : en cas de litige sur l'existence ou le nombre d'heures supplémentaires, la charge de la preuve pèse à égalité sur les deux parties : l'employeur doit fournir au juge les éléments de nature à justifier les horaires réalisés par le salarié mais celui-ci doit au préalable fournir au juge des éléments de nature à étayer sa demande. Pour autant le salarié n'a pas à prouver le bien-fondé de sa demande.

b) Compensation obligatoire en repos

Naguère dénommé « repos compensateur », ce mécanisme, ajouté à la majoration de salaire, a pu contribuer à la lutte contre le recours systématique aux heures supplémentaires.

Réformé par la loi du 20 août 2008, il a perdu cette finalité et tend à protéger la santé en compensant la fatigue et l'effort fournis au delà d'un certain seuil.

Domaine : depuis la réforme en 2008 seules les heures accomplies au delà du contingent annuel donnent obligatoirement lieu à contrepartie en repos.

Durée : elle varie en fonction de la taille de l'entreprise :

– 50 % du temps de travail accompli en heures supplémentaires au delà du contingent dans les entreprises de 20 salariés au plus.

– 100 % de ce temps (soit 60 minutes pour une heure supplémentaire) dans les entreprises de plus de 20 salariés.

NB : les auteurs de la loi du 20 août 2008 avaient abandonné toute fixation légale de la durée minimale du repos, renvoyant à un accord collectif ou à un décret supplétif. Censure du Conseil constitutionnel ; le législateur n'ayant pas exercé la compétence qu'il tient de l'article 34 de la Constitution, la contrepartie obligatoire en repos n'a pas fait l'objet d'un encadrement légal suffisant (Décision du 7 août 2008). D'où le rétablissement de la législation antérieure sur ce point. Limite, même modeste, à la montée en puissance de l'accord collectif face à la loi.

En revanche les modalités de prise du repos relèvent d'un accord d'entreprise ou à défaut d'un accord de branche, ou à défaut d'un décret (art. L. 3121-11 et D. 3121-9 et s., C. trav.).

La jurisprudence veille au respect des obligations d'information et de rappel de leurs droits que la loi impose à l'employeur vis-à-vis de ses salariés. Les manquements sont sanctionnés par des dommages-intérêts, le salarié subissant nécessairement un préjudice lorsque l'employeur ne lui a pas demandé de prendre ses repos (Soc., 9 mai 2007). En cas de contestation sur la prise effective du repos, la charge de la preuve pèse sur l'employeur ; la mention sur le bulletin de paye des droits à repos n'a qu'une valeur informative.

NB : repos compensateur de remplacement du versement de la majoration possible dans le cadre des aménagements du temps de travail (cf. *infra*, § 2).

1re observation générale : réglementation peu respectée. Le mouvement historique général a été celui d'une réduction de la durée du travail, en fait comme en droit. Mais il connaît épisodiquement des retournements. En pratique le nombre d'heures supplémentaires effectuées demeure important, d'autant plus que beaucoup d'entre elles ne sont pas déclarées et que les contrôles sont difficiles, en particulier dans les petites entreprises, là surtout où il n'y a aucune représentation des salariés, ni syndicale ni élue, alors que le nombre de chômeurs est élevé et persistant. L'allégement des charges pesant sur les heures supplémentaires changera-t-il la donne quitte à provoquer des pratiques de « surdéclaration » ? L'annualisation du temps de travail (cf. *infra*, Aménagements) permet de rendre « invisibles » les heures supplémentaires et les temps partiels (cf. *infra*) souvent incontrôlables.

2e observation : il y a **chômage partiel** quand l'entreprise fait travailler le personnel moins de 35 heures. Le comité d'entreprise doit être consulté avant la décision de réduction. La mise au chômage partiel ne modifie pas le contrat de travail du moment qu'il ne s'agit que d'une mesure temporaire donnant lieu à indemnisation (jurisprudence critiquée en doctrine). **Actualité** du chômage partiel, en raison des difficultés économiques présents. Un système d'indemnisation complexe composé d'une allocation d'aide publique et une allocation conventionnelle est destiné à atténuer les effets du chômage partiel sur la rémunération. Dans le contexte actuel, les durées d'indemnisation ont été allongées. L'indemnité est égale à 60 % du salaire horaire brut. Par ailleurs un dispositif alternatif au chômage partiel dit **« activité partielle de longue durée »** a été créé (Décret du 29 avril 2009). Subordonné à la conclusion de conventions avec le ministre chargé de l'emploi ou le préfet, il permet une indemnisation à hauteur de 75 % de la rémunération brute grâce à un financement complémentaire assumé par l'État et l'Unedic. En contrepartie, l'employeur doit prendre des engagements de maintien dans l'emploi des salariés qui subissent une réduction d'activité. Consultation préalable du comité d'entreprise ou, à défaut, des délégués du personnel. On discute sur le point de savoir si le chômage partiel permet d'éviter des licenciements économiques ou s'il en constitue le signe avant-courreur. D'autres **mesures publiques** ont eu des incidences sur le temps de travail, par exemple les aides à la préretraite progressive, au passage au temps partiel. Elles ont été mises en extinction.

B. Les conventions de forfait

Le forfait est un mode particulier de calcul de la rémunération. Les parties conviennent d'une rémunération globale et forfaitaire couvrant toutes les heures effectuées y compris les heures supplémentaires.

Malgré des critiques, la jurisprudence a admis, à certaines conditions, la licéité de ces clauses. Innovation remarquée, la loi Aubry II a donné un cadre légal aux conventions de forfait, essentiellement pour régler la question délicate du temps de travail des cadres. Loin d'être remise en cause, la réforme a été poursuivie dans le sens d'une adaptation accrue aux besoins des entreprises par les lois du 17 janvier 2003, du 31 mars 2005 et du 2 août 2005. Un cap supplémentaire est franchi avec la réforme du 20 août 2008. Le législateur réécrit entièrement le Code du travail dans une section intitulée « conventions de forfait ». Présentation plus claire, en partie innovante. Débat sur le fond : remaniement en profondeur ou simple « toilettage » ?

Après comme avant les réformes :

– l'accord du salarié est nécessaire ;

– la qualité de cadre ne suffit pas à exclure le droit au paiement d'heures supplémentaires, une convention de forfait doit être établie pour qu'il en soit autrement;
– le forfait d'heures doit être fixé avec précision;
– le forfait ne peut être modifié que de l'accord des deux parties.
De manière générale, l'accès aux forfaits est subordonné :
– dans tous les cas, à la conclusion d'une convention individuelle de forfait. Écrit obligatoire. Le forfait ne se présume pas. Il doit être prouvé par l'employeur qui s'en prévaut;
– dans certains cas (forfaits annuels), à la conclusion d'un accord collectif : accord d'entreprise ou, à défaut, accord de branche. Cet accord détermine les catégories concernées, la durée annuelle à partir de laquelle le forfait est établi ainsi que les caractéristiques principales des conventions individuelles (art. L. 3121-39, C. trav.).
Trois types de forfaits doivent être distingués.

1. Forfait hebdomadaire ou mensuel

Bien connue en jurisprudence et généralisée par la loi du 20 août 2008, cette première version du forfait peut être proposée à tout salarié, cadre ou non-cadre. Elle est mise en place par simple convention individuelle. Les parties fixent une rémunération forfaitaire pour un temps de travail déterminé en heures par semaine ou par mois, que celles-ci correspondent à la durée légale ou qu'elles se situent au delà de ce seuil.
Ce forfait ne doit pas désavantager le salarié. La rémunération doit être au moins égale à la « rémunération minimale » applicable dans l'entreprise pour le nombre d'heures correspondant au forfait, augmentée des majorations pour heures supplémentaires. Difficultés sur la notion de rémunération minimale; sans doute le minimum fixé par la convention collective pour un salarié de même catégorie.
Les heures accomplies au delà du forfait sont des heures supplémentaires qui doivent être rémunérées comme telles.
Ce forfait est limité par l'obligation de respecter les durées maximales du travail et les repos quotidien et hebdomadaire.

NB : l'innovation majeure est la possibilité de pratiquer des forfaits annuels marquant le déclin des références traditionnelles (semaine).
Leur mise en place est subordonnée à l'existence d'un accord collectif (d'entreprise ou, à défaut, de branche) définissant les catégories visées, la durée annuelle sur la base de laquelle le forfait est établi et les caractéristiques des conventions individuelles.

2. Forfait annuel en heures

a) Salariés concernés (art. L. 3121-42, C. trav.).
– Certains **cadres**, définis *a contrario* : ceux dont la nature des fonctions ne les conduit pas à suivre l'horaire collectif applicable au sein de l'atelier, du service ou de l'équipe auxquels ils sont intégrés. Souvent dénommés cadres autonomes.
– Certains salariés **non-cadres** : ceux qui disposent d'une réelle autonomie dans l'organisation de leur emploi du temps.
Issues de la loi du 20 août 2008, ces définitions sont plus floues et plus larges que celles qui résultaient des législations précédentes. Le soin de les préciser est renvoyé à la négociation collective.

b) Limites

Rappel : l'accord collectif préalable fixe la durée annuelle du travail en heures. En termes de durée du travail : droit au repos quotidien et hebdomadaire. En principe, respect des durées maximales quotidienne et hebdomadaire, sous réserve sans doute des dérogations que peuvent prévoir, de manière générale, les accords collectifs sur le sujet.

En termes de rémunération, le forfait ne doit pas désavantager le salarié. Mêmes règles que pour le forfait hebdomadaire ou mensuel.

Les allègements de charges sur les heures supplémentaires ne sont accordés que pour les heures accomplies au-delà d'un plafond fixé à 1607 heures (loi du 21 août 2007) ou au-delà du forfait si celui-ci est supérieur à ce plafond.

3. Forfait annuel en jours

C'est la formule la plus controversée car la plus avancée dans la voie de la souplesse.

a) Catégories visées

Elles doivent être définies par l'accord collectif préalable.

– Indications livrées par la loi

La loi Aubry II avait encadré de près cette définition, indiquant que les **cadres concernés** étaient ceux pour lesquels la durée du temps de travail ne pouvait être prédéterminée en raison de plusieurs éléments cumulatifs (nature des fonctions, responsabilités, degré d'autonomie dans l'organisation de l'emploi du temps). Un contentieux est né, certains accords soumettant en bloc tout ou partie des cadres au forfait annuel en jours tandis que la loi exigeait une définition précise et concrète des catégories visées. Des juges du fond n'ont pas hésité à annuler certains accords trop généraux. Réagissant face à cette jurisprudence naissante, la loi du 17 janvier 2003 retravaillée par la loi du 20 août 2008 a nettement allégé l'exigence. Sont désormais visés « les cadres qui disposent d'une autonomie dans l'organisation de leur emploi du temps et dont la nature des fonctions ne les conduit pas à suivre l'horaire collectif » applicable dans la structure à laquelle ils sont intégrés (art. L. 3121-42 1°). Catégorie un peu plus restreinte que celle des cadres éligibles au forfait annuel en heures.

Des catégories croissantes de salariés **non-cadres** peuvent relever du forfait annuel en jours. Ce sont ceux « dont la durée du temps de travail ne peut être prédéterminée et qui disposent d'une réelle autonomie dans l'organisation de leur emploi du temps pour l'exercice des responsabilités qui leur sont confiées » (art. L. 3121-43). À charge pour l'accord collectif de concrétiser cette définition.

Défiance à l'égard du juge; confiance faite à l'autonomie collective. La Cour de cassation a pris acte de cette réorientation sans pour autant renoncer à tout contrôle.

– Rôle du juge

S'agissant de la conformité de l'accord collectif aux indications légales, le juge, prenant en compte l'orientation législative récente, n'opère qu'un contrôle faible, se satisfaisant de clauses conventionnelles évoquant l'autonomie requise de manière peu explicite.

En revanche, il se donne pour mission de vérifier cas par cas, dans le cadre de la convention individuelle de forfait, que les fonctions réellement exercées, en l'occurrence par un cadre, ne lui permettent pas d'être soumis à l'horaire collectif de travail (Soc. 25 mai 2004 *Michelin, Dr. soc.* 2004.839). Dans cette ligne, la Cour de cassation impose au juge du fond de s'assurer, préalablement à l'examen d'une demande d'indemnité, que le salarié relève réellement, au regard de la loi et de la convention collective, du forfait annuel jours. Le juge doit opérer ce contrôle d'office, même si aucune des parties ne le demande (Soc. 31 oct. 2007, *Blue green, D.* 2008. Pan. 444).

Bien que forgée sur le fondement des textes antérieurs aux réformes de 2003 et 2008, cette jurisprudence semble devoir se maintenir dans son principe.

Critiquée par certains, la vigilance du juge est inspirée par les doutes sérieux que suscite la législation française sur le forfait annuel en jours au regard de la Charte sociale européenne voire de la directive de 1993 sur l'aménagement du temps de travail.

b) Dispositif

Mise à l'écart de deux cadres de référence majeurs :

– de la référence hebdomadaire au profit de l'année,

– du décompte en heures au profit d'un décompte en jours.

L'accord collectif fixe un plafond de jours travaillés sur l'année dans la limite d'un maximum de **218 jours**. Initialement fixé à 217 jours, le plafond a été porté à 218 jours par la loi du 30 juin 2004 pour tenir compte de la journée de solidarité (cf. *infra*, section 3).

La loi du 20 août 2008 relativise la portée de ce plafond afin de favoriser **l'augmentation de la durée du travail**. Le salarié qui le souhaite peut, en accord (écrit) avec son employeur renoncer à une partie de ses jours de repos en contrepartie d'une majoration de salaire d'au moins 10 %. Si cette renonciation n'a pas été prévue par l'accord collectif préalable, le plafond de jours travaillés sur l'année ne peut, après renonciation, excéder **235 jours**. Si l'accord collectif fixe lui-même la marge de renonciation, le plafond indépassable doit seulement être compatible avec les dispositions relatives aux repos, aux jours fériés chômés et aux congés payés. Soit, à la limite, la possibilité d'un plafond de **282 jours** par an.

Les cadres sous forfait annuel en jours ne sont soumis ni à la durée légale, ni au contingentement des heures supplémentaires non plus qu'aux durées maximales quotidienne et hebdomadaire.

Ils conservent le bénéfice du repos quotidien et du repos hebdomadaire.

Risque de durées de travail très élevées (à la limite 13 heures par jour sur 218 jours), contestées notamment par le syndicalisme des cadres invoquant la Charte sociale européenne et le droit à une durée raisonnable de travail.

Le comité des ministres du Conseil de l'Europe a estimé que les garanties légales étaient suffisantes (résolutions des 26 mars 2002 et 4 mai 2005) mais le comité d'experts préalablement consulté a émis, à deux reprises un avis contraire.

D'autres recours sont pendants. Le Pacte international relatif aux droits économiques, sociaux et culturels, directement applicable, pourrait aussi être invoqué (droit à la limitation raisonnable de la durée du travail). Pour sa part le Conseil constitutionnel estime que les garanties apportées par la loi et par les accords collectifs auxquels elle renvoie respectent le droit à la santé et au repos même pour les salariés non-cadres (Décision du 29 juillet 2005).

Le dispositif du forfait annuel en jours souligne l'importance croissante de la notion – au demeurant incertaine – de droit au repos.

c) Garanties

Remarque : les législations qui ont précédé la loi du 20 août 2008 avaient imposé des mentions obligatoires devant figurer dans l'accord collectif de mise en place du forfait jours, touchant notamment au suivi de la charge de travail. Ces exigences ont disparu.

– Un entretien annuel individuel doit être organisé avec chaque titulaire d'une convention de forfait annuel en jours.

Objet : charge de travail, organisation du travail, articulation entre vie professionnelle et vie personnelle et familiale, rémunération. Innovation de la loi du 20 août 2008 (art. L. 3121-46, C. trav.).

– Possibilité pour le salarié de demander en justice des indemnités s'il reçoit une rémunération sans rapport avec ses sujétions.

– Obligation pour l'employeur de tenir à la disposition de l'inspecteur du travail, des documents permettant de comptabiliser le nombre de jours effectués.

Observations :

– L'abandon de tout décompte du temps de travail en heures au profit d'un référentiel en jours ne va pas sans trouble. En témoigne l'exercice du droit de grève par un salarié sous forfait annuel en jours. Comment calculer le montant de la retenue à effectuer sur le salaire lorsque l'arrêt de travail a duré moins d'une journée? Rappelant que la grève ne peut donner lieu à des discriminations en matière de rémunération, que l'abattement de salaire doit être proportionnel à la durée de l'arrêt de travail et que la retenue doit être identique à celle qui serait opérée pour toute absence de même durée du salarié en cause (voir volume 1), la Cour de cassation donne elle-même un mode de calcul complexe à partir d'un salaire horaire fictif. Mais elle réserve le cas où un accord collectif traiterait de ce problème. En présence d'un tel accord, stipulant qu'aucune suspension du contrat de travail inférieure à une journée ou à une demi-journée n'entraînera de retenue sur salaire, elle a censuré toute retenue consécutive à une grève de moins d'une demi-journée.

– Importance de la notion de **charge de travail**, liée à l'intensification du travail parfois observée. La jurisprudence n'y est pas insensible. Voir aussi *supra* Garanties.

– Difficulté plus générale à mesurer le temps de travail en raison des transformations du travail lui-même.

C. La réduction de la durée du travail (promotion et réaction)

Récurrente en période de crise, l'idée de recourir à la réduction du temps de travail pour diminuer le chômage a connu, à la fin du siècle dernier, d'importants développements. Les mesures les plus remarquables ont pris la forme d'incitations à la réduction du temps de travail. Elles visaient à la réduction collective du temps plein. Importance du rôle de l'État en la matière. Articulation avec la négociation collective. Ces orientations ont connu un coup d'arrêt à partir de l'été 2002. Accentué depuis l'été 2007.

1. Les politiques publiques

Diverses tentatives en faveur de la réduction du temps de travail se sont succédées sans grand succès. Des textes plus récents ont été mieux accueillis même s'ils restent hautement controversés. Évolution du rôle de l'État, de l'engagement au désengagement.

a) Expériences peu probantes

– **L'ordonnance du 16 janvier 1982** ramenant à **39 heures** la durée légale de la semaine de travail n'a eu que des effets minimes sur le chômage. L'acheminement vers les 35 heures hebdomadaires, élément traditionnel du programme socialiste, s'en est trouvé bloqué pour de nombreuses années.

– Marquée par le souci de flexibilité, la **loi du 20 décembre 1993**, a proposé un dispositif expérimental associant annualisation du temps de travail, réduction du temps de travail (avec réduction de salaire) et embauches nouvelles. L'entreprise concluant un accord collectif en ce sens recevait une aide financière. **Échec** de ce système très rigide.

– **L'accord national interprofessionnel « sur l'emploi » du 31 octobre 1995** inspiré par la volonté des protagonistes sociaux de se réapproprier la politique sociale a tenté d'impulser des **négociations par branche**. La réduction du temps de travail et l'emploi devaient avoir pour contrepartie la flexibilité du temps de travail. Cette démarche au cas par cas, autonome par rapport à l'État, n'a guère été suivie d'effets.

b) Relance des incitations à la réduction du temps de travail

Prenant acte de l'échec des expériences précédentes, la **loi du 11 juin 1996** (loi Robien) s'est efforcée de rendre beaucoup plus attractive la négociation sur la réduction du temps de travail en instituant de nouvelles aides financières de l'État. Le dispositif se caractérise par les traits suivants :

– **Incitatif**, il repose sur un choix volontaire, résultant d'un accord collectif. Les aides, substantielles, prennent la forme d'allègement des cotisations de sécurité sociale. Elles permettent, entre autres, de résoudre la question de la compensation salariale de la réduction du temps de travail.

– **Tourné vers l'emploi**, il lie de manière précise réduction du temps de travail (d'au moins 10 %) et emploi, encourageant la conclusion non seulement d'accords **offensifs** (créant des emplois) mais aussi d'accords **défensifs** (destinés à éviter des licenciements économiques et donc à sauver des emplois).

Objet de vives polémiques, la loi du 11 juin 1996 a, en tout cas, suscité la conclusion d'assez nombreux accords collectifs. Elle a préparé les esprits à la perspective d'une réduction généralisée du temps de travail organisée par la loi.

c) « Passage aux 35 heures »

Née dans un climat orageux (conférence nationale tripartite du 10 oct. 1997, suivie de la démission du président du CNPF), la loi du **13 juin 1998** (dite loi Aubry I) tend à la réalisation d'une promesse électorale des socialistes. Cette loi « d'orientation et d'incitation à la réduction du temps de travail » se caractérise par l'originalité de la méthode législative employée. Celle-ci repose sur une démarche en trois temps. Une alternance législation/négociation/législation est programmée puis réalisée.

1re étape : la loi du 13 juin 1998 décide d'abaisser la durée légale du travail de 39 heures à 35 heures par semaine mais en différant la date d'entrée en vigueur de cette mesure au 1er janvier 2000 pour les entreprises de plus de 20 salariés et au 1er janvier 2002 pour les entreprises plus petites.

2e étape : à l'appel du législateur en 1998, ouverture d'une période vouée à la négociation collective. Une négociation d'anticipation tendant à réduire la durée effective du travail tout en créant ou sauvant des emplois, non sans réaménager en profondeur l'organisation même du temps de travail. Une négociation encouragée par des aides de l'État.

3e étape : adoption d'une nouvelle loi – loi du 19 janvier 2000 – « relative à la réduction négociée du temps de travail » fixant les modalités et conséquences de la réduction de la durée légale à 35 heures, rénovant en s'inspirant des accords conclus, la réglementation du temps de travail et incitant à nouveau à la négociation collective au moyen d'aides de l'État. Texte touffu et fort controversé.
La réduction de la durée légale, significative de l'intervention volontariste de l'État, est destinée à servir de levier à la réduction de la durée effective du travail en renchérissant le coût des heures effectuées au-delà de 35 heures (v. *supra*, Durée légale).
Elle se double d'une incitation financière à la négociation sur la réduction du temps de travail.
L'aide de l'État est subordonnée à la conclusion **d'accords collectifs**.
La loi privilégie les *accords d'entreprise* ou d'établissement.
La possibilité d'*accords de branche* est admise mais ceux-ci doivent faire l'objet d'un arrêté d'extension.
Soucieux de promouvoir la négociation dans toutes les entreprises le législateur a dû tenir compte de l'absence de délégués syndicaux dans de nombreuses entreprises.
Il a permis, dans cette situation, la négociation avec des salariés mandatés ou, à défaut, avec les délégués du personnel, à certaines conditions.
Il a en outre cherché à renforcer la légitimité des accords conclus en faisant place timidement à l'idée majoritaire.

Observation : la loi du 19 janvier 2000 a constitué un banc d'essai, prélude à des réformes de fond des règles de la négociation collective (cf. volume 1, 3e partie, titre 1).

• **Contenu de l'accord de réduction du temps de travail** : pour ouvrir droit à l'aide de l'État l'accord collectif doit fixer la durée collective du travail au maximum à 35 heures hebdomadaires ou à 1600 heures sur l'année.
L'accord d'entreprise doit déterminer le nombre d'emplois créés ou préservés du fait de la réduction du temps de travail. À la différence de la loi Aubry I, la loi Aubry II n'impose pas de seuil ou de proportion chiffrée quant au nombre d'emplois créés ou sauvés.

Observation : bien que la loi ne l'impose pas explicitement, la réduction du temps de travail au service de l'emploi a, en pratique, pour contrepartie quasi-générale dans les accords une réorganisation du temps de travail dans le sens d'une grande **flexibilité** (travail de nuit, équipes de fin de semaine et surtout annualisation cf. *infra*, Aménagement du temps de travail). Difficile harmonisation des temps de travail et de vie personnelle ou sociale.

• **Aide de l'État**
L'aide prend la forme d'un allégement dégressif des cotisations sociales patronales.
Son financement a rencontré de nombreuses difficultés.

d) L'abandon de la politique de réduction du temps de travail
La loi du 17 janvier 2003 marque le tournant. Accentué depuis lors.
Depuis le 1er juillet 2003, il n'est plus possible de conclure nouveaux accords collectifs de réduction du temps de travail tels que les avaient prévus les lois Aubry qu'il

s'agisse de la qualité des négociateurs, du contenu des accords ou de l'aide de l'État. Les accords existants continuent, quant à eux, de produire leurs effets.
Le dispositif d'allègement de charges lié à la réduction du temps de travail a été mis en extinction. Un nouveau dispositif lui a succédé, entièrement déconnecté de la durée du travail. Certes, rien n'interdit de négocier et de conclure de nouveaux accords collectifs de réduction du temps de travail mais l'État n'y incite plus et, désormais, ce sont les règles générales relatives à la conclusion et à l'entrée en vigueur des conventions collectives qui sont applicables (cf. volume 1, 3e partie, titre 1).
Aujourd'hui, avec la loi du 21 août 2007, l'incitation va dans l'autre sens *via* la « détaxation » des heures supplémentaires et les possibilités juridiques accrues d'augmenter la durée du travail (cf. *supra*).

2. Incidences de la réduction du temps de travail

a) Incidences financières

• **Principe** : la **compensation** de la diminution de salaire susceptible de résulter de la réduction du temps de travail n'est pas garantie. En droit (synallagmatisme), la réduction du temps de travail normal a pour corollaire la réduction proportionnelle de la rémunération.

• **Atténuations** :
– Les conventions collectives ou le contrat individuel peuvent prévoir une **compensation** qui peut être, au gré des parties, totale ou partielle. La nature juridique de la compensation salariale est incertaine : faut-il l'analyser comme une augmentation de salaire ou comme une indemnité réparant le « préjudice » résultant de la baisse d'horaire ?
La jurisprudence a beaucoup fluctué avec néanmoins une certaine préférence pour l'analyse indemnitaire. Finalement, le législateur est intervenu pour affirmer que la compensation a la nature d'une rémunération assujettie aux cotisations de Sécurité sociale (loi du 19 déc. 2005).

NB : risque d'**inégalités entre salariés** dans le cadre d'accords offensifs assurant aux salariés en place une indemnité différentielle (35 heures payées 39 par exemple) et aux nouveaux embauchés le strict respect du salaire horaire (35 heures payées 35). Le principe « à travail égal salaire égal » est de nature à limiter les différenciations à moins que l'employeur ne prouve qu'elles sont justifiées. Mais précisément la Cour de cassation a estimé que les nouveaux embauchés n'étaient pas dans une situation identique à celle des salariés en place. Au fond la différence de traitement salarial est justifiée si l'accord collectif a pour objet de compenser le préjudice subi par les salariés présents dans l'entreprise au moment de la RTT. Si en revanche la compensation a été opérée par une augmentation du taux horaire de salaire, tous les salariés doivent en bénéficier.
– Le législateur en 2000 a voulu que les salariés payés au SMIC dont la durée du travail est réduite à 35 heures, ne subissent pas de diminution de leur rémunération à cette occasion. Ces salariés ont bénéficié d'une garantie mensuelle de rémunération. Système extrêmement complexe heureusement éteint au 1er juillet 2005, la garantie se trouvant résorbée à cette date dans le SMIC de droit commun.

b) Effets sur le contrat de travail

Le salarié peut-il se prévaloir de son contrat de travail pour refuser de se voir appliquer un accord de réduction du temps de travail ?

Controversée, cette question a fait l'objet d'une intervention législative dans le cadre de la loi du 19 janvier 2000 au titre de la « sécurisation juridique » *(sic)* du dispositif (art. L. 1222-7 et L. 1222-8, C. trav.). La loi ne traite que des effets d'un accord collectif de réduction du temps de travail sur le contrat individuel. Mais elle a une portée générale et permanente de sorte qu'elle est applicable à tout accord de réduction même hors lois Aubry. Possible regain de cette démarche en période de crise de l'emploi. Une comparaison s'impose avec l'hypothèse de réduction du temps de travail mise en place unilatéralement par le chef d'entreprise.

• **Effets d'un accord collectif** de réduction du temps de travail

La loi atténue la capacité de résistance individuelle du salarié sans la détruire complètement.

Première question : le contrat de travail est-il modifié ?

La loi énonce que la seule diminution du nombre d'heures stipulé au contrat de travail, en application d'un accord de réduction de la durée du travail ne constitue pas une modification du contrat de travail (art. L. 1222-7, C. trav.). Par conséquent, si l'accord collectif n'affecte que la durée contractuelle du travail, le salarié doit s'y plier, solution justifiée en ce que le salarié ne tire que des bénéfices de l'opération mais en discordance avec la jurisprudence générale relative à la modification du contrat de travail (voir *supra* modification du contrat). Néanmoins, la Cour de cassation la retient avec fermeté : la réduction du temps de travail avec maintien du salaire antérieur résultant d'un accord collectif « s'impose à tous les salariés ». Si en revanche, l'accord collectif de réduction du temps de travail affecte outre la durée, d'autres éléments essentiels du contrat : montant de la rémunération contractuelle (mais non structure de cette rémunération) voire, dans certains cas horaires (bouleversement des horaires), le contrat de travail subit une modification que le salarié est en droit de refuser. La jurisprudence est en ce sens (nécessité d'une acceptation claire et non équivoque).

Seconde question : conséquences d'un refus du salarié

Le refus de la **seule réduction de la durée contractuelle** du travail serait constitutif d'une faute.

Le refus des modifications **affectant la rémunération** et/ou, dans certains cas les horaires fait l'objet d'un traitement singulier (art. L. 1222-8). L'employeur peut tirer les conséquences de ce refus en prononçant le licenciement. Mais il ne s'agit pas d'un licenciement pour motif économique. En outre, le licenciement n'est pas collectif. Si la modification est refusée par plusieurs salariés, les procédures de licenciement collectif (plan de sauvegarde de l'emploi) n'ont pas à être mises en œuvre. Apparition d'un **nouveau type de licenciement** ni pour motif économique ni pour motif inhérent à la personne : licenciement individuel pour motif objectif selon certains auteurs. Le juge a vocation à contrôler le caractère réel et sérieux de la cause de ce licenciement.

La jurisprudence tente de lever les incertitudes quant à l'étendue de ce contrôle. Pour ce faire, elle exige que la lettre de licenciement comporte l'indication de l'accord collectif de RTT en application duquel la modification a été proposée, faute de quoi le licenciement serait sans cause réelle et sérieuse. Sachant que la lettre de licenciement fixe les limites du litige, « il appartient au juge d'apprécier le caractère réel et sérieux du motif du licenciement consécutif au refus du salarié au regard des seules dispositions de l'accord collectif ». Il s'agit donc essentiellement de vérifier l'existence d'un lien direct entre l'accord collectif et la proposition de modification du contrat et, le cas échéant, la régularité dudit accord collectif. Contrôle peu étendu, critiqué par de nombreux auteurs. Mais la forte emprise ainsi reconnue à la convention collective sur le contrat individuel est approuvée par d'autres qui souhaitent, à partir de ce précédent, une réduction de la capacité de résistance individuelle des salariés à tout accord collectif.

• **Effets d'une décision unilatérale** de réduction du temps de travail

La question n'est pas traitée par la loi.

– Quant à l'existence d'une modification du contrat de travail, en l'absence de texte particulier, la simple réduction de la durée contractuelle du travail est, au vu de la jurisprudence générale relative à la modification du contrat, susceptible de constituer une modification du contrat à laquelle le salarié peut résister. Mais cette analyse est discutée. S'il y a aussi réduction du salaire, la modification du contrat n'est pas contestable.

– Quant aux conséquences du refus d'une ou de plusieurs modifications du contrat par suite de la réduction du temps de travail, le licenciement prononcé par l'employeur constitue un licenciement pour motif économique. Si la modification est refusée par plusieurs salariés, la procédure de licenciement collectif (plan de sauvegarde de l'emploi) est *a priori* applicable (voir *infra*, 2e partie, titre 3, Licenciement pour motif économique).

Observation : dans la perspective désormais encouragée d'une augmentation de la durée du travail, de nouvelles difficultés sont à prévoir quant à la capacité de résistance du salarié.

Observation générale : interrogations actuelles sur l'avenir de la notion de durée légale du travail. Certains en demandent l'abolition. D'autres plaident pour la conservation d'un principe d'organisation unique quitte à admettre une variété d'applications différentes. Crainte de disparités excessives dans le régime d'emploi et de rémunérations, génératrices des « désordres du travail ».

§ 2 - Aménagement et répartition du temps et des horaires de travail

Depuis la loi de 1936 certains aménagements étaient possibles par voie de dérogation autorisée par l'administration du travail. Ces possibilités étaient peu utilisées. L'ordonnance de 1982 avait ouvert des possibilités nouvelles, par voie d'accord collectif, d'aménagement sur la semaine.

Par la suite, des textes successifs ont permis des aménagements conventionnels sur l'année de travail. Évolution parachevée par la loi du 20 août 2008 qui unifie et simplifie de manière drastique les dispositifs antérieurs.

En outre des textes ont fixé le régime d'horaires particuliers de travail (horaires individualisés).

D'autres aménagements jouent sur une diversité de choix possibles, entre repos et argent.

A. Possibilité d'aménagement des horaires collectifs sur la semaine

Diverses formules permises de répartition des 35 heures sur six, cinq ou même quatre jours, par décrets, avec possibilité de dérogation par **accord collectif**.

Toutefois les aménagements sont limités par le maximum quotidien (dix ou huit heures), et hebdomadaire et par les interdictions ou les limitations du travail de nuit.

L'ordonnance de 1982 modifiée autorise aussi la répartition du personnel en deux groupes hebdomadaires, le second travaillant pendant les jours de repos de fin de semaine du premier (système de la semaine comprimée ou des équipes de suppléance) mais à certaines conditions et dans certaines limites. Ce **travail de fin de semaine**, destiné à permettre d'allonger la durée d'utilisation des équipements, ne peut être institué qu'après accord collectif (étendu ou accord d'entreprise ou d'établissement), ou autorisation de l'inspecteur du travail après consultation des délégués syndicaux et avis du comité d'entreprise ou des délégués du personnel). La rémunération doit être majorée d'au moins 50 pour cent par rapport à celle du travail de semaine.

NB : pour le travail en **équipes successives**, travail en continu, par relais ou roulement, cf. *infra*, § 4, Repos dominical.

En outre possibilité d'**horaires individualisés** : « mobiles », « variables » ou « flexibles comportant une plage fixe » (obligatoire) et une « plage mobile », ils sont permis depuis la loi du 31 décembre 1973 sur l'amélioration des conditions de travail, en dérogation à la règle de l'horaire collectif de travail, soit en vertu d'un accord collectif, soit avec l'assentiment du comité d'entreprise ou des délégués du personnel, soit, en l'absence de ces derniers, sur autorisation de l'inspecteur du travail après constatation de l'accord du personnel.

Le **libre choix** du salarié est requis.

Les horaires individualisés peuvent entraîner, dans certaines limites, des reports d'heures d'une semaine à une autre ; les heures supplémentaires effectuées en vertu du report ne donnent lieu à aucune majoration de rémunération si elles ont été librement choisies par le salarié.

2. Possibilité d'aménagement conventionnel sur une période maximale d'une année

Évolution : le patronat ayant revendiqué de plus grandes possibilités d'assouplissement du temps et des horaires de travail dans le cadre d'une annualisation de la durée légale, un protocole d'accord signé le 15 décembre 1984 qui allait en ce sens ne fut pas ratifié par les bases syndicales.

Le **rapport Taddei** sur une politique d'allongement de la durée d'utilisation des équipements dans les entreprises, demandé par le gouvernement et remis en septembre 1985, recommandait des négociations de branche sur l'aménagement et la réduction du temps de travail et des négociations d'entreprise pour la mise en œuvre pratique des accords de branche ainsi qu'une modification de l'ordonnance de 1982 pour permettre le recours effectif aux équipes de fin de semaine.

- **Une loi du 28 février 1986 (dite loi Delebarre)**, considérant que l'aménagement du temps de travail est un instrument privilégié de la modernisation des entreprises et de l'amélioration de l'emploi, a cherché à permettre l'ajustement du temps de travail aux variations de l'activité de l'entreprise tout en stabilisant la rémunération moyenne des salariés, mais en le confiant à la négociation de branche.

• **La loi du 19 juin 1987 (dite loi Seguin)**, qui concernait aussi le travail des femmes, le travail en continu et le calcul des heures supplémentaires par cycles et non seulement par semaine, avait assoupli encore le régime du temps de travail en ce qui concerne la modulation des horaires, le remplacement de la majoration des heures supplémentaires par un repos compensateur égal et la récupération des heures perdues.

• **La loi du 20 décembre 1993** a accentué le mouvement légal vers l'annualisation en introduisant un troisième type de modulation-annualisation, et en assouplissant les conditions du recours au repos compensateur de remplacement (cf. *infra*).
La loi du 19 janvier 2000 a rénové le système de la modulation, ouvert la porte à d'autres formes de répartition du temps de travail.
Des assouplissements supplémentaires ont été apportés par les lois du 17 janvier 2003 et du 31 mars 2005. D'où une multiplicité de formules de répartition du temps de travail sur plusieurs semaines ou sur l'année : le cycle, la modulation, l'attribution de jours de repos, sur l'année…

• La **loi du 20 août 2008** opère un remaniement radical dans une double direction :
– extrême **simplification des textes** ; il s'agit de substituer aux divers dispositifs préexistants une formule unique d'aménagement du temps de travail sur une période maximale d'un an (art. L. 3122-2, C. trav.) ;
– **renvoi massif à la négociation collective** ; si les textes précédents faisaient déjà appel à l'accord collectif, ils en encadraient de manière assez détaillée le contenu et traçaient des limites précises à ne pas franchir. La loi du 20 août 2008 instaure un système doté d'un encadrement légal des plus allégés.

NB : les accords collectifs mettant en œuvre les anciennes formules restent en vigueur. Indispensable pour assurer les flexibilités les plus avancées, l'accord collectif n'est pas pour autant nécessaire à l'adoption de formules moins radicales.

a) Aménagement du temps de travail en l'absence d'accord collectif
Dans cette situation, un décret permet à l'entreprise d'accéder à une certaine flexibilité mais plus réduite qu'en présence d'un accord (décret du 4 nov. 2008). La durée du travail peut être organisée par **périodes de quatre semaines au plus**, le règlement traçant lui-même un cadre minimum en deux parts.

• Programmation et visibilité des horaires
– Obligation pour l'employeur d'établir un programme indicatif de la variation de la durée du travail. Droit de regard des représentants du personnel qui doivent émettre un avis avant la première mise en œuvre du dispositif puis être consultés en cas de modification du programme de variation et recevoir un bilan annuel.
– Délai de prévenance. Les salariés doivent être prévenus des changements de leurs horaires de travail dans un délai de 7 jours ouvrés au moins avant la date d'intervention du changement.

• Heures supplémentaires
Le propre des dispositifs d'aménagement du temps de travail est de faire varier la durée hebdomadaire du travail sans surcoût dû aux heures supplémentaires, dans

certaines limites. Ne constituent en l'occurrence des heures supplémentaires que les heures accomplies au-delà de 39 heures par semaine et les heures effectuées au-delà de la moyenne de 35 heures calculée sur quatre semaines, déduction faite, le cas échéant, des heures au-delà de 39 heures déjà comptabilisées. Les allègements de la loi du 21 août 2007 sont applicables.
La rémunération est obligatoirement lissée : sur le mois, elle est indépendante de l'horaire réel.

NB : dans les entreprises fonctionnant en continu « l'organisation du temps de travail peut être organisée sur plusieurs semaines par décision de l'employeur » (art. L. 3122-3, C. trav.). Sans autre précision.

b) Aménagement du temps de travail subordonné à un accord collectif (annualisation)

Caractéristiques : il s'agit d'organiser la **répartition de la durée du travail sur une période** supérieure à la semaine et **au plus égale à l'année**.
Formule assez largement inspirée de l'ancienne modulation. Mais les règles qui l'encadrent sont beaucoup plus vagues, le législateur en 2008 abandonnant pour une large part à l'autonomie collective le soin d'organiser à sa guise la répartition du temps de travail.
Les horaires peuvent varier d'une semaine sur l'autre tantôt au-dessus tantôt en dessous de 35 heures sans majoration pour heures supplémentaires en période de haute activité, sans indemnisation du chômage partiel en période basse. Il n'y a **heures supplémentaires** que si certaines limites sont franchies :
- limite annuelle fixée par la loi à 1607 heures par an au maximum,
- le cas échéant une limite haute hebdomadaire (facultative),
- dépassement d'une durée de 35 heures en moyenne sur l'année.

L'**ampleur des variations** n'est bornée que par l'obligation de respecter les durées maximales de 10 heures par jour et de 48 ou 44 heures par semaine (sur une seule semaine ou en moyenne).

Mise en place :
- par accord d'entreprise ou d'établissement,
- ou, à défaut, par accord de branche.

De manière discutable, le Conseil constitutionnel suggère qu'un accord d'entreprise peut, par application de la loi du 20 août 2008, se substituer immédiatement à un accord de branche conclu avant l'entrée en vigueur de cette loi et interdisant les dérogations à ses dispositions dans un sens défavorable aux salariés.
Se démarquant des textes antérieurs, la loi n'impose qu'un nombre de clauses obligatoires réduit. L'accord doit prévoir :
- les limites pour le décompte des heures supplémentaires ;
- les conditions et **délais de prévenance** des salariés en cas de changement des horaires ; ce délai est de 7 jours mais l'accord collectif peut aussi bien l'augmenter que le réduire, d'où la possibilité de variations assez brusques ;
- les incidences des absences, arrivées et départs en cours de période sur les rémunérations.

L'exigence d'un programme indicatif des variations dans l'accord collectif a disparu.

Observation : il reste à savoir si l'extrême simplification des textes législatifs ne sera pas source de complexités nouvelles, le droit conventionnel ne se signalant pas d'ordinaire par une particulière limpidité.

NB :
– larges espaces ménagés à la décision unilatérale du chef d'entreprise dans le cadre de l'accord collectif d'annualisation.
Variabilité et relative imprévisibilité des horaires aggravant les conditions de travail et de vie hors travail.
– l'accord d'annualisation peut prévoir le paiement sur l'année d'une rémunération mensuelle constante, indépendante de l'horaire réel de chaque mois (**lissage** des rémunérations). Des difficultés très techniques peuvent se présenter en cas d'absence pour maladie. L'une d'entre elles a donné à la Cour de cassation l'occasion de reconnaître pour la première fois l'existence d'une discrimination indirecte, en l'occurrence en raison de l'état de santé.

Observation : l'annualisation illustre la tendance lourde de la législation depuis plus de vingt ans à neutraliser les heures supplémentaires avec le coût qu'elles présentent par le biais de dispositifs dérogatoires. La réforme visant à développer et à mieux rémunérer les heures supplémentaires (cf. *supra*) contredit curieusement cette orientation. Dans les entreprises pratiquant l'annualisation, elle ne permet que des augmentations du pouvoir d'achat très marginales.

3. Repos ou argent

Certains dispositifs ouvrent la possibilité de différents choix permettant de privilégier tantôt une augmentation des revenus salariaux tantôt la prise de repos.

a) Le Compte épargne temps (CET)

Créé par la loi du 25 juillet 1994, maintes fois remanié, en dernier lieu par la loi du 21 août 2008, le CET a désormais des finalités diverses.

Mise en place et mécanisme : le CET ne peut être mis en place que par accord collectif d'entreprise ou d'établissement et, à défaut, par accord de branche. Large renvoi à l'autonomie collective.
Il permet au salarié d'accumuler divers droits à repos ou à congés ainsi que diverses sommes d'argent qui lui permettront ou bien de financer à terme un congé de longue durée ou bien de se constituer une épargne financière dont il pourra disposer immédiatement ou plus tard (art. L. 3151-1 et s., C. trav.).

Alimentation : sources très diverses : la loi se borne désormais à indiquer que le compte peut être alimenté en temps ou en argent dans les conditions et limites déterminées par l'accord collectif instituant le CET. En pratique, le salarié peut placer sur le compte les jours de congés payés accordés au-delà de 24 jours ouvrables, les heures de compensation obligatoire en repos (cf. *supra*, Dépassement de la durée légale) ou de remplacement (cf. *infra*), les jours de repos accordés au titre de la réduction du temps de travail ou des conventions de forfait (cf. *supra*) on a pu observer que le repos devient une créance susceptible d'épargne.
Le salarié peut aussi affecter au CET des augmentations ou compléments de salaires, des primes d'intéressement ou de participation, des sommes versées dans un plan d'épargne d'entreprise ou un plan d'épargne pour la retraite collectif.

Les conditions et limites de ces affectations sont définies par l'accord collectif mettant en place le CET.

– l'employeur peut apporter un complément. Il a même le droit d'affecter de sa propre initiative au CET les heures accomplies par ses salariés au-delà de la durée collective de travail si l'accord collectif le prévoit.

Pour éviter l'accumulation de charges trop lourdes, un décret fixe un plafond de droits épargnés au-delà duquel ceux-ci sont immédiatement convertis en argent (Décr. 29 déc. 2005); pour les droits excèdant le plafond, un dispositif d'assurance ou de garantie doit être mis en place.

Utilisation : trois formes :

– prise d'un congé financé grâce au CET (congé parental d'éducation, passage à temps partiel, congé de fin de carrière…);

– rémunération différée : le CET alimentera un plan d'épargne salariale, en particulier en vue de financer des droits ou des prestations de retraite;

– rémunération immédiate : même si l'accord collectif ne le prévoit pas ou s'y oppose, tout salarié peut, sur sa demande et en accord avec l'employeur, compléter sa rémunération par conversion de ses droits en une somme d'argent (exceptée la cinquième semaine de congés payés) (art. L. 3153-1, C. trav.). Forme d'augmentation du temps de travail. Affaiblissement de l'accord collectif au profit d'arrangements individuels employeur/salarié.

b) Repos compensateur de remplacement

Le versement de la **majoration** des heures supplémentaires peut être remplacé par un repos compensateur (art. L. 3121-24, C. trav.); le repos dû est « équivalent » (et non pas « égal »); il peut être mis en application par accord collectif d'entreprise ou d'établissement et, à défaut, par accord collectif de branche; il peut l'être aussi après consultation du comité d'entreprise ou, à défaut, des délégués du personnel s'ils existent et sans opposition de leur part si l'entreprise est dépourvue de délégués syndicaux.

Infléchissement : bien dans l'esprit actuel, la loi du 8 février 2008 prévoit, pour une période expérimentale de deux ans, que le salarié pourra, en accord avec l'employeur, décider que le repos compensateur de remplacement qui lui serait applicable sera, en tout ou en partie, converti en une majoration de salaire dont le taux ne pourra être inférieur à celui en vigueur pour les heures supplémentaires. Renonciation à l'application d'un accord collectif par simple accord individuel. L'arbitrage en faveur de l'argent au détriment du repos détourne le repos compensateur de remplacement de sa logique première.

Observation : mis à part cet infléchissement temporaire, ce repos compensateur, si ses modalités de mise en œuvre ne sont pas suffisamment précisées dans l'accord collectif ou dans l'accord donné par les représentants du personnel, peut permettre une annualisation forcée du temps de travail, lorsque l'employeur impose qu'il soit pris pendant les périodes de baisse d'activité. On doit déplorer l'absence de « garde-fou » légal.

4. La récupération des heures perdues

Le Code du travail (art. R. 3122-4) limite en principe cette récupération imposée aux salariés aux douze mois précédant ou suivant leur perte, sans pouvoir augmenter la durée du travail de plus d'une heure par jour ni de plus de huit heures par semaine (art. R. 3122-5). Les heures de récupération sont des heures normales et non des heures supplémentaires.

La Cour de cassation avait appliqué cette possibilité non seulement aux heures perdues pour des causes exceptionnelles, mais en raison de toute variation périodique d'activité, même prévisible, ce qui permettait des modulations excessives des horaires imposées aux salariés. Les lois du 28 février 1986 et du 19 juin 1987 ont à la fois :

– défini plus strictement les heures récupérables : heures perdues par suite d'interruption collective de travail résultant de **causes accidentelles** ou de **force majeure**, cas d'intempéries, d'inventaire et de chômage d'un jour ou deux jours ouvrables entre un jour férié et un jour de repos hebdomadaire (ponts) ou d'un jour avant les congés annuels;

NB : cette définition exclut les heures perdues pour baisse cyclique d'activités;

– assoupli les conditions de dérogation, en permettant celle-ci par accord collectif de branche étendu ou par accord d'entreprise ou d'établissement.

NB : la récupération des heures perdues par suite de grève ou de lock-out est interdite.

5. Travail de nuit

a) Évolution

Pendant longtemps, le droit français n'a assuré aucun encadrement général du travail de nuit, se bornant à l'interdire pour certaines catégories. Le **travail de nuit des femmes** a été au centre des débats. Interdit dans l'industrie, il pouvait y être pratiqué à titre dérogatoire à certaines conditions définies en dernier lieu par la loi du 19 juin 1987. Cette réglementation est devenue inapplicable. En effet, la Cour de justice des Communautés européennes a, dans sont arrêt *Stoeckel* (25 juillet 1991, *Dr. soc.* 1992.174), condamné les dispositions du Code du travail interdisant (sauf dérogations) le travail de nuit des femmes, comme non conformes aux exigences d'une directive communautaire de 1976 relative à l'égalité de traitement entre hommes et femmes. La France ayant dénoncé la Convention n° 89 de l'OIT (interdiction dans l'industrie) devait modifier sa législation en vue d'établir les règles restrictives applicables aux hommes aussi bien qu'aux femmes. Elle a accumulé les retards. La menace d'une forte astreinte l'a finalement conduite, près de dix ans après l'arrêt *Stoeckel*, à adopter de nouvelles règles (loi du 9 mai 2001).

b) Réforme (loi du 9 mai 2001)

Pour rétablir l'égalité des travailleurs masculins et féminins, deux voies étaient envisageables : interdire le travail de nuit pour les uns et les autres ou l'accepter en l'encadrant. La seconde solution a été retenue. Réforme largement inspirée par la directive européenne du 23 novembre 1993 recodifiée en 2003 sur l'aménagement de temps de travail.

• Définitions

– La période nocturne : en principe de 21 heures à 6 heures. Aménagements possibles par accord étendu, accord d'entreprise ou sur autorisation de l'inspecteur du travail. Textes ponctuels pour certaines activités (audiovisuel par exemple).

– Le travailleur de nuit : accomplit au moins deux fois par semaine, durant la période nocturne, au moins trois heures de son travail journalier ou une partie de son temps de travail annuel définie par accord de branche étendu ou par décret (270 heures sur 12 mois, décret 3 mai 2002).

• **Recours au travail de nuit**

– Le recours au travail de nuit doit être « **exceptionnel** » et prendre en compte les impératifs de protection de la santé et de la sécurité. Il doit être justifié par la nécessité d'assurer la continuité de l'activité économique ou des services d'utilité sociale, formule plutôt large (art. L. 3122-32, C. trav.)

– **Principe** : la mise en place du travail de nuit est subordonnée à la conclusion d'un accord collectif étendu ou d'un accord d'entreprise.

– **Atténuation** si l'employeur a simplement engagé « sérieusement et loyalement » des négociations en vue de la conclusion d'un tel accord collectif, l'introduction du travail de nuit peut être autorisée par l'inspecteur du travail.

NB : remarquable allusion à l'exigence de négociations loyales (cf. volume 1, 3e partie, titre 1, Conventions collectives) à laquelle la loi donne un contenu précis et objectif : convocation de toutes les organisations représentatives, lieu et calendrier des réunions, informations, réponse aux propositions des syndicats.

• **Garanties propres au travail de nuit**

– **Durée du travail**

Durée quotidienne maximale : 8 heures

Durée hebdomadaire maximale : en moyenne 40 heures sur douze semaines consécutives.

Possibilité de dérogations par accord étendu ou accord d'entreprise ou d'établissement pour certaines activités, sur autorisation de l'inspecteur du travail dans des circonstances exceptionnelles ; à l'initiative de l'employeur en cas d'accident.

– **Contreparties au travail de nuit**

Elles doivent obligatoirement être prévues sous forme de repos compensateurs. Peuvent s'y ajouter des contreparties salariales. Avec l'entrée en vigueur de la loi du 9 mai 2001, des problèmes de droit transitoire sont apparus à propos de la portée d'accords collectifs antérieurs à la réforme et accordant des majorations de salaire pour des plages nocturnes plus étroites que celles issues de la loi nouvelle. La Cour de cassation a d'abord considéré que la définition légale était d'ordre public et d'application immédiate y compris pour l'octroi des majorations de salaire. Sous le feu des critiques, elle a opéré un revirement très net. La définition légale ne s'impose que pour l'octroi du repos compensateur. Non pour les compensations salariales. Toutefois si l'accord collectif ne fixe pas de plage nocturne précise, la compensation salariale doit être appliquée à toutes les heures comprises dans la définition légale. Évolution emblématique d'une considération appuyée pour la négociation collective et de sensibilité à un certain discours sur la sécurité juridique. Lorsque le travail de nuit résulte d'un accord collectif, celui-ci doit prévoir des mesures d'amélioration des conditions de travail et faciliter l'articulation de l'activité nocturne avec l'exercice de responsabilités familiales et sociales, entre autres en matière de transports collectifs. Timide évocation d'une nécessaire « concordance des temps » de la vie professionnelle, familiale, sociale.

– **Passage au travail de nuit, retour au travail de jour**
Les salariés en place dans l'entreprise bénéficient d'une priorité, dans les deux sens, et doivent être informés des emplois disponibles.

NB : le salarié est en droit de refuser le travail de nuit lorsqu'il est incompatible avec des obligations familiales impérieuses (garde d'un enfant, personne dépendante à charge…) sans que ce refus constitue une faute ou un motif de licenciement. Amorce d'une prise en compte des droits fondamentaux comme limite au pouvoir de direction.

Rappel : la jurisprudence considère que le passage d'un horaire de jour à un horaire de nuit constitue objectivement une modification du contrat de travail que le salarié est en droit de refuser. Ce refus peut aboutir au licenciement du salarié sauf raisons familiales impérieuses.
Les femmes enceintes ou ayant accouché doivent être affectées, sur leur demande, à un poste de jour pendant la grossesse et le congé postnatal.
– **Santé**
Une surveillance médicale spéciale est assurée.
Le licenciement pour inaptitude au travail de nuit est limité aux hypothèses d'impossibilité pour l'employeur de proposer un poste de jour et de refus du salarié d'accepter un poste de jour.
Le médecin de travail est consulté avant toute mesure importante touchant au travail de nuit.
Le CHSCT est informé en la matière.

c) Jeunes travailleurs
Les travailleurs et apprentis de moins de 18 ans relèvent d'une véritable interdiction du travail de nuit (entre 22 heures et 6 heures pour les jeunes de plus de 16 ans et de moins de 18 ans, entre 20 heures et 6 heures pour les jeunes de moins de 16 ans). Quelques dérogations sont possibles et appelées à se développer par décret (loi du 26 juillet 2005 et décrets du 13 janvier 2006).

§ 3 - Travail à temps partiel

Évolution : cette forme de travail, utile pour des catégories croissantes (mères de famille, handicapés, étudiants, personnes âgées…), longtemps considérée avec méfiance par les syndicats (absence de protection adéquate) a été encouragée par de nombreux textes : loi de 1973 levant certains obstacles, loi du 28 janvier 1981, qui :
– l'autorisait sur simple avis du comité d'entreprise ;
– permit à l'employeur d'imposer au salarié des « heures complémentaires » ;
– posa le principe de **l'égalité des droits** entre salariés à temps partiel et à temps complet.
Ce régime fut critiqué.
En vue de lutter contre le chômage et surtout de faire du travail à temps partiel une forme d'emploi qui assure aux salariés un statut comparable à celui des salariés à temps complet, une **ordonnance du 26 mars 1982** a entendu améliorer la situation du salarié (prérogatives nouvelles, contrôles supplémentaires, alignement plus systématique des droits sur ceux des salariés à temps complet). Idée de « temps choisi ».

Pas moins de quatre lois (1991, 1992, 1993, 1995) ont incité au développement du temps partiel.

Les **lois du 13 juin 1998 et du 19 janvier 2000** ont cherché à moraliser le recours au temps partiel.

Une **directive du 15 décembre 1997** reprenant un accord-cadre conclu par les partenaires sociaux au niveau européen formule des orientations générales en la matière. La loi du 19 janvier 2000 s'en inspire.

La **loi du 20 août 2008** facilite l'aménagement du temps partiel sur l'année.

1. Définition

Elle résulte désormais de la loi du 19 janvier 2000 et se conforme à la directive du 15 décembre 1997. Est considéré comme salarié à temps partiel tout salarié dont la durée de travail est inférieure à la durée légale hebdomadaire (35 heures) ou à la durée conventionnelle hebdomadaire si elle est inférieure à la durée légale. L'appréciation de la durée du travail peut être opérée dans un cadre mensuel ou annuel équivalent à la durée légale calculée sur le mois ou sur l'année soit 1 607 heures (art. L. 3123-1, C. trav.)

Si la durée du travail est portée, même à titre temporaire, au niveau de la durée légale ou conventionnelle, le contrat de travail doit être requalifié en contrat à temps complet (jurisprudence).

NB : dans le contexte de crise actuel, des parlementaires proposent que, sur la base du volontariat, une augmentation temporaire de la durée de travail des salariés à temps partiel à hauteur de la durée légale ou conventionnelle puisse être pratiquée.

2. Recours au travail à temps partiel

a) Le temps partiel peut être pratiqué :

– à l'initiative de l'employeur, sur la base d'un accord collectif s'il en existe un, ou, dans le cas contraire, par décision unilatérale de la direction ;

– à l'initiative du salarié (temps partiel « choisi », art. L. 3123-6, C. trav.), mais l'employeur est en droit de refuser en l'absence d'emploi disponible ou en raison des conséquences préjudiciables de la mesure.

Le « volontariat » du salarié est très relatif, mais il peut demander à revenir au temps complet, avec priorité y compris sur un emploi à durée déterminée. Les salariés à temps complet ont un droit de priorité pour occuper les emplois à temps partiel. Le refus d'effectuer un travail à temps partiel ne constitue ni une faute ni un motif de licenciement.

La liberté de l'employeur d'organiser le temps partiel reste très grande, malgré un dispositif de protection du salarié.

Observation : une proportion non négligeable de salariés travaille à temps partiel (environ 18 %) ; parmi eux beaucoup de ceux que l'on appelle les « travailleurs pauvres ».

b) Contrôles

– avis du comité d'entreprise ou des délégués du personnel, transmis (15 jours) à l'inspecteur du travail ; à défaut, information de l'inspecteur du travail ; donc absence de droit de veto des représentants du personnel ;

– communication au moins une fois par an au comité ou aux délégués du personnel d'un bilan de travail à temps partiel dans l'entreprise, communiqué aussi aux délégués syndicaux ;
– le gouvernement peut, par décret, limiter le recours au travail à temps partiel dans les branches ou professions où sa pratique aura déséquilibré les conditions d'emploi ;
– trimestriellement ou semestriellement, selon l'importance des effectifs de l'entreprise, **information** du comité d'entreprise relative aux salariés sous contrat de travail à temps partiel ;
– dans le bilan annuel du travail à temps partiel communiqué au comité d'entreprise et aux délégués syndicaux doivent figurer les horaires pratiqués et le nombre des contrats de travail à temps partiel ouvrant droit à l'abattement de cotisations sociales ainsi que le nombre d'heures complémentaires et supplémentaires effectuées par les salariés à temps partiel.

c) Contrat

• **Écrit**, indiquant la durée hebdomadaire ou mensualisée, la répartition (et les cas de sa modification) entre les jours ou les semaines, la qualification, les éléments de rémunération, le nombre d'heures complémentaires (maximum égal au tiers de la durée prévue, le total devant rester inférieur à la durée légale ou conventionnelle du travail).

NB : la possibilité de **modifier la répartition de la durée du travail** entre les jours de la semaine ou entre les semaines n'est ouverte qu'autant que le contrat de travail l'a prévue (sauf dans les entreprises d'aide à domicile). De plus, la modification doit être notifiée au salarié au moins sept jours à l'avance (sauf accord étendu ou accord d'entreprise réduisant ce délai moyennant des contreparties). Le licenciement pour refus d'une modification opérée sans respecter ce délai de prévenance est sans cause réelle et sérieuse (Soc., 4 avril 2006). Dans le cas où le délai a été respecté le refus du salarié ne constitue ni une faute ni un motif de licenciement lorsque le changement n'est pas compatible avec des obligations familiales impérieuses (prise en compte des droits fondamentaux du salarié), le suivi d'un enseignement scolaire ou supérieur, une période d'activité prévue chez un autre employeur.
Dans l'hypothèse d'acceptation du salarié, l'employeur ne doit pas abuser de son pouvoir de modification à peine de requalification du contrat à temps partiel en contrat à temps plein (jurisprudence : changements incessants obligeant de fait le salarié à une disponibilité permanente).
Quant à la **modification des horaires journaliers**, son refus ne constitue pas une cause de licenciement s'il est justifié par des obligations familiales impérieuses.

• En l'absence d'écrit le contrat est présumé conclu à temps complet (présomption simple). Il appartient à l'employeur qui se prévaut d'un contrat à temps partiel de rapporter la preuve non seulement de la durée exacte du travail convenu, mais encore de sa répartition sur la semaine ou le mois. Si le salarié est placé dans l'impossibilité de prévoir à quel rythme il doit travailler et doit se tenir constamment à la disposition de l'employeur, on est en présence d'un contrat à temps complet.

3. Statut du travailleur à temps partiel

a) L'horaire du travail régulier peut être réparti selon les jours de la semaine ou selon les semaines du mois, dans les conditions fixées au contrat ; il peut s'y ajouter des **heures complémentaires** dans les limites fixées au contrat.

La loi limite au dixième de l'horaire contractuel le nombre maximal d'heures complémentaires, une convention de branche étendue ou un accord d'entreprise pouvant, à certaines conditions (mentions des droits, garanties de l'égalité des droits...) porter ce minimum au tiers de cet horaire. Les heures complémentaires dérogatoires ainsi autorisées donnent lieu à une majoration de salaire de 25 %.

En cas de hausse de plus de deux heures, pendant douze semaines consécutives (ou douze semaines au cours d'une période de quinze semaines), de l'horaire contractuel, le **contrat de travail est modifié** en ajoutant à l'horaire antérieurement fixé la différence entre cet horaire et l'horaire moyen réellement pratiqué. La modification du contrat suppose un préavis de sept jours. Le salarié est en droit de s'y opposer (loi du 13 juin 1998).

NB : la loi du 21 août 2007 organisant l'exonération de charges des heures supplémentaires s'applique aux heures complémentaires des salariés à temps partiel sous certaines conditions spécifiques.

b) Les heures supplémentaires sont interdites dans le cadre du travail à temps partiel.

Afin de lutter contre certains abus, l'article L. 3123-16, C. trav. dispose que les horaires des salariés à temps partiel ne peuvent comporter, au cours d'une même journée, plus d'une interruption d'activité. Aucune interruption de plus de deux heures n'est admise. Mais un accord collectif étendu ou un accord d'entreprise peut déroger à ces deux principes.

c) Principe d'égalité pour les droits individuels : bénéfice des droits reconnus aux salariés à temps complet par la loi ou les accords collectifs : période d'essai non supérieure à celle des salariés à temps complet, ancienneté calculée comme si occupation à temps complet, rémunération proportionnelle à celle du salarié à plein temps dans un emploi équivalent, indemnités proportionnelles de licenciement ou de départ en retraite. La jurisprudence en a fait application notamment à propos d'augmentations de salaire.

En présence d'un licenciement collectif, l'employeur ne peut licencier les salariés à temps partiel de préférence aux salariés à temps complet.

Pour ce qui concerne les droits de source conventionnelle, l'accord collectif peut prévoir des modalités spécifiques d'attribution aux salariés à temps partiel mais ceux-ci ne peuvent être purement et simplement exclus de l'application de l'accord.

Observation : les salariés à temps partiel étant en grande partie des femmes, l'égalité de traitement avec les salariés à temps complet recoupe souvent l'exigence d'égalité professionnelle des hommes et des femmes, spécialement en matière de rémunération. La Cour de justice des Communautés européennes s'attache à la discrimination indirecte dont sont victimes les femmes employées à temps partiel. Cf. *supra*, Égalité des rémunérations entre hommes et femmes.

d) Mandats représentatifs : le salarié à temps partiel a les mêmes droits d'électorat et d'éligibilité aux fonctions de représentant élu ou d'être désigné délégué syndical qu'un salarié à temps complet, sans toutefois pouvoir exercer un mandat électif simultanément dans plusieurs entreprises où il travaille. Pour éviter les cumuls de mandat disproportionnés au regard du temps de travail, celui-ci ne peut être réduit de plus d'un tiers par l'utilisation des crédits d'heures afférents aux divers mandats (le solde pouvant être utilisé en dehors des heures de travail et rémunéré).

En ce qui concerne les seuils d'effectifs, les salariés à temps partiel sont comptés au prorata de la durée du travail à temps partiel dans l'entreprise.

Observation : abattement de cotisations sociales. Depuis 1981 des mécanismes d'abattement d'assiette des cotisations sociales sont mis en œuvre pour éviter un alourdissement des charges sociales (en raison du plafonnement de l'assiette).

4. Formules particulières

a) Travail intermittent

Introduit par une ordonnance du 11 août 1986, supprimé par la loi du 20 décembre 1993, le travail intermittent, forme particulière de travail « à temps choisi », a été rétabli par la loi du 19 janvier 2000.

Il s'agit à la fois de prendre en compte la spécificité de certains secteurs qui connaissent d'importantes fluctuations sur l'année et d'assurer aux salariés une relative stabilité.

Définition : le travail intermittent correspond à des emplois permanents qui, par nature, comportent une alternance de périodes travaillées et non travaillées. Un accord collectif étendu ou un accord d'entreprise est nécessaire à la mise en place du système. Cet accord doit définir de façon précise les emplois concernés (art. L. 3123-31, C. trav.).

Statut du salarié et contrat de travail : le contrat de travail intermittent est un contrat à durée indéterminée. Ecrit, indiquant la qualification du salarié, les éléments de rémunération, la durée annuelle minimale de travail, les périodes de travail, la répartition des heures de travail à l'intérieur de ces périodes.

Les heures dépassant la durée annuelle minimale contractuelle ne peuvent excéder le tiers de cette durée sauf accord du salarié.

Le principe est celui de l'égalité des droits avec les salariés à temps complet sous réserve de modalités spécifiques pour les droits conventionnels.

Pour les droits liés à l'ancienneté, les périodes non travaillées sont prises en compte en totalité.

NB : requalification en contrat à temps complet si l'absence de certaines clauses obligatoires permet de conclure que le salarié est en permanence à la disposition de son employeur.

b) Aménagement du temps partiel sur l'année

Dans le cadre de la refonte d'ensemble des dispositifs qu'elle a opérée (cf. *supra*), la loi du 20 août 2008 a fait de l'annualisation un simple « aménagement » du temps partiel de droit commun et supprimé la formule de temps partiel modulé qui poursuivait des fins voisines. Les accords de temps partiel modulé conclus avant la réforme de 2008 restent en vigueur.

Désormais le travail à temps partiel peut être aménagé en organisant la répartition de la durée du travail sur une période supérieure à la semaine et au plus égale à l'année.

• **Accord collectif préalable :** un accord d'entreprise ou d'établissement ou, à défaut, un accord de branche (éventuellement inclus dans un accord d'aménagement du travail à temps complet) doit être conclu. Même contenu que les accords d'aménagement du travail à temps complet (cf. *supra*) avec en outre l'indication des modalités de communication et de modification de la répartition de la durée et des horaires de travail (art. L. 3122-2).

• **Contrat de travail** écrit avec clauses obligatoires (cf. *supra*).

• Appréciation du nombre maximum d'**heures complémentaires** autorisé : sur la base du dixième (ou du tiers) de la durée hebdomadaire ou mensuelle prévue au contrat, calculée sur la période définie par l'accord collectif (un an maximum).

• **Modification du contrat** en cas de hausse de plus de deux heures sur douze semaines au cours de la période définie par l'accord collectif si elle est plus longue (un an maximum).
Pour le surplus les règles ordinaires du travail à temps partiel sont applicables.

c) Travail à temps partiel pour raisons familiales
Les salariés peuvent, en raison des besoins de leur vie familiale, bénéficier sur leur demande, de périodes de non-travail d'au moins une semaine, la durée du travail devant être fixée dans la limite de la durée annuelle du travail à temps partiel (1 607 heures). Pendant les périodes travaillées le salarié est occupé selon l'horaire collectif à temps complet applicable dans l'entreprise. Un avenant au contrat de travail précisant la ou les périodes non travaillées suffit.

Observation générale : les principales exigences en matière de travail à temps partiel sont pénalement sanctionnées (art. R. 3124-5, C. trav.)

§ 4 - Repos hebdomadaire et dominical

A. Repos hebdomadaire

1. Contenu de l'obligation

Trois règles :

a) Interdiction de faire travailler un salarié plus de 6 jours par semaine
Mal respectée dans certaines professions (activités saisonnières).

b) Repos doit avoir une durée minima de 24 heures consécutives
S'y ajoute, depuis la loi du 13 juin 1998, le repos quotidien minimum de 11 heures consécutives, soit 35 heures.

c) Repos placé le dimanche
Règle non reprise par le droit communautaire mais ce dernier ne s'oppose pas au maintien du principe dans la législation nationale.
Noter la pratique étendue (mais non générale) du « week-end ».

Observation : comme en témoigne récemment la loi du 10 août 2009, le principe est maintenu mais les dérogations se multiplient, favorisant une banalisation du dimanche pourtant élément structurant de la vie familiale et du lien social. Vives controverses. Forte valeur symbolique.

2. Fondement de l'obligation

a) Protection du travailleur
Besoin physiologique et social de repos. Selon la loi du 10 août 2009, le principe est édicté « dans l'intérêt des salariés ».

b) Respect des préceptes religieux
Reconnus par la masse chrétienne de la population (liberté de conscience).

3. Fermeture des établissements

Pas obligatoire en principe, mais souhaitable, car elle facilite le contrôle. Aussi la loi du 29 décembre 1923 permet aux préfets d'ordonner la fermeture au public de tous les établissements d'une profession et d'une région, après accord des syndicats patronaux et ouvriers représentant la majorité des professionnels intéressés.

4. Sanctions pénales

Applicables autant de fois qu'il y a de salariés irrégulièrement employés. Le juge des référés peut interdire, sous astreinte, l'ouverture le dimanche. Sur l'action en justice des syndicats, y compris patronaux, cf. volume 1, Les syndicats. L'inspecteur du travail s'est également vu reconnaître la faculté de saisir le juge des référés pour faire cesser l'emploi illicite de salariés le dimanche dans les établissements de vente au détail ou de services au consommateur (loi du 19 janvier 2000).

Observation : au plan civil, la jurisprudence, dans son dernier état, sanctionne l'obligation faite au salarié de travailler le dimanche en violation de la loi par l'allocation de dommages-intérêts en réparation du préjudice subi du fait de l'atteinte portée à la vie personnelle de l'intéressé.

B. Dérogations

1. Dérogations à l'obligation du repos dominical

a) De plein droit
Transport, hôtels, restaurants, hôpitaux et établissements de soins, spectacles, énergie… Liste allongée par décret du 2 août 2005.
Repos compensateur donné un autre jour de la semaine.
La loi du 10 août 2009 élargit le champ des dérogations de plein droit en y ajoutant tous les établissements de vente au détail situés dans les communes d'intérêt touristique ou thermales et dans les zones touristiques d'affluence exceptionnelle ou d'animation culturelle permanente (délimitées par le préfet sur proposition du maire). La loi ne prévoit dans ce cas ni contrepartie particulière ni exigence de volontariat (art. L. 3132-25).
D'autres entreprises sont autorisées à donner le repos hebdomadaire par roulement (art. L. 3132-12).

b) Sur demande
Deux cas :
• Décision préfectorale, lorsque le repos dominical compromet le fonctionnement de l'établissement ou porte préjudice au public, après consultation du conseil municipal, de la chambre de commerce et des syndicats intéressés. Contentieux abondant et vives controverses sur certaines autorisations. D'où l'ouverture d'une seconde possibilité.

• Décision préfectorale pour les établissements de vente au détail implantés dans un « périmètre d'usage de consommation exceptionnel » (Puce). Les Puce ne peuvent exister que dans des unités urbaines de plus d'un million d'habitants. Délimités par le préfet, ils se caractérisent par des habitudes de consommation dominicale ou la proximité d'une zone frontalière où existe un tel usage ainsi que par l'importance de la clientèle et son éloignement.

Cas deux types de dérogations supposent l'existence d'un accord collectif ou, à défaut, d'une décision de l'employeur approuvée par référendum. Les contreparties sont librement déterminées par l'accord collectif. En l'absence d'un tel accord, la loi elle-même reconnaît au salarié le droit à un repos compensateur et à une rémunération doublée. Le volontariat est de règle. Le refus de travailler le dimanche ne constitue pas une faute ou un motif de licenciement. L'évolution de la situation du salarié fait l'objet d'un suivi. En l'absence d'accord collectif, le salarié privé de repos dominical a la faculté de refuser de travailler trois dimanches de son choix par année civile (délai de prévenance d'un mois) (loi du 10 août 2009).

c) Occasionnelles

Par arrêté municipal : commerces de détail, avec repos compensateur et majoration de salaire.

d) Conventionnelles

Par accord collectif étendu ou accord d'entreprise, pour les équipes de suppléance dans les entreprises industrielles (équipes de salariés à temps partiel en fin de semaine…), mais aussi, plus largement, pour des « raisons économiques ».

NB : l'obligation du repos dominical pour les apprentis de moins de 18 ans supporte des dérogations particulières qui vont se multipliant (loi du 2 août 2005).

2. Dérogation à l'obligation du repos hebdomadaire

Privation du repos sans compensation :
- travaux urgents pour réparer ou prévenir un accident,
- matières périssables,
- surcroît extraordinaire du travail,
- établissement travaillant pour la défense nationale, etc.,
- usines à feu continu, professions saisonnières : repos compensateur.

Observation : souvent est organisé le report du repos sur une journée ou une semaine suivante. Dans les activités saisonnières fixées par décret et ne s'exerçant que pendant une période de l'année, un accord collectif peut déroger aux règles de décompte des repos compensateurs (lois 9 janv. et 25 juill. 1985).

3. Aménagement possible de la répartition des heures travaillées dans la semaine

Semaine « comprimée », équipes de suppléance… à certaines conditions et dans certaines limites, de sorte que des salariés sont conduits à travailler en fin de semaine, même le dimanche. Cf. *supra*, Aménagements du temps de travail.

Section 2 › RÉGLEMENTATION DES CONGÉS ET DES JOURS FÉRIÉS

§ 1 - Congés payés annuels

Tout travailleur ayant accompli un temps de travail minimum a droit, chaque année, à un nombre de jours de congé proportionnel au temps de travail accompli dans l'entreprise ou parfois, dans la profession, sans diminution de ses revenus.
Établis en 1936, modifiés et accrus depuis, par les lois (1956, 1969, Ord. 16 janv. 1982) souvent préparées par des accords collectifs.
Le droit au congé annuel payé doit être considéré comme un principe du droit social communautaire revêtant une importance particulière (CJCE 16 mars 2006).

A. Conditions

Deux :

1. Existence d'un contrat de travail ou d'apprentissage

2. Durée *minima* des services

a) Travail effectif au cours de l'année de référence (1er juin/31 mai)
Durée minimale fixée à dix jours (contre un mois auparavant) pour tenir compte de certains arrêts de la CJCE (loi du 20 août 2008); aucune condition de durée de services pour les salariés sous CDD ou de travail temporaire. Les temps de suspension pour maternité ou accident du travail ne comptent pas pour l'appréciation de la durée minimale de travail effectif requise pour l'ouverture du droit à congé. En revanche, ils comptent pour le calcul de la durée du congé.

b) Travail accompli dans la même entreprise
Lorsque le salarié change d'entreprise, il reçoit une indemnité compensatrice. Lorsque l'entreprise change de mains, les droits des travailleurs ne sont pas modifiés.
Pour les salariés employés d'une manière discontinue, l'employeur doit cotiser à une caisse de congés payés qui versera l'indemnité au salarié.

B. Date et durée

1. Date

Elle est fixée par les conventions collectives et les contrats individuels librement à l'intérieur de la période comprise entre le 1er mai et le 31 octobre (élargissement de cette période possible par accord collectif lorsque la durée du travail est annualisée).

a) L'employeur choisit entre le **roulement** et la **fermeture temporaire** de l'établissement; il peut, la fixation de la date des congés lui appartenant, prévoir que la 5e semaine de congés serait prise pendant la fermeture de l'entreprise pour des raisons économiques, dès lors que les salariés ne subissent aucune perte de salaire (Ch. mixte, 10 déc. 1993, *BCV* n° 2).

b) Fractionnement possible par accord entre employeur et salarié, si le congé est supérieur à douze jours ouvrables (continuité *minima* nécessaire) et à condition qu'une fraction de 12 jours ouvrables continus soit prise entre le 1er mai et le 31 octobre. L'attribution du reste des congés hors de cette période donne droit à un supplément d'un ou deux jours selon les cas (but d'inciter à un étalement des vacances), sauf s'il s'agit de la 5e semaine de congés.

c) La **maladie** avant le départ en congé ou pendant le congé soulève des problèmes délicats que les conventions collectives règlent souvent; par ailleurs, sous l'influence du droit communautaire, la Cour de cassation a récemment opéré un revirement en admettant que lorsque le salarié s'est trouvé, en raison d'une maladie, dans l'impossibilité de prendre ses congés payés au cours de l'année prévue, les congés acquis doivent être reportés après la date de reprise du travail (finalités distinctes des congés payés et du congé maladie). En cas de rupture, le salarié aura droit à une indemnité compensatrice des congés payés non pris du fait de l'arrêt maladie (Soc., 24 fév. 2009, *RDT* 2009.241).

d) La durée des congés pouvant être pris en une seule fois ne peut excéder 24 jours ouvrables, la 5e semaine de congés ne pouvant être prise à la suite des autres, sauf dérogation individuelle par accord pour les salariés justifiant de contraintes géographiques particulières (loi 25 juill. 1985) (problème de la 5e semaine de congé des travailleurs étrangers qui souhaitent prendre d'affilée l'ensemble du congé annuel à cause des frais et de la durée du voyage dans leur pays d'origine);

e) L'ordre et les dates de départ fixés par l'employeur doivent être arrêtés au moins un mois à l'avance, sauf circonstances exceptionnelles.

NB : l'employeur ne peut imposer une prise de congés anticipée.

2. Durée

2 jours et demi ouvrables par mois de travail (5 semaines) depuis l'ordonnance du 16 janvier 1982 généralisant, à la suite du protocole de juillet 1981, la 5e semaine de congés payés (2 semaines en 1936, 3 en 1957, 4 en 1969).
Si la durée du congé ainsi calculée est un nombre non entier de jours (27 jours et demi pour 11 mois), elle est portée au nombre entier supérieur.
L'absence du travailleur ne peut entraîner une réduction de ses droits plus que proportionnelle à la durée de cette absence.
La durée dépend du temps de travail effectif (les suspensions pour maternité ou accidents du travail comptent mais non celles dues à la maladie ordinaire; conformité douteuse à la jurisprudence communautaire). Peu importe que le salarié n'ait pas travaillé 4 semaines ou 24 jours pendant un mois dès lors qu'il a, durant la période de référence, travaillé 12 fois 4 semaines.

3. Cas particuliers

a) Jeunes travailleurs : 30 jours ouvrables malgré une ancienneté inférieure à 1 an, s'ils le demandent, mais avec indemnisation partielle (travail accompli);

b) Mères de famille : 2 jours supplémentaires par enfant à charge pour les femmes âgées de moins de 21 ans;

c) Ancienneté : cf. Conventions collectives;

d) Dispositions plus avantageuses possibles dans les conventions collectives.

Observation : incidences des aménagements du temps de travail (cf. *supra* annulation) sur l'application pratique du régime des congés. D'où la possibilité de fixer, par accord collectif dérogatoire, une période de référence autre que celle de droit commun et d'élargir la période de prise des congés.

C. Indemnités de congé payé

Distinguer deux cas :

1. Le congé est pris

L'indemnité de congé payé peut être calculée de **deux manières**, la plus favorable au salarié devant être utilisée :
– 1/10 de la rémunération totale perçue par le salarié au cours de la période de référence ;
– la rémunération qu'il aurait perçue s'il avait travaillé durant le congé (plus favorable en cas d'augmentation en cours d'année) ;
– compte doit être tenu, dans le calcul, des avantages accessoires et des heures supplémentaires habituelles, hormis les primes annuelles (jurisprudence) ;
– majoration possible par des conventions collectives.
L'indemnité est un **substitut du salaire** et se trouve donc soumise au régime de celui-ci. La jurisprudence y voit un salaire différé acquis mois par mois par le salarié, mais à titre conditionnel, l'indemnité n'étant due que si le congé est effectivement pris et ne pouvant se cumuler avec le salaire du travail poursuivi, sauf si l'employeur a empêché la prise de congé.
Au cas de transfert d'entreprise au cours de l'année de référence, l'indemnité est intégralement supportée par le nouvel employeur qui pourra réclamer le remboursement partiel au précédent employeur.

2. Indemnité compensatrice de congé payé

En cas de **résiliation** du contrat de travail, quelle que soit la cause (excepté le cas de faute lourde du salarié). Elle est égale à ce qu'aurait dû recevoir le salarié s'il avait pris ses congés payés au moment de la résiliation (calculée comme l'indemnité de congé payé).
Elle se cumule avec les autres indemnités auxquelles peut avoir droit le salarié. Elle a la qualité de salaire (substitut).
Au cas inverse de congé pris par anticipation, remboursement du trop perçu (sauf au cas de faute lourde de l'employeur).

§ 2 - Congés spéciaux

A. Congés pour événements familiaux

1. Congé de maternité : cf. suspension du contrat de travail-maternité ;

2. Congé de paternité : 11 jours (18 en cas de naissances multiples), créé par loi du 21 décembre 2001 ;

3. Congé de naissance : 3 jours, avec indemnité (cumulable avec le congé de paternité) ; idem en cas d'adoption ;

4. Congé parental : institué par la loi du 12 juillet 1977 et modifié à maintes reprises pour faciliter l'éducation des jeunes enfants au bénéfice de la mère et du père (égalité des époux) et des adoptants, sans maintien du salaire, le contrat de travail étant suspendu et reprenant à l'issue du congé avec maintien des avantages acquis et ancienneté supplémentaire égale à la moitié du congé, avec réintégration dans l'emploi ou dans un emploi similaire assorti d'une rémunération au moins équivalente et droit à un entretien avec l'employeur en vue de l'orientation professionnelle.

NB : s'inscrivant dans la logique des droits fondamentaux, la Cour de cassation affirme même que si la salariée, contrainte de changer de domicile pour des raisons familiales sérieuses, demande à reprendre son emploi dans des conditions modificatives de son contrat de travail, l'employeur ne peut refuser que s'il agit de bonne foi et ne porte pas atteinte de façon disproportionnée à la liberté de choix du domicile de la salariée (Soc., 24 janv. 2007).

– durée : un an, renouvelable deux fois, (cf. *supra*, chapitre 3, section 3, Suspension du contrat);
– condition : une année d'ancienneté.

NB : le parent peut aussi réduire sa durée de travail d'au moins 1/5e sans descendre en dessous de 16 heures hebdomadaires dans les mêmes conditions.
Le salarié reprenant son activité à l'issue d'un congé parental d'éducation a droit à une action de formation dont il peut bénéficier avant la fin de son congé, et en outre à un bilan de compétences.

5. Congés familiaux divers (loi du 19 janv. 1978 et ord. du 24 juin 2004)
Rémunérés par l'employeur :
– mariage du salarié : 4 jours;
– décès d'un conjoint, d'un « pacsé » ou d'un enfant : 2 jours;
– mariage d'un enfant : 1 jour;
– décès du père, de la mère, du beau-père, de la belle-mère, d'un frère ou d'une sœur : 1 jour.

B. Congés de maladie

V. *supra*, Suspension du contrat de travail.

C. Congés de formation économique, sociale et syndicale

Le congé d'éducation ouvrière institué par la loi du 23 juillet 1957 a été remplacé par un **congé de formation économique, sociale et syndicale**, institué par une loi du 30 décembre 1985, d'une durée de 12 jours par an (18 pour les animateurs), permettant au salarié de s'absenter pour suivre des stages ou sessions dans un organisme habilité, le nombre total de jours de congé exigible dans chaque établissement étant fonction de l'effectif du personnel. Le refus de l'employeur doit être motivé et accompagné de l'avis des représentants du personnel.
Le contrat de travail est suspendu pendant le congé mais la période est assimilée à une durée de travail effectif pour l'ensemble des droits résultant du contrat de travail.
L'employeur doit assurer une rémunération à hauteur de 0,08 % du montant des salaires versés dans l'entreprise; à défaut une indemnisation est permise par le comité d'entreprise, l'organisme de formation ou une collectivité publique, ou bien peut être prévue par un accord collectif.

NB : extension du droit au congé aux **demandeurs d'emploi** qui conservent le cas échéant leur indemnisation (loi du 29 juill. 1998).

D. Congé-formation

Élément du dispositif de la formation professionnelle qui a été édifié grâce à l'interaction quasi-constante de la législation et de la négociation collective (accord national interprofessionnel du 9 juillet 1970, accord national interprofessionnel du 3 juillet 1991, accord national interprofessionnel du 20 septembre 2003, repris, non sans quelques écarts, par la loi du 4 mai 2004, insistant sur la formation professionnelle « **tout au long de la vie** », accord national interprofessionnel du 7 janvier 2009 dont la reprise par la loi est entamée mais délicate en raison des divergences de vues opposant les partenaires sociaux et l'État sur l'objet et la nature des réformes à opérer).

• **Le Congé individuel de formation** (CIF) a pour objet de permettre au salarié, à son initiative, de suivre des actions de formation dont le spectre est large : actions permettant d'accéder à un niveau supérieur de qualification, de changer d'activité ou de s'ouvrir plus largement à la culture, à la vie sociale et à l'exercice d'activités associatives bénévoles.

– **Conditions** : justifier d'une ancienneté en qualité de salarié d'au moins vingt-quatre mois consécutifs ou non dont douze mois dans l'entreprise. Un délai d'attente doit être respecté entre deux stages. Pas de condition de taille de l'entreprise.

– **Un droit du salarié** : le bénéfice du CIF est un droit reconnu au salarié mais sous réserve de présentation d'une demande à l'employeur dans certains délais, l'employeur ayant la possibilité de reporter le congé s'il estime que l'absence aurait des conséquences préjudiciables pour la marche de l'entreprise (report maximum de neuf mois) ou si le nombre de salariés simultanément en CIF dépasse un seuil variable selon la taille de l'entreprise. La durée du congé ne peut être supérieure à un an pour un stage continu à temps plein et à 1 200 heures dans les autres cas.

– **La situation du salarié** : le contrat individuel de travail est suspendu. La rémunération du salarié implique que ce dernier obtienne d'être pris en charge par un organisme paritaire agréé à cette fin. Si la formation se déroule en dehors du temps de travail, la même prise en charge est prévue par l'accord du 7 janvier 2009.

De manière plus générale, en amont, le financement de la formation professionnelle est assuré par une participation financière que doivent verser chaque année, selon des modalités variables selon leur taille, les entreprises.

NB : à l'issue d'un contrat à durée déterminée, un salarié peut bénéficier d'un CIF de type particulier à condition de justifier de vingt-quatre mois de salariat au cours des cinq dernières années dont quatre sous contrat à durée déterminée au cours des douze derniers mois.

• Le CIF n'est pas le seul mode d'accès du salarié à la formation professionnelle. Il doit être *distingué* d'autres dispositifs.

– **Le droit individuel à la formation** (DIF) consacré par la loi du 4 mai 2004 permet au salarié d'acquérir un crédit d'heures de formation de vingt heures par an, les droits acquis annuellement pouvant être cumulés sur une durée de six ans.

Quant à son **champ d'application**, le DIF est ouvert à tout salarié titulaire d'un contrat de travail à durée indéterminée justifiant d'au moins un an d'ancienneté dans l'entreprise. Les salariés sous contrat à durée déterminée pouvant bénéficier du DIF au prorata de leur ancienneté à partir de quatre mois de présence au cours des douze derniers mois.

Les **actions de formation** visées sont les actions de promotion, de qualification ou d'acquisition et de perfectionnement des connaissances.

La **mise en œuvre** du DIF relève d'abord de l'**initiative du salarié**. Mais l'accord de l'employeur est exigé. Le choix de la formation doit être établi par accord écrit des deux parties. En cas de désaccord persistant, le salarié bénéficie d'une priorité accès au CIF.

Les actions de formation ont en principe lieu **en dehors du temps de travail**. Le salarié reçoit une allocation de formation correspondant à la moitié de sa rémunération nette, versée par l'employeur en sus des frais de formation. Un accord collectif peut prévoir que le DIF s'exerce pour partie pendant le temps de travail avec maintien de la rémunération.

En cas de licenciement du salarié, sauf pour faute grave ou lourde, ou de démission, le salarié peut, avant la fin du préavis, demander à bénéficier d'une action de formation ou de bilan de compétences qui sera financée en tout ou partie par l'allocation de formation en fonction des droits acquis au tite du DIF.

NB : dans une perspective de « sécurisation des parcours professionnels », l'accord national interprofessionnel du 7 janvier 2009 prévoit (sous réserve de transposition législative) un système de **portabilité du DIF**. Si la rupture ouvre droit aux allocations de chômage, à l'initiative du salarié, le reliquat des heures acquises au titre du DIF pourra être, à certaines conditions, utilisé au cours de sa recherche d'emploi pour compléter le financement d'actions de formation ou d'accompagnement puis, en cas d'embauche, pendant deux ans, pour compléter le financement de la formation continue de l'interessé. Accord du nouvel employeur requis.

– La participation des salariés à des actions de formation s'inscrit également dans le cadre du **plan de formation** établi par l'employeur après consultation du comité d'entreprise, lequel doit aussi être consulté sur l'exécution du plan.

Trois types d'actions de formation peuvent entrer dans le cadre du plan de formation : actions d'adaptation au poste de travail, actions liées à l'évolution des emplois ou participant au maintien de l'emploi, actions de développement des compétences.

Les deux premiers types d'actions sont en principe mis en œuvre pendant le temps de travail avec maintien de la rémunération (conception large de ces deux catégories en jurisprudence).

En revanche les actions de formation liées au développement des compétences peuvent avoir lieu en dehors du temps de travail dans la limite de quatre-vingts heures par salarié et par an. Un accord écrit du salarié et de l'employeur est nécessaire. Ces heures donnent lieu au versement d'une allocation de formation.

En toute hypothèse le suivi des formations prévues dans le plan est une modalité d'exécution du contrat de travail.

NB : il est projeté de réduire à deux les types d'actions entrant dans le plan de formation en regroupant en un seul les deux premiers.

Le salarié ne peut refuser sans motif légitime de suivre une formation décidée par l'employeur dans l'intérêt de l'entreprise (jurisprudence).

NB : l'entreprise n'est pas tenue de prendre en compte les compétences ou la qualification acquises à l'issue de la formation, sauf engagement particulier ou accord collectif.

Observation : tendance de plus en plus marquée au fur et à mesure des évolutions constitutionnelles et législatives à extraire les temps de formation du temps de travail effectif et à faire du salarié un « co-investisseur », avec l'employeur, de sa formation. Idée générale d'une « coresponsabilité » de l'un et de l'autre pour assurer « l'employabilité » et le développement des compétences du salarié.
Sur le devoir d'adaptation pesant sur l'employeur, cf. *infra*, 2e partie, titre 3, Licenciement pour motif économique.
Sur les obligations de négocier en matière de formation professionnelle au niveau de la branche, cf. volume 1, 3e partie, titre 1, Convention collectives. L'intention est de valoriser la négociation de branche, point d'appui d'une mutualisation des fonds de la formation.

E. Congé de validation des acquis de l'expérience et congé de bilan de compétences

Durée maximale : 24 heures.
Objet selon le cas :
– permettre à une personne engagée dans la vie active d'obtenir un diplôme ou un titre professionnel en faisant valider par un jury l'expérience acquise ;
– permettre au salarié d'analyser ses compétences personnelles, ses aptitudes et ses motivations en vue de définir un projet professionnel ou un projet de formation.

F. Congé des candidats à l'Assemblée nationale ou au Sénat pour participer à la campagne électorale

Imputé sur les congés payés ou récupéré ensuite (loi 2 janv. 1978). Étendu aux candidats au Parlement européen et aux élections locales par loi du 27 février 2002.

G. Congé pour création d'entreprise

Un an, renouvelable une fois, non rémunéré, suspendant le contrat de travail, le salarié retrouvant à la fin son emploi ou un emploi équivalent (loi 3 janv. 1984). Étendu à la prise de responsabilités dans une jeune entreprise innovante (loi du 18 avril 2006).

H. Congé sabbatique

Durée minimale de 6 mois et maximale de 11 mois, pour convenance personnelle, non rémunéré, soumis à certaines conditions d'ancienneté, suspendant simplement le contrat.

I. Congé de reclassement

Cf. *infra* Licenciement pour motif économique.

J. Congé de solidarité internationale

En vue de permettre un certain temps la participation à des opérations de caractère humanitaire ou de solidarité avec certaines garanties de maintien de l'emploi.

K. Congés pour assister un proche

1. Congé de présence parentale

Durée maximale de 310 jours sur une période de trois ans, pour le salarié dont l'enfant est atteint d'une maladie ou d'un handicap graves nécessitant une présence soutenue et des soins contraignants (loi du 19 déc. 2005);

2. Congé de solidarité familiale

Durée maximale de 3 mois accordé, sur sa demande, au salarié pour accompagner un ascendant, descendant ou une personne partageant son domicile souffrant d'une pathologie mettant en jeu le pronostic vital. Possibilité de transformer le congé en période d'activité à temps partiel (lois 9 juin 1999 et 25 août 2003);

3. Congé de soutien familial

Pour aider un parent (conjoint, concubin, ascendant, enfant, collatéraux…) présentant un handicap ou une perte d'autonomie grave; non rémunéré; soumis à une condition d'ancienneté de deux ans; suspendant le contrat de travail; d'une durée de trois mois, renouvelable sans pouvoir excéder un an sur l'ensemble de la carrière (loi 21 déc. 2006).

4. Le congé pour acquisition de la nationalité française

Une demi-journée pour assister à la cérémonie d'accueil dans la citoyenneté française. Non rémunéré (loi du 20 nov. 2007).

§ 3 - Jours fériés et chômés

A. Jours fériés

Définition : jours de fêtes religieuses ou civiles reconnues par la loi (11 fêtes légales).
Ne sont pas nécessairement chômés et le travail est dans ce cas normalement rémunéré. Le 1er mai est obligatoirement chômé. Les jeunes de moins de 18 ans bénéficient d'un repos obligatoire les jours fériés avec des dérogations possibles dans certains secteurs (loi du 2 août 2005).

B. Jours chômés

Jours où le travail est obligatoirement suspendu. Les salariés payés au mois ne subissent aucune retenue; ceux payés à l'heure ou à la journée n'ont pas droit à rémunération. Certains jours chômés sont maintenant normalement rétribués (1er mai). Les conventions collectives prévoient de plus en plus souvent leur rémunération.
La « récupération » des heures perdues les jours fériés chômés est interdite.
Les « ponts » chômés payés peuvent être « récupérés » à la demande de l'employeur (voir aménagement du temps de travail – récupération).

NB : selon une jurisprudence contestable, les jours fériés chômés et de congés payés n'ont pas être pris en compte pour déterminer l'assiette de calcul des majorations de salaire au titre des heures supplémentaires.

Section 3 › JOURNÉE DE SOLIDARITÉ

Origine : adoptée à la suite de la canicule de l'été 2003 dont beaucoup de personnes âgées avaient été victimes, la loi du 30 juin 2004 a institué une « journée de solidarité » destinée à assurer le financement d'actions en faveur de l'autonomie des personnes âgées ou handicapées.

Principe : il s'agit d'une journée supplémentaire de travail non rémunérée que doivent accomplir les salariés ; les employeurs versant à une caisse spéciale une contribution *ad hoc* de 0,3 % de la masse salariale. Cette obligation pèse sur les salariés mensualisés qui ne percevront pas de rémunération supplémentaire à l'occasion de l'accomplissement de cette journée, soit 7 heures ou une journée de travail dans le cadre des conventions de forfait annuel en jours (cf. *supra*, Conventions de forfait).

La date de la journée de solidarité doit être déterminée par voie d'accord collectif d'entreprise, à défaut par accord de branche. À défaut d'accord collectif, la date est fixée par l'employeur. Initialement, il s'agissait du lundi de Pentecôte. Cette référence a disparu de la législation en raison des inconvénients de toutes sortes qu'elle présentait. Pour les mêmes raisons, les formes de mise en œuvre de la journée de solidarité ont été démultipliées. Elle peut être fractionnée (loi du 15 avril 2008).

Le travail ainsi imposé n'emporte **pas de modification du contrat de travail**. Les durées contractuelles de travail sont majorées de 7 heures par an par la seule volonté de la loi. Par suite, le salarié qui refuserait commettrait une faute susceptible d'être sanctionnée. Une revenue sur le salaire ne pourrait-elle pas cependant être considérée comme une sanction pécuniaire prohibée ? La Cour de cassation rejette cette analyse et autorise la retenue.

Forme d'augmentation de la durée du travail, non négociée.

Observation : appréciations et comportements très variés, à l'occasion des premières journées de solidarité. Forte connotation symbolique. Retombées économiques sociales, associatives parfois imprévues. Sentiment d'empiètement de l'État sur la sphère privée et préférence pour d'autres formes de solidarité parfois avancée.

D'où les assouplissements apportés en 2008.

POUR ALLER PLUS LOIN

BIBLIOGRAPHIE :

› F. Favennec-Héry, « Réforme du temps de travail », *JCP S* 2008.1461

› M. Grévy, « Où en est le temps de travail ? », *Dr. ouvrier* 2009. 192

› A. Supiot, « Temps de travail : pour une concordance des temps », *Dr. soc.* 1995. 947

› M. Véricel, « La loi du 20 août 2008 relative au temps de travail : une loi de revanche ?, *RDT* 2009. 14

Chapitre 5 › LES CONDITIONS DE TRAVAIL

› L'essentiel

Les conditions de travail constituent l'un des plus anciens thèmes abordés par le législateur social mais aussi à certains égards, l'un des plus novateurs (lutte contre les discriminations et le harcèlement). S'agissant de la protection de l'intégrité physique et de la vie du travailleur, depuis la seconde moitié du XIXe siècle, des mesures à caractère interventionniste se sont peu à peu multipliées pour constituer une réglementation abondante dans ce domaine qui prend place actuellement dans la 4e partie du Code du travail ainsi que dans de nombreux textes non codifiés auxquels il est fait référence.
Le contrôle de l'application de ces règles, au renouvellement desquelles ***le droit européen*** *prend désormais une part active, est assuré par les inspecteurs et les contrôleurs du travail (volume 1), dont la tâche est facilitée par l'obligation de déclarer les établissements industriels et commerciaux qui pèse sur les employeurs lors de leur ouverture, de leur transfert, de leur agrandissement, de l'embauchage d'un personnel nouveau.*
La parcellisation croissante de certaines tâches et l'aggravation correspondante du désintérêt au travail, cause de nombreux conflits, ainsi que la revendication d'une participation des travailleurs à l'organisation du travail, a conduit le législateur à encourager l'amélioration des conditions de travail.
L'impératif de santé au travail, rendu plus actuel encore en raison des phénomènes d'intensification du travail, s'étend à la ***santé mentale*** *(loi du 17 janvier 2002) et justifie un traitement spécifique des pratiques de harcèlement moral ou sexuel alors que s'étoffe le dispositif anti-discrimination.*
L'amélioration des conditions de travail, parfois éclipsée par le problème du chômage demeure un thème majeur.
Dans son rapport pour l'année 2005, le Conseil supérieur pour la prévention des risques professionnels indiquait que le nombre d'accidents du travail et en particulier d'accidents mortels, diminuait mais que les accidents graves et les maladies professionnelles étaient en progression (770 662 accidents avec arrêt et 661 accidents mortels en 2003). Pour réagir contre cette situation, les pouvoirs publics ont mis en place un plan « santé au travail » qui s'étale sur cinq ans. Il s'inscrit dans le cadre de la nouvelle stratégie européenne en matière de santé et sécurité du travail 2002-2006 adoptée par l'Union au printemps 2002.
Néanmoins, il ressort du bilan sur les conditions de travail dressé par la Direction générale du travail pour l'année 2006 (LSB. n°15200/2008) que, par rapport à l'année précédente, les chiffres sont encore à la hausse, en particulier pour les accidents mortels, qui ont augmenté de 13 %.

Section 1 › L'HYGIÈNE ET LA SÉCURITÉ DU TRAVAIL : LES OBLIGATIONS DE SÉCURITÉ DE L'EMPLOYEUR ET DU SALARIÉ

En vue de protéger les travailleurs contre les dangers du travail et l'insalubrité du métier, un ensemble de prescriptions est peu à peu apparu, d'abord pour les enfants, puis pour les travailleurs en général. Des organismes ont été institués dans le même but.

Une politique de prévention s'est développée.
La jurisprudence a dégagé une **obligation de sécurité**, générale, à la charge de l'employeur, dont elle a tiré des conséquences, en particulier quant à la responsabilité des chefs d'entreprise, qui a pour fondement un **droit du travailleur à la sécurité** (intégrité physique).

NB : l'indemnisation des accidents du travail et des maladies professionnelles relève du droit de la sécurité sociale, supportée par les Caisses et non par l'employeur, et ne représentant qu'une réparation inférieure au préjudice subi. Cependant il y a lieu de tenir compte aujourd'hui de l'évolution de la jurisprudence quant à la définition de la faute inexcusable à partir des affaires relatives à l'amiante, qui offre des possibilités d'indemnisation intégrales des victimes, plus fréquentes que par le passé (Soc., 28 févr. 2002, *RJS* 5/02 n° 618, solution étendue à l'ensemble des maladies professionnelles et des accidents du travail).

§ 1 - Mesures d'hygiène et de sécurité (art. L. 4111-1 et s., C. trav.)

A. Buts

Ils sont à la fois sociaux (protection contre les conditions pénibles ou dangereuses de travail), économiques (éviter perturbations résultant des accidents, amélioration du rendement). La conscience d'une grave inégalité dans l'insécurité physique (industrie surtout) est plus forte.
D'où le développement récent d'une politique de prévention et un renforcement (limité) des sanctions.
Une directive-cadre européenne (communautaire) du 12 juin 1989 a été suivie de trois importantes directives de la même année (30 nov.), concernant les prescriptions minimales (lieux de travail, équipements, protection individuelle), et d'autres relatives à la circulation des machines et des équipements de protection individuelle (en dernier lieu la directive 2001/45 du 27 juin 2001).

B. Contenu. La prévention

Une **loi du 31 décembre 1991** porteuse de dispositions importantes en matière de prévention des risques professionnels, a été elle-même suivie de plusieurs décrets d'application. Elle a transposé dans la législation française plusieurs **directives communautaires** dont la directive-cadre du 12 juin 1989.
Cette loi à la fois contient des aménagements et des développements concernant des points particuliers et introduit dans le Code du travail un nouveau chapitre contenant des « **principes généraux de prévention** » (titre 2 de la 4e partie).

1. Principes généraux de prévention

Ils présentent deux volets.

a) Les obligations générales des employeurs

En particulier celles d'éviter les risques autant que possible, d'évaluer les risques ne pouvant pas être évités, de combattre les risques à la source, de remplacer ce qui est dangereux par ce qui ne l'est pas ou l'est moins, d'adapter le travail à l'homme, de privilégier la protection collective par rapport à la protection individuelle (art L. 4121-2, C. trav.). Un décret du 5 novembre 2001 (art. R. 4121-1) formalise cette obligation en obligeant l'employeur à établir un **document unique** comportant l'inventaire des risques et mis à jour chaque année avec transmission corrélative au CHSCT. La possibilité pour le directeur départemental du travail de mettre en demeure le chef d'établissement de prendre toutes mesures utiles pour faire cesser une situation dangereuse est étendue au cas de méconnaissance des principes de prévention (art. L. 4721-1, C. trav.).

b) L'obligation de chaque salarié de prendre soin en fonction de sa formation et selon ses possibilités, de sa sécurité et de sa santé et de celles des autres personnes concernées, conformément aux instructions données par l'employeur dans le règlement intérieur (art. L. 4122-1, C. trav.).

Observation : sur ce point la loi reprend une obligation posée par la directive cadre communautaire, nouvelle en droit français, mais en la situant dans le cadre de l'exercice des pouvoirs de l'employeur, la directive elle-même précisant qu'elle n'affecte pas le principe de la responsabilité de l'employeur. Donnant pour la première fois une traduction concrète de la règle figurant à l'article L. 4122-1 précité, la chambre sociale de la Cour de cassation a décidé qu'alors même qu'il n'aurait pas reçu de délégation de pouvoirs, le salarié, en l'espèce directeur du service entretien d'une société, avait commis **une faute grave** par défaut de maintenance des installations placées sous sa surveillance, défaut de définition avec les entreprises intervenantes d'un plan de prévention destiné à protéger les salariés de celles-ci et absence d'avertissement sur les dangers liés à l'intervention à l'occasion de laquelle l'accident mortel s'était produit, ce, dès lors que les juges du fond avaient vérifié que de telles diligences entraient dans le cadre du contrat de travail de l'intéressé et qu'il connaissait les risques à l'origine du dommage (Soc., 28 févr. 2002, *BCV* n° 82).

La violation de l'obligation de sécurité par le salarié peut aussi être constatée en l'absence de tout préjudice corporel causé à un tiers ainsi que le montre l'affaire jugée le 23 mars 2005 par la Cour de cassation (*D.* 2005 n° 26) et dans laquelle un chef de chantier, licencié pour faute grave, avait refusé de façon répétée de porter un casque de sécurité sur le chantier qu'il contrôlait. L'article L. 4121-1 offre ainsi les moyens d'une riposte contractuelle au non-respect des consignes de sécurité en amont de la réalisation du risque, c'est-à-dire à des fins préventives.

2. Mesures techniques

En marge des règles précédentes qui concernent des **obligations générales de sécurité**, figurent dans le Code du travail et dans de nombreux textes non codifiés applicables par renvoi, de multiples prescriptions techniques variables selon le type d'activités de l'entreprise et les principaux risques qu'elle génère. Ces prescriptions techniques sont porteuses **d'obligations particulières de sécurité** dont la violation même non suivie d'accident est susceptible d'entraîner l'application de sanctions pénales, ce qui n'est pas le cas de la violation des obligations générales (v. *infra*).

3. Action de l'inspection du travail

Les inspecteurs et contrôleurs du travail ne sont pas seulement des agents de constatation des infractions à la législation du travail commises dans les entreprises (sur ce rôle et les pouvoirs de contrôle qu'il implique, v. volume 1, Les actions) ils sont également dotés, spécialement en matière d'hygiène et de sécurité, de prérogatives leur permettant de différer le recours à la voie pénale et d'exercer une action préventive sur la situation qu'ils ont identifiée comme génératrice d'un risque. Outre la saisine du **juge des référés** afin que celui-ci ordonne toute mesure propre à faire cesser ce risque, telles que l'immobilisation, la mise hors service, la saisie des matériels, machines, etc. l'inspecteur peut décider d'arrêter un chantier où il constate qu'il existe une cause de danger grave et imminent résultant soit d'un défaut de protection contre les chutes en hauteur soit de l'absence de dispositif de nature à éviter les risques d'ensevelissement, etc. (art. L. 4731-1, C. trav.).

C. Responsabilité pénale

En matière d'hygiène et de sécurité, la présence du droit pénal est ancienne y compris au sein du Code du travail. Mais le Code pénal, par de nouvelles dispositions entrées en vigueur le 1er mars 1994, a élargi les infractions applicables antérieurement et aggravé les sanctions qui peuvent peser désormais non seulement sur certaines **personnes physiques** mais également sur les **personnes morales**, à commencer par celle qui a qualité d'employeur de la victime.

1. Incriminations

a) En cas d'accident, le chef d'entreprise ou son délégataire peut être poursuivi à la fois pour homicide ou blessures par imprudence (art. 221-6 et 7, C. pén. et 221-19 à 21) et pour violation des règlements de sécurité ou d'hygiène (art. L. 4741-1, C. trav.). L'établissement de la responsabilité pénale des décideurs est aujourd'hui tributaire de la nouvelle définition de la faute d'imprudence issue de la loi du 10 juillet 2000 qui a modifié l'article 121-3 du Code pénal. La jurisprudence criminelle considère le plus souvent le décideur principal ou secondaire comme un **auteur indirect** du dommage, supposant qu'il ait commis une faute caractérisée. Mais celle-ci est constituée par la seule inobservation d'une prescription particulière de sécurité (Crim. 18 juin 2002, *Bull. crim.* n° 138, *Rev. Droit pénal* 2002 n° 120).

b) En l'absence d'accident ou de dommage, il peut y avoir poursuite pour **infraction à la législation du travail**, devenue un délit correctionnel depuis la loi du 5 juillet 1972, qui a relevé les peines ; elle est punissable sans élément intentionnel (infractions d'imprudence) et autant de fois qu'il y a de travailleurs exposés au risque par la violation des prescriptions de sécurité ou d'hygiène. La fermeture de l'établissement peut être ordonnée, de même que peut être prononcée l'interdiction d'exercer certaines fonctions.

L'article 223-1 du Code pénal contient une incrimination nouvelle : **le risque causé à autrui**, consistant dans « le fait d'exposer directement autrui à un risque immédiat de mort et de blessures de nature à entraîner une mutilation ou une infirmité permanente » en cas de « violation manifestement délibérée d'une obligation de sécurité ou de prudence imposée par la loi ou le règlement ». Bien que n'étant pas de nature intentionnelle, cette infraction nécessite la démonstration d'une faute spécifique chez l'agent (dol éventuel) qui ne peut se ramener à une banale faute d'imprudence.

2. Personnes responsables

a) Personnes physiques

Selon l'article L. 4741-1 du Code du travail, qui constitue le principal texte répressif en la matière et sur lequel se greffent éventuellement les dispositions du Code pénal, les personnes physiques responsables sont « l'employeur ou le préposé » correspondant à l'entreprise ou à la partie de l'entreprise dans laquelle la réglementation a été enfreinte.

Toutefois, au stade de la mise en œuvre du texte il existe en jurisprudence **une hiérarchie** entre les différents responsables qui ne peuvent en principe être poursuivis **qu'alternativement**.

La responsabilité pèse d'abord sur **le chef d'entreprise** (personne physique située au sommet de la hiérarchie des organes de gestion : président du conseil d'administration, du directoire ou directeur général délégué, gérant de droit ou de fait…). Mais si celui-ci **l'invoque**, **une délégation de pouvoirs**, préalablement mise en place dans l'entreprise, pourra être prise en considération par le juge. Depuis 1902, la jurisprudence s'efforce de définir les **conditions de validité** de la délégation en matière pénale, les infractions relatives à l'hygiène et à la sécurité étant loin d'être les seules concernées par ce mécanisme puisque par cinq arrêts de principe du 11 mars 1993 (*Bull. crim.* n° 112), la chambre criminelle de la Cour de cassation a décidé que, sauf exception prévue par la loi, une délégation de pouvoir pouvait être invoquée dans toutes les matières où il existe une responsabilité pénale du chef d'entreprise.

Pour être jugée valide, la délégation doit procurer à son titulaire une **autorité** et **des moyens** suffisants compte tenu du type de prescription à respecter ou à faire respecter. Le délégataire doit disposer d'une **compétence adéquate** du double point de vue **technique** (maîtrise des processus productifs) **et juridique** (compréhension des textes à appliquer). La délégation doit être suffisamment stable (pas d'immixtion du chef d'entreprise) et faire l'objet d'une attribution strictement individuelle par secteur (rejet jurisprudentiel des délégations bicéphales). En revanche, plusieurs délégations peuvent coexister dans la même entreprise et le primo délégataire peut déléguer à son tour, **la subdélégation** n'étant plus subordonnée à l'autorisation préalable du chef d'entreprise et se trouvant soumise aux mêmes exigences de validité que la délégation initiale (Crim., 30 oct. 1996, *Bull. crim.* n° 325).

La délégation de pouvoirs est possible du chef d'un **groupe de sociétés** à un dirigeant d'une société du groupe en matière de sécurité (Crim., 26 mai 1994, *Dr. soc.* 1995 p. 344), mais en principe, le délégataire a qualité de salarié de l'entreprise où il exerce sa mission car l'exercice du pouvoir délégué est une prestation de travail qui doit être contrôlée par l'employeur, la jurisprudence ayant indiqué que la délégation n'était qu'une modalité du contrat de travail et nullement une convention autonome (Crim., 21 déc. 1982 : rejet de l'exigence de la preuve littérale).

Nulle autre personne physique n'a à répondre pénalement des infractions aux règles d'hygiène et de sécurité commises dans l'entreprise. En particulier, s'il n'est pas délégataire ou subdélégataire du pouvoir, **un salarié** ne peut être poursuivi pour une infraction de ce type. Il faut cependant réserver l'hypothèse dans laquelle le comportement du salarié pourrait être analysé comme l'une des causes de l'accident, dans le cadre des infractions d'imprudence prévues par le Code pénal indépendamment de toute inobservation d'un règlement de sécurité (v. *supra*).

La faute d'imprudence de la victime n'a pas pour effet d'exonérer de sa responsabilité le débiteur de l'obligation patronale de sécurité sauf lorsqu'elle apparaît comme la cause exclusive de l'accident (Crim., 25 janv. 2000, *RJS* 2000 n° 544).

b) Responsabilité pénale de l'entreprise

Déjà, une disposition de la loi du 6 décembre 1976 (art. L. 4741-11, C. trav.) a autorisé le juge répressif en cas d'accident du travail survenu dans une entreprise où ont été relevés des manquements graves ou répétés aux règles d'hygiène et de sécurité et lorsque les personnes physiques poursuivies sont relaxées, à faire obligation à l'entreprise de présenter **un plan de sécurité** propre à rétablir des conditions normales de travail.

Surtout, le nouveau Code pénal (art. 121-2) pose le principe de la **responsabilité pénale des personnes morales** pour les « infractions commises pour leur compte, par leurs organes ou représentants ». Sans que cela exclue la responsabilité des personnes physiques, toutes les infractions prévues tant par le Code pénal que par le Code du travail sont désormais imputables aux personnes morales. Cette généralisation de leur responsabilité pénale, qui résulte de la loi du 9 mars 2004 entrée en vigueur sur ce point le 31 décembre 2005, est susceptible de modifier assez profondément les solutions traditionnelles considérées comme particulièrement sévères pour les personnes physiques. Il est en effet préconisé de **poursuivre prioritairement** la personne morale en matière de délit d'imprudence, le cumul de responsabilités ne devant être envisagé que de façon exceptionnelle (Circ. 13 févr. 2006 adressée aux Parquets généraux).

Sur les conditions d'engagement de la responsabilité pénale de la personne morale on retiendra qu'en raison du caractère indirect (ou par ricochet) de celle-ci, les faits illicites doivent avoir été commis par un organe ou un représentant du groupement. **L'organe** peut être précisément le chef d'entreprise, personne physique, et **le représentant**, le délégataire ou le subdélégataire, ainsi qu'il ressort de la jurisprudence (Crim., 1er déc. 1998, *D.* 2000 p. 34). L'entreprise sociétaire peut donc être déclarée pénalement responsable des infractions commises au préjudice de son personnel et, lorsqu'a été commis un manquement délibéré à une obligation de sécurité, la condamnation peut être la fermeture définitive de l'établissement (art. 221-7 et 221-21, C. pén.).

D. Responsabilité civile

La législation des accidents du travail substitue à la responsabilité de l'employeur les garanties données par les organismes de Sécurité sociale, sauf au cas de faute inexcusable de l'employeur, qui peut alors avoir à verser une cotisation supplémentaire destinée à financer la majoration de rente allouée à la victime (cf. la nouvelle définition de cette faute résultant des arrêts de plénière rendus par la chambre sociale de la Cour de cassation le 28 février 2002, *BCV* n° 81 ; *D.* 2002, jurisp. 1, p. 2696).

En outre le montant annuel des cotisations de l'employeur au titre de la couverture du risque d'accidents du travail est proportionnel aux prestations versées aux membres de son personnel victimes d'accidents, donc à leur nombre et à leur gravité (effet préventif).

E. Action des syndicats

L'action exercée dans l'intérêt collectif de la profession dès lors qu'il y a imprudence ou négligence compromettant la sécurité, même s'il n'y a pas violation d'un règlement, est recevable (Crim., 26 oct. 1967, *Bull. crim.* n° 274 et Crim., 11 oct. 2005, *Dr. soc.* 2006 p. 43).

§ 2 - Organismes

NB : rôle important des caisses de sécurité sociale dans la prévention, en liaison avec l'inspecteur du travail.

A. CHSCT (art. L. 2361-1 et s., C. trav.)

Aux anciens CHS obligatoires dans les entreprises industrielles employant plus de 50 salariés et dans les autres de plus de 300 salariés, **la loi du 23 décembre 1982** a substitué les comités d'hygiène, de sécurité et des conditions de travail (CHSCT), aux attributions élargies et aux moyens renforcés, dans le cadre d'un effort accru de prévention des accidents du travail et d'amélioration des conditions de travail. Ils prennent la place des anciens CHS et de la commission d'amélioration des conditions de travail du comité d'entreprise. Ils possèdent un **droit d'alerte** (cf. volume 1, Représentation du personnel dans l'entreprise. Le CHSCT).

B. Services médicaux du travail (art. L. 4621-1 et s., C. trav.)

Organisés spontanément dans un certain nombre d'entreprise et généralisés par la loi en 1942.

Organisation :

– Obligatoires dans tous les établissements excepté dans les professions agricoles et domestiques.

– Temps minimum consacré par le médecin du travail au personnel.

– Rémunération supportée par l'employeur.

– Le service est obligatoirement organisé dans le cadre de l'entreprise chaque fois que le service du médecin y dépasse un certain nombre d'heures par mois. Il est alors administré par l'employeur sous contrôle du comité d'entreprise.

– Des services interentreprises sont organisés par les petites entreprises, dotés de la personnalité morale, contrôlés par un comité interentreprise ou par un organisme spécialisé.

– Responsabilité éventuelle du chef d'entreprise pour une mauvaise organisation du service ou pour embauche sans visite médicale.

Fonctionnement : rôle exclusivement préventif :

– **conseil d'hygiène** pour l'organisation du travail : avis obligatoire donné au chef d'entreprise ;

– **examens médicaux** du personnel : visite d'embauche, périodiques, après absence. Fiches personnelles. Secret professionnel ;

– **soins d'urgence** : à l'exclusion des soins autres.

Le statut du médecin du travail, actuellement salarié de l'employeur, est critiqué au nom de sa nécessaire indépendance à l'égard de ce dernier.

Problème général posé : médecine du travailleur malade (situation de fait actuelle) ou médecine du travail (pouvoir réel nécessaire du médecin en matière de prévention des maladies).

Protection spéciale des médecins du travail contre le licenciement, voisine de celle des représentants du personnel. (v. volume 1, Le statut protecteur).

Observation : la médecine du travail fait aujourd'hui l'objet d'un projet d'ensemble visant à la moderniser, *via* une négociation patronat-syndicat précédée par la publication d'une documentation d'orientation le 27 juillet 2008. Il en ressort trois axes de réforme : a) la redéfinition des missions b) la réforme de la gouvernance c) la remise à plat du financement.

C. Services sociaux

Initiative prise par certains établissements qui firent appel au concours d'assistantes sociales.

Intervention du législateur en 1942, les rendant **obligatoires** dans les établissements employant au moins 250 salariés, avec mission :

– de suivre et faciliter la vie personnelle des travailleurs ;
– de seconder éventuellement l'action des services familiaux ;
– de collaborer avec le service médical, les organismes de prévoyance, d'assistance et de placement.

Ces services sont dirigés par un conseiller ou une conseillère – chef du travail, qui assiste aux réunions du comité d'entreprise étudie les problèmes de l'emploi des femmes, des enfants et des déficients, coordonne les réalisations sociales.

En pratique ce sont souvent des assistantes sociales qui assurent le service, faute de conseillers-chefs diplômés. Désignation et maintien en fonction par accord entre le chef d'entreprise et le comité d'entreprise, à défaut par décision de l'inspecteur du travail.

§ 3 - Le droit de retrait du salarié (art. L. 4131-1, C. trav.)

Tout salarié dispose désormais d'une double faculté sur le fondement d'un droit au respect de son intégrité physique et de sa vie en situation de travail dès lors qu'un risque est identifiable.

• **Droit d'alerte** : signaler « toute situation de travail dont il a un motif raisonnable de penser qu'elle présente un danger grave et imminent pour sa vie et sa santé » (art. L. 4131-1, C. trav.).

Conséquence : bénéfice de droit pour le salarié de la faute inexcusable de l'employeur au cas d'accident survenant au salarié (L. 4131-4, C. trav.).

• **Droit de retrait** : tout salarié ou groupe de salariés peut se retirer d'une situation de travail, dans les mêmes conditions. L'employeur ne peut alors demander la reprise du travail si ce danger persiste.

Le danger invoqué par le salarié n'est pas forcément dû à une cause extérieure à sa personne et son état de santé peut être invoqué par lui pour justifier son retrait (Soc., 20 mars 1996).

Le droit de retrait constitue pour le salarié une simple faculté et non une obligation susceptible de fonder un reproche de non exercice de la part de l'employeur (Soc., 9 déc. 2003).

En cas de litige les juges du fond doivent rechercher si le salarié ayant exercé le droit de retrait justifiait d'un motif raisonnable de penser que la situation de travail présentait un danger grave et imminent pour sa vie et sa santé et nécessitait une mesure de protection collective (Soc., 9 mai 2000, *BCV* n° 175).

Selon le ministre du Travail, le législateur a entendu, en accordant ce droit à chaque salarié, viser les situations où le risque est susceptible de se réaliser brusquement et dans un délai rapproché (Rép. Q 37923 du 26 déc. 1983).

Immunité disciplinaire : aucune sanction, aucune retenue de salaire ne peut être prise à l'encontre d'un salarié ou d'un groupe de salariés qui se sont retirés d'une situation de travail dont ils avaient un motif raisonnable de penser qu'elle présentait un danger grave et imminant pour la vie ou la santé de chacun d'eux (art. L. 4131-3, C. trav.). Est nul le licenciement prononcé par l'employeur pour un motif lié à l'exercice de ce droit (Soc., 28 janvier 2009 n° 07.44.556).

Section 2 › LE DROIT D'EXPRESSION DES SALARIÉS (L. 2281-1 À L. 2283-2, C. TRAV.)

• Réclamé par certains syndicats, en tant que signe de la dignité du travailleur et que réponse à son aspiration à être entendu sur l'organisation et les conditions de son activité en vue de les améliorer (CFDT).

• Suspecté par d'autres qui y voient un risque d'intégration (participation à la gestion) et un danger d'élimination du syndicalisme (FO).

• Considéré par d'autres comme un moyen de renforcer les institutions représentatives et les syndicats et d'amorcer un droit d'organisation politique dans les entreprises (conseils d'atelier, CGT).

• Pratiqué par le patronat comme moyen de dialogue avec la hiérarchie et de développement de politiques sociales individualisées, en vue d'améliorer la productivité (cercles de qualité, groupes de progrès, réunions d'échanges, etc.).

Le droit d'expression des salariés sur leurs conditions de travail a constitué une innovation majeure des réformes entreprises en 1981-1982, une pièce maîtresse des « nouveaux droits des travailleurs » et une des techniques de la nouvelle citoyenneté dans l'entreprise.

Toutefois la loi du 4 août 1982 relative aux libertés des travailleurs dans l'entreprise se caractérisait par :

– le souci d'une expérimentation préalable à l'adoption d'une législation définitive,

– le renvoi à la négociation et à la concertation pour la détermination des modalités d'exercice du droit d'expression, avec une obligation pour l'employeur d'y avoir recours,

– la volonté de ne pas faire de l'expression directe une concurrente de l'expression médiatisée (représentants du personnel), d'assurer une articulation entre les deux modes d'expression complémentaires et par suite d'associer à la mise en œuvre (et non à l'exercice) du nouveau droit les représentants des travailleurs (syndicats et élus).

Sur la base du bilan de son application, la **loi du 3 janvier 1986**, en vue de favoriser le développement de l'exercice de ce droit, en a quelque peu élargi l'objet et la finalité tout en élargissant le domaine de l'obligation d'en négocier la mise en place à toutes les entreprises, quelle que soit leur taille, où un délégué syndical a été désigné.

§ 1 - Domaine du droit d'expression

Déterminé par la manifestation d'un besoin général de dialogue et par l'idée que le salarié est bien placé pour analyser les différents aspects de son travail et proposer des améliorations, il concerne :

Champ d'application : l'ensemble des entreprises et organismes, quels que soient leur activité, leur forme hormis les établissements publics à caractère administratif (sauf s'ils emploient du personnel dans les conditions du droit privé), leur appartenance au secteur privé ou au secteur public, leur effectif de personnel.

Objet (élargi par la loi du 3 janvier 1986) :
– le contenu, les conditions d'exercice et l'organisation du travail des salariés;
– la définition et la mise en œuvre d'actions destinées à améliorer les conditions de travail, l'organisation de l'activité et la qualité de la production dans l'unité de travail et dans l'entreprise (élargissement de la finalité).
Il couvre donc les normes d'activité, les horaires, la sécurité et l'hygiène, l'environnement, les méthodes, l'organisation du travail, la répartition des tâches, les responsabilités, la réduction des nuisances et la prévention des accidents, l'amélioration des méthodes et des moyens de production, les aménagements d'horaires, l'enrichissement des tâches, la conception de l'équipement, etc.

§ 2 - Nature spécifique du droit d'expression

Ce droit doit être distingué de la liberté générale d'expression (cf. *infra*, Exercice).
Il s'agit d'un « droit à l'expression directe et collective ».

A. Expression directe

En ce sens que chaque salarié doit pouvoir s'exprimer par une démarche personnelle, sans passer par la voie hiérarchique ni par un représentant du personnel; l'expression est individualisée.

Observation : le patronat souhaitait que l'expression se fasse auprès de l'encadrement. La loi entend qu'elle ait lieu librement, en dehors des rapports hiérarchiques, mais sans exclure le rôle de l'encadrement.
Le droit à l'expression directe est différent du droit à l'expression médiatisée (syndicats, élus) mais sans lui être antagoniste; les deux modes d'expression sont complémentaires. D'où le rôle dévolu aux syndicats dans la mise en place (mais non dans l'exercice) de ce droit (cf. *infra*).

B. Expression collective

Chaque salarié doit pouvoir s'exprimer en tant que membre d'une unité de travail (équipe, atelier, bureau, chantier…) regroupant des personnes ayant les mêmes problèmes de travail. L'expression ne saurait prendre la forme d'un entretien individuel avec un supérieur.

NB : ce droit bénéficie à **tout salarié** de l'entreprise quelle que soit sa situation, sa place dans la hiérarchie et la nature de son contrat de travail.

§ 3 - Mise en place du droit d'expression

Elle est confiée à la **négociation** ou à la concertation ou à défaut à la décision du chef d'entreprise ou d'établissement, après consultation des instances représentatives du personnel.
Les conditions en sont différentes selon la présence ou l'absence de délégués syndicaux.

A. Entreprises ayant un délégué syndical au moins : obligation de négocier (L. 2281-5, C. trav.)

La négociation entre l'employeur et les syndicats représentatifs dans l'entreprise est la voie normale pour déterminer les modalités d'exercice du droit d'expression.
La place ainsi faite au syndicat dans cette mise en place matérialise l'articulation voulue par le législateur entre l'expression directe et l'expression médiatisée ; la première ne devant pas servir à exclure ou réduire la seconde, c'est avec les syndicats que l'employeur doit en définir les modalités.
D'où :

1. Obligation d'engager la négociation

Selon les règles applicables aux accords d'entreprise, à l'initiative de l'employeur ou à la demande d'un syndicat dans les 15 jours. L'obligation de négocier est donc étendue à toutes les entreprises, **sans condition de seuil**, dès lors qu'il y existe une représentation syndicale, sous peine des sanctions de l'entrave à l'exercice du droit syndical.
L'accord doit donner lieu à négociation au moins tous les trois ans à la demande d'un syndicat après examen des résultats. À défaut d'accord, l'employeur doit engager chaque année une nouvelle négociation.
Il y a obligation de négocier et non de conclure.
La négociation peut se dérouler au niveau de l'entreprise ou des établissements.

2. Contenu de l'accord

Au minimum l'employeur doit proposer des dispositions concernant :
– les réunions permettant l'expression (niveau, fréquence, durée) ;
– les garanties de la liberté d'expression ;
– la transmission des vœux et avis à l'employeur ;
– les conditions d'information par l'employeur des syndicats représentatifs, du comité d'entreprise, du CHSCT ou de toute commission compétente, des salariés sur la suite réservée aux vœux et avis ;
– les conditions spécifiques pour le personnel d'encadrement ayant des responsabilités hiérarchiques.

B. Entreprises sans délégué syndical : obligation de consultation (L. 2281-12, C. trav.)

En l'absence de délégué syndical ou au cas d'échec de la négociation, l'employeur doit consulter le comité d'entreprise, à défaut les délégués du personnel, au moins une fois par an (sanctions de l'entrave).

§ 4 - Modalités d'exercice : droits et garanties des salariés

Elles sont de trois sortes.

1. Réunions d'expression

Elles doivent se tenir « sur les lieux et pendant le temps de travail », le temps correspondant étant payé comme temps de travail. La dimension des réunions doit permettre une participation individuelle, de même que leur durée, leur fréquence et leur mode d'organisation.

2. Liberté d'expression

Elle doit être assurée et des mesures doivent être prises à cet effet.
Aucune sanction ou aucun licenciement ne peut être motivé par les opinions émises, quelle que soit la place dans la hiérarchie, dans le cadre du droit d'expression (critiques émises à l'égard du contenu ou de l'organisation du travail…).
Encore faut-il qu'il s'agisse du droit d'expression et il convient de le distinguer de la liberté générale d'expression, laquelle peut s'exercer aussi bien à l'extérieur qu'à l'intérieur de l'entreprise. Il ressort de la jurisprudence que des propos tenus par un salarié en dehors de l'entreprise ne constituent pas l'exercice du droit d'expression mais relèvent de celui de la liberté générale d'expression que tout salarié peut exercer, par exemple en décrivant ses conditions de travail (Soc., 28 avril 1988, aff. *Clavaud, Dr. soc.* 1988 p. 428) ou en protestant dans un journal contre certaines exigences patronales (Soc., 5 mai 1993), mais susceptibles d'abus ; par exemple par des propos mensongers et diffamatoires avec intention de nuire (Soc., 16 nov. 1993, *Dr. soc.* 1994 p. 42) ou par des critiques excessives et malveillantes à l'égard de l'employeur et de sa gestion (Soc., 20 janv. 1993, *RJS* 3/93 n° 296). La première chambre civile de la Cour de cassation estime que le salarié licencié pour abus de la liberté d'expression à la suite de propos diffamatoires ne bénéficie pas des garanties accordées par la loi sur la liberté de la presse en matière de diffamation (Civ. 1re, 13 juin 2006).
La liberté générale d'expression relève de l'article L. 1121-1 du Code du travail : elle ne peut supporter que des restrictions justifiées par la nature de la tâche à accomplir et proportionnées au but recherché (Soc., 14 déc. 1999 rectifié par Soc., 27 avril 2000, *Dr. soc.* p. 165).
Il en est de même de la liberté collective de participation à une manifestation en dehors du temps de travail (Soc., 23 mai 2007, 2 arrêts).

3. Vœux et avis

Une fois émis, ils doivent être transmis à l'employeur et les suites données par celui-ci doivent être communiquées aux syndicats représentatifs, au comité d'entreprise, au CHSCT et aux commissions compétentes.

Observation : la volonté du législateur a été à l'origine de laisser se développer les initiatives, la loi ayant un rôle essentiellement incitatif et ne posant que quelques principes en vue de l'innovation, en intégrant les réalisations déjà existantes.
Certains en attendaient beaucoup. D'autres ont estimé que le texte, peu précis et peu contraignant, n'apporte rien en soi.
Les rôles dans l'entreprise auraient pu toutefois s'en trouver modifiés ou différemment articulés : encadrement, syndicats, instances représentatives élues, service du personnel, bureaux de conseil en organisation, etc.; mais en pratique un certain essoufflement de l'institution a été assez vite perceptible.

NB : allant un peu plus loin que la loi du 4 août 1982, la loi du 26 juillet 1983 relative à la démocratisation du secteur public a élargi les dispositions de celle-ci et, à titre complémentaire, impose une **fréquence minimum** (une fois tous les deux mois et au moins six heures par an) pour les réunions des conseils d'atelier ou de bureau pendant le temps de travail et sans réduction de rémunération, tout en en élargissant l'objet à tous les domaines intéressant la vie de l'atelier ou du bureau.
En outre les accords relatifs au droit d'expression doivent définir des unités de travail de dimension réduite pour les réunions, prévoir la fréquence et la durée de celles-ci, l'association de l'encadrement, le domaine des compétences (élargies) des conseils d'atelier ou de bureau, les liaisons avec la direction et les élus…

Section 3 › PROTECTION DE LA DIGNITÉ DANS LE TRAVAIL

Historiquement, c'est l'**interdiction des discriminations** qui est première.
En évolution constante, ce dispositif de lutte contre un type d'atteinte à la dignité des personnes a été rejoint par d'autres qui traitent du **harcèlement sexuel** (loi du 2 novembre 1992) et plus récemment du **harcèlement moral** (loi du 17 janvier 2002).
Parallèlement, le Code pénal s'est enrichi avec la création des délits de conditions de travail et d'hébergement contraire à la dignité de la personne.

§ 1 - Discriminations dans l'emploi

La convention n° 97 de l'OIT sur les travailleurs migrants, la convention n° 111 sur la discrimination en matière d'emploi et de profession, la convention européenne de sauvegarde des droits de l'homme, les règlements de la CEE interdisent toutes les pratiques de discrimination dans l'emploi dans les États membres.
De son côté, depuis 1972, le législateur français a précisé et renforcé la lutte contre les discriminations aussi bien en allongeant la liste des motifs prohibés qu'en durcissant les sanctions tant civiles que pénales applicables à ce type de comportement.

A. Approche civile

C'est la **loi du 16 novembre 2001** qui constitue sans aucun doute l'apport le plus important en la matière à la fois par la clarification qu'elle opère de la notion même de la discrimination et par la reformulation des règles de preuve, de procédure et des sanctions applicables. Deux lois viennent de compléter ce dispositif dans sa dimension civile.

Il s'agit de la **loi du 27 mai 2008** « portant diverses dispositions d'adaptation au droit communautaire dans le domaine de la lutte contre la discrimination » et de la **loi du 17 juin 2008** portant réforme de la prescription en matière civile, dont certaines dispositions sont consacrées à l'action en réparation du préjudice issu d'un acte discriminatoire.

1. Définition

La loi du 27 mai 2008 adopte le concept européen de la discrimination, plus large que la conception française initiale.
Elle définit la **discrimination directe** comme « la situation dans laquelle une personne est traitée de façon moins favorable qu'une autre ne l'est, ne l'a été ou ne l'aura été dans une situation comparable » *(article 1er al. 1)*.
Elle définit la **discrimination indirecte** comme : « une disposition, un critère ou une pratique neutre en apparence, mais susceptible d'entraîner, pour l'un des motifs mentionnés au premier alinéa, un désavantage particulier pour des personnes par rapport à d'autres personnes, à moins que cette disposition, ce critère ou cette pratique ne soit objectivement justifié par un but légitime et que les moyens pour réaliser ce but ne soient nécessaires et appropriés » (article 1er al. 2).
Elle élargit la notion civile de discrimination en y intégrant **deux nouvelles formes** de discrimination jusque là absentes du droit français :

a) le harcèlement discriminatoire, entendre comme « tout agissement lié à l'un des motifs prohibés et tout agissement à connotation sexuelle subis par une personne et ayant pour objet ou pour effet de porter atteinte à sa dignité ou de créer un environnement hostile, dégradant, humiliant ou offensant » (article 1er § 1).

b) l'injonction à discriminer, définie comme : « le fait d'enjoindre à quiconque d'adopter un comportement prohibé par l'article 2 » (article 1er § 2).

2. Application en droit du travail

Ces différentes formes de discrimination peuvent correspondre au comportement d'un employeur compte tenu des termes très généraux de l'article 1er auquel renvoie désormais expressément l'article **L. 1132-1 du Code du travail** qui est la disposition portant interdiction de toute discrimination en matière d'emploi.
Selon l'article L. 1132-1, en effet : « ... aucune personne ne peut être écartée d'une procédure de recrutement ou de l'accès à un stage ou à une période de formation en entreprise, aucun salarié ne peut être sanctionné, licencié ou faire l'objet d'une mesure discriminatoire, directe ou indirecte telle que définie par l'article 1er de la loi du 27 mai 2008, notamment en matière de rémunération, au sens de l'article L. 3221-3 de mesures d'intéressement ou de distribution d'actions, de formation, de reclassement, d'affectation, de qualification, de classification, de promotion professionnelle, de mutation ou de renouvellement de contrat en raison de son origine, de son sexe, de ses mœurs, de son orientation sexuelle, de son âge, de sa situation de famille ou de sa grossesse, de ses caractéristiques génétiques, de son appartenance ou de sa non-appartenance, vraie ou supposée, à une ethnie, une nation ou une race, de ses opinions politiques, de ses activités syndicales ou mutualistes, de ses convictions religieuses, de son apparence physique, de son nom de famille ou en raison de son état de santé ou de son handicap ».

Jurisprudence : de nombreuses décisions de justice sont intervenues au sujet de discriminations dans l'emploi, fondées sur l'appartenance ou l'activité syndicale (voir volume 1 Rapports collectifs, Le syndicat) sur les autres motifs ; le contentieux civil est plus rare mais en progression. Ainsi par un arrêt en date du 16 décembre 2008 (*RJS* 2009, n° 227) la Chambre sociale de la Cour de cassation a décidé qu'une salariée pour laquelle une promotion a été envisagée par l'employeur, ne peut se voir refuser celle-ci en raison de la survenance d'un congé de maternité.

3. La justification des discriminations dans l'emploi

a) Le motif légitime « général » (article L. 1133-1 du Code du travail tel que modifié par l'article 3 de la loi du 27 mai 2008)

« L'article L. 1132-1 ne fait pas obstacle aux différences de traitement lorsqu'elles répondent à une exigence professionnelle essentielle et déterminante et pour autant que l'objectif soit légitime et l'exigence proportionnée ».

Remarques :

– ce motif justificatif (qui suppose que tous les éléments de la discrimination existent) vise *a priori* toute discrimination interdite par le Code du travail, quel que soit le critère prohibé et quelle que soit la forme de discrimination envisagée (cependant la discrimination indirecte ne paraît pas concernée car elle présente, dans sa définition même, un élément justificatif éventuel dont la démonstration enlève à la « mesure contestée » tout caractère discriminatoire).

– cette nouvelle disposition ouvre un « espace de discussion » (aussi bien devant le juge que devant la Halde, notamment en matière de recrutement, comme le montre le droit anglais dont cette règle est fortement inspirée (*Genuite Occupational Qualification*). En même temps, on ne peut écarter tout relativisme dans son application dû à la variété des modèles culturels au sein de l'UE.

b) Les motifs légitimes « particuliers » (plus classiques) concernant l'âge, le sexe, le handicap et l'état de santé

- **L'âge**

Article L. 1133-2 du Code du travail tel que modifié par l'article 2 de la loi :

« Les différences de traitement fondées sur l'âge ne constituent pas une discrimination lorsqu'elles sont objectivement et raisonnablement justifiées par un but légitime, notamment par le souci de préserver la santé ou la sécurité des travailleurs, de favoriser leur insertion professionnelle, d'assurer leur emploi, leur reclassement ou leur indemnisation en cas de perte d'emploi, et lorsque les moyens de réaliser ce but sont nécessaires et appropriés ».

- **Le sexe**

Article L. 1142-2 du Code du travail tel que modifié par l'article 6 de la loi (emploi) :

« Lorsque l'appartenance à l'un ou l'autre sexe répond à une exigence professionnelle essentielle et déterminante et pour autant que l'objectif soit légitime et l'existence proportionnée, les interdictions prévues à l'article L. 1142-1 ne sont pas applicables ».

- **L'inaptitude et le handicap**

D'une part, selon l'article L. 1133-2 du Code du travail :

« Les différences de traitement fondées sur l'inaptitude constatée par le médecin du travail en raison de l'état de santé ou du handicap ne constituent pas une discrimination lorsqu'elles sont objectives, nécessaires et appropriées ».

D'autre part l'article L. 1133-3 du même code dispose que :
« Les mesures prises en faveur des personnes handicapées et visant à favoriser l'égalité de traitement, prévues à l'article L. 5213-6 ne constituent pas une discrimination » (discrimination positive).

Remarque : la rupture du contrat de travail faisant suite à l'inaptitude constatée par le médecin du travail ne constituera pas une discrimination à condition toutefois que les différences de traitement qui peuvent en résulter se fondent sur des éléments objectifs, nécessaires et appropriés. De même, les mesures prises en faveur des handicapés ne constituent pas une discrimination à condition qu'elles soient appropriées. L'article L. 5213-6 précise que le refus de prendre les mesures appropriées qui s'imposent peut être constitutif d'une discrimination au sens de l'article L. 1133-2 du Code du travail.

4. Aménagement du dispositif antérieur par la loi du 27 mai 2008

Le renforcement de la protection des témoins et des victimes (art. 3 de la loi) :
« Aucune personne ayant témoigné de bonne foi d'un agissement discriminatoire ou rayant relaté, ne peut être traitée défavorablement de ce fait ».
« Aucune décision défavorable à une personne ne peut être fondée sur sa soumission ou son refus de se soumettre à une discrimination prohibée par l'article 2 ».

Remarque 1 : la protection du témoin est élargie à toute mesure de rétorsion quel que soit le domaine dans lequel la discrimination s'exprime (art. L. 122-45 devenu L. 1132-3, interdisait « seulement » les sanctions disciplinaires et mesures discriminatoires).

Remarque 2 : la protection des victimes est élargie, ce qui ne supprime pas le rôle de l'article L. 1134-4 du Code du travail, lequel prévoit des sanctions civiles spécifiques (nullité du licenciement avec réintégration de droit, remplacée, en cas de refus du salarié, par une indemnité réparatrice au moins égale aux salaires des 6 derniers mois plus les indemnités de licenciement).

5. Procédure et preuve

Depuis la loi du 16 novembre 2001 un **régime probatoire particulier** s'applique en matière de discrimination (art. L. 1134-1, C. trav.). Le salarié concerné, qui a la position de demandeur à l'instance, doit seulement présenter au juge des éléments de fait laissant supposer l'existence d'une discrimination directe ou indirecte. C'est ensuite à l'employeur de démontrer que sa décision est justifiée par des éléments objectifs étrangers à toute discrimination. **Ce partage de la charge de la preuve** correspond au schéma mis au point par la Cour de Luxembourg et fut de façon anticipée appliqué par la Cour de cassation française notamment en matière syndicale (Soc., 26 avr. 2000 ; 4 juill. 2000). Dans l'appréciation des éléments de fait présentés par le salarié, le pouvoir souverain des juges du fond est ici essentiel. Ainsi, dès lors qu'une cour d'appel estime qu'aucune différence de traitement n'est établie, un salarié ne peut prétendre avoir été victime d'une discrimination en raison de ses fonctions syndicales au seul motif que son salaire n'a pas été revalorisé depuis cinq ans (Soc., 23 oct. 2001).
Cette loi a par ailleurs créé une **nouvelle action en justice**, dite de substitution au profit du syndicat qui peut, à la place de la victime de la discrimination, agir sans

mandat de l'intéressé, pourvu que celui-ci ait été averti et ne s'y soit pas opposé (art. L. 1134-2). Sur l'action de substitution en général dans ses rapports avec les autres actions syndicales en justice voir *supra*, Le Syndicat.

Remarque : il résulte de l'article L. 1134-1 alinéa 3 du Code du travail que le juge du fond apprécie souverainement l'opportunité de recourir à des mesures d'instruction portant aussi bien sur les éléments présentés par le salarié et laissant supposer l'existence d'une discrimination que sur ceux apportés par l'employeur pour prouver que sa décision est justifiée par des éléments objectifs (Soc., 4 fév. 2009, *Dr. soc.* 2009 p. 612).

6. Sanctions

Au plan civil la sanction de la discrimination est la **nullité de plein droit** de toute disposition ou de tout acte contraire aux dispositions de l'article L. 1132-1 du Code du travail (sur l'application de cette sanction en matière de licenciement voir *infra*). Aucune hypothèse ne devrait aujourd'hui faire exception au principe général d'annulation posé par ce texte y compris lorsqu'un texte particulier prévoit une sanction autre. La Cour de cassation l'a déjà admis par anticipation à propos de l'article L. 2141-5 du Code du travail qui ne prévoit en matière de discrimination syndicale qu'une sanction indemnitaire au plan civil (Soc., 23 novembre 1999, *RJS* 1/00 n° 33).

Lorsque celle-ci est possible le juge peut également ordonner à l'employeur une réparation en nature. Ainsi, l'attribution à un conducteur salarié d'un véhicule de 15 tonnes permettant le maintien de sa qualification professionnelle antérieure et, ce, sous astreinte (Soc., 23 juin 2004, *BCV* n° 181). La reconstitution de la carrière du salarié est également possible (Soc., 24 février 2004 n° 0146499).

Pour certains comportements discriminatoires, il est difficile d'envisager autre chose qu'une indemnisation par versement de dommages-intérêts à la victime incluant l'éventuelle perte, objective d'un élément du salaire ou d'un avantage évaluable en argent (discrimination touchant l'évolution de la carrière). Par un arrêt du 15 mars 2005 (*Dr. soc.* p. 827) la Chambre sociale de la Cour de cassation avait décidé que s'appliquaient ici les règles de la prescription trentenaire.

Mais désormais, par l'effet de la loi du 17 juin 2008 **la prescription extinctive de l'action est ramenée à 5 ans**. Toutefois le nouvel article L. 1134-5 du Code du travail fixe le point de départ du délai de manière suivante :

« L'action en réparation du préjudice résultant d'une discrimination se prescrit par 5 ans à compter de la révélation de la discrimination ».

Remarque : il s'agit d'une exception à la nouvelle règle de droit commun énoncée par l'article 2224 du Code civil, selon laquelle le point de départ du délai est situé au jour où le titulaire du droit a connu ou aurait dû connaître les faits lui permettant de l'exercer. Le terme « révélation » renvoie nécessairement au moment où le salarié a connaissance des faits de discrimination commis par son employeur et où il est en mesure d'estimer qu'il a subi un préjudice.

D'autre part, cette règle doit être combinée avec celle du nouvel article L. 1134-5 du Code du travail selon lequel :

« Les dommages et intérêts réparent l'entier préjudice résultant de la discrimination pendant toute sa durée ».

Remarque : si la prescription interdit la prise en compte de fait de discrimination couvert par elle, elle n'interdit pas au juge, pour apprécier la réalité de la discrimination subie au cours de la période prescrite, de procéder à des comparaisons avec d'autres salariés engagés dans des conditions identiques de diplôme et de qualification à la même date que le demandeur, celle-ci fut-elle antérieure à la période non-prescrite (Soc., 4 févr. 2009 précité).

Bilan : on annonce une nouvelle directive dont la proposition a été adoptée le 9 juillet 2008 par la Commission européenne et qui vise à promouvoir un principe d'égalité de traitement dans des domaines tels que la protection sociale, l'accès aux soins, l'éducation et l'accès aux biens et services.

Mais le législateur communautaire est ici sans cesse concurrencé par l'interprétation créatrice de la CJCE, comme l'illustre l'arrêt rendu par celle-ci dans une affaire où un employeur (belge) avait déclaré publiquement qu'il ne recrutait pas des salariés ayant une certaine origine ethnique ou raciale. La Cour estime qu'une telle déclaration constitue par elle-même une discrimination directe sans qu'il soit nécessaire d'identifier un plaignant réellement victime d'un refus d'embauche (CJCE 2e Ch. 10 juil. 2008 aff. C 54/07 *Centrum voor galiykheid van Kansen en voor racismebestrijding c/ Firma Feryn NV*).

B. Approche pénale

1. Constatation des infractions

Par dérogation à la règle limitant leur compétence au constat des infractions prévues par le Code du travail, les inspecteurs et les contrôleurs du travail sont autorisés à relever les discriminations correspondant aux § 3 et 6 de l'article 225-2 du Code pénal. Leurs pouvoirs d'investigation ont été parallèlement élargis par la loi du 16 novembre 2001 (art. L. 8113-5, C. trav.).

Par ailleurs l'article 2 de la loi du 31 décembre 2004 portant création de **la Halde** permet aux agents de celle-ci, spécialement assermentés et habilités par le procureur de la République de constater par procès-verbal les délits de discrimination.

Ces agents peuvent également faire appel au juge des référés en cas d'opposition du responsable des lieux où ils entendent mener leurs investigations. Ce droit de visite s'exerce alors sous l'autorité et le contrôle du juge qui a autorisé les vérifications. Celui-ci peut se rendre dans les locaux durant l'intervention. À tout moment, il peut décider l'arrêt ou la suspension des vérifications (art. L. 8, 30 déc. 2004 modifié).

2. Poursuite

Désormais l'action publique peut s'éteindre en raison d'une **transaction** dans les termes de l'article 11-1 de la loi du 30 décembre 2004 modifiée par celle du 31 mars 2006. Informé par la Halde que la transaction, préalablement homologuée, a été exécutée dans les délais prescrits, le procureur constate l'extinction de l'action publique et en avise l'intéressé ainsi, le cas échéant, que la victime.

3. Action civile des associations

En ce qui concerne ensuite la mise en œuvre des poursuites, il faut souligner le rôle important joué par les associations. Les articles 2-1, 2-6, 2-8 et 2-10 du Code de procédure pénale attribuent aux associations déclarées depuis au moins cinq ans à la date des faits ayant, en vertu de leurs statuts, vocation à défendre ou à assister les personnes qu'ils énumèrent, les droits inconnus à la partie civile en ce qui concerne les discriminations réprimées par les articles 225-2 et 432-7 du Code pénal lorsqu'elles sont commises en raison des critères discriminatoires visés.

4. Personnes responsables

Les infractions définies tant par le Code du travail que par le Code pénal peuvent être imputées non seulement aux personnes physiques (principalement le chef d'entreprise ou son délégataire) mais aussi à la personne morale employeur.
La circulaire du 13 février 2006 adressée aux procureurs généraux pour la mise en œuvre de la généralisation de la responsabilité pénale des personnes morales, préconise des poursuites cumulées, compte tenu de la nature intentionnelle des infractions.

5. Éléments constitutifs de l'infraction

a) Délit général (selon l'art. 225-1, C. pén.)
« Constitue une discrimination toute distinction opérée entre les personnes physiques à raison de leur origine, de leur sexe, de leur situation de famille, de leur grossesse, de leur apparence physique, de leur patronyme, de leur état de santé, de leur handicap, de leurs caractéristiques génétiques, de leurs mœurs, de leur orientation sexuelle, de leur âge, de leurs opinions politiques, de leurs activités syndicales, de leur appartenance ou de leur non-appartenance, vraie ou supposée, à une ethnie, une nation, une race ou une religion déterminée. »
L'article 225-2 du même Code rend applicable cette règle aux relations du travail lorsque le comportement discriminatoire de l'employeur ou de son représentant correspond aux actes ou décisions qui sont énoncées par lui, à savoir :
– refuser d'embaucher, sanctionner ou licencier une personne (§ 3) ;
– subordonner une offre d'emploi, une demande de stage ou une période de formation en entreprise à une condition fondée sur l'un des éléments visés à l'article 225-1 (§ 6).

Remarque : le Code pénal s'en tient à une approche des actes discriminatoires correspondant aux **principales décisions** ressortissant à la gestion des ressources humaines (embauche, discipline, rupture contractuelle).
Ce faisant, il ne peut facilement appréhender d'autres types de discriminations dans l'emploi, parfois lourdes de conséquences pour le salarié qui en est victime, comme l'amputation de la rémunération ou le ralentissement de la carrière professionnelle.
Ce n'est pas le cas du Code du travail qui consacre une approche plus large des comportements punissables dans les incriminations spéciales dont il est porteur (voir ci-dessous).
Le délit de discrimination peut dans certains cas recevoir la qualification **d'infraction continue** ce qui durcit la répression en particulier quant au point de départ du délai de prescription de l'action publique (Crim., 9 nov. 2004, *Dr. ouvrier* 2005 p. 350).

Justifications de la discrimination : le fait justificatif tiré d'un motif légitime qui figurait à l'article 416-3 de l'ancien Code pénal ayant été supprimé en 1992, il n'est normalement plus possible de justifier la différence de traitement liée à un critère prohibé en dehors des cas limitativement énumérés par **l'actuel article 225-3 du**

Code pénal. Il faut cependant tenir compte de la modification de ce dernier texte par la loi précitée du 27 mai 2008. Au-delà de cette modification **essentiellement applicable au refus d'embauche** (voir *supra* 1re partie, titre préliminaire, chap. 1), il est loisible de s'interroger sur la cohérence entre ce texte et les règles nouvelles admettant des justifications plus larges lorsque la discrimination fait l'objet d'un traitement civil (v. *supra* 2).

b) Délit spéciaux

Les textes répressifs du **Code du travail** consacrés à la discrimination concernent essentiellement deux catégories de comportements : ceux qui opèrent une différence de traitement à partir de **l'appartenance ou de l'activité syndicale** et ceux qui consacrent cette même différence en considération du **sexe ou de la situation de famille**.

Ce domaine a fait l'objet de modifications opérées par la loi du 16 novembre 2001. Depuis lors, et contrairement à l'incrimination du Code pénal, elles n'ont donné lieu à aucun aménagement législatif, en dehors d'une nouvelle formulation résultant de la recodification du Code du travail. On notera néanmoins que, depuis la loi Perben II du 9 mars 2004 généralisant la responsabilité pénale des personnes morales, elles peuvent être rendues imputables au groupement employeur.

• Activité syndicale

L'article L. 2141-5 du Code du travail interdit les mesures disciplinaires fondées sur l'appartenance syndicale ou l'activité syndicale, en matière de recrutement (v. *supra* 1re partie, titre préliminaire, chap. 2), de conduite et de répartition du travail, de formation professionnelle, d'avancement, de rémunération et d'octroi d'avantages sociaux, de mesures de discipline et de rupture du contrat de travail.

La violation de cette interdiction donne lieu à l'application de sanctions civiles mais aussi pénales prévues par l'article L. 2146-2 du Code du travail et qui consistent en une amende de 3 750 €. L'amende est portée à 7 500 € à laquelle on ajoute un emprisonnement de deux ans de récidive.

Ce délit de prise en considération de l'activité syndicale ne doit pas être confondu avec le délit d'entrave au droit syndical (voir volume 1).

Il convient d'emblée de souligner que la prise en considération de l'activité syndicale de certains salariés est **nécessairement intentionnelle**. En conséquence, il a été jugé que la non-attribution d'une prime exceptionnelle aux salariés ayant participé à une grève déclenchée par les organisations syndicales ne permettait pas de caractériser de façon irréfutable cette intention délictueuse dès lors que la distribution de la prime était justifiée par le surcroît de travail exigé de ses bénéficiaires en vue de maintenir la nécessaire ponctualité de livraisons intéressant la santé publique et qu'elle entrait en outre dans les prévisions du règlement intérieur (Crim., 28 nov. 1978, *Bull. crim.* n° 336).

En d'autres termes, le comportement de l'auteur des faits doit obéir de façon univoque à la volonté de porter atteinte à la liberté syndicale. Mais cette volonté n'a pas pour autant à être exclusive, le délit est en effet constitué même si la discrimination antisyndicale n'a pas été le seul motif des mesures prises (Crim., 14 juin 2000, *Bull. crim.* n° 226; Crim., 15 janvier 2008, *RJS* 5/08 n° 564).

Ainsi, une sanction disciplinaire infligée à un délégué syndical pour fait de grève alors qu'il est le seul sanctionné parmi les grévistes, caractérise la discrimination, dès lors que le lien entre la sanction prononcée et l'appartenance syndicale se trouve établi, même si la sanction pouvait apparaître fondée en elle-même.

En raison de la diversité des décisions de l'employeur susceptibles d'être à l'origine de la prise en considération illicite, **l'élément matériel du délit** prend de multiples formes. Caractérise encore l'infraction le fait de soumettre un salarié à des mutations successives pour sanctionner son appartenance syndicale ou de lui imposer des sujétions ayant pour finalité essentielle de l'isoler de ses collègues voire même s'agissant d'un cadre, le retrait des moyens indispensables à l'exercice normal de son activité de directeur de production (Crim., 29 janvier 2008, *RJS* 2008 n° 564).

On relèvera également de multiples hypothèses de discriminations en matière de rémunération ou de promotion fondées sur les considérations de nature syndicale. Ainsi, le fait d'écarter la candidature à un poste d'avancement d'un salarié en invoquant un manque de disponibilité consécutif à une fonction représentative contrevient à l'interdiction de l'article L. 214 1-5 du Code du travail. Quant au licenciement d'un salarié ordinaire, sans mandat de représentation et sans protection particulière, provoqué par son appartenance ou son action syndicales, il tombe sans conteste sous le coup de l'incrimination.

Mais l'élément matériel du délit recouvre parfois un ensemble d'agissements qui en rendent l'identification plus délicate parce que difficilement situables dans le temps. Il s'agit tout particulièrement du ralentissement de **carrière** du militant syndical et de la moindre progression de sa **rémunération** lesquels ne peuvent souvent être constatés qu'après plusieurs années de collaboration.

Après avoir examiné à plusieurs reprises cette situation, la Chambre criminelle de la Cour de cassation a pris, par un arrêt du 9 novembre 2004 (*Dr. ouvrier* 2005 p. 350), à nouveau position sur les conditions de la répression de ce type de discrimination très important en pratique si on en juge par le contentieux prud'homal le concernant. Elle censure les juges du fond qui avaient cru pouvoir relaxer un employeur, après avoir constaté que, sur une période de trois ans, les salariés concernés avaient bénéficié d'une promotion se situant dans la moyenne du tableau de comparaison établi par l'inspecteur du travail ; la Haute juridiction considère au contraire que la cour d'appel aurait dû procéder à une étude comparative des salaires et coefficients des représentants du personnel et des autres salariés de l'entreprise à diplôme équivalent et à même ancienneté.

L'analyse comparative de l'évolution professionnelle des salariés syndiqués par rapport aux non-syndiqués de l'entreprise est donc un élément important pour révéler une éventuelle discrimination. La Cour de cassation a eu l'occasion d'indiquer à cet égard que si les juges du fond ont un pouvoir souverain pour apprécier les faits et les circonstances de la cause, ils doivent répondre aux arguments du salarié qui fournit des éléments précis de comparaison. Ensuite, c'est l'objectivité et le caractère pertinent des justifications présentées par l'employeur qui conditionnent l'issue du litige. Le manque de disponibilité de l'intéressé ne paraît pas constituer dans la jurisprudence actuelle une raison acceptable pour retarder ou refuser un avancement. En revanche, si des insuffisances et manifestations d'incompétence sont relevées à l'encontre du salarié syndiqué, l'infraction n'est pas constituée.

• Sexe, situation de famille, grossesse

Issu de la loi du 13 juillet 1983 mettant en œuvre la directive européenne du 9 février 1976, l'article L. 1142-1 du Code du travail prohibe dans les relations de travail toute discrimination fondée sur le sexe, la situation de famille et la grossesse. **L'incrimination figure à l'article L. 1146-1** du même code qui dispose que « le fait de méconnaître les dispositions relatives à l'égalité professionnelle entre les femmes et les hommes prévues par les articles L. 1142-1 et L. 1142-2 est puni d'un emprisonnement d'un an et d'une amende de 3 750 € ». La connaissance du contenu exact de ce dernier texte est donc indispensable pour cerner les contours de l'élément matériel du délit.

Conséquence : la prohibition porte sur :
– le fait de mentionner ou de faire mentionner dans une offre d'emploi, quels que soient les caractères du contrat de travail envisagé, ou dans toute autre forme de publicité relative à une embauche, le sexe ou la situation de famille du candidat recherché (art. L. 1142-1, 1°) ;
– le fait de refuser d'embaucher une personne, prononcer une mutation, résilier ou refuser de renouveler le contrat de travail d'un salarié en considération du sexe ou de la situation de famille ou de la grossesse sur la base de critères de choix différents selon le sexe, la situation de famille ou la grossesse (art. L. 1142-1, 2°) ;
– le fait de prendre, en considération du sexe ou de la grossesse, toute mesure, notamment en matière de rémunération, de formation, d'affectation, de qualification, de classification, de promotion professionnelle ou de mutation (art. L. 1142-1, 3°).
Cette amplitude de l'élément matériel trouve cependant **une limite** dans l'article L. 1142-2 lui-même, dont le premier alinéa réserve expressément le cas où l'appartenance à l'un ou l'autre sexe est la condition déterminante de l'exercice d'un emploi ou d'une activité professionnelle.
Un décret en date du 25 mai 1984 (art. R. 1142-1, C. trav.) prolonge cette disposition de principe en déterminant de façon restrictive les emplois et les activités professionnelles dont l'exercice est nécessairement lié à l'appartenance à l'un ou l'autre sexe : mannequins, modèles, artistes.
Les sanctions qui s'attachent à la violation de l'article L. 1142-1 ont été étendues par l'article L. 3222-1 du Code du travail aux infractions aux articles L. 3221-2 et suivants du même code relatifs à l'égalité de rémunération entre les hommes et les femmes et selon lesquelles tout employeur est tenu d'assurer, pour un même travail ou un travail de valeur égale l'égalité de rémunération entre les hommes et les femmes (art. L. 3221-2 *in principio*)
Dans cette matière de l'égalité de rémunération, c'est d'abord le salarié qui détient le droit de poursuite mais aussi selon l'article L. 1144-2 du Code du travail, les **organisations syndicales représentatives** au plan national ou dans l'entreprise sans avoir à justifier d'un mandat de l'intéressé et sans opposition de sa part. De son côté, l'article 2-6 du Code de procédure pénale permet aux **associations** déclarées depuis au moins cinq ans d'exercer les droits reconnus à la partie civile pour les discriminations fondées sur le sexe, les mœurs ou la situation de famille lorsque les poursuites sont exercées sur le fondement des articles L. 1142-1 du Code du travail ou 225-2 et 432-7 du Code pénal qui répriment les discriminations dans le droit commun.

§ 2 - Harcèlement

Proche de la discrimination par l'atteinte qu'il porte à la dignité de la personne qui en est victime, le harcèlement s'en distingue néanmoins à la fois par ses éléments constitutifs et par son régime juridique, lequel est issu de plusieurs lois successives ayant progressivement élargi l'approche du phénomène et perfectionné le dispositif à la fois civil et pénal qui s'y attache. Initiée par la loi du 2 novembre 1992 relative à l'abus d'autorité en matière sexuelle, la réforme a été retouchée par la loi du 9 mai 2001 et **surtout par celle du 17 janvier 2002** qui, outre de nombreuses adjonctions au niveau technique, consacre le rapprochement entre **harcèlement sexuel et harcèlement moral** désormais situé dans un nouveau titre V de la 1re partie du nouveau Code du travail. La loi du 27 mai 2008 qui achève la transposition des directives communautaire relatives à la lutte contre les discrimination (voir *supra*) opère de son côté un rapprochement entre les deux notions avec la prohibition **du harcèlement discriminatoire**.

Observation : comme pour la discrimination, la loi française consacre une double approche civile et pénale du harcèlement qu'il soit sexuel ou moral. (V. art. 222-33 et 222-33-2, C. pén.).

A. Harcèlement sexuel

Définition : selon l'article L. 1153-1 et suivants du Code du travail, aucun salarié, aucun candidat à un recrutement à un stage ou à une période de formation en entreprise ne peut être sanctionné, licencié ou faire l'objet d'une mesure discriminatoire directe ou indirecte, notamment en matière de rémunération, de formation, de reclassement, d'affectation, de qualification, de classification, de promotion professionnelle, de mutation ou de renouvellement de contrat pour avoir subi ou refusé de subir **les agissements de harcèlement** de toute personne dont le but est d'obtenir des **faveurs de nature sexuelle** à son profit ou au profit d'un tiers (disposition propre au harcèlement sexuel dans les rapports de travail).

Observations :

– est protégé tout salarié ayant subi ou refusé de subir les agissements, homme aussi bien que femme ;
– sont protégés aussi les témoins des agissements ;
– le harcèlement suppose sauf cas particulier la répétition d'agissements ce qui est le propre de la notion aussi bien au civil qu'au pénal (art. 222-33, C. pén.) ;
– la loi du 17 janvier 2002 a supprimé l'exigence que le harceleur ait autorité sur la victime, solution qui mérite d'être approuvée, le harcèlement dans le cadre d'une relation de pouvoir institutionnel pouvant toujours être apprécié plus sévèrement par les juges.

B. Harcèlement moral

Définition : « aucun salarié ne doit subir les agissements répétés de harcèlement moral qui ont pour objet ou pour effet une dégradation des conditions de travail susceptible de porter atteinte à ses droits et à sa dignité, d'altérer sa santé physique ou mentale ou de compromettre son avenir professionnel » (art. L. 1152-1 et s., C. trav.).

Même si l'existence d'une **relation d'autorité** a tout lieu de figurer fréquemment dans le tableau du harcèlement moral en entreprise, il est à remarquer que la loi n'en fait pas un élément constitutif du harcèlement moral alignant ainsi la définition sur celle du harcèlement sexuel. En revanche, l'article L. 1152-1 met très explicitement en évidence la nécessité **d'agissements répétés**, la notion même de harcèlement moral supposant, sinon un caractère d'habitude, à tout le moins la réitération des mêmes actes ou d'actes semblables de la part de l'auteur (Soc., 27 oct. 2004, *Dr. soc.* 2005 p. 100) : conjonction et réitération de faits générateurs d'un état dépressif médicalement constaté, Soc., 29 juin 2005, *RJS* 2005 n° 949). Néanmoins, s'en remettant au pouvoir d'appréciation des juges du fond, la Cour de cassation ne contrôlait pas la qualification juridique des faits présentés comme constitutifs de harcèlement, ce qui a été critiqué en doctrine. Un arrêt en date du 24 septembre 2008 opère un revirement sur ce point (*Sem. soc. Lamy* 1368 p. 8).

Observation : à l'occasion de cette réorientation jurisprudentielle, la Cour de cassation entend contrôler l'application faite par les juges du fond de la règle de preuve applicable en la matière, l'article L.1154-1 du Code du travail obligeant ce dernier à prendre en compte l'ensemble des pièces produites par le salarié pour dire si les faits permettent de présumer l'existence d'un harcèlement.

§ 3 - Devoirs du chef d'entreprise

A. Prévention

Il appartient au chef d'entreprise de prendre toutes dispositions nécessaires en vue de prévenir les agissements de harcèlement sexuel ou moral (art. L. 1152-4, C. trav.). Le droit d'alerte reconnu au délégué du personnel en matière de santé mentale contribue à la prévention (art. L. 422-1-1).

B. Répression disciplinaire

Tout salarié coupable de harcèlement sexuel ou moral est passible d'une sanction disciplinaire. Du rapprochement de cette règle avec le devoir de prévention incombant au chef d'entreprise il s'évince que ce dernier a l'obligation de prendre une mesure de rétorsion contre le harceleur et qu'il commettrait lui-même une faute en ne réagissant pas : sorte de compétence disciplinaire liée.

NB : le harcèlement constitue nécessairement une faute grave pour le salarié qui le comet.

§ 4 - Procédure, preuve et sanctions

Outre l'affirmation d'une **action syndicale dite de substitution** commune aux deux types de harcèlement et permettant aux organisations syndicales représentatives d'ester en justice à la place de la victime (art. L. 1154-2, v. volume 1, 1re partie, titre 3, Syndicats. Droits découlant de la personnalité morale), le régime de la lutte contre le harcèlement se distingue par la mise en place d'une **procédure de médiation** (art. L. 1152-6) à l'initiative de la victime du harcèlement moral. Pas de médiation possible en revanche dans le cas du harcèlement sexuel (loi 3 janv. 2003).

Le régime de la preuve, d'abord inspiré du droit communautaire relatif à la discrimination, a été durci par la loi du 3 janvier 2003 elle-même influencée par le Conseil constitutionnel. Aux termes de l'article L. 1154-1 en cas de litige relatif à l'un ou l'autre type de harcèlement, le salarié, demandeur à l'instance civile doit établir des faits qui permettent de présumer l'existence d'un harcèlement. Des sanctions disciplinaires réitérées peuvent constituer de tels faits et le salarié peut les invoquer même si elles ont été amnistiées.

Au vu de ces éléments, il incombe à la partie défenderesse de prouver que ces agissements ne sont pas constitutifs d'un tel harcèlement et que sa décision est justifiée par des éléments objectifs étrangers à tout harcèlement. Le juge formera sa conviction après avoir ordonné, en cas de besoin, toutes les mesures d'instruction qu'il estime utiles.

A. Sanctions civiles

Les sanctions applicables au harcèlement sont tout d'abord civiles : nullité de plein droit de toute rupture de contrat, de tout acte (notamment une sanction disciplinaire) contraire aux interdictions ci-avant citées. Encore faut-il que le juge constate que la mesure a pour cause le refus de subir les agissements de harcèlement ou le fait de les avoir subis. Dans le cas fréquent où le harcèlement provoque une absence prolongée pour maladie, contrairement aux règles ordinaires, l'employeur ne peut invoquer la perturbation apportée au fonctionnement de l'entreprise et la nécessité du remplacement pour licencier le salarié harcelé, l'absence étant la conséquence du harcèlement. Remontant jusqu'à la cause première de la situation du salarié, le juge n'hésite pas à frapper de nullité un tel licenciement (Soc., 11 oct. 2006, *Bull. civ.* V, n° 301, *RDT* 2007, chron. 30).

Le salarié victime de harcèlement moral peut obtenir des dommages-intérêts en réparation notamment du préjudice moral subi. Son action peut être dirigée contre l'employeur et/ou, le cas échéant, contre le salarié harceleur. Le premier, tenu d'une obligation de sécurité de résultat en matière de protection de la santé et de la sécurité des travailleurs, pourra être condamné même sans faute de sa part. Le second engage, même en ce cas, sa responsabilité personnelle. La jurisprudence fonde cette double responsabilité non sur les principes du droit civil, mais sur les textes propres au Code du travail relatifs aux obligations respectives de l'employeur et du salarié en matière de sécurité (Soc., 21 juin 2006). Approuvée par les uns, critiquée par les autres, cette démarche signale l'importance primordiale de la prévention dans la lutte contre le harcèlement dans l'entreprise.

Plus étonnant, le juge administratif admet une atténuation de la responsabilité de l'employeur lorsque l'attitude du salarié harcelé a contribué à la dégradation des conditions de travail (CE 24 nov. 2006).

Observation : sans constituer juridiquement un harcèlement sexuel ou moral certains comportements déplacés peuvent rendre impossible le maintien de leur auteur dans l'entreprise (Soc., 30 sept. 2003, Faute grave).

Dans le même esprit, lorsque les règles propres au harcèlement ne sont pas applicables, les tribunaux retiennent parfois l'existence d'une violence. Ainsi, le salarié peut, en réponse à une attitude répétitive constitutive de violences morales et psychologiques rompre son contrat de travail et en imputer la rupture à l'employeur (Soc., 26 janv. 2005). Une rupture d'un commun accord peut être annulée sur le même fondement.

NB : le harcèlement peut être à l'origine d'un accident du travail au sens de la Sécurité sociale (tentative de suicide d'un salarié en arrêt maladie pour état dépressif, survenue par le fait du travail) et l'employeur reconnu coupable d'une faute inexcusable dans la mesure où il n'a pris aucune mesure pour l'éviter.

B. Sanctions pénales

Des sanctions pénales sont également prévues, à la fois dans le Code du travail et dans le Code pénal. Cependant, alors que le premier se borne à incriminer la violation des interdictions prévues par les articles L. 1152-1 et L. 1153-1 (L 1155-2), le second réprime de façon directe le harcèlement lui-même (art. 222-33 et 222-33-2). Néanmoins, il y a 2 différences entre les textes :

• d'abord en ce qui concerne la **qualité de la victime**, il s'agit de toute personne dans le Code pénal, et d'un salarié dans le Code du travail.

• Ensuite, le **taux de l'amende** : 15 000 € dans le Code pénal, 3 750 € dans le Code du travail pour *a priori* le même comportement, ce qui est tout simplement incompréhensible, voire inopportun, si le Code pénal doit s'effacer devant le Code du travail toutes les fois que la victime est un salarié.

• En outre, avant la recodification, on relevait une 3e différence : la **répression des suites du harcèlement** par l'incrimination du Code du travail, ce qui permettait de parler de complémentarité entre les deux codes. Mais cette répression a disparu puisque l'article L. 1155-2 ne renvoie plus à l'article L. 1152-2.

Élément matériel du délit de harcèlement moral: le choix législatif est explicite en faveur d'une pluralité d'actes. Le harcèlement moral ne peut, contrairement au harcèlement sexuel, s'émanciper de l'exigence de répétition, **c'est une infraction d'habitude**.

Le contentieux pénal livre un certain nombre de précisions.

Ainsi, par un arrêt du 21 juin 2005 (*Bull. crim.* n° 187), la Chambre criminelle a approuvé les juges du fond d'avoir relevé une pluralité de comportements parmi lesquels figuraient non seulement des comportements actifs mais également de pures omissions (retard dans la mise en œuvre de la réduction du temps de travail, impositions d'heures de présence incompatibles avec d'autres occupations professionnelles, non-versement systématique du salaire (voir également pour un grand nombre de comportements agressifs Crim., 29 janvier 2008, *RJS* 2008 n° 510).

Mais le juge pénal ne paraît pas pouvoir, contrairement à son homologue civil, aller au-delà d'un certain périmètre infractionnel qui suppose la présence d'une **intention de nuire** chez l'auteur des actes matériels.

Statue très clairement en ce sens le tribunal correctionnel de Paris qui, dans un jugement du 25 octobre 2002, refuse de voir un harcèlement dans l'environnement de travail très dégradé de la plaignante et retient qu'il n'était pas établi que le chef d'entreprise ait été guidé par la seule volonté délibérément attentatoire aux droits et à la dignité d'un salarié, en particulier (*JCP E* 2003 p. 1152).

Dans un arrêt du 20 mai 2008 la Chambre criminelle fait preuve du même attachement à l'intention malveillante précisant que les faits de harcèlement moral sont « nécessairement intentionnels » et que l'infraction suppose l'intention de nuire de l'auteur des agissements répétés.

Observation : ici se profile une possible ligne de fracture entre l'approche civile et l'approche pénale du harcèlement moral car on ne voit guère comment le juge répressif pourrait reprendre à son compte une vision du harcèlement moral qui procède d'une pure négligence voire d'un dol éventuel.

Pour autant, cela ne veut pas dire que la conception pénale du harcèlement moral restera en toute hypothèse enfermée dans la problématique des conflits interindividuels.

On peut fort bien imaginer que la dégradation volontaire et malicieuse des conditions de travail soit organisée à une large échelle, qu'il y a harcèlement intentionnel et que les faits illicites sont de l'ordre de l'organisation et de la gestion de l'entreprise.
Ceci donnerait un sens à la présentation du délit de harcèlement moral comme infraction concernant tout particulièrement la responsabilité pénale des personnes morales, dans l'annexe à la circulaire du 13 février 2006 faisant suite à la loi de généralisation de mars 2004.

§ 5 - Atteinte à la dignité de la personne vulnérable

Cette atteinte peut résulter de différents types de comportements : discrimination (v. *supra*) mais aussi harcèlement (v. *infra*). Cependant, en marge de ces qualifications aussi bien civiles que pénales, sont récemment apparues en droit français **deux infractions** qui ont pour but de réprimer par des peines particulièrement lourdes des atteintes considérées comme très graves et qui sont susceptibles de se produire à l'occasion d'une relation de travail salarié. Il s'agit des **délits de condition de travail, de rémunération et d'hébergement contraires à la dignité de la personne** créés en 1992 et remaniés par la loi du 18 mars 2003.

1. Selon l'article **225-13 du Code pénal** est incriminé le fait d'obtenir d'une personne, dont la vulnérabilité ou l'état de dépendance sont apparents ou connus de l'auteur, la fourniture de services non rétribués ou en échange d'une rétribution manifestement sans rapport avec l'importance du travail accompli.
Quant à l'article 225-14 il prévoit le fait de soumettre une personne dont la vulnérabilité ou l'état de dépendance sont apparents ou connus de l'auteur, à des conditions de travail ou d'hébergement incompatibles avec la dignité humaine.
Les comportements visés sont punissables de 5 ans d'emprisonnement et de 150 000 € d'amende (circonstance aggravante de la victime mineure ou de la pluralité de victimes).
Les **personnes morales** peuvent, aux côtés des personnes physiques, être poursuivies et condamnées pour ces infractions.

2. L'application de ces infractions suppose le constat préalable par le juge d'une **vulnérabilité de la victime ou d'un état de dépendance** vécu par celle-ci. La chambre criminelle de la Cour de cassation a, par deux arrêts du 13 décembre 2002 et du 4 mars 2003, commencé à donner une interprétation des termes employés par la loi. Pour être constituées, ces infractions supposent une véritable exploitation du travail d'autrui et ne sauraient être réalisées par la seule violation des dispositions relatives à la réglementation du travail (SMIC, durée maximale).
La loi du 18 mars 2003 a par ailleurs instauré une présomption de vulnérabilité et de situation de dépendance lorsque sont concernés des mineurs ou des personnes qui ont été victimes des faits décrits aux articles 225-13 et 225-14 précités à leur arrivée sur le territoire français.
Par un arrêt en date du 13 janvier 2009 (*Dr. pénal* 2009) la chambre criminelle a de nouveau approuvé l'application de l'article 225-14 du Code pénal dans l'hypothèse de l'emploi d'une mineure depuis la date de son arrivée illégale en France avec confiscation de son passeport, privation de congés et rémunération dérisoire du travail fourni.

POUR ALLER PLUS LOIN

BIBLIOGRAPHIE :

› M. Blatman, « Regard sur l'état de santé au travail et la prévention des risques », *Dr. soc.* 2005 p. 960.

› A. Cœuret, « La responsabilité du salarié en matière de sécurité et la prévention des risques professionnels », in *Rapp. C. Cass. 2002*, p. 87 et s.

› A. Cœuret et F. Duquesne, « Amiante et mise en danger », *RJS* 2008 chr. p. 591.

› A. Cœuret et E. Fortis, *Droit pénal du travail*, coll. « Manuel », Litec, 2008 n° 444 et s. (Hygiène et sécurité) n° 645 et s. (atteintes à la dignité).

› F. Duquesne, « La délégation de pouvoirs sous les feux de l'actualité des nouvelles formes de mise à dispositions », *Sem. Soc. Lamy* 2005 n° 1241 p. 8.

› E. Fortis, « Réprimer les discriminations depuis la loi du 27 mai 2008 », *AJ pénal* 2008 p. 303.

› V. Malabat, « À la recherche du sens du droit pénal du harcèlement », *Dr. soc.* 2003 p. 491 et s.

› Y. Mayaud, « Responsables et responsabilité », *Dr. soc.* 2000 p. 941.

› J. H. Robert, « Les préposés sont-ils représentants de la personne morale ? », *Mélange Conviat* 2001, p. 383.

› C. Roy-Loustaunau, « Le harcèlement sexuel à la française », *JCP G* 1993, I, 237.

Deuxième partie

LA RUPTURE DU CONTRAT DE TRAVAIL

• La perte de l'emploi constitue avec les accidents du travail et les maladies professionnelles le **risque le plus grave** couru par le salarié. D'où la recherche d'une protection, qui ne va pas cependant jusqu'à une véritable propriété de l'emploi, peu compatible avec un régime reposant sur la liberté (tempérée) des contrats et de l'entreprise ainsi qu'avec une certaine mobilité de la main-d'œuvre.
L'aggravation et la permanence du chômage ont entraîné un développement de l'indemnisation de la privation partielle ou totale d'emploi (lois et accords collectifs nationaux).
• Le droit de la rupture du contrat de travail a acquis une importance capitale :
– d'une part parce que les règles se sont considérablement complexifiées à partir du moment où l'on a cherché à protéger la partie la plus menacée et la moins garantie par l'application des règles du droit commun de la rupture des contrats : le salarié. **Le droit du licenciement** constitue maintenant un ensemble complexe de règles qui contraste avec celui de la démission du salarié, demeurée pour l'essentiel soumise au droit commun, simplement adapté par la jurisprudence (cf. *infra*). Cette complexité alimente certaines critiques et certaines tentatives de réforme visant notamment à favoriser des ruptures d'un commun accord.
– d'autre part c'est le régime du licenciement qui constitue – si l'on peut dire – la pierre angulaire du droit du travail, au point que l'évolution du premier commande largement celle du second. À la fois parce que la plupart des problèmes d'application (contentieuse surtout) des principes et règles de la matière (liberté syndicale, droit de grève, droits fondamentaux de la personne, bénéfice des dispositions d'une convention collective, exercice du pouvoir de direction et du pouvoir disciplinaire dans l'entreprise, protection des représentants du personnel, salaires...) se posent le plus souvent à l'occasion et au moment du licenciement, et parce que la possibilité d'une rupture du contrat par l'employeur, même si elle est soumise à certaines règles, domine et fragilise l'ensemble du statut des salariés.
• La cessation du contrat de travail s'effectue dans des conditions différentes selon que le contrat est à durée indéterminée ou déterminée. Celle du contrat à durée déterminée a déjà été exposée avec les règles propres à ce contrat (cf. *supra*, titre 1, chapitre 2). Ce sont donc essentiellement les règles de la rupture du contrat à durée indéterminée qui seront étudiées ici, mais après l'examen des différents modes de rupture du contrat de travail, et des suites de la rupture.
• Il est de plus en plus fréquent que, en raison de la jurisprudence, la rupture du contrat soit liée à la modification du contrat lui-même ou des conditions de travail (cf. *supra*, Modification).

Titre 1

LES DIVERS MODES DE RUPTURE

Si certaines causes de rupture sont communes au contrat de travail à durée déterminée et au contrat de travail à durée indéterminée et obéissent aux mêmes règles dans l'un et l'autre cas (chapitre 1), la rupture du contrat à durée indéterminée connaît aussi des formes de rupture marquées d'un particularisme accentué et de plus en plus diversifiées (chapitre 2). En revanche, au moins pour partie, les droits et obligations attachés à la cessation du contrat de travail valent quelle que soit la durée de celui-ci (chapitre 3).

Chapitre 1 › LES CAUSES DE RUPTURE COMMUNES À TOUS LES CONTRATS DE TRAVAIL

› L'essentiel

De manière générale, la cessation ou la rupture du contrat de travail peut résulter de l'application du droit commun des contrats, infléchi le cas échéant, mais aussi de causes plus spécifiques comme le départ ou la mise à la retraite.

Section 1 › CONSENTEMENT MUTUEL

Sans s'arrêter aux discussions doctrinales, animées en la matière, la jurisprudence affirme que le contrat de travail peut prendre fin non seulement par un licenciement ou une démission mais encore du commun accord des parties (Soc. 29 mai 1996, *Grands arrêts* n° 120).

Les conditions de la cessation sont alors fixées par l'accord des parties, sous réserve de la liberté réelle d'acceptation du salarié (Soc., 21 janv. 2003, *Grands arrêts* n° 94).

La **résiliation amiable**, fréquente en particulier au cas de licenciement pour un motif économique, donne lieu à un contrôle particulièrement vigilant du juge, du fait qu'elle est souvent liée à une initiative de l'employeur, et que le salarié est alors encore sous la dépendance de celui-ci. En outre « l'employeur et le salarié ne peuvent renoncer par avance au droit de se prévaloir » des règles relatives au licenciement (art. L. 1231-4, C. trav.).

D'autre part la jurisprudence distingue soigneusement la rupture amiable, ou le « **départ négocié** », de la **transaction**, laquelle s'en distingue en ce qu'elle ne peut traiter que des conséquences de la rupture déjà effective et non des conditions de celle-ci (cf. *supra*, 1re partie, titre 2, chapitre 2, Rémunération et *infra*, titre 3, Licenciement économique; pour la protection spéciale des représentants du personnel cf. volume 1, 2e partie, titre 3, Statut protecteur).

NB : s'il est certain que la rupture d'un commun accord subsiste dans les cas prévus par la loi (contrat à durée déterminée, contrat d'apprentissage...), on discute de son maintien, sur le fondement du Droit commun des contrats, aux côtés de la rupture conventionnelle désormais organisée de manière spécifique par le Code du travail (cf. *infra* chapitre 2 Section 3).

Section 2 › MALADIE PROLONGÉE

Pour la maladie de courte durée entraînant la suspension du contrat de travail, cf. *supra* Suspension du contrat de travail.

• Si les conséquences de la maladie continuent, en jurisprudence, à pouvoir constituer une justification du licenciement (nécessité de remplacer durablement le salarié, perturbations résultant d'absences répétées et fréquentes), depuis la loi du 12 juillet 1990 modifiée par la loi du 11 février 2005 **la maladie, en elle-même, ne saurait constituer**

une cause de licenciement, l'article **L. 1132-1** du Code du travail interdisant de licencier un salarié en raison de son état de santé ; le licenciement fondé sur la maladie elle-même (par ex. un salarié séropositif ou atteint du sida) est non seulement **nul** mais passible de sanctions pénales.
Par suite **seules les conséquences** qu'elle engendre peuvent constituer une cause réelle et sérieuse de licenciement et en général, elle autorise le congédiement si les nécessités de l'entreprise l'exigent (**remplacement** définitif du salarié indispensable = cause réelle et sérieuse).
La **jurisprudence** avait considéré un temps qu'elle peut constituer une force majeure dispensant l'employeur du préavis et des règles du licenciement concernant la procédure et l'indemnité de licenciement, l'employeur « prenant acte » de la rupture.
Puis la jurisprudence distinguant entre l'acte de licenciement et ses conséquences pécuniaires avait imposé le **respect de la procédure** de licenciement tout en considérant que, la rupture n'étant pas imputable à l'employeur, le salarié ne pouvait prétendre aux indemnités de licenciement.
Ces jurisprudences critiquables et choquantes ont été abandonnées.
Désormais la rupture par l'employeur en raison de la prolongation de la maladie constitue un licenciement dès lors que l'employeur a pris l'initiative de rompre, et cette rupture lui est dès lors imputable : il doit donc respecter la procédure et verser l'indemnité légale de licenciement.
En ce qui concerne la régularité du licenciement, la jurisprudence distingue le licenciement **motivé par l'état de santé** du salarié, **nul** de plein droit, en application des dispositions de l'article L. 1132-1 du Code du travail, parce que discriminatoire (Soc., 16 juill. 1998, *Dr. soc.* 1998-950, avec droit à l'indemnité compensatrice de préavis), et celui qui est motivé par la **perturbation objectivement apportée au fonctionnement** de l'entreprise en raison des effets de l'état de santé sur l'exécution de ses obligations par le salarié, lequel obéit au droit commun concernant l'exigence d'un motif réel et sérieux ; la perturbation résultant, par exemple, des absences longues et répétées, doit être grave, désorganiser le travail et rendre le remplacement indispensable, pour constituer une cause réelle et sérieuse. La Cour de cassation, après avoir hésité, exige que le remplacement soit définitif (Soc. 13 mars 2001, *Grands arrêts* n° 77) et intervienne dans un délai raisonnable et sans hâte excessive. La lettre de licenciement doit faire état de la perturbation du fonctionnement de l'entreprise **et** de la nécessité du remplacement. Faute de quoi la rupture serait considérée comme fondée sur l'état de santé. Et si l'absence prolongée est la conséquence du harcèlement moral, il est exclu que l'employeur puisse se prévaloir de la perturbation causée au fonctionnement de l'entreprise (d'où nullité du licenciement).
Délai raisonnable et caractère définitif du remplacement relèvent de la libre appréciation des juges du fond. Mais le remplacement suppose l'embauche d'un autre salarié (à temps complet si c'était le cas du salarié malade) et si l'employeur a eu recours à un salarié sous contrat à durée déterminée pour assurer le remplacement, la nécessité du remplacement définitif n'est pas établie.

• Depuis une loi du 7 janvier 1981, en cas d'**accident du travail** ou de **maladie professionnelle**, le contrat de travail est **suspendu** pendant l'arrêt de travail et la durée du stage de réadaptation, rééducation ou formation professionnelle (idée de **risque de l'entreprise**). **Aucune résiliation** du contrat ne peut avoir lieu, à peine de nullité, durant la suspension, sauf faute grave ou force majeure. À l'expiration de la suspension, l'employeur doit proposer au salarié un emploi compatible avec son état (le même, similaire ou approprié) (obligation de reclassement).

Si le salarié est licencié au terme de la suspension, le juge peut **proposer sa réintégration**; au cas de refus de l'employeur, il a droit à une indemnité spéciale de licenciement égale au moins à 12 mois de salaires.

Au cas d'accident du travail ou de maladie professionnelle le salarié qui, entre la fin de l'arrêt de travail et le reclassement effectif, n'a pas droit, en principe, à ses salaires (Soc., 21 janv. 1988), retrouve ce droit au terme d'un délai d'un mois s'il n'est toujours ni reclassé ni licencié (L. 31 déc. 1992, art. L. 1226-11, C. trav.).

Section 3 › DÉCÈS DU SALARIÉ

Résiliation de plein droit (*intuitus personae*). Les héritiers ont droit au salaire gagné et aux indemnités diverses acquises (congés payés, ancienneté, etc.).

NB : le **décès de l'employeur** n'est pas un cas de force majeure et si le contrat cesse à cette occasion (mais cf. Transfert d'entreprise), le salarié a droit aux indemnités de licenciement et de préavis.

Section 4 › FORCE MAJEURE

Le plus souvent la force majeure n'a qu'un effet **suspensif** du contrat de travail, parce qu'il est à exécution successive et que celle-ci peut reprendre dès que cesse l'obstacle à sa poursuite (cf. *supra*, Suspension du contrat). Mais en outre son effet de **rupture** du contrat de travail s'est considérablement réduit parce que les risques de l'entreprise – ou de l'exploitation – doivent être assumés par l'employeur.

Aussi en pratique s'agit-il alors d'un cataclysme naturel, d'un incendie, de l'état de guerre, du fait du prince, et non d'événements affectant la personne de l'employeur ou du salarié.

La Cour de cassation a livré une définition rénovée de la force majeure cause de rupture du contrat de travail : « événement extérieur irrésistible ayant pour effet de rendre impossible l'exécution du contrat » (Soc., 12 févr. 2003, *RJS* 4/03 n° 445). Ce faisant, elle abandonne l'exigence d'imprévisibilité de l'événement mais elle se montre très stricte quant à l'impossibilité d'exécution laquelle doit être absolue et de longue durée (tel n'est pas le cas après la destruction partielle d'un village hôtel occasionnée par le passage d'un cyclone avec perspective de réouverture 15 mois plus tard. Sa rigueur est moindre dans certaines circonstances (blocage d'un site par des intermittents du spectacle extérieurs rendant impossible la poursuite d'un festival et des contrats de travail conclus pour la durée de celui-ci). Les difficultés économiques et financières ne constituent pas une force majeure, pas plus que la situation d'incarcération d'une salariée pour la rupture anticipée d'un contrat à durée déterminée.

En cas de rupture du contrat de travail à durée déterminée ou indéterminée en raison d'un sinistre relevant d'un cas de force majeure, le salarié a droit à une indemnité compensatrice obéissant à un régime spécial (Loi de modernisation sociale du 17 janv. 2002).

Dans les autres cas, l'employeur n'a d'autre obligation que de verser l'indemnité de congés payés.

Section 5 › CESSATION DE L'ENTREPRISE (FERMETURE DÉFINITIVE)

§ 1 - Volontaire

La fermeture définitive de toute entreprise peut constituer une cause de licenciement. L'employeur est par suite débiteur des indemnités de licenciement. Cf. *infra*, titre 3, Le licenciement pour motif économique pour plus de détails.

§ 2 - Force majeure

Le personnel licencié n'a droit à aucune indemnité sauf en cas de sinistre. Le ralentissement ou la fermeture de l'entreprise pour motif économique ou technique n'est pas un cas de force majeure (risque normal du chef d'entreprise), de même que la liquidation ou le règlement judiciaires, conséquence des actes de l'employeur. Par suite les indemnités de préavis et de licenciement sont dues, mais non celle de rupture abusive (cause réelle et sérieuse).

Observation : au cas de **cession** de l'entreprise ou au cas de **succession**, les contrats de travail ne sont pas rompus et se poursuivent avec le nouvel employeur (cf. Transferts d'entreprise).

Section 6 › DÉPART À LA RETRAITE

§ 1 - Auparavant

Aucune disposition légale ou réglementaire, jusqu'à la loi de 1987, ne fixant un âge à partir duquel un travailleur doit obligatoirement quitter son emploi, le **départ volontaire** à la retraite s'analysait en une **démission**, mais la **mise à la retraite** par l'employeur constituait un **licenciement**, avec les conséquences que la loi lui attache (jurisprudence en ce sens).

Mais les conventions collectives avaient fait du départ à la retraite un mode original de rupture, avec une indemnité spéciale généralisée par la loi de 1978 sur la mensualisation. Elles contenaient souvent des clauses « guillotine » de limite d'âge que la jurisprudence, malgré les critiques de la doctrine, considérait comme licites, la rupture automatique n'étant pas imputable à l'employeur.

Afin de faire mieux respecter le droit de chaque personne de se maintenir en activité si elle en a les capacités, le législateur a fait du départ à la retraite un **mode autonome de rupture** du contrat de travail, distinct de la démission et du licenciement.

§ 2 - Depuis la loi du 30 juillet 1987 : mode autonome de rupture

1. Les « **clauses-guillotine** » d'un accord collectif ou d'un contrat de travail prévoyant la **rupture de plein droit** en raison de l'âge ou du droit du salarié de bénéficier d'une pension de vieillesse « sont nulles et de nul effet » (art. L. 1237-4 al. 2, C. trav.). L'employeur ne peut donc plus se contenter de prendre acte de la rupture du fait de l'application de la clause.

La jurisprudence avait déclaré nulles de **nullité absolue** les clauses-guillotine.

L'**Assemblée plénière** de la Cour de cassation, opérant un revirement, a décidé en 1998 que, « les dispositions de l'article L. 122-14, al. 2, C. trav. (devenu L. 1237-4 al. 2) n'ayant été édictées que dans un souci de protection du salarié,… l'employeur est irrecevable à s'en prévaloir » (Ass. plén., 6 nov. 1998, *Grands arrêts* n° 96); la nullité, de protection, donc *relative*, ne peut être invoquée que par le salarié.

En revanche, sont **licites** les clauses dites « **souples** » des accords collectifs ou des contrats de travail qui aménagent le départ à la retraite, dès lors qu'elles sont plus favorables que les dispositions légales (indemnité conventionnelle de départ à la retraite, délai de prévenance). Leur non-respect équivaut à un licenciement par l'employeur. La portée de ces clauses est moindre depuis la réforme des retraites en 2003 (voir *infra* 3).

2. Le salarié qui **quitte volontairement** l'entreprise pour bénéficier du droit à une pension de vieillesse a droit à l'indemnité de départ en retraite prévue par l'article D. 1237-1 du Code du travail (un demi-mois de salaire après 10 ans d'ancienneté, un mois après 15 ans d'ancienneté, un mois et demi après 20 ans d'ancienneté, 2 mois après 30 ans d'ancienneté). Il n'est donc pas traité comme un démissionnaire mais doit respecter le préavis de licenciement (art. L. 1237-10).

Observation : la rédaction ambiguë de l'accord national interprofessionnel sur la modernisation du marché du travail du 11 janvier 2008 suggère que le départ volontaire à la retraite ouvrirait droit à l'indemnité interprofessionnelle unique créée par cet accord (1/5 ème de mois de salaire par année d'ancienneté). Un avenant à l'ANI, signé par seulement deux sur quatre des signataires de l'ANI, exclut cette interprétation.

NB : possibilité pour le salarié de prendre une **retraite progressive** avec l'accord de l'employeur (loi de 1988 et loi de 2003) tout au moins jusqu'au 31 décembre 2009. Faible succès de cette formule.

3. La mise à la retraite par décision de l'employeur n'est, en raison de la réforme des retraites opérées par la loi du 21 août 2003, plus possible avant que le salarié n'ait atteint l'âge de 65 ans (âge à partir duquel il peut toujours bénéficier d'une retraite à taux plein). Bien plus, afin de permettre aux salariés qui le souhaitent de travailler au delà de 65 ans, la loi du 17 décembre 2008 oblige l'employeur désireux de mettre à la retraite un salarié âgé de 65 à **70 ans** à procéder à une **démarche particulière**. Dans un délai de 3 mois avant le 65ème anniversaire du salarié, il doit interroger par écrit ce dernier sur son intention de quitter volontairement l'entreprise pour bénéficier d'une pension de vieillesse. En cas de réponse négative dans le délai d'un mois ou si l'employeur n'a pas respecté son obligation, la mise à la retraite est interdite pendant l'année suivant la date du 65e anniversaire. La même procédure est applicable les quatre années suivantes (procédure applicable à partir du 1er janvier 2010).

Du point de vue du régime de la mise à la retraite, de deux choses l'une :

a) ou bien le salarié remplit les conditions : il a alors droit à l'indemnité légale de départ en retraite qui est au moins égale à l'indemnité légale de licenciement (art. L. 1237-7, C. trav.); la mise à la retraite n'est pas un licenciement, mais l'employeur doit respecter le préavis de licenciement (art. L. 1237-6, C. trav.). Même s'il n'est pas légalement prévu, un entretien préalable est de nature à éviter les contestations. C'est de toute façon à l'employeur de prouver que le salarié remplit les conditions de mise à la retraite;

b) ou bien le salarié ne remplit pas les conditions de mise à la retraite : la rupture s'analyse en un licenciement (art. L. 1237-8), d'où application de la procédure légale et versement de l'indemnité légale ou conventionnelle de licenciement, et une garantie conventionnelle de ressources n'y change rien. Bien plus, le licenciement est nul car discriminatoire dès lors que l'employeur n'invoque comme cause de la rupture que l'âge du salarié et que celui-ci ne bénéficie pas d'une retraite à taux plein (revirement de jurisprudence, Soc., 21 déc. 2006, *RJS* 3/07 n° 326). D'où droit à réintégration.
Allant plus loin encore, certains auteurs souhaitent la suppression du mécanisme de mise à la retraite.

NB :
– les départs en **préretraite** qui supposent la conclusion d'une convention du Fonds national de l'emploi entre l'entreprise et l'État, obéissent à un régime particulier. Sauf cas spéciaux, ils sont théoriquement en voie d'extinction.
– la mise à la retraite par l'employeur d'un **salarié protégé** (représentants élus ou syndicaux et autres personnes) doit être **autorisée** par l'inspection du travail (Soc., 15 mars 1996) cf. volume 1, Statut des représentants du personnel.
– au cas de statut particulier (EDF-GDF, SNCF…), en principe, sauf disposition expresse, c'est ce statut qui s'applique et non le Code du travail (jurisprudence).
– sauf détournement de procédure, la mise à la retraite échappe à l'application éventuelle du droit disciplinaire. Solution jurisprudentielle critiquée en doctrine.
– lorsqu'elle intervient dans le cadre d'une réduction des effectifs, l'articulation de la mise à la retraite et de la procédure de licenciement pour motif économique est délicate. Si les conditions de la mise à la retraite sont remplies, la rupture relève de la procédure de consultation des représentants du personnel mais elle ne constitue pas un licenciement et n'en produit pas les effets.

§ 3 - Plans pour l'emploi des salariés âgés

Les entreprises d'au moins 50 salariés sont incitées, d'ici le 1er janvier 2010, à négocier des accords collectifs ou, à défaut, à mettre en place des plans d'actions en faveur de l'emploi des « seniors » (loi du 17 déc. 2008).
L'**accord collectif** est un accord de groupe ou d'entreprise conclu pour trois ans au plus. Il doit fixer des objectifs chiffrés de maintien dans l'emploi des salariés âgés de 55 ans et plus ou de recrutement de salariés âgés de 50 ans et plus et contenir des dispositions dans différents domaines d'action (recrutements, anticipation de l'évolution des carrières, aménagement de la transition entre activité et retraite...). Pour les petites et moyennes entreprises (de 50 à 299 salariés), un accord de branche étendu ayant reçu un avis favorable du ministre chargé de l'Emploi permet de satisfaire à l'obligation légale. En l'absence d'accord, l'employeur doit mettre en œuvre un plan unilatéral, après avis du comité d'entreprise.

Originalité : le non-respect de ces obligations est sanctionné par une **pénalité financière** fixée à 1 % des rémunérations versées aux salariés au cours des périodes pendant lesquelles l'entreprise n'est pas couverte par un accord collectif ou par un plan d'action.

Chapitre 2 › LES MODES DE RUPTURE DU CONTRAT À DURÉE INDÉTERMINÉE

› L'essentiel

Si le droit de rupture unilatérale est caractéristique de ce type de contrat, d'autres mécanismes sont apparus qui s'en démarquent à des degrés divers.

Section 1 › DROIT DE RÉSILIATION UNILATÉRALE (LICENCIEMENT ET DÉMISSION)

Comme tous les contrats à durée indéterminée, le contrat de travail à durée indéterminée **peut cesser par la volonté d'une seule des parties**.
Raison double :
– sauvegarder la liberté humaine (éviter une sorte d'esclavage conventionnel) ;
– assurer la mobilité nécessaire de la main-d'œuvre pour l'entreprise.
Mais **danger de la liberté** de résiliation unilatérale pour les travailleurs auxquels on a cherché à assurer une certaine stabilité de l'emploi, le droit de résiliation unilatérale jouant davantage au détriment du salarié (inégalité des parties au contrat), qui perd son emploi alors que l'employeur peut remplacer le salarié démissionnaire et se trouve suffisamment protégé par le droit commun des obligations.
D'où mesures prises dans le passé :
– **conditions** restrictives : délai-congé surtout,
– application de la théorie de l'**abus des droits**,
– indemnités conventionnelles ou légales de licenciement,
– protection spéciale des femmes au cas de maternité,
– institution de la lettre recommandée pour la preuve du congé et d'un préavis minimum légal, en faveur du salarié seulement, dissociant ainsi les régimes du licenciement et de la démission.
Malgré elles, l'incertitude fréquente sur les conditions du licenciement et la difficulté de la preuve du motif abusif permettaient en pratique aux employeurs de licencier de manière quasi discrétionnaire.
Aussi l'idée s'est-elle affirmée que le caractère égalitaire donné au droit de rompre le contrat de chacune des parties est contraire à l'esprit du droit du travail, **droit de l'inégalité**.
La dénonciation en doctrine et par les syndicats du droit de licenciement a conduit le législateur par la **loi du 13 juillet 1973**, à apporter des limites plus strictes au droit de licencier et à renforcer les droits des salariés licenciés.
En outre de nombreuses lois ont, de 1975 à 2005, forgé un véritable droit propre aux licenciements pour motifs économiques qui se sont multipliés (voir *infra*, titre 3).
Il y a donc actuellement un **droit commun des licenciements** et un **régime particulier** des **licenciements économiques**.
La **démission** n'est pas, à la différence du licenciement, réglementée par le Code du travail. Le salarié peut en prendre l'initiative, et ce droit répond à l'interdiction d'engager ses services à vie, protectrice de la liberté ; en outre l'employeur, qui peut embau-

cher un remplaçant, a moins besoin d'être protégé que le salarié licencié qui perd son emploi. Aussi le Code renvoie-t-il aux usages et aux accords collectifs (art. L. 1237-1). Mais pour qu'il y ait démission, encore faut-il qu'il y ait, selon une jurisprudence constante, une volonté claire et non équivoque exprimée en dehors de toute contrainte de mettre fin au contrat de travail. Cependant la jurisprudence récente sur la prise d'acte change la donne et conduit à une nouvelle délimitation des frontières entre démission et prise d'acte (voir *infra* section 2 Prise d'acte de la rupture, § 2 C ; voir aussi chapitre 3 Suites de la cessation du contrat).
Par ailleurs l'intérêt pour le salarié de recourir à la démission décroît encore en raison de l'apparition de la rupture conventionnelle (voir *infra* Section 3) qui peut paraître plus avantageuse pour lui.
Dans quelques cas rares, la démission peut être considérée comme abusive si l'abus est manifeste ou s'il y a intention de nuire.

NB : en cas de litige, les règles de preuve sont les mêmes que pour le licenciement (art. L. 1237-2 al. 2, C. trav.).

Section 2 › LA PRISE D'ACTE DE LA RUPTURE

Certains procédés ont été utilisés par la pratique dans le but de contourner les règles du licenciement, l'employeur tentant de rendre la rupture imputable au salarié. De leur côté, les salariés ont invoqué l'inexécution de ses obligations par l'employeur pour lui imputer la rupture et se voir appliquer les règles du licenciement. Après maintes péripéties, la jurisprudence actuelle offre des solutions contrastées selon que la prise d'acte émane de l'employeur ou du salarié.

§ 1 - Prise d'acte par l'employeur

L'hypothèse est celle dans laquelle l'employeur, sans engager de procédure de licenciement, prend acte de la rupture du contrat de travail en invoquant l'inexécution de ce contrat par le salarié ou, formule voisine, considère le contrat comme rompu du fait du salarié sans que ce dernier ait manifesté de volonté claire et non équivoque de démissionner. Exemple type : absence prolongée du salarié qui ne se manifeste d'aucune manière auprès de son employeur.
La difficulté tient alors d'une part, à la qualification de la rupture, d'autre part, à l'appréciation du bien-fondé de cette rupture. Une évolution non négligeable s'est produite en jurisprudence sur ces deux points non sans quelques zones d'ombre.

A. Qualification et bien-fondé de la rupture

Stabilité de la qualification : la rupture s'analyse en un licenciement. Cette qualification s'impose au juge. En conséquence, le salarié peut prétendre aux indemnités de préavis et de licenciement.
Évolution de la jurisprudence quant au bien-fondé de la rupture : aux termes de deux arrêts rendus le 25 juin 2003 (*Grands arrêts* n° 87), à partir du moment où l'employeur n'a pas mis en œuvre la procédure de licenciement, le licenciement est nécessairement dépourvu de cause réelle et sérieuse. Il ouvre donc droit à des

dommages-intérêts pour licenciement injustifié (se cumulant avec les indemnités de préavis et de licenciement). Le juge n'a aucun pouvoir d'appréciation du bien-fondé de la rupture (Soc., 20 avril 2005). Sur ce point, la Cour de cassation se démarque de sa jurisprudence antérieure selon laquelle il revenait au juge d'apprécier le bien-fondé de la rupture au vu du contenu de la lettre de prise d'acte tout comme il l'aurait fait en présence d'une véritable lettre de licenciement. Si les motifs figurant, le cas échéant, dans la lettre matérialisant la rupture étaient jugés réels et sérieux, on était en présence d'un licenciement justifié. En l'absence de tels motifs, le licenciement était injustifié.
Désormais, le licenciement est nécessairement sans cause réelle et sérieuse. Le juge n'a aucun pouvoir d'appréciation.

Observation : l'employeur conserve la liberté de ne pas licencier le salarié et de rester purement passif mais alors le contrat n'est pas rompu.

B. Portée de la qualification

Les arrêts du 25 juin 2003 formulent en des termes très généraux l'obligation pour l'employeur de mettre en œuvre la procédure de licenciement chaque fois qu'il prend l'initiative ou constate la rupture. Mais il est vraisemblable que cette obligation reste inapplicable à certains modes de rupture particuliers : rupture pendant la période d'essai, mise à la retraite régulière, force majeure.

§ 2 - Prise d'acte de la rupture par le salarié

Lorsqu'un salarié estime que l'employeur ne respecte pas tout ou partie de ses obligations, il peut, entre autres, prendre acte de la rupture et quitter l'entreprise. Quel traitement juridique appliquer à la rupture ? La matière a connu des évolutions jurisprudentielles notables et controversées, marquées par un revirement important opéré par plusieurs arrêts rendus le 25 juin 2003 suivi de quelques clarifications jurisprudentielles.

A. Avant le revirement de 2003

Au terme d'évolutions s'étalant sur une vingtaine d'années, la Cour de cassation en était venue à analyser la rupture comme un licenciement – la prise d'acte ne manifestant pas une volonté claire et non équivoque de démissionner – ceci, même s'il s'avérait, en définitive, que les griefs formulés par le salarié à l'encontre de l'employeur n'étaient pas fondés. Non motivé, ce licenciement était de plus considéré comme dépourvu de cause réelle et sérieuse.
Cible de critiques virulentes de certains auteurs, cette jurisprudence s'est vu reprocher d'ouvrir la voie à de graves abus. Des salariés sans réels griefs à l'encontre de l'employeur auraient pu accéder, au moment de leur choix, à une sorte d'« autolicenciement » leur permettant de percevoir des indemnités pour licenciement sans cause réelle et sérieuse, voire des allocations de chômage.

B. Le revirement de 2003

Par trois arrêts du 25 juin 2003 (*Grands arrêts* n° 86), confirmés à plusieurs reprises, la Cour de cassation a changé de cap. Lorsqu'un salarié prend acte de la rupture de son contrat de travail en raison de faits qu'il reproche à son employeur, de deux choses l'une. Cette rupture « produit les effets » d'un licenciement sans cause réelle et sérieuse si les faits reprochés à l'employeur justifient la rupture. Dans le cas contraire, la rupture « produit les effets » d'une démission (sur la prise d'acte par un représentant du personnel voir volume 1).

Cette jurisprudence suscite l'approbation dans la mesure où elle met un terme aux possibles manœuvres de quelques salariés « profiteurs ». Elle reste source de perplexité pour au moins trois raisons.

1re observation : ici, la Cour de cassation renonce à se prononcer sur la qualification de la rupture. Ce n'est ni un licenciement ni une démission mais une rupture « produisant les effets » attachés à l'un ou à l'autre. Sorte de « faillite des qualifications ». En revanche, il est désormais clair que c'est la lettre de prise d'acte de la rupture adressée par le salarié à l'employeur qui opère la rupture du contrat. La prise d'acte entraîne la cessation immédiate de la relation de travail. Peu importent les événements postérieurs tel le recours par l'employeur à un autre mode de rupture.

Des événements antérieurs, comme la convocation du salarié à un entretien préalable à un éventuel licenciement ou l'engagement par le salarié d'une action en exécution d'une obligation née du contrat de travail, n'empêchent pas l'intéressé de prendre acte de la rupture. Le juge n'a alors à statuer que sur la prise d'acte (sur l'articulation de la prise d'acte et de la résiliation judiciaire voir *infra*, titre 2, Droit commun du licenciement, procédure de licenciement). En tout état de cause, l'écrit par lequel le salarié prend acte de la rupture du contrat en raison de faits qu'il reproche à son employeur ne fixe pas les limites du litige : le juge est tenu d'examiner les manquements de l'employeur invoqués devant lui par le salarié même si celui-ci ne les a pas mentionnés dans cet écrit. Aucun formalisme particulier n'est exigé.

2e observation : une incertitude lourde de conséquences n'est qu'en partie levée par des arrêts postérieurs au revirement. Quels faits reprochés à l'employeur vont-ils justifier la rupture et déclencher l'application des effets d'un licenciement sans cause réelle et sérieuse ?

Il ne peut à l'évidence s'agir que de faits dont la réalité est établie. Si un doute subsiste sur ce point il profite à l'employeur. Encore faut-il que ces faits soient « suffisamment graves », ce qui signifie peut-être qu'ils doivent rendre impossible le maintien du contrat (atteinte à l'intégrité physique ou morale, non-paiement du salaire pendant une certaine durée par exemple). Mais alors ils ne devraient pas relever de l'appréciation souveraine des juges du fond alors que tel est le cas. Une certitude cependant : la modification du contrat de travail intervenue sans l'accord exprès du salarié constitue un manquement aux obligations contractuelles de l'employeur qui fait produire à la prise d'acte de la rupture les effets d'un licenciement sans cause réelle et sérieuse (Soc. 4 fév. 2009, *RJS* 4/09 n° 323).

3e observation : la prise d'acte de la rupture du contrat de travail par le salarié n'est pas sans risque pour lui, même s'il est de bonne foi. Il ne peut jamais être sûr à l'avance de l'appréciation qui sera portée sur les faits qu'il reproche à son employeur. Tous ses droits à indemnités dépendront en définitive d'une décision du juge, laquelle est susceptible d'intervenir longtemps après son départ de l'entreprise. On ne peut même exclure qu'il soit condamné à des dommages-intérêts pour rupture abusive si la rupture produit en fin de compte les effets d'une démission.

Quant au droit aux allocations de chômage, il sera assuré lorsque le juge aura décidé que la rupture produit les effets d'un licenciement sans cause réelle et sérieuse. Et si le salarié a perçu de telles allocations avant que le juge ne se prononce, l'employeur sera condamné à les rembourser à l'Assedic. Mais il n'est pas certain que celle-ci considère avant le prononcé du jugement que le salarié est involontairement privé d'emploi. L'action en résiliation judiciaire (cf. *infra*, titre 2, Droit commun du licenciement, procédure de licenciement) offre une autre voie mais la poursuite de l'exécution du contrat jusqu'à la décision du juge peut être délicate.

C. Conséquences en matière de démission

Traditionnellement il était admis que le salarié pouvait demander la requalification de la démission en un licenciement (sans cause réelle et sérieuse) lorsqu'elle avait pour cause le comportement de l'employeur manquant à ses obligations. Comment articuler désormais prise d'acte et démission ? Lorsque la démission intervient en raison de faits que le salarié reproche à l'employeur, elle s'analyse en une prise d'acte qui produit les effets soit d'un licenciement sans cause réelle et sérieuse, soit d'une démission. La portée de cette nouvelle analyse devait être précisée dans le cas où le salarié démissionne sans exprimer de réserves puis saisit le juge pour remettre en cause la rupture. C'est ce à quoi tendent quatre arrêts rendus par la Chambre sociale le 9 mai 2007 (*Grands arrêts* n° 88). Après avoir rappelé la définition de la démission (« acte unilatéral par lequel le salarié manifeste de façon claire et non équivoque sa volonté de mettre fin au contrat de travail »), la Cour de cassation distingue désormais deux modes de contestation en justice de la démission. S'il peut invoquer un vice du consentement — violence, altération des facultés, harcèlement moral par exemple — le salarié demandera l'annulation de la démission. Sinon, il a la possibilité de demander la requalification de la démission en prise d'acte en raison de faits ou de manquements imputables à l'employeur. Mais à une double condition. D'une part, les circonstances invoquées doivent être antérieures ou contemporaines de la démission. D'autre part, ces circonstances doivent imprimer un caractère équivoque à la démission.

Analysée en une prise d'acte, la rupture produira les effets d'un licenciement sans cause réelle et sérieuse si les faits la justifient (cf. *supra* B) ou, dans le cas contraire, les effets d'une démission (y compris l'indemnisation de l'employeur pour non-respect du préavis).

En pratique, le salarié devra agir rapidement. S'il attend trop longtemps, le juge considérera que sa volonté de démissionner était sans équivoque.

NB : bien distinguer démission sans équivoque, démission viciée et démission équivoque.

Observation : prise d'acte et démission constituent en définitive deux modes de rupture distincts dotés de régimes au moins partiellement autonomes.

On débat de l'opportunité de cette innovation et de sa contribution à la loyauté des relations contractuelles ainsi qu'à la sécurité juridique. Elle semble en tout cas avoir été bien accueillie par la pratique.

NB : toutefois la prise d'acte n'a pas de place dans le cas de rupture avant terme d'un CDD. Il est alors fait application des règles propres à ce type de contrat. Il incombe au juge de vérifier si les faits constituent une faute grave de l'employeur justifiant une rupture anticipée (Soc. 24 janv. 2008, *RJS* 4/08 n° 375). Solution vivement approuvée par certains auteurs, critiquée par d'autres.

Section 3 › LA RUPTURE CONVENTIONNELLE

On sait que la rupture du contrat de travail d'un commun accord a été admise par la jurisprudence comme un mode de rupture distinct du licenciement et de la démission (v. *supra* chapitre 1). Ce choix de principe a été confirmé par la loi à l'article L. 1231-1 du Code du travail et aussitôt assorti de l'introduction dans le Code d'un dispositif spécifique dit de rupture conventionnelle. Cette innovation majeure de la loi du 25 juin 2008 issue de l'accord national interprofessionnel du 11 janvier 2008 sur la modernisation du marché du travail se réclame d'une double démarche de simplification et de « sécurisation » des ruptures. Des effets positifs sur l'emploi et l'amélioration des transitions professionnelles sont espérés (« flexisécurité » ?) moyennant l'éviction de garanties attachées au licenciement.
Plus précisément, « l'employeur et le salarié peuvent convenir en commun de la rupture du contrat de travail qui les lie ». Exclusive aussi bien du licenciement que de la démission, cette voie de rupture fait l'objet d'un encadrement reposant sur la nécessaire conclusion d'une convention entre l'employeur et le salarié, soumise à homologation administrative. Très incitative, la loi donne au salarié accès aux allocations de chômage, bien qu'il ne soit pas involontairement privé d'emploi.

§ 1 - Domaine d'application

A. Premières données

Seuls les contrats à **durée indéterminée** peuvent faire l'objet d'une rupture conventionnelle. Dans ce cadre, il est possible de procéder à une rupture conventionnelle avec un salarié protégé (élu du personnel, délégué syndical...) à condition de respecter la procédure d'autorisation préalable de l'inspecteur du travail (voir volume 1).
En revanche, mis à part le cas de certaines ruptures pour motif économique, il ne semble plus possible de réaliser des ruptures amiables qui s'éloigneraient du cadre tracé par la loi du 25 juin 2008.
La notion même de rupture conventionnelle exclut encore qu'on puisse y recourir en présence d'un différend opposant les parties.

B. Difficultés : les ruptures pour motif économique

L'article L. 1233-3 affirme que les règles du licenciement pour motif économique sont applicables à toute rupture résultant d'une cause économique « à l'exclusion de la rupture conventionnelle ». Pour sa part, l'article L. 1237-16 exclut du domaine d'application de la rupture conventionnelle les ruptures de contrats de travail résultant :
– des accords collectifs de Gestion prévisionnelle des emplois et des compétences (GPEC) dans les conditions définies par l'article L. 2242-15 ;
– des Plans de sauvegarde de l'emploi (PSE).

La coordination de ces textes suscite des incertitudes dont l'enjeu est notamment l'applicabilité ou non des procédures de licenciement économique (information et consultation spécifiques du comité d'entreprise (voir *infra* titre 3).
Trois situations peuvent être distinguées.

1. Rupture pour motif économique en l'absence d'accord de GPEC ou de PSE

Les règles de la rupture conventionnelle sont sans doute applicables. Ce sera même le seul mode de rupture d'un commun accord possible si l'on admet que désormais, sauf exception légale, c'est la seule forme de rupture amiable offerte.

2. Rupture pour motif économique en présence d'un accord de GPEC

A priori ce type de rupture n'entre pas dans le champ de la rupture conventionnelle parce qu'il relève d'autres règles qui lui sont propres. Tel sera le cas des départs volontaires organisés dans le cadre d'un tel accord à destination de salariés dont les emplois sont menacés, en vue de leur accès à un emploi stable et soumis au contrôle de l'administration (voir *infra* titre 3 chapitre 3 section 2 § 2, loi du 16 décembre 2006). Mais il ne s'agit que d'une variété de départ volontaire dans le cadre de la GPEC. Quid de départs volontaires ne relevant pas de la loi du 16 décembre 2006 ?

3. Rupture résultant d'un PSE

Sachant que le PSE doit être mis en place dès lors qu'au moins dix suppressions d'emplois sont projetées dans une entreprise d'au moins 50 salariés, il semble que le recours à la rupture conventionnelle doive alors être exclu, de sorte que la procédure d'information/consultation spécifique du comité d'entreprise sera applicable et qu'au plan individuel, les départs volontaires obéiront aux règles qui leur sont propres selon la jurisprudence.

NB : en revanche, lorsqu'un PSE n'est pas requis, on en revient à la première situation envisagée : des ruptures conventionnelles telles que les organise la loi du 25 juin 2008 pourront être opérées pour motif économique sans les garanties attachées au licenciement pour motif économique, sauf fraude à la loi.

§ 2 - Régime juridique

A. Procédure

But : garantir autant que possible la liberté du consentement du salarié.

1. Élaboration et conclusion de la convention de rupture

a) Entretien(s)

Les parties conviennent du principe d'une rupture conventionnelle lors d'un ou de plusieurs entretiens.
Le **salarié** peut se faire assister par une personne de son choix appartenant au personnel de l'entreprise ou, lorsqu'il n'y a pas de représentants du personnel dans l'entreprise, par un « conseiller du salarié » extérieur à l'entreprise choisi sur une liste dressée par l'autorité administrative.
Si le salarié se fait assister, ce dont il devra informer **l'employeur**, ce dernier pourra également bénéficier d'une assistance, dont il informera à son tour le salarié. L'assistant de l'employeur est une personne choisie par lui et appartenant au per-

sonnel de l'entreprise. Dans les entreprises de moins de 50 salariés ce peut être une personne appartenant à son syndicat d'employeurs ou un autre employeur relevant de la même branche (art. L. 1237-12, C. trav.).

b) Contenu de la convention

La convention doit définir les conditions de la rupture et notamment le montant de l'indemnité spécifique de rupture conventionnelle. Elle fixe la date de la rupture du contrat de travail, laquelle ne peut intervenir avant le lendemain du jour de l'homologation.

c) Droit de rétractation

À partir de la date de la signature par les deux parties, chacune dispose d'un délai de quinze jours calendaires pour se rétracter par lettre attestant de sa date de réception par l'autre partie.

Observation : si, à certains égards, cette procédure évoque celle du licenciement, elle s'en différencie par sa finalité : la construction d'un accord sur le principe de la rupture et sur ses conséquences dans la perspective d'un évitement du contentieux.

2. Homologation

Originalité de cette forme de rupture, la validité de la convention est subordonnée à son homologation par le directeur départemental de l'emploi et de la formation professionnelle. Présentée à l'issue du délai de rétractation par la partie la plus diligente, la demande d'homologation donne lieu à une **instruction**, dont le délai est de quinze jours ouvrables et dont l'objet est de s'assurer du respect des règles d'élaboration et de conclusion de la convention ainsi que de la liberté de consentement des parties. À défaut de réponse de l'administration dans le délai de quinze jours, l'homologation est réputée acquise et l'administration est dessaisie (art. L. 1237-14, C. trav.).

NB : les règles ordinaires de compétence auraient conduit à soumettre la décision de l'autorité administrative au contrôle du juge administratif tandis que les litiges portant sur la convention elle-même relèvent du conseil de prud'hommes. Pour éviter un imbroglio — jadis apparu en matière de licenciement économique et de triste mémoire — la loi du 25 juin 2008 a créé un « bloc de compétence » unique. Tout litige concernant la convention, l'homologation ou le refus d'homologation relève de la compétence exclusive du conseil de prud'hommes (art. L. 1237-14 al. 4). Les sanctions en cas d'irrégularité ne sont pas précisées par les textes.

B. Effets

1. Indemnité de rupture et allocations de chômage

Le salarié a droit à une **indemnité de rupture conventionnelle** dont le montant ne peut être inférieur à celui de l'indemnité légale de licenciement (voir *infra* chapitre 4 section 2). La loi ne mentionne que l'indemnité légale si bien qu'on se demande si le salarié doit ou non se voir verser l'indemnité de licenciement plus avantageuse que prévoirait la convention collective applicable. L'accord national interprofessionnel du 11 janvier 2008, à l'origine de la réforme, pourrait suggérer une réponse affirmative mais demeure ambigu. Les signataires de l'accord sont divisés sur l'interprétation à retenir.

Élément essentiel de la nouvelle rupture conventionnelle : le salarié dont le contrat de travail est rompu a droit aux allocations d'assurance chômage alors même qu'il n'a pas été involontairement privé d'emploi. Forte incitation à utiliser ce mode de rupture.

2. Recours

L'action devant le conseil de prud'hommes est enfermée dans un **bref délai** : 12 mois à compter de la date d'homologation de la convention.

But : mettre au plus vite l'opération à l'abri du contrôle du juge, au nom de la sécurité juridique. Fort intérêt pour les employeurs.
Le contrôle du juge pourra porter notamment sur le respect de la procédure de conclusion et d'homologation de la convention, sur d'éventuels vices du consentement, ou encore sur l'absence de discrimination.

Observation : la rupture conventionnelle paraît connaître un certain succès dans la pratique. Elle n'en suscite pas moins quelques craintes en raison des incertitudes juridiques entourant son champ d'application et son régime. Emblématique d'une double tendance à la contractualisation et à l'individualisation en droit du travail, elle attire l'attention sur la nécessaire protection du consentement du salarié. Révélatrice d'une certaine défiance à l'égard du juge, elle évoque une conception quelque peu déformante de la sécurité juridique.

POUR EN SAVOIR PLUS

BIBLIOGRAPHIE :

› G. Couturier, « Les ruptures d'un commun accord », *Dr. soc.* 2008.923.

› A. Fabre, « Rupture conventionnelle et champ du licenciement pour motif économique : une exclusion troublante », *RDT* 2008.653.

› J. Y. Frouin, « Les ruptures à l'initiative du salarié et le droit de la rupture du contrat de travail », *JCP S* cahier n° 29 1407.

› P. Lokhic, « Garantir la liberté du consentement contractuel », *Dr. soc.* 2009. 127

› J. Pélissier, « Modernisation de la rupture du contrat de travail », *RJS* 8-9/08.679.

Chapitre 3 › LES SUITES DE LA CESSATION DU CONTRAT DE TRAVAIL

> **› L'essentiel**
> *Certaines règles sont communes à toutes les formes de cessation du contrat de travail. D'autres ne concernent que la rupture unilatérale du contrat à durée indéterminée (démission, licenciement, retraite). D'autres encore sont propres au licenciement. Il est assez fréquent, surtout pour les cadres et les techniciens, qu'ils soient tenus par des « clauses de non-concurrence ».*

Section 1 › LE DÉLAI DE PRÉAVIS (OU DÉLAI-CONGÉ)

Définition : délai de prévenance que doit respecter la partie au contrat de travail qui prend l'initiative **de résilier unilatéralement** ce contrat et pendant lequel le salarié continue son travail et touche son salaire.

But : éviter les inconvénients d'une résiliation soudaine pour l'autre partie : difficulté de trouver un autre emploi ou de remplacer le salarié.

Observation : malgré le caractère réciproque de l'obligation, elle est favorable au salarié, pour mieux le protéger, l'inconvénient de la brusque rupture étant plus grand pour lui. Le droit positif a évolué de la notion de préavis contractuel à celle de mesure imposée à l'employeur dans le cadre d'une politique de l'emploi.

§ 1 - Droit au préavis

Distinguer :

A. En général en faveur de tous les employeurs et salariés

• Déterminé par les **usages**, à défaut par les **conventions collectives**, à défaut par les **clauses des contrats individuels**.

NB :
– en cas de démission, le préavis ne peut, en principe, être déterminé par le contrat individuel mais on décèle quelques flottements sur ce point en jurisprudence;
– en cas de démission également, le salarié ne peut imposer un délai-congé plus long que celui prévu par les différentes sources ci-dessus mentionnées (revirement de jurisprudence en 2008).

• Nécessité d'un **contrat de travail valable**.

• Résiliation due à une cause **autre que la force majeure** ou la **faute grave** de l'autre partie.

La **faute grave** (intermédiaire entre la faute lourde et la faute sérieuse, cause de licenciement (cf. *infra*), est appréciée cas par cas par le juge, qui n'est pas tenu par les définitions pouvant figurer dans un accord collectif ou un règlement intérieur, sous le contrôle de la Cour de cassation. Elle doit être prouvée par l'employeur et si la qualification de faute grave n'est pas retenue par le juge, celui-ci ne peut priver le salarié de son préavis sous prétexte que celui-ci a eu un comportement provocateur.

C'est une faute d'une gravité telle qu'elle **rend impossible le maintien même temporaire en fonction du salarié**, en raison soit d'une perturbation grave du fonctionnement de l'entreprise, soit d'une altération grave des relations salarié-employeur. Un arrêt du 27 septembre 2008 (*RDT* 2007.650) a pu laisser croire que la définition prétorienne de la faute grave était modifiée dans la mesure où elle aurait été détachée du préavis (« faute qui rend impossible le maintien du salarié dans l'entreprise » sans autre précision). En réalité, comme le montrent des arrêts postérieurs, il n'y a pas de changement de cap.

Aussi l'employeur qui fait exécuter le préavis se prive du droit d'invoquer la faute grave, de même s'il tarde à licencier, sauf s'il a eu une raison particulière de le faire. Mais le seul fait que l'employeur, tout en procédant au licenciement immédiat, verse au salarié une somme équivalente à l'indemnité de préavis ne le prive pas du droit d'invoquer la faute grave.

L'appréciation porte sur les conséquences de la faute et sur le degré de culpabilité du salarié (position hiérarchique, responsabilité, ancienneté...).

La faute grave commise en cours de préavis justifie le renvoi immédiat et la perte de l'indemnité de préavis pour le temps restant à courir, sauf si l'inexécution du préavis est due à une décision de l'employeur, mais non la perte de l'indemnité de licenciement, née à la date du congé. Une faute grave découverte après notification du licenciement avec dispense de préavis est sans effet sur l'indemnité compensatrice de préavis qui reste acquise au salarié. Et en cas de faute lourde du salarié commise au cours du préavis dont il a été dispensé, l'employeur peut seulement prétendre à réparation du préjudice dû à cette faute.

B. En faveur des salariés licenciés : délai légal

1. Tous les salariés ayant 6 mois d'ancienneté au service de l'employeur

– droit à **1 mois** au minimum,
– sauf **faute grave** du salarié.

Cette condition d'une durée d'ancienneté de 6 mois a été jugée « raisonnable » au sens de l'article 2 de la Convention n° 158 de l'OIT, décision remarquable en ce qu'elle admet que sur ce point la Convention n° 158 est d'application directe devant les juridictions nationales.

2. Salariés ayant 2 ans d'ancienneté au service de l'employeur

Droit à **2 mois**, sauf faute grave.

Observations :

– L'**ancienneté** prise en compte est une ancienneté de services continus (art. L. 1234-1).

– L'ancienneté requise, calculée jusqu'à la notification de la rupture, n'est pas interrompue par les causes de suspension du contrat de travail prévues par la loi, les conventions collectives, l'usage ou le contrat de travail, l'ancienneté déjà acquise n'est donc pas perdue. Toutefois la période de suspension elle-même ne compte pas dans l'ancienneté, sauf dispositions conventionnelles plus avantageuses, et sauf les périodes de congés payés, d'arrêts de travail pour accident du travail et maladies professionnelles et divers congés énumérés par la loi (formation, maternité, solidarité familiale notamment).

3. Durée du délai-congé fixée par la loi pour certaines catégories de salariés (journalistes, VRP).

Doublée, dans la limite de 3 mois, pour le licenciement des personnes handicapées (loi du 11 juin 2005).

1re observation : en pratique la durée varie selon les catégories professionnelles et la place occupée dans la hiérarchie.

La loi interdit la réduction conventionnelle du délai d'usage ou légal au détriment du salarié.

En revanche le délai usuel ou conventionnel plus favorable que le délai légal au salarié bénéficie à celui-ci. La convention collective peut modifier l'usage même dans un sens défavorable au salarié.

2e observation : le point de départ du délai en faveur du salarié est la date de la présentation de la lettre recommandée, notifiant le licenciement (art. L. 1234-3, C. trav. ; imposée par la loi, cette règle est maintenue quand bien même la jurisprudence récente fixe la date de la rupture à la date d'envoi de la lettre de licenciement). Délai « préfix » qui court malgré la suspension du contrat en cours de préavis (maladie, grève…), sauf pendant les congés payés.

Le droit au préavis naissant à la date de notification du licenciement, les droits des salariés sont déterminés par les dispositions légales et conventionnelles en vigueur à cette date et ne peuvent être modifiés par des dispositions légales ou conventionnelles intervenues en cours de préavis.

3e observation : au cas de licenciement collectif, existe une procédure comportant une information du comité d'entreprise (cf. titre 3, Licenciement économique).

4e observation : la cessation de l'entreprise ne fait pas perdre le droit au préavis, sauf cas de force majeure (art. L. 1234-7, C. trav.).

§ 2 - Effets juridiques

Normalement le préavis est respecté, et donc « travaillé ». Toutefois il peut en être autrement, pour diverses raisons.

A. Situation des parties au cas de respect du préavis (préavis « travaillé »)

• **Maintien** du contrat de travail jusqu'à l'expiration du délai de préavis, avec toutes ses conséquences (obligations, sécurité sociale…).

• Maintien **obligatoire pour les deux parties** et quelle que soit celle qui a résilié (mais les conventions collectives en dispensent souvent le salarié qui a retrouvé un emploi) ; l'employeur ne doit ni mettre le salarié dans l'impossibilité de travailler normalement (refus, brimades…), ni lui imposer une modification du contrat. Tout au plus peut-il imposer l'exécution du préavis dans les nouvelles conditions refusées par le salarié licencié pour refus d'un simple changement des conditions de travail.

• Droit du salarié congédié de prendre sur les heures de travail un certain **temps pour chercher un emploi** (en général 2 heures par jour) sans réduction de salaire (usage très général).

• **Délai-préfix** : pas de suspension ou d'interruption du délai-congé, sauf en cas d'arrêt de travail dû à un accident du travail.

B. Indemnité de délai-congé au cas de rupture sans respect du préavis

Sauf cas de force majeure ou de faute grave de l'autre partie, au titre de sanction de la brusque rupture, même non abusive. Lorsque le licenciement est nul le salarié a droit à l'indemnité compensatrice sans que le juge ait à statuer sur les motifs de la rupture.
– **Forfaitaire**, elle est égale au montant des salaires et accessoires qui auraient été perçus jusqu'à la fin du délai ou à la valeur des services dont l'employeur est privé pendant ce temps. Dérogation au droit commun, justifiée par sa simplicité.
– **Soumise au régime juridique des salaires** (substitut du salaire).
– L'**inobservation** du délai-congé **n'a pas pour conséquence d'avancer la date à laquelle le contrat prend fin** ; le contrat cesse donc au terme du délai de préavis. En conséquence la « dispense » par l'employeur de l'exécution du travail pendant le délai-congé ne doit entraîner, jusqu'à l'expiration de ce délai, aucune diminution des salaires et avantages que le salarié aurait perçus s'il avait accompli son travail (art. L. 1234-5, C. trav.), y compris l'indemnité de congés payés, y compris les heures supplémentaires stables et constantes, y compris les droits à RTT, même au cas de chômage partiel (art. L. 1234-6, C. trav.). En outre il demeure électeur et même éligible aux élections des représentants du personnel. Mais la « dispense » de préavis lui permet de s'embaucher ailleurs avant l'expiration du délai.

NB : ces règles s'appliquent au cas d'inobservation fautive du préavis mais aussi comme indiqué ci-dessus au cas de « dispense » de l'exécution du préavis par l'employeur préférant que le salarié cesse aussitôt son activité, sauf lorsque la dispense résulte d'un accord, auquel cas l'indemnité de préavis n'est pas due.
La dispense d'exécution doit être distinguée de l'impossibilité d'exécution imputable au salarié. En ce dernier cas l'indemnité de préavis n'est pas due. À moins qu'il ne s'avère que l'impossibilité d'exécution est en réalité imputable à l'employeur.

Exemple : harcèlement moral.

Section 2 › L'INDEMNITÉ DE LICENCIEMENT

NB : il convient de la distinguer des indemnités de brusque rupture (ind. de préavis) et des indemnités de rupture irrégulière ou injustifiée.

Fondement : discuté en doctrine, plusieurs fondements pouvant être donnés, en particulier :
– réparation du préjudice que le licenciement même régulier et justifié cause au salarié,
– rétribution des services rendus et de la stabilité du salarié dans l'entreprise : rémunération différée,
– moyen de prévention (dissuasion) des licenciements (coût).

Nature juridique : à la fois indemnisatrice et préventive, correspondant à un certain droit du travailleur sur son emploi, elle n'est pas en droit positif un salaire mais plutôt une indemnisation forfaitaire et se cumule avec les indemnités de rupture abusive et de préavis. La jurisprudence déclare qu'elle « n'est pas la contrepartie du travail fourni et n'est donc pas un élément de salaire ». Toutefois son régime juridique en droit du travail ne correspond pas exactement à la nature indemnitaire, nettement consacrée en revanche par la Cour de cassation en droit fiscal et en droit de la Sécurité sociale, non sans nuances cependant dans la pratique administrative.
La **source** est double : conventionnelle et légale, l'indemnité légale minimum étant modeste.

§ 1 - Indemnités d'usage et conventionnelles

Ce sont des **indemnités d'ancienneté**, variant avec la durée des services, fixées par des accords collectifs ou par le contrat de travail.

a) Indemnités de licenciement : proportionnelles à l'ancienneté.
– exclusion au cas de rupture par le salarié,
– exclusion au cas de faute lourde ou grave du salarié (selon les cas).

b) Indemnités de départ en retraite
– âge minimum,
– versées, même si la rupture est due au salarié,
– proportionnelles à l'ancienneté.

c) Conventions collectives extensibles : elles doivent contenir une clause relative aux indemnités de licenciement.
Les indemnités conventionnelles varient beaucoup selon les professions et la hiérarchie. Elles sont parfois élevées (cadres).

d) Fixées à un taux excessif par contrat de travail et empêchant alors l'exercice du droit de résiliation, elles peuvent être réduites par le juge en application de l'article 1152 du Code civil, à titre de clause pénale et ne sont plus considérées comme nulles ; cette réduction n'est en revanche pas possible pour les indemnités prévues par accord collectif et pour celles, même insérées dans le contrat de travail, compensant certaines renonciations du salarié ou la difficulté pour celui-ci de retrouver un emploi.

§ 2 - Indemnité légale

Il s'agit de l'indemnité minimum prévue par la loi d'une manière générale, et de celle qui résulte de statuts légaux particuliers.

A. Indemnité générale minimum de licenciement pour tout salarié lié par un contrat à durée indéterminée

La loi dite de modernisation sociale du 17 janvier 2002 avait cherché à dissuader les entreprises de licencier pour motif économique en renchérissant le coût de ce type de licenciement. En conséquence, elle avait fixé des taux d'indemnité différenciés selon que le licenciement avait ou non un motif économique. Afin de « rationaliser le calcul des indemnités de rupture», l'accord national interprofessionnel sur la modernisation du marché du travail du 11 janvier 2008 a instauré une « indemnité de rupture interprofessionnelle unique» dont les conditions et le taux ont été repris par la loi du 25 juin 2008 et par décret (18 juil. 2008) pour ce qui concerne l'indemnité de licenciement (art. L. 1234-9 et R. 1234-2, C. trav.).

1. Conditions

• Salarié ayant **1 an d'ancienneté** ininterrompue au service du même employeur. Cette ancienneté est désormais décomptée à partir de la date d'envoi de la lettre recommandée de licenciement.

• N'ayant pas commis de faute grave (sur la faute grave, cf. Préavis [même régime]).

• Appartenant au secteur privé ou public (sauf fonctionnaires).

2. Montant minimum

1/5 de mois par année de service dans l'entreprise. Le calcul est effectué à la date d'expiration du préavis même si le salarié a été dispensé de son exécution.
Les travailleurs ayant 10 ans d'ancienneté ont droit en outre à deux quinzièmes de mois supplémentaire par année au-delà de 10 ans.

Observation : ces indemnités se **cumulent** avec celles de congédiement abusif ou de préavis, mais non avec les indemnités plus avantageuses des conventions collectives.

Base de calcul : soit, selon la formule la plus avantageuse pour le salarié, le douzième de la rémunération des douze derniers mois, soit le tiers de celle des trois derniers mois, y compris, *au prorata*, les primes et gratifications de caractère annuel ou exceptionnel. (art. R. 1234-4, C. trav.).

B. Indemnité d'ancienneté des journalistes professionnels

• Au cas de rupture par l'employeur.

• Au cas de rupture du journaliste pour :
– cession du journal,
– cessation de sa publication,
– changement d'orientation préjudiciable aux intérêts moraux du journaliste (clause de conscience).

• Montant : un mois des derniers appointements par année de collaboration (maximum de 15 mois).

C. Indemnité de clientèle des voyageurs, représentants et placiers

Conditions :
– qualité de représentant de commerce définie par l'art. L. 7311-3 du Code du travail,
– clientèle constituée grâce à l'activité du représentant (part de la clientèle due au travail du représentant),
– perte de l'emploi par le fait de l'employeur ou par suite de maladie ou d'accident du représentant entraînant une incapacité permanente totale du travail.

Calcul : il tient compte :
– de la part de la clientèle provenant de l'activité personnelle du représentant;
– des rémunérations spéciales, en sus des commissions normales, déjà perçues;
– des diminutions de clientèle dues au fait du représentant.

Observations :
– ces indemnités **se cumulent** avec celles de congédiement abusif ou de délai-congé, mais non pas avec l'indemnité de licenciement due en vertu d'une convention collective ou d'un usage, ni avec les diverses indemnités instituées par la convention collective nationale interprofessionnelle du 3 octobre 1975 (ces diverses indemnités ou bien se substituent à l'indemnité de clientèle, ou bien sont acquises par renonciation du représentant à celle-ci).
– il appartient au salarié qui demande une indemnité de rupture d'établir la preuve qu'il a bien été licencié.

NB : les indemnités et avantages souvent élevés accordés aux dirigeants d'entreprises cotées en cas de cessation de fonctions doivent être subordonnés à des conditions de performance et de transparence (mais pas les indemnités de non-concurrence et les retraites à prestations définies, loi du 21 août 2007).

Section 3 › CERTIFICAT DE TRAVAIL

En vue de faciliter pour le salarié la preuve de son travail et aussi de sa cessation, depuis 1955, la loi impose à l'employeur quelle que soit la cause de la cessation du contrat et sous peine de sanction pénale, la remise au salarié d'un certificat de travail indiquant les dates d'emplois, leur nature et leurs périodes. Chaque partie peut refuser toute autre mention et il ne doit contenir aucune appréciation défavorable au salarié ni aucune énonciation susceptible de lui causer préjudice. Le salarié peut l'exiger dès que le congé lui est donné. Mais le certificat est quérable et non portable et il suffit qu'il soit tenu à la disposition du salarié. Sanctions pénales et civiles.
Il ne doit pas être confondu avec l'accord de rupture amiable.
Le nouvel employeur doit vérifier que le travailleur qu'il embauche est libre de son dernier engagement.
Le salarié peut le réclamer dès le début du préavis, en vue de rechercher un nouvel emploi (jurisprudence).

NB : l'employeur doit également délivrer au salarié une attestation destinée aux Assedic (Pôle Emploi) et, si celle-ci est erronée ou tardive, le salarié peut obtenir réparation du préjudice subi. L'attestation est quérable. Sa non-remise par l'employeur entraîne nécessairement pour le salarié un préjudice qui doit être réparé. Par ailleurs, l'employeur doit transmettre directement au Pôle Emploi cette attestation (Décr. 30 mars 2006).

Section 4 › CLAUSES DE « NON-CONCURRENCE »

Il s'agit de clauses par lesquelles, dans le contrat de travail, le salarié s'est engagé à ne pas travailler chez un ou plusieurs concurrents, dans un certain espace, pendant un certain temps et dans certains secteurs, une fois son contrat rompu (obligation distincte

de celle de ne pas faire concurrence à l'employeur durant le contrat), en raison de connaissances techniques, de secrets de fabrication ou de relations avec la clientèle. Multiplication de ces clauses, dangereuses pour les salariés, surtout en période de difficultés de l'emploi, au surplus économiquement regrettables pour l'utilisation des capacités. En outre elles portent atteinte à la liberté du travail. Elles nourrissent un énorme contentieux.
Régime essentiellement jurisprudentiel, qui a connu une évolution importante.

§ 1 - Conditions de validité

La jurisprudence pose plusieurs conditions de validité cumulatives, ordonnées autour du principe fondamental de libre exercice de l'activité professionnelle.

1. Traditionnellement les clauses de non-concurrence sont valables **si elles sont limitées et ne portent pas atteinte à la liberté du travail**, compte tenu de l'activité du salarié :
– dans le **temps** (les conventions collectives les limitant souvent à deux ans) (métallurgie, chimie...) ;
– dans l'**espace** (région, secteur, quartier...) ;
– quant à la **profession** (branche d'un métier) et à la **nature de l'activité** du salarié, les clauses d'interdiction générale étant illicites et la clause devant tenir compte des spécificités de l'emploi du salarié (Soc., 10 juill. 2002 ; Soc., 29 janv. 2003).
Les limitations sont appréciées dans leur ensemble et ne sont pas nécessairement additionnées. Leur portée doit être appréciée par rapport à l'activité réelle de l'entreprise et aux compétences propres du salarié. Dans la mesure où une clause est licite, elle est d'interprétation stricte.
Ces clauses doivent « laisser au salarié la possibilité d'exercer normalement l'activité professionnelle qui lui est propre » et ne « pas rendre impossible au salarié d'occuper un emploi conforme à sa formation et à son expérience » (Soc., 13 janv. 1998, Soc., 23 janv. et 27 juin 2001 ; Soc., 12 sept. 2002). Elles sont nulles si leur mise en vigueur est soumise à une condition purement potestative (par ex. à la demande de l'employeur). Après un arrêt en ce sens de la chambre sociale du 4 décembre 2001, un arrêt du 12 février 2002 (*Dr. soc.* 2002. 468) énonce, au visa de l'article 1174 du Code civil relatif à l'obligation potestative, que la clause d'un contrat de travail « par laquelle l'employeur se réserve la faculté, après la rupture du contrat de travail, qui fixe les droits des parties, d'imposer au salarié une obligation de non-concurrence est nulle ».

2. Sensible aux critiques de la doctrine, à la résistance de certaines juridictions et à la nécessité de mettre un terme à une généralisation abusive de ces clauses imposées souvent à des salariés dont aucune concurrence réelle n'est à craindre, (par exemple en raison de l'absence de qualification particulière des salariés), la Cour de cassation a opéré en deux temps (1992-2002) un **double revirement radical** quant à leurs conditions de validité, sans modifier sa position quant à celles qui concernent les limites de leur portée dans l'espace, le temps, quant à l'activité exercée.

• Depuis un arrêt de la chambre sociale du 14 mai 1992 (*Grands arrêts* n° 45), elle exige que la clause soit « **indispensable à la protection des intérêts légitimes de l'entreprise** » (ce qui n'était pas le cas en l'espèce, s'agissant d'un laveur de vitres),

faute de quoi elle restreint à la fois la liberté du commerce et de l'industrie et le libre exercice d'une activité professionnelle.
S'efforçant ainsi de concilier la liberté du salarié et la liberté contractuelle du chef d'entreprise (intérêt de l'entreprise), elle se réfère à la fonction de la clause qui tire sa justification de l'objectif qu'elle poursuit.
Le juge, dont l'appréciation se substitue à celle de l'employeur, est ainsi conduit à vérifier la « dangerosité » de la concurrence éventuelle du salarié et la validité de la clause est soumise aux principes de **nécessité** et de **proportionnalité** des moyens au but. Cette jurisprudence se maintient.
Il en résulte :
– que l'existence de l'**intérêt de l'entreprise** justifiant l'obligation de non-concurrence constitue **à elle seule une condition de validité** de la clause ;
– les limitations dans le temps et dans l'espace sont des éléments permettant au juge d'apprécier si l'intérêt de l'entreprise justifie la clause et si le salarié a la possibilité de retrouver un emploi.

• Seconde étape du revirement : deux arrêts (Soc., 10 juill. 2002 *Grands arrêts* n° 46), tout en rappelant les conditions précédentes, exigent, à peine de nullité de la clause qu'une **contrepartie financière** (Indemnité compensatrice, cf. *infra* 3) soit obligatoirement versée par l'employeur.
La jurisprudence se rapproche ainsi de la plupart des législations européennes qui prohibent ces clauses lorsque la protection des intérêts de l'entreprise n'exige pas de restrictions à la liberté du travail. Ces arrêts constituent peut-être une étape dans une évolution conduisant à une condamnation pure et simple de ces clauses au nom de la protection des libertés individuelles à laquelle la jurisprudence s'attache de plus en plus.
L'employeur peut renoncer unilatéralement à l'application de la clause ; toutefois, une indemnité compensatrice étant due, la clause est devenue d'intérêt commun, de sorte qu'il ne peut le faire que si une clause expresse de la convention collective ou du contrat le permet et aux conditions qu'elle prévoit. Lorsque les modalités de la renonciation ne sont pas prévues, celle-ci doit être notifiée par l'employeur dans un « délai raisonnable » (courant à compter de la date à laquelle il a eu connaissance de la rupture si elle émane du salarié, Soc. 13 juin 2007, *RDT* 2007.579).
Sanction : nullité **relative** (de protection) que seul le salarié peut invoquer. La chambre commerciale de la Cour de cassation prend parfois des libertés avec cette règle (Com. 29 janv. 2008, *RDT* 2008.453) pourtant commandée par le droit du travail dans l'intérêt du seul salarié.
En outre, et malgré les critiques de la doctrine, la clause n'étant « illicite que dans la mesure où elle porte gravement atteinte à la liberté du travail » (jurisprudence), le juge « réduit » souvent la portée de la clause aux limites normales de temps ou d'espace territorial et professionnel, sans l'annuler complètement. Le salarié peut obtenir réparation de la gêne apportée à son reclassement professionnel.

§ 2 - Effet

Non pas nullité de l'embauchage postérieur mais :
– **responsabilité contractuelle du salarié** à l'égard du précédent employeur ; la clause pénale (forfait) fixant les dommages-intérêts dus par le salarié est licite (mais,

en vertu de l'art. 1152, C. civ., le juge peut réduire le forfait s'il est « manifestement excessif ») ;

– **responsabilité du nouvel employeur**, tiers complice de la violation de l'engagement : responsabilité solidaire (jurisprudence), sauf s'il ignore l'existence de l'obligation de non-concurrence ;

– le salarié qui manque à son obligation de non-concurrence perd à partir de la date de ce manquement son droit à l'indemnité compensatrice et l'employeur peut demander réparation de son préjudice à condition d'en établir la réalité. C'est à l'employeur qu'il incombe de rapporter la preuve d'une éventuelle violation de la clause par le salarié; toute clause contraire est inopérante.

§ 3 - Indemnité compensatrice

Fréquemment prévue dans les clauses contractuelles ou dans les conventions collectives, et désormais condition de validité de celles-ci, elle ne répare pas un préjudice mais indemnise le salarié de l'obligation qui limite, après la rupture, ses possibilités d'emploi. Bien que certains arrêts suggèrent le contraire, elle a la nature d'un salaire. Elle ne doit pas être dérisoire (Soc., 15 nov. 2006). Il doit être prévu que la rupture émane de l'employeur ou du salarié.

NB : ni une convention collective ni même une loi ne sauraient subordonner le bénéfice de la contrepartie financière à l'absence de faute grave. Pour neutraliser une loi contraire, la Cour de cassation s'est fondée sur le **Pacte international** relatif aux droits économiques, sociaux et culturels du 16 décembre 1971 qu'elle juge directement applicable et qui garantit le droit de toute personne d'obtenir la possibilité de gagner sa vie par un travail librement choisi ou accepté (Soc. 16 déc. 2008, *Dr. soc.* 2008. 236). Novatrice, cette décision ouvre la perspective de développements jurisprudentiels y compris au delà du domaine des clauses de non-concurrence.

Le salarié y a droit dès lors qu'il respecte l'obligation, quel que soit le préjudice réel qu'il subit, la clause prévoyant l'indemnité n'étant pas une clause pénale que le juge pourrait réduire. Le paiement de l'indemnité ne peut, selon une jurisprudence récente, intervenir avant la rupture du contrat de travail, de sorte qu'il ne peut prendre la forme d'un supplément de salaire versé mensuellement en cours de contrat.

Remarque : des difficultés naissent de l'incertitude qui subsiste quant à l'autonomie de la clause de non-concurrence par rapport au contrat de travail et viennent de ce qu'elle trouve à s'appliquer alors que le contrat sur lequel elle est greffée a disparu. Ainsi l'indemnité n'est pas due en cas de décès du salarié. Mais elle ne peut être affectée par les circonstances de la rupture et la possibilité ou non pour le salarié de reprendre une activité concurrentielle.

Le non-paiement par l'employeur peut libérer le salarié de son obligation ou lui ouvrir droit à des dommages-intérêts.

La jurisprudence, à l'image de la plupart des législations européennes, a posé, dans les deux arrêts susmentionnés *supra* 1 (Soc., 10 juill. 2002), l'exigence d'une contrepartie financière au profit du salarié **en tant que condition de validité de la clause**.

Le salarié qui a respecté une clause de non-concurrence illicite en l'absence de contrepartie financière a droit à des dommages-intérêts. Cette situation lui cause nécessairement un préjudice dont l'étendue sera appréciée par le juge.

1re observation : des clauses de non-concurrence dépouvues de contrepartie pécuniaire valablement stipulées avant le revirement de 2002 sont aujourd'hui, par suite de ce revirement, annulées par les tribunaux. Cette **rétroactivité**, conforme à notre droit, est la cible de critiques fondées sur l'atteinte qui serait portée à la **sécurité juridique** et sur les coûts financiers qu'elle infligerait aux entreprises. Des propositions de réforme sont avancées non sans susciter à leur tour des réserves. La Cour de cassation a pour sa part consolidé le revirement et ses effets en se plaçant sur deux registres :
– la sécurité juridique ne saurait consacrer un droit acquis à une jurisprudence immuable, l'évolution de la jurisprudence relevant de l'office du juge dans l'application du droit ;
– « l'exigence d'une contrepartie financière à la clause de non-concurrence répond à l'impérieuse nécessité d'assurer la sauvegarde et l'effectivité de la liberté fondamentale d'exercer une activité professionnelle » ; le droit à un procès équitable (art. 6, Convention européenne de sauvegarde des droits de l'Homme) loin d'interdire au juge d'appliquer rétroactivement un revirement de jurisprudence, justifie l'application immédiate de celui-ci.

2e observation : malgré des progrès, la protection du salarié est **incertaine** et certaines solutions de la jurisprudence insuffisamment protectrices du salarié. Les conventions collectives ont cherché à encadrer l'engagement de non-concurrence. Parfois pourtant la convention collective contient elle-même une clause de non-concurrence. Dans la mesure où elle est licite, celle-ci ne devrait s'appliquer que si le contrat de travail y fait référence.
C'est bien ce qu'admet la jurisprudence lorsque l'obligation est instaurée par un accord collectif postérieur à la conclusion du contrat de travail du salarié (Soc., 17 oct. 2000). Mais dans l'hypothèse inverse, il suffit que le salarié ait été informé et mis en mesure de prendre connaissance de la clause conventionnelle (Soc., 8 janv. 1997).
L'accord national interprofessionnel sur la modernisation du marché du travail du 11 janvier 2008 (art. 10) s'oriente vers l'exigence d'une clause contractuelle définissant dans tous les cas les limites, la contrepartie financière et la possibilité de renonciation par l'employeur à la clause de non-concurrence. Mais les modalités de mise en œuvre de ce principe, en particulier pour le personnel d'encadrement, ont été renvoyées à une négociation interprofessionnelle ultérieure.
Au total le droit positif demeure en ce domaine sévère à l'encontre du salarié. Il faudrait davantage, en application du droit commun des obligations, vérifier que la clause respecte l'ordre public, relever l'absence d'exécution de bonne foi (obligation inscrite dans l'article L. 1222-1, C. trav.) quand le licenciement n'a pas de cause réelle et sérieuse (jurisprudence malheureusement contraire, Soc., 22 oct. 1997). Et surtout on devrait limiter l'extension de ces clauses qui permettent souvent de porter atteinte, non seulement à la liberté du travail, mais aussi à la liberté d'entreprise (concurrence).
Problèmes particuliers pour les salariés travaillant dans les services informatiques.

L'évolution récente de la jurisprudence devrait la conduire à exercer un contrôle vigilant sur le respect des libertés fondamentales (art. L. 1121-1, C. trav. visé par les arrêts du 10 juill. 2002), en particulier de la liberté d'exercice d'une activité professionnelle, et à assurer ainsi, au nom des principes fondamentaux, une protection réelle du salarié appelé à chercher un autre emploi ou désireux de s'installer à son propre compte.

Section 5 › REÇU POUR SOLDE DE TOUT COMPTE ET TRANSACTION

Cf. *supra*, Justification du paiement du salaire, Reçu, Transaction.

Titre 2

LE DROIT COMMUN DU LICENCIEMENT

Issu d'une longue évolution (chapitre 1), le droit du licenciement a acquis une spécificité que justifient les conséquences sociales et personnelles de cet acte qui n'en demeure pas moins l'exercice d'un droit de l'employeur. Il repose sur un socle de règles de procédure (chapitre 2) et de fond (chapitre 3) applicable au licenciement pour motif personnel mais aussi, comme on le verra plus avant, à certains aspects du licenciement pour motif économique.

Le tout est assorti de sanctions (chapitre 4) essentiellement indemnitaires sauf lorsque certains droits fondamentaux sont en jeu.

Chapitre 1 › ÉVOLUTION

› L'essentiel

Longtemps considéré comme un droit dont l'exercice n'était borné que par la théorie de l'abus du droit, le licenciement a été repensé par la loi du 13 juillet 1973. Tout en maintenant le droit de licencier, elle a jeté les bases d'un véritable corps de règles encadrant cet acte grave, à l'origine de la perte de l'emploi.

Section 1 › AVANT LA LOI DU 13 JUILLET 1973 : LA RUPTURE ABUSIVE DU CONTRAT

But de la théorie : l'indemnité de préavis ne dédommage que du préjudice causé par le caractère brusque de la rupture et non de celui que cause la rupture elle-même. Or ce dernier peut et doit être réparé lorsque la rupture constitue un **abus de droit**. Application par la jurisprudence surtout aux congédiements de salariés par l'employeur.

§ 1 - Évolution historique

A. Résistance de la Cour de cassation

Elle est fondée sur le droit de résiliation unilatérale, aux tentatives faites par les tribunaux pour sanctionner les congédiements intervenus sans motifs. Elle exige une faute dont la preuve est mise à la **charge de la partie lésée**.

B. Loi du 27 décembre 1890

La résiliation unilatérale peut donner lieu à des dommages et intérêts. Mais la Cour de cassation exigea toujours un « **usage abusif et préjudiciable** » du droit de résiliation, la preuve étant à la charge du travailleur congédié, d'où impossibilité fréquente pour le salarié d'obtenir une indemnité.

C. Loi du 19 juillet 1928

Obligation pour le juge de mentionner dans sa décision le motif allégué par la partie qui a rompu le contrat.
Cour de cassation : maintien de la charge de la preuve au salarié congédié. Preuve le plus souvent impossible.

§ 2 - Notion de congédiement abusif

Elle était plus large que celle d'abus de droit en droit civil.

A. Congédiements abusifs

- **Intention de nuire** (animosité personnelle).
- **Détournement** du droit de résiliation de sa fonction normale.

Exemple : exclure un syndicaliste, un gréviste, un représentant du personnel, libérer un emploi pour une autre personne, éviter le paiement d'une indemnité, etc.

• **Imprudence ou légèreté blâmable**, par exemple renvoi dans des circonstances causant un préjudice, renvoi pour une cause non vérifiée.

• **Violation** des règles posées par le **règlement intérieur** ou **les conventions collectives.**

B. Congédiements justifiés

• **Congédiement dans l'intérêt de l'entreprise**, dont l'employeur était seul juge, par exemple réduction nécessaire de personnel, suppression d'emploi pour des raisons techniques, congédiements fondés sur des difficultés d'ordre économique ou financier, insuffisance professionnelle, diminution du rendement (âge)…

Observation : la jurisprudence se refusait à contrôler l'opportunité des décisions prises par l'employeur lorsqu'il invoque l'intérêt de l'entreprise : théorie dite de « l'employeur seul juge » (arrêt *Brinon*).

• Congédiement en vertu du pouvoir disciplinaire ou **contractuel de l'employeur** : **toute faute du salarié**, même légère, justifie son licenciement.

§ 3 - Sanction : indemnité de rupture abusive

Les tribunaux écartent la réparation par réintégration dans l'entreprise.

Appréciation : la **protection** du salarié était en définitive assez **illusoire**.

Section 2 › LA LOI DU 13 JUILLET 1973, LA LOI DU 2 AOÛT 1989 ET LA RUPTURE UNILATÉRALE DU CONTRAT. LE LICENCIEMENT INDIVIDUEL

Tout en remplaçant dans le Code du travail l'expression « louage de services » par celle de « contrat de travail », la loi du 13 juillet 1973 avait apporté effectivement moins de changements que ceux qui avaient été annoncés par les auteurs du projet ou réclamés par les organisations syndicales (art. L. 1232-1 et s., C. trav.).

L'article L. 1221-1 du Code du travail qui soumet le contrat de travail aux règles du droit commun n'a pas été abrogé (bien que par suite de la recodification, ce texte se trouve placé de telle sorte qu'il semble ne plus s'appliquer qu'à la formation du contrat de travail, il garde sans doute une portée générale, l'opération s'effectuant à droit constant).

L'article L. 1231-1 **maintient le droit de résiliation unilatérale**, donc le droit de licenciement, en énonçant que le « contrat de travail à durée indéterminée peut cesser à l'initiative de l'employeur ou du salarié ». Toutefois ce principe rappelé ne vaut que « **dans les conditions prévues** par les dispositions du présent titre ».

Des améliorations indiscutables résultent néanmoins de la loi de 1973 : une **limitation du droit de licenciement** et une **extension des droits** des travailleurs licenciés.

On est ainsi passé d'une conception civiliste de la résiliation unilatérale à celle du licenciement, perte de l'emploi, donc du droit de résiliation unilatérale au droit de licenciement.

L'application souvent restrictive de la loi de 1973 par la jurisprudence aboutissant à maintenir en pratique une très grande liberté de l'employeur en matière de licenciement, conduisit le législateur à profiter de la réforme du licenciement économique en 1989 pour retoucher assez profondément le régime général du licenciement.
La loi du 2 août 1989 a revu la procédure et surtout remodèle le contentieux du motif du licenciement en décidant qu'en ce domaine « le doute profite au salarié ».

Observations :

1. Les dispositions issues de ces réformes s'appliquent même si le salarié a plusieurs employeurs.

2. Ces dispositions constituent un **minimum légal** qui cède devant d'autres dispositions légales ou conventionnelles plus favorables aux salariés. **Aucune renonciation anticipée** au bénéfice de ces dispositions ne serait valable (art. L. 1231-4).

3. La législation relative au licenciement a opéré une **dissociation entre droit de licencier et droit de démissionner**. En effet, pour la **démission**, l'article L. 1237-2 confirme l'état antérieur : la démission abusive ouvre droit pour l'employeur à des dommages-intérêts s'il subit un préjudice. La liberté de rupture demeure fondamentale en matière de démission, expression primaire de la liberté de l'homme. Encore faut-il une volonté **non équivoque** de démissionner et une **volonté libre**. Voir *supra*, titre 1, chapitre 2, section 1, Licenciement et Démission.
Pour le licenciement, la loi institue deux sortes de limitations; elle institue une procédure et elle exige une cause. Elle fait ainsi apparaître une distinction entre licenciement **irrégulier** et licenciement **injustifié**.

Chapitre 2 › LA PROCÉDURE DU LICENCIEMENT ET LE LICENCIEMENT IRRÉGULIER

› L'essentiel

Conçue en 1973 pour ne s'appliquer qu'à certains licenciements individuels, la procédure d'entretien préalable a maintenant un champ d'application considérablement élargi, puisque :

– depuis la loi du 30 décembre 1986, elle est applicable à tous les licenciements individuels, même pour motif économique, peu important la cause, l'ancienneté du salarié, la dimension de l'entreprise (la protection du salarié est encore plus nécessaire dans les petites entreprises et ne récompense pas une fidélité), et aux petits licenciements économiques ; on remarque que le licenciement individuel ne s'identifie pas au licenciement pour motif personnel, il existe des licenciements individuels pour motif économique.

– depuis la loi du 2 août 1989 même aux « grands » licenciements collectifs lorsqu'il n'y a ni comité d'entreprise, ni délégués du personnel (cf. infra).

En revanche, les sanctions en cas de non-respect de la procédure sont variables (cf. infra).

1re observation : la procédure s'applique au cas de licenciement d'un représentant élu du personnel ou d'un délégué syndical : l'entretien préalable doit précéder la demande d'avis adressée au comité d'entreprise ou d'autorisation adressée à l'inspecteur du travail.

2e observation : contrairement à l'opinion de nombreux auteurs estimant à juste titre que le droit du licenciement, impératif et exorbitant du droit commun, excluait la possibilité pour l'employeur d'obtenir la rupture du contrat par la voie de la **résiliation judiciaire** (art. 1184, C. civ.), la Cour de cassation a d'abord estimé que cette voie restait ouverte à l'employeur et au salarié (pour les représentants du personnel voir volume 1, Statut protecteur). Annoncé par quelques arrêts avant-coureurs, un important revirement a été opéré (Soc., 13 mars 2001, *Dr. soc.* 2001.624). Désormais, l'employeur n'est pas recevable à demander la résiliation judiciaire du contrat de travail même par voie reconventionnelle, sauf dans les cas (rares) où la loi en dispose autrement. Solution qui empêche le contournement des règles – d'ordre public – du licenciement et illustre l'autonomie, au moins relative, du droit du travail par rapport au droit civil. Néanmoins la voie de la résiliation judiciaire reste ouverte au salarié, non sans rapprochement avec les règles du licenciement puisque « la résiliation judiciaire du contrat de travail prononcée à l'initiative du salarié et aux torts de l'employeur produit les effets d'un licenciement dépourvu de cause réelle et sérieuse » (Soc., 20 janv. 1998, *BCV* n° 21).

Les juges du fond apprécient souverainement si l'inexécution de ses obligations contractuelles présente une gravité suffisante pour justifier la résiliation. Un manquement de l'employeur à l'exécution de bonne foi du contrat de travail, même sans lien avec une clause du contrat, peut même justifier la résiliation. Sur le cas des représentants du personnel, cf. volume 1, Statut protecteur.

La demande de résiliation judiciaire laisse subsister la relation de travail tant que le juge ne s'est pas prononcé. Si les faits ne sont pas d'une gravité suffisante, le salarié sera débouté de sa demande mais, celle-ci n'impliquant aucune volonté de rompre le contrat, le juge ne saurait y voir une démission. Si la résiliation est prononcée, la rupture prend effet à la date de la décision judiciaire dès lors qu'à cette date le salarié est toujours au service de l'employeur.

Il arrive en pratique que plusieurs initiatives de rupture soient prises. D'où des difficultés d'articulation.

1re hypothèse : le salarié forme d'abord une demande de résiliation judiciaire puis il prend acte de la rupture. Après quelques flottements, la Cour de cassation a fixé sa position (Soc., 31 oct. 2006, 3 arrêts, *RDT* 2007.28) : la prise d'acte de la rupture par le salarié en raison de faits qu'il reproche à l'employeur entraîne la cessation immédiate du contrat de travail. Par suite le juge n'a pas à statuer sur la demande de résiliation judiciaire introduite auparavant. Mais tout en ayant à se prononcer sur la seule prise d'acte, le juge doit se fonder sur tous les manquements de l'employeur invoqués par le salarié à l'appui tant de sa demande de résiliation judiciaire que de sa prise d'acte.

NB : plus souvent, la résiliation judiciaire est utilisée par le salarié comme alternative à la prise d'acte dans la mesure où, à la différence de cette dernière, elle permet la poursuite de l'exécution du contrat jusqu'à la décision du juge (cf. *supra*, titre 1, chapitre 2, section 2). Une telle action ne constitue pas par elle-même une cause de licenciement. En tout état de cause résiliation judiciaire et prise d'acte ne doivent pas être assimilées l'une à l'autre. Et l'action en résiliation judiciaire accompagnée de la cessation du travail est en réalité une prise d'acte.

2nde hypothèse : le salarié demande la résiliation de son contrat en raison de certains faits qu'il reproche à son employeur tout en continuant à travailler à son service et ce dernier le licencie ultérieurement pour d'autres faits survenus au cours de la poursuite du contrat. Le juge doit alors commencer par rechercher si la demande de résiliation était justifiée et si tel est le cas la date de la rupture sera fixée à la date d'envoi de la lettre de licenciement. C'est seulement si la demande de résiliation n'est pas justifiée que le juge aura à se prononcer sur le licenciement.

Si en revanche la demande de résiliation judiciaire est postérieure au licenciement, le contrat de travail étant déjà rompu, cette demande est nécessairement sans objet. Néanmoins, pour l'appréciation du bien-fondé du licenciement, le juge devra prendre en compte les griefs invoqués par le salarié à l'appui de sa demande de résiliation s'ils sont de nature à influer sur cette appréciation.

NB : la jurisprudence paraît admettre que la retraite du salarié intervenant alors que le salarié a présenté une demande de résiliation judiciaire rend cette demande sans objet. Solution contestable lorsque c'est l'employeur qui a décidé la mise à la retraite. Lorsque l'employeur a exercé l'action en résiliation judiciaire — ce qu'il n'est pas recevable à faire (cf. *supra*) — il a manifesté sa volonté de rompre le contrat de travail, valant licenciement, de sorte que le licenciement qu'il prononcerait postérieurement serait dépourvu d'effet sur la rupture précédemment acquise.

La procédure comporte deux phases : l'entretien (section 1) et le licenciement (section 2).

Section 1 › PHASE PRÉALABLE : ENTRETIEN (ART. L. 1232-2 À L. 1232-5, L. 1232-7 À L. 1232-14, C. TRAV.)

§ 1 - But

Permettre au salarié d'être informé de ce qui le menace et de s'expliquer avec l'employeur pour éviter un congédiement injustifié ou impulsivement donné. Idée aussi de tentative préalable de conciliation.

§ 2 - Contenu

A. Convocation

Convocation « avant toute décision », du salarié par lettre recommandée ou par lettre remise en main propre contre décharge, indiquant l'objet de la convocation (le licenciement) de manière non équivoque, sa date et son lieu, la possibilité de se faire assister (mention indispensable ; formalité « **substantielle** »), et cela même si le salarié n'est pas en état de se rendre à l'entretien en raison d'une maladie (un report peut néanmoins être décidé par l'employeur) ou même s'il y a faute grave. Nouvelle convocation nécessaire si, par la suite, l'employeur, avant de notifier le licenciement, a proposé un poste au salarié.

Observation : la convocation doit avoir été effectuée au moins 5 jours pleins avant la date fixée pour l'entretien (règle généralisée par l'ordonnance du 24 juin 2004). De sorte que doivent être exclus et le jour de la remise de la lettre de convocation et tout jour non ouvrable compris dans la période de 5 jours. Le salarié ne peut renoncer à ce délai.

B. Entretien

Entretien pendant le temps de travail, entre l'employeur ou son représentant (qui doit être membre de l'entreprise ou au moins, dans certains cas, du groupe) et le salarié, qui peut se faire **assister** par une personne de son choix appartenant au personnel de l'entreprise ou, lorsqu'il n'y a pas de représentants du personnel (élus ou délégué syndical) dans l'entreprise (ou dans l'unité économique et sociale), par un « **conseiller du salarié** » extérieur à l'entreprise (difficulté de trouver un membre du personnel pour assister, en dehors des représentants) (loi 18 janv. 1991).
Choisi librement par le salarié sur une liste établie par les préfets après consultation des organisations représentatives, le conseiller du salarié peut être bénévole ou une personne exerçant une activité salariée. Dans ce cas, il bénéficie d'un statut destiné à lui permettre à la fois d'exercer cette activité et d'assister les salariés menacés de licenciement en participant à l'entretien préalable.
Le conseiller du salarié a droit à des temps d'absence de son travail pour se rendre à l'entretien (limite de 15 heures par mois), à une rémunération pour le temps consacré à cette mission, et bénéficie d'une protection contre le licenciement (l'exercice de cette mission ne saurait être une cause de rupture de son contrat de travail et son licenciement est soumis à une procédure spéciale protégeant les représentants du personnel), de possibilité de formation. Tenu à une obligation de discrétion, il ne peut être un conseiller prud'homme en activité.

Son témoignage ou ses attestations sont recevables devant le juge prud'homal mais l'établissement d'une fausse attestation l'expose à des sanctions pénales.

Observation : dressé par le ministère de l'Emploi, le bilan de l'activité des conseillers montre que ceux-ci sont de plus en plus sollicités mais qu'ils rencontrent de multiples difficultés dans l'exercice de leur mission.

Au cours de l'entretien l'employeur doit indiquer le ou les **motifs** du licenciement et recueillir les explications du salarié.

En l'absence d'entretien, la jurisprudence aurait dû considérer que le licenciement serait sans cause réelle et sérieuse, les motifs ultérieurement fournis par l'employeur ne pouvant concorder, comme la loi le veut, avec ceux qui auraient dû être indiqués lors de l'entretien. De même l'employeur devrait être lié par les motifs indiqués lors de l'entretien, par rapport auxquels le salarié présente sa défense.

Mais la Cour de cassation semble en avoir décidé autrement : la concordance des motifs indiqués lors de l'entretien avec ceux qui sont par la suite invoqués dans l'énonciation écrite ou devant le juge ne paraît pas requise. La présence, dans la lettre de licenciement, d'un grief non évoqué lors de l'entretien constitue une simple irrégularité de forme qui n'empêche pas le juge de décider que ce grief justifie le licenciement (jurisprudence critiquable).

Si le salarié ne se rend pas à l'entretien, même s'il en est empêché, la procédure suit son cours (jurisprudence), sauf s'il y a « machination » de l'employeur ou délai de convocation trop bref.

– L'entretien préalable ne peut être remplacé par un entretien informel. Il doit être strictement individuel.

– L'employeur qui a omis d'indiquer dans la lettre de convocation la possibilité de se faire assister par un conseiller du salarié est sanctionné par des dommages-intérêts pour irrégularité de la procédure (montant maximum : 1 mois de salaire).

Section 2 › PHASE DU LICENCIEMENT (ART. L. 1232-6, C. TRAV.)

§1 - Notification du licenciement

Par lettre recommandée avec avis de réception, la date de présentation de la lettre fixant le point de départ du délai de préavis et la lettre ne pouvant être expédiée moins de deux jours ouvrables après le jour auquel l'entretien avait été fixé (éviter les effets de la mauvaise humeur, à la fin de l'entretien), délai porté à 7 jours en cas de licenciement économique (15 pour les cadres). S'il s'agit d'un licenciement disciplinaire (faute), la notification doit être faite au plus tard dans le délai d'un mois après l'entretien préalable, la procédure disciplinaire, plus stricte sur ce point, étant applicable (cf. Droit disciplinaire).

Observations :

– réduisant la portée de la loi, la jurisprudence affirme que cette formalité n'est pas sanctionnée par la nullité. Elle constitue un simple moyen de preuve fixant la date de la rupture qu'une décision récente situe au jour de l'envoi de la lettre recommandée notifiant la rupture.

– l'employeur doit informer le salarié, dans la lettre de licenciement, de ses droits au titre du « droit individuel à la formation » en particulier pendant le préavis (loi du 4 mai 2004).

§ 2 - Énonciation des causes de licenciement dans la lettre de notification

Cette obligation pour l'employeur a été imposée par la loi du 2 août 1989 d'une **manière générale**.
La loi du 25 juin 2008 la place sous le signe d'une nécessaire motivation de tout licenciement (art. L. 1232-1 : licenciement pour motif personnel ; art. L. 1233-2 : licenciement pour motif économique).

A. L'indication des motifs lie l'employeur

L'employeur ne peut par la suite se prévaloir d'autres motifs devant le juge. Les indications données quant aux motifs dans la lettre de notification fixent les limites du litige soumis au juge.
En conséquence, la qualification que l'employeur a donnée au licenciement s'impose au juge (celui-ci ne peut retenir un motif personnel si l'employeur n'a invoqué dans la lettre qu'un motif économique de licenciement).
L'employeur peut invoquer dans la lettre plusieurs motifs de rupture inhérents à la personne différents, correspondant à des faits distincts, mais à condition de respecter les procédures applicables à chaque motif.

Exemple : procédure disciplinaire.

B. L'absence d'indication des motifs

Elle équivaut devant le juge à une absence de motif réel et sérieux de licenciement.
Après des évolutions heurtées, la Cour de cassation a fixé à partir de 1991 (jurisprudence *Rogié*) la jurisprudence en ce sens, estimant de surcroît que l'absence de motif précis « équivaut à l'absence de motif » et que « le licenciement est **sans cause réelle et sérieuse** » (Ass. plén., 27 nov. 1998 *Grands arrêts* n° 100). Donnant ainsi toute sa portée à une garantie fondamentale, elle permet au salarié de connaître les motifs du licenciement avant d'avoir effectivement quitté l'entreprise pour organiser ses moyens d'action devant le juge. Elle exige donc un **motif suffisamment précis**, de sorte que par exemple la seule référence à des correspondances antérieures ou aux motifs contenus dans la lettre de convocation à l'entretien préalable ou à des faits reprochés au salarié au cours d'entretiens antérieurs, ou à des motifs « économiques » non précisés, ne suffit pas (en revanche suffit l'indication d'indélicatesses ou de la mauvaise qualité du travail ; le juge devant alors vérifier l'exactitude du motif précis indiqué). De manière générale le motif précis est le motif matériellement vérifiable assez explicite pour pouvoir être discuté.
Tendance du juge à renforcer l'exigence de motivation dans la lettre de licenciement, du moins dans certains cas où la vigilance est de mise (maladie prolongée, grossesse).

NB : toutes les fois que le juge est saisi d'une contestation de la cause réelle et sérieuse, il lui appartient de vérifier, au besoin d'office, en respectant le principe du contradictoire, si la lettre de licenciement énonce le ou les motifs du licenciement. Par cette affirmation, la jurisprudence donne sa pleine cohérence à la construction élaborée depuis 1991 qui fait de l'énonciation des motifs de licenciement dans la lettre de licenciement une règle de fond désormais nécessairement dans le débat sur l'existence d'une cause réelle et sérieuse.

NB : certains regrettent que l'obligation d'indiquer les motifs ait été étendue aux motifs disciplinaires, ainsi révélés aux tiers qui exigeraient la production de la lettre de licenciement. Poursuivi pénalement pour diffamation non publique, l'employeur trouvera dans l'ordre de la loi (obligation d'indiquer les motifs) un fait justificatif (faits de harcèlement sexuel sobrement présentés dans la lettre de licenciement).

Observation sur la procédure : l'institution d'une procédure, malgré ses insuffisances, a constitué un progrès. On assiste ainsi à un renforcement du formalisme protecteur, dont la Cour de cassation devrait déduire que les formalités sont exigées pour la régularité même du licenciement. La jurisprudence a, de manière regrettable, réduit la portée des garanties prévues par la loi en vue d'assurer une information du salarié et ses possibilités de défense, tout en étant cependant très exigeante quant à l'énonciation des motifs du licenciement.

Tentative de remise en cause : les signataires de l'accord national interprofessionnel sur la modernisation du marché du travail du 11 janvier 2008 (art. 11) ont souhaité que soient trouvés les moyens de revenir sur la jurisprudence *Rogié* (cf. *supra*) selon laquelle l'absence ou l'insuffisance des motifs équivaut devant le juge à une absence de motif réel et sérieux. Il s'agirait d'obliger le juge à rechercher dans cette hypothèse la cause du licenciement et à statuer sur son caractère réel et sérieux.

Chapitre 3 › L'EXIGENCE D'UNE CAUSE RÉELLE ET SÉRIEUSE DU LICENCIEMENT. LE LICENCIEMENT INJUSTIFIÉ

> › L'essentiel
>
> *L'article L. 1232-6 prévoit l'indication des causes réelles et sérieuses du licenciement dans la lettre de notification (cf. supra). La loi du 25 juin 2008 souligne que tout licenciement pour motif personnel ou pour motif économique « est justifié par une cause réelle et sérieuse » (art. L. 1232-1 et L. 1233-2). L'article L. 1235-1 du Code du travail dispose qu'il appartient au juge « d'apprécier le caractère réel et sérieux des motifs invoqués par l'employeur ». C'est assurément là une des dispositions les plus importantes de la loi de 1973, dont la portée doit être appréciée quant à la notion et quant à la preuve de la cause réelle et sérieuse.*
> *Depuis la loi de 1973, de la sanction de l'abus on est passé au **contrôle des motifs** du licenciement.*

Section 1 › NOTION DE CAUSE RÉELLE ET SÉRIEUSE

Désormais le licenciement doit avoir une **justification** ; du licenciement abusif, c'est-à-dire fautif, on est passé au licenciement objectivement injustifié.

NB : la cause doit être **à la fois** réelle et sérieuse. Si la directive est donnée par cette formule, elle laisse au juge une marge d'appréciation importante.

§ 1 - Cause réelle

La loi de 1973 a réalisé une « objectivation » du motif, dont la réalité signifie qu'il doit être :

A. Existant

De sorte que le juge doit, dans tous les cas, vérifier le motif invoqué par l'employeur, quel qu'il soit, et considérer qu'il n'est pas réel s'il est invérifiable ou manque de précision. L'ancienne théorie jurisprudentielle de l'employeur « seul juge » de l'intérêt de l'entreprise se trouve ainsi condamnée par la loi en principe.
Par suite un motif purement « subjectif » de l'employeur ne suffit plus ; le motif doit avoir une consistance objective. Aussi, s'agissant de motifs de licenciement essentiellement subjectifs, et la loi du 2 août 1989 ayant, quant à la preuve de la cause réelle et sérieuse, disposé que « si un doute subsiste, il profite au salarié » (art. L. 1235-1 al. 2, C. trav.), la jurisprudence a connu une évolution remarquable.
Ainsi l'**insuffisance professionnelle** ou l'**inaptitude** du salarié alléguée par l'employeur doit être vérifiée par le juge et résulter de faits précis et réels imputables au salarié (et non aux circonstances économiques expliquant par exemple une baisse du chiffre d'affaires) ; de même la **mésintelligence** ou la **mésentente** entre le salarié et l'employeur ou les autres membres du personnel ne peut être retenue sur la

simple allégation de l'employeur mais doit s'être manifestée par des faits permettant une constatation objective. L'incompatibilité d'humeur ne constitue pas à elle seule une cause de licenciement.

Seule l'existence de faits ayant provoqué une mésentente durable et persistante, génératrice d'une réelle perturbation dans la marche de l'entreprise dont le salarié est responsable peut justifier le licenciement de ce dernier, le juge devant même rechercher si une autre solution n'était pas possible pour régler des différends personnels. Si un doute subsiste sur l'imputabilité de la mésentente au salarié, le juge fait profiter ce dernier du bénéfice du doute.

Relativement à la **perte de confiance** de l'employeur vis-à-vis du salarié, jusque-là souvent retenue en elle-même comme cause, un arrêt important de la chambre sociale du 20 novembre 1990 (*Grands arrêts* n° 103) a d'abord énoncé qu'« un licenciement pour une cause inhérente à la personne du salarié doit être fondée sur des éléments objectifs… (et que) la perte de confiance alléguée par l'employeur ne constitue pas en soi un motif de licenciement » ; de sorte que des soupçons même sérieux ou le comportement ou l'activité du conjoint du salarié ne suffisent plus, ni même l'incarcération du salarié (cf. *supra*, 1re partie, titre 2, chapitre 3, section 3, Suspension du contrat).

De manière encore plus radicale, la jurisprudence (Soc., 29 mai 2001, *D.* 2002.921) affirme désormais que « la perte de confiance ne peut jamais constituer en tant que telle une cause de licenciement même quand elle repose sur des éléments objectifs ; et que seuls ces éléments objectifs peuvent, le cas échéant, constituer une cause de licenciement, mais non la perte de confiance qui a pu en résulter pour l'employeur ». Dorénavant la perte de confiance ne peut plus du tout être invoquée par l'employeur à l'appui d'un licenciement – Illustration frappante du mouvement d'objectivation de la cause personnelle de licenciement.

Observations :

- Le licenciement prononcé en raison d'un trouble objectif établi est un licenciement pour motif personnel mais non disciplinaire. Le trouble objectif « ne peut pas être une faute ». Certains arrêts, très critiqués, ont pourtant assimilé le trouble objectif à une faute grave exposant le salarié à perdre ses indemnités de rupture.

- Certains auteurs décèlent même une résurgence masquée du licenciement pour perte de confiance dans la mesure où la jurisprudence, se fondant sur l'obligation d'exécution du contrat de travail de bonne foi, a tendance à multiplier des obligations particulières de loyauté et de probité liant le salarié y compris dans sa vie personnelle et dont la violation justifie un licenciement disciplinaire, en réalité motivé par la simple crainte d'un trouble dans l'entreprise.

- Un coup d'arrêt à ces dérives résulte d'un arrêt rendu en Chambre mixte le 18 mai 2007 (*RJS* 7/07 n° 810) : outre que des bornes sont posées à l'extension des obligations nées du contrat, il affirme qu'un trouble objectif dans le fonctionnement de l'entreprise ne permet pas en lui-même de prononcer une sanction disciplinaire à l'encontre de celui par lequel il est survenu.

B. Exact

C'est-à-dire vrai, de sorte que l'inexactitude suffit à établir le caractère injustifié du licenciement, même en l'absence d'intention de nuire ou de légèreté blâmable :

ainsi lorsque les faits allégués (larcins, insolence, négligences…) sont réels mais ne constituent pas le motif exact, qui est dissimulé (activité syndicale, participation à une grève, réclamations du respect des droits du salarié…).

§ 2 - Cause sérieuse

Des déclarations du ministre du Travail à l'Assemblée nationale lors des débats en 1973, il ressort qu'elle doit présenter un certain degré de gravité et rendre le licenciement nécessaire pour la bonne marche de l'entreprise.
Cette exigence appelle en principe le juge à dépasser le simple contrôle de la matérialité des faits et le degré de culpabilité du salarié pour apprécier l'opportunité, donc la nécessité du licenciement, quelle que soit la nature des motifs invoqués. Le caractère sérieux de la cause doit s'apprécier en fonction du **trouble** qu'apporterait au fonctionnement de l'entreprise la continuation du contrat de travail.
Deux conditions en découlent :

A. Les faits invoqués doivent être en relation avec l'activité professionnelle du salarié

Par suite des événements extérieurs à celle-ci, survenus en dehors du temps et des lieux de travail, ne sont pas des causes sérieuses. Il en est ainsi même s'il s'agit d'actes immoraux ou illicites, même s'ils donnent lieu à des poursuites et condamnations pénales, sauf s'ils ont sur la vie professionnelle des répercussions suffisamment graves pour rendre impossible le maintien du lien contractuel, autrement dit, s'ils apportent un trouble objectif dans la marche de l'entreprise (v. ci-avant § 1 a). Frontières poreuses; cf. le problème du respect de la vie privée du salarié, *supra*, Pouvoir de direction du chef d'entreprise).

B. Les faits doivent être de nature à rendre impossible le maintien du contrat de travail

Cette condition a été réduite dans sa portée par la jurisprudence. Il faut à cet égard distinguer deux catégories de motifs sérieux :

1. Motifs tenant à la personne du salarié

Deux sortes :

a) Fautes d'une suffisante gravité

Il est certain (doctrine et jurisprudence en ce sens) que **la faute légère ne suffit plus** à justifier le licenciement (par ex. des retards peu fréquents au travail ou la production tardive d'un certificat médical justifiant une prolongation d'absence). Mais, contrairement à l'opinion de certains auteurs, la jurisprudence distingue la faute « **sérieuse** » justifiant le licenciement et la faute grave faisant en outre perdre le droit au préavis et à l'indemnité de licenciement. La faute sérieuse constitue ainsi une catégorie intermédiaire entre la faute légère et la faute grave (cf. *supra*, Préavis).
Les tribunaux tiennent compte de l'ancienneté du salarié, de l'absence de reproches antérieurs, des conditions de travail et du climat dans l'entreprise (insuffisamment pour certains).

Logiquement le juge contrôle la **proportionnalité** entre la faute (sérieuse) et le licenciement, sanction grave, d'autant plus qu'il s'agit alors d'une sanction disciplinaire dont il est exigé qu'elle ne soit pas « disproportionnée » (art. L. 1333-2 et cf. Droit disciplinaire).

b) Comportements ou situation personnelle du salarié en dehors de toute faute

Il faut qu'ils entraînent une entrave au fonctionnement de l'entreprise. Mais le contrôle des juges n'est pas toujours très réel.

S'il l'est pour l'**absence pour maladie** (l'embauche d'un remplaçant devant être indispensable et la perturbation du fonctionnement de l'entreprise avérée), il l'est beaucoup moins pour l'inaptitude. Normalement elle doit être telle qu'une mutation ne soit pas suffisante pour régler le problème que le licenciement s'impose; mais la Cour de cassation a parfois considéré que la réalité de l'inaptitude suffit à justifier le licenciement dès lors qu'il n'y a pas détournement du pouvoir de direction de l'employeur. Mais les juges du fond ont actuellement une marge d'appréciation.

De plus, il existe pour l'inaptitude physique une réglementation particulière qui fait intervenir le médecin du travail et prévoit que, lorsque l'inaptitude totale est constatée par celui-ci, l'employeur doit proposer un autre emploi approprié aux capacités du salarié (art. L. 1226-2).

Pour l'**insuffisance professionnelle**, les juges se contentent dans certains cas de la constatation de l'insuffisance, sans vérifier les possibilités d'une autre affectation. Ils procèdent au contraire dans d'autres cas à la vérification du caractère personnel de l'insuffisance et de son importance. En tout cas ce motif est à distinguer soigneusement de la faute : l'insuffisance professionnelle ne constitue pas une faute sauf mauvaise volonté délibérée du salarié.

De nombreuses décisions ont retenu l'**insuffisance des résultats** obtenus par le salarié comme cause réelle et sérieuse, même en l'absence de négligences fautives ou de manque de qualités professionnelles, d'autres vérifiant au contraire que cette insuffisance est due au comportement même du salarié et non aux exigences excessives ou à l'organisation et aux conditions du travail imposées par l'employeur.

Rompant avec ces errements, la jurisprudence récente trace des lignes directrices beaucoup plus fermes. « La seule insuffisance de résultats ne peut, en soi, constituer une cause de licenciement » (Soc., 30 mars 1999, *BCV* n° 143). Il appartient aux juges du fond d'exercer leur pouvoir d'appréciation de la cause réelle et sérieuse de licenciement : ils doivent vérifier que les objectifs définis étaient raisonnables et compatibles avec le marché ou encore réalistes, peu important qu'ils aient été définis contractuellement ou unilatéralement par le chef d'entreprise. Encore faut-il que l'insuffisance de résultats soit imputable au salarié c'est-à-dire qu'elle procède soit d'une insuffisance professionnelle (non fautive) soit d'une faute du salarié, le rattachement à la faute présentant toutefois le risque d'une confusion entre le motif disciplinaire et le grief d'insuffisance qui sont en principe distincts.

Par ailleurs la Cour de cassation exige que l'employeur, conformément à l'art. L. 6321-1 du Code du travail, remplisse son obligation d'assurer l'adaptation du salarié à l'évolution de l'emploi et même son reclassement (cf. *supra*, 1re partie, titre 2, chapitre préliminaire, Obligations de l'employeur).

Au cas de mésentente dont la jurisprudence exige maintenant qu'elle repose sur des éléments objectifs (cf. *supra*, Cause réelle), les désaccords avec des cadres doivent être persistants et systématiques, porter sur des éléments essentiels de la relation de travail ou bien avoir pour cause des actes excessifs du salarié, être préjudiciables pour l'entreprise, reposer sur des critiques fondées.

2. Motifs d'ordre économique ou technique

Ils tiennent le plus souvent à l'entreprise, qu'il s'agisse de licenciement individuel ou collectif.
Le licenciement économique ayant un régime spécifique, cf. les développements qui lui sont consacrés *infra*, titre 3, Licenciement économique, Notion, et aussi, Contrôle judiciaire.

1re observation : aucune clause du contrat de travail ne peut valablement décider à l'avance qu'une circonstance quelconque constituera une cause de licenciement.

2e observation : un certain nombre de causes de licenciement sont interdites, en particulier l'âge, la discrimination (art. L. 1132-1, C. trav. ; cf. *supra* : interdiction des discriminations dans l'emploi), le harcèlement sexuel, l'état de grossesse (cf. Maternité), l'exercice de certains mandats, l'exercice du droit de grève (sauf faute lourde) et du droit d'expression, les propos tenus lors de l'entretien préalable au licenciement (jurisprudence), les actes de la vie personnelle ou de la vie privée (cf. *supra*, Pouvoir de direction de l'employeur et aussi *infra*, Section 4).

3e observation : en outre des **accords collectifs** peuvent valablement « limiter aux causes qu'ils énumèrent le pouvoir de licencier de l'employeur » et le licenciement fondé sur un autre motif est alors sans cause réelle et sérieuse mais peut être frappé de nullité si la convention collective le prévoit expressément.

Section 2 › LA PREUVE DE LA CAUSE ET LE DÉBAT JUDICIAIRE

La preuve a constitué un des points les plus chauds de l'évolution du droit du licenciement étant donné la dénonciation très générale des inconvénients pour le salarié de l'application des règles ordinaires de la charge de la preuve, qui, jusqu'à la loi de 1973, lui incombait.
Actuellement le droit positif comporte deux textes essentiels ; l'un, l'article L. 1235-1, alinéa 1er, dû à la loi de 1973, réglait en principe le problème de la charge de la preuve et des rôles respectifs des parties et du juge. Il demeurait ambigu en ce qui concerne celui du risque de la preuve, que l'alinéa 2 du même article, ajouté par la loi du 2 août 1989, a eu pour objet de résoudre en faveur du salarié.

§ 1 - La charge de la preuve

Article L. 1235-1 du Code du travail : « le juge, à qui il appartient d'apprécier la régularité de la procédure suivie et le caractère réel et sérieux des motifs invoqués par l'employeur, forme sa conviction au vu des éléments fournis par les parties après avoir ordonné au besoin après toutes mesures d'instruction qu'il estime utiles ».
Cette disposition contient deux règles :

a) L'employeur a la charge de l'allégation des motifs du licenciement, le contrôle du juge portant sur les motifs « invoqués » par l'employeur, qui peut être immédiatement condamné s'il n'en invoque pas ou s'en tient à des affirmations peu sérieuses ou inexactes, lié qu'il est d'ailleurs par les indications fournies dans la lettre de licenciement (cf. *supra*).

b) La preuve du motif n'incombe plus au salarié, les parties étant mises à **égalité** et le juge ayant mission d'établir la preuve. En effet, le juge doit vérifier la procédure ainsi que le sérieux et la réalité des motifs indiqués et forme son opinion non seulement sur les preuves des parties mais aussi en ordonnant toutes mesures utiles.

Sans opérer un renversement de la charge de la preuve (du salarié vers l'employeur), ce texte correspond à l'idée importante, exprimée dans l'exposé des motifs de la loi de 1973, selon lequel il « comporte une innovation importante : il écarte en effet la règle traditionnelle de la procédure civile selon laquelle la preuve incombe au demandeur ». En effet, contrairement à son régime antérieur, le licenciement n'est licite que s'il est justifié. Les deux parties et le juge doivent tenir un rôle actif et si le juge n'assoit pas sa conviction sur les éléments de preuve fournis par les parties, il lui appartient d'ordonner des mesures d'instruction, afin de vérifier la réalité et le caractère sérieux des motifs allégués, en particulier pour l'inaptitude professionnelle, les désaccords psychologiques (mésententes,…) et aussi pour les motifs d'ordre économique et le caractère raisonnable des solutions adoptées par l'employeur.

Comme l'indiquent les travaux préparatoires de la loi de 1973 : « on substitue ainsi à une procédure accusatoire qui met à la charge des parties la preuve de leurs prétentions, une procédure dite inquisitoire dans laquelle la recherche des preuves est une mission des juges ».

On pouvait croire que dans les cas (fréquents) où la cause ou les circonstances du licenciement demeurent obscures ou douteuses, le doute profiterait au salarié.

En réalité, au lendemain de la réforme de 1973, la Cour de cassation n'est pas allée jusque-là, ayant surtout retenu que l'employeur n'avait pas à supporter la charge de la preuve. De sorte qu'en pratique le doute profitait à celui-ci. Aussi, pour briser cette jurisprudence, la loi du 2 août 1989, a-t-elle disposé que **le doute profite au salarié**.

1re observation : la preuve de la cause du licenciement apportée par l'employeur doit avoir été obtenue par un moyen licite ; dans le cas contraire (par ex. : dispositif de contrôle et de surveillance n'ayant pas été préalablement porté à la connaissance des salariés – filature par un détective privé), la preuve n'est pas considérée comme établie et le licenciement est dénué de cause réelle et sérieuse. Des glissements sont perceptibles dans quelques décisions plus souples (filature portant une atteinte à la vie privée, parce que disproportionnée par rapport aux intérêts légitimes de l'entreprise ; enregistrements vidéos non portés à la connaissance des salariés mais couvrant des locaux interdits aux salariés et dès lors licites). Mais l'exigence de loyauté des preuves est également soulignée (condamnation des stratagèmes qu'ils soient le fait de l'employeur ou d'un huissier).

2e observation : la jurisprudence tient compte des nouvelles technologies de l'information et de la communication.

– Alors que l'enregistrement d'une conversation téléphonique privée effectué à l'insu de l'auteur des propos invoqués est un procédé déloyal rendant irrecevable la preuve ainsi obtenue, l'utilisation par le destinataire de messages dits **SMS** est admise, l'auteur du message ne pouvant ignorer qu'il est enregistré par l'appareil récepteur.

– À propos d'éléments contenus sur le **disque dur d'un ordinateur** mis à la disposition du salarié, la Cour de cassation estime que l'employeur n'est en droit d'ouvrir les fichiers personnels du salarié en dehors de la présence du salarié ou sans l'avoir appelé que s'il justifie d'un risque ou d'un événement particulier; l'article L. 1121-1 du Code du travail (cf. *infra*, section 4) sert de fondement principal à cette analyse.

Encore faut-il que les fichiers aient été identifiés comme personnels par le salarié. Faute de quoi, ils sont présumés professionnels en sorte que l'employeur peut y avoir accès hors la présence de l'intéressé. Mêmes principes pour un courrier postal. Mais le contenu d'une correspondance privée ouverte par erreur ne peut fonder une sanction à l'encontre de son destinataire en raison du droit au respect de la vie privée.
En revanche, l'employeur peut demander au juge de faire enregistrer par huissier de justice, en présence du salarié, des messages électroniques, si la demande procède d'un motif légitime et est nécessaire à la protection de ses droits (mesure d'instruction *in futurum*).

§ 2 - Le risque de la preuve pèse sur l'employeur

La Cour de cassation, chambre sociale, avait bien admis que la règle faisant porter la charge de la preuve sur le demandeur est écartée, en considérant que la loi « exclut que la charge de la preuve incombe plus particulièrement à » l'une des parties et que « ni la preuve du caractère réel et sérieux du motif, ni la preuve contraire n'incombent spécialement à l'une des parties ».
Mais il n'y avait égalité des parties qu'en apparence. Car la jurisprudence de la Cour de cassation avait beaucoup facilité la tâche de l'employeur et abouti en pratique à faire souvent supporter au salarié sinon la charge du moins le risque de la preuve en considérant que l'**allégation d'un motif en apparence réel et sérieux suffit**, en l'absence de preuves contraires rassemblées par le juge, à interdire à celui-ci de considérer le licenciement comme injustifié; dans le doute il ne pouvait condamner l'employeur.
La charge de la preuve ne pesait donc pas sur le salarié, mais celui-ci supportait au moins le risque de la preuve.
La loi du 2 août 1989 a mis fin à cette anomalie en affirmant que : « **si un doute subsiste, il profite au salarié** » (art. L. 1235-1, al. 2), condamnant la jurisprudence dite du « motif en apparence réel et sérieux ». Outre les conséquences relatives aux motifs subjectifs allégués (cf. *supra*), cette règle a pour effet de rendre injustifié tout licenciement dont les motifs allégués ne sont pas énoncés dans la lettre de notification (cf. *supra*).

§ 3 - Le contrôle exercé par la Cour de cassation

Longtemps le contrôle exercé par elle sur la **qualification** de cause réelle et sérieuse donnée par le juge a été poussé, au risque que la Cour de cassation se transforme en troisième degré de juridiction.
Soucieuse de limiter son contrôle et de désencombrer son rôle (ce qui ne s'est pas produit), elle a par plusieurs arrêts réduit son contrôle au cas d'« erreur manifeste de qualification » commise par le juge du fond. Cette position, très critiquée (abandon du rôle de contrôle et d'unité d'interprétation de la loi) a été abandonnée.
Depuis un arrêt du 21 janvier 1987 (*D.* 1987.111) et après quelques tâtonnements dans la rédaction des attendus, la Cour de cassation justifie le rejet de certains pourvois par une formule devenue classique : « en l'état de ces énonciations, la cour

d'appel a décidé, dans l'exercice du pouvoir qu'elle tient de l'art. L. 122-14-3, C. trav. (L. 1235-1), par une décision motivée que le licenciement procédait (ou non) d'une cause réelle et sérieuse ». Elle signifie que, dans une certaine mesure, la Cour entend se limiter à un contrôle de **motivation** de la décision déférée et non à un contrôle de qualification.

Mais un certain nombre de décisions montrent qu'elle continue ou recommence à exercer un **contrôle poussé**, que ce soit pour l'exigence d'une cause objective ou pour l'insuffisance de résultats (pour le motif économique cf. *infra*), et qu'elle tend peut-être à revenir à un véritable contrôle de qualification, auquel conduit souvent en pratique le contrôle de motivation. Ce **contrôle de qualification** apparaît à beaucoup indispensable pour assurer l'unité d'interprétation de la loi, d'autant plus que celle-ci est d'ordre public et destinée à assurer la protection des salariés et oblige le juge à vérifier qu'il n'y a pas de doute sur le motif.

Depuis 1990, le contrôle qu'elle exerce est le suivant :

a) Elle exerce un **contrôle entier** sur la **qualification du licenciement**, c'est-à-dire sur la nature économique ou personnelle de la cause invoquée et, dans le second cas, sur le caractère disciplinaire (faute) ou non du licenciement.

b) En ce qui concerne la **cause juridique elle-même** (motif déterminant) du licenciement, le contrôle sur son **caractère licite** est en principe **entier**.

– Dans le cas de licenciement pour motif personnel, la Cour de cassation vérifie le respect des interdictions légales (femme enceinte, grève sauf faute lourde, discriminations diverses…), des libertés, de la vie privée et des droits de la défense…, ainsi que la qualification des faits imputés à faute disciplinaire, etc. ;

– En matière de licenciement pour motif économique, cf. *infra*.

c) En revanche, quant à la **réalité** de la cause, elle en laisse l'appréciation aux juges du fond, sous réserve de la motivation de la décision, du respect des règles de preuve et de l'autorité de la chose jugée au pénal.

d) Enfin elle laisse une marge d'appréciation au juge du fond pour le **caractère sérieux** du motif du licenciement tenant à la personne (faute ou non) et, une fois la cause économique vérifiée, du motif du licenciement économique (cf. *infra*).

e) Au surplus elle a maintenu son **contrôle sur la qualification de la faute lourde ou grave** ; celui de la faute sérieuse se justifierait par les mêmes raisons, et le licenciement met souvent en cause, derrière les motifs allégués, des droits fondamentaux, des libertés, dont le juge est le gardien traditionnel, ce qui explique qu'elle a maintenu un contrôle poussé sur le licenciement des salariés « protégés » (représentants du personnel,…).

Probablement un contrôle efficace et mesuré à la fois exigerait-il que la Haute Juridiction donne, sinon une définition, du moins des éléments caractéristiques du motif réel et sérieux, sur la base desquels elle pourrait vérifier à la fois la qualification des faits et la proportionnalité entre l'objectif recherché par le licenciement et les conséquences humaines et sociales de celui-ci.

Observation : on peut s'interroger sur les retombées possibles de la nouvelle procédure d'admission des pourvois en cassation (loi du 25 juin 2001) sur le contrôle de la cause réelle et sérieuse par la Haute Juridiction.

Idem en ce qui concerne l'assistance d'un avocat, désormais obligatoire (Décret du 20 août 2004).

Chapitre 4 › LES SANCTIONS

> **› L'essentiel**
>
> *Il importe, outre le cas où le licenciement est à la fois formellement régulier et justifié par une cause réelle et sérieuse (1er cas), de distinguer celui où le salarié (employé dans une entreprise de onze salariés au moins et ayant un an d'ancienneté) peut se prévaloir des dispositions des articles L. 1235-2 à L. 1235-4 du Code du travail et celui où il ne le peut pas, et le cas où l'atteinte à un droit fondamental du salarié doit entraîner la nullité du licenciement.*

Section 1 › PREMIER CAS : TRAVAILLEURS LICENCIÉS RÉGULIÈREMENT ET POUR CAUSE RÉELLE ET SÉRIEUSE

Sur le droit au préavis et à l'indemnité de licenciement cf. *supra* titre 1, chapitre 3, Suites de la rupture.
Sur la protection du salarié détaché dans une filiale étrangère cf. *infra*.

Section 2 › DEUXIÈME CAS : TRAVAILLEURS NON RÉGULIÈREMENT LICENCIÉS (IRRÉGULARITÉ PROCÉDURALE, FORMELLE) OU LICENCIÉS SANS CAUSE RÉELLE ET SÉRIEUSE

Outre les droits des travailleurs se trouvant dans le premier cas, ils ont d'autres droits qui ont pour but de compenser ou d'effacer le préjudice résultant des irrégularités commises par l'employeur, soit dans la procédure, soit quant à la cause, et qui diffèrent selon que :

§ 1 - Le travailleur ne peut pas invoquer les articles L. 1235-2 à L. 1235-4 du Code du travail

C'est-à-dire :
– ou bien a moins de 2 ans d'ancienneté,
– ou bien travaille dans une entreprise de moins de 11 salariés (art. L. 1235-5).
Il a droit à « une indemnité calculée en fonction du préjudice subi ». Deux indemnités distinctes peuvent être attribuées, l'une pour absence de cause réelle et sérieuse, l'autre pour irrégularité de procédure. Dans l'un et l'autre cas, l'irrégularité entraîne nécessairement un préjudice (jurisprudence récente). Luttant contre une résistance des juges du fond, la Cour de cassation souligne que l'allocation d'1 euro symbolique n'est pas suffisante mais elle a récemment affirmé le contraire dans le cas où le salarié peut invoquer les articles L. 1235-2 à L. 1235-4.
Au cas de licenciement pour faute, la procédure disciplinaire est applicable à ces salariés (cf. Pouvoir disciplinaire).

Observation : exceptionnellement le salarié peut invoquer l'article L. 1235-2 dans une hypothèse : absence de mention, dans la lettre de convocation à l'entretien, de la possibilité pour le salarié de faire appel à un conseiller du salarié (cf. *supra*) lorsque les conditions sont réunies. Par conséquent, le salarié peut prétendre à une indemnité maximum d'un mois de salaire pour irrégularité de la procédure mais si le licenciement est sans cause réelle et sérieuse, les dommages-intérêts seront fonction du préjudice subi, sans minimum légal. Jurisprudence controversée mais entérinée par la recodification.

NB : la loi parle de licenciement « abusif ». Certains auteurs estiment à juste titre qu'au cas de cause non réelle ou non sérieuse il y a absence de droit de licencier, donc nullité du licenciement. La jurisprudence n'utilise pas le terme et écarte la nullité pour irrégularité formelle, sanctionnée uniquement par une indemnité.

§ 2 - Le travailleur peut invoquer les articles L. 1235-2 à L. 1235-4 du Code du travail

Autres cas : 2 ans d'ancienneté dans une entreprise de 11 salariés au moins.

NB : la condition d'ancienneté revêt ici une importance considérable. Elle doit désormais être appréciée au jour où l'employeur envoie la lettre recommandée de licenciement (jurisprudence nouvelle et controversée). La loi fait alors une distinction essentielle entre licenciement irrégulier et licenciement injustifié.

A. Licenciement irrégulier mais justifié

La procédure n'a pas été respectée, mais la cause est réelle et sérieuse (sinon la sanction de l'irrégularité n'est pas applicable, car l'irrégularité au fond absorbe l'irrégularité de procédure, dont la sanction n'est que subsidiaire). Il s'agit donc d'irrégularité affectant la procédure préalable ou la notification, donc d'absence ou de retard d'une formalité.
Trois sanctions sont prévues :

• Le juge « impose **à l'employeur d'accomplir la procédure prévue** », donc de reprendre celle-ci à partir de l'acte irrégulier. Cette règle a pour but de faire respecter les obligations procédurales de l'employeur et aussi de faire reculer la date de départ du délai-congé (liée à la présentation de la lettre de notification), donc du licenciement. Toutefois, la Cour de cassation permet au juge de ne pas obliger l'employeur à remplir les formalités, à condition de le condamner à l'indemnité légale d'un mois (*infra*).
Normalement cette règle aurait dû signifier que tant que la procédure n'est pas accomplie, le contrat n'est pas rompu et que le licenciement est nul, le salarié ayant droit au salaire antérieur. Mais la Cour de cassation considère que la seule sanction est l'indemnité égale au maximum d'un mois de salaire (cf. ci-dessous) (« le licenciement… n'est pas nul »).

• Le juge doit « accorder au salarié, à la charge de l'employeur, une **indemnité** qui ne peut être supérieure à 1 mois de salaire », cumulable avec les indemnités de préavis et de licenciement et aussi pour violation éventuelle de la procédure disciplinaire, mais à la condition que le salarié la demande (jurisprudence discutable). Cette irrégularité cause nécessairement un préjudice mais la réparation peut être assurée par l'octroi d'un euro symbolique.

• L'employeur devrait **rembourser les indemnités de chômage** versées au travailleur licencié du jour de son licenciement à celui du jugement. Cette sanction, qui ne bénéficie pas directement au salarié, est surtout dissuasive pour l'employeur. Mais la Cour de cassation a réservé cette sanction au cas de licenciement injustifié (dénué de cause réelle et sérieuse).

Observations :

– bien que soit en cause, avec le respect de la procédure, un droit important du salarié, celui de discuter les griefs dirigés contre lui, la Cour de cassation a mis fin à une jurisprudence de référé ordonnant la réintégration provisoire du salarié jusqu'à l'accomplissement de la procédure.

– certains manquements ne constituent pas, selon la Cour de cassation, des irrégularités de procédure au sens de l'article L. 1235-2 de sorte que le salarié peut seulement prétendre à la réparation du préjudice le cas échéant subi.

Exemple : entretien le jour du repos.

B. Licenciement injustifié

La procédure est respectée, mais **la cause n'est pas réelle ou pas sérieuse**.

• Le juge peut proposer la **réintégration**. Il a donc un choix. La réintégration est **facultative** aussi pour les parties, donc pour l'employeur.

Si la réintégration est effective, elle entraîne le maintien des avantages acquis, en particulier de ceux attachés à l'ancienneté (primes, durée du préavis, indemnités de licenciement, électorat, éligibilité…). En outre, la réintégration signifiant la continuation du contrat de travail, le salaire est dû entre le licenciement et la réintégration (une « indemnité » équivalente, pour la Cour de cassation, car il n'y a pas eu travail).

NB : bien que facultative pour le juge et pour l'employeur, la réintégration constitue dans l'esprit de la loi **la sanction normale**.

• Droit du travailleur à une **indemnité**, dans deux cas :

– le juge ne propose pas la réintégration,

– une des parties refuse la réintégration proposée par le juge.

Ces deux cas sont distincts. Mais la Cour de cassation a jugé que le texte a une portée générale et s'applique « chaque fois que le licenciement… a été effectué sans cause réelle et sérieuse et qu'il n'y a pas eu réintégration », donc même dans le cas où le juge n'a pas proposé la réintégration.

L'essentiel réside ici dans le **montant de l'indemnité**, qui ne peut être inférieure à 6 mois de salaire. L'indemnité de licenciement injustifié, qui a un caractère dissuasif, à l'égard de l'employeur, a une **nature hybride** : elle est à la fois une **sanction** et une peine privée, puisque le minimum peut être supérieur au préjudice réel et puisque le juge peut aller au-delà du minimum pour tenir compte de la gravité de la faute de l'employeur, et une **réparation**, puisqu'elle peut dépasser le minimum pour réparer le préjudice réel (chômage prolongé par exemple), à condition que la preuve en soit apportée.

Remarque : les signataires de l'accord national interprofessionnel sur la modernisation du marché du travail du 11 janvier 2008 (art. 8) sont convenus de travailler avec les pouvoirs publics à la possibilité de fixer un plafond (et un plancher) au montant des dommages-intérêts susceptibles d'être alloués en cas de licenciement sans cause réelle et sérieuse. Démarche peu compatible tant avec la jurisprudence du Conseil constitutionnel attachée au principe de réparation intégrale d'un préjudice qu'avec les normes de l'OIT.

NB : cette indemnité se **cumule** avec l'indemnité de préavis et de licenciement. En outre, la Cour de cassation admet aussi la réparation d'un autre préjudice, distinct de celui résultant de l'absence de cause réelle et sérieuse, par exemple résultant des circonstances et des conditions vexatoires du licenciement, ou encore de la publicité donnée par l'employeur (atteinte à la dignité).

NB : le licenciement décidé sans respecter une procédure conventionnelle, prévue par un accord collectif voire un règlement intérieur, applicable par exemple au cas de licenciement disciplinaire est dépourvu de cause réelle et sérieuse, cette procédure étant considérée comme une garantie de fond.

- L'employeur **doit rembourser tout ou partie des indemnités de chômage** versées au travailleur licencié du jour de son licenciement jusqu'au jugement, mais seulement, depuis la loi du 30 déc. 1986, dans la limite de six mois d'indemnités (art. L. 1235-4). Cette disposition a été estimée conforme à la Convention européenne des droits de l'homme (alors même qu'elle s'applique au cas où l'Assedic qui a versé les allocations n'est pas partie à l'instance) par la Cour de cassation.

Observation générale : grande complexité des règles d'indemnisation surtout en ce qui concerne les irrégularités de la procédure de licenciement. Le rapport de la Cour de cassation pour 1998 a proposé, dans ce dernier cas, l'adoption par la loi de règles identiques pour tous les salariés quelles que soient la taille de l'entreprise et l'ancienneté du salarié. En vain jusqu'à présent.

Section 3 › PROTECTION COMPLÉMENTAIRE : CAS DU SALARIÉ LICENCIÉ PAR UNE FILIALE ÉTRANGÈRE

(cf. *infra*, 3e partie, titre 1, chapitre 1, Entreprise, Groupes de sociétés)

Section 4 › NULLITÉ DES LICENCIEMENTS PORTANT ATTEINTE À UN DROIT FONDAMENTAL

Bien qu'en vertu des dispositions de l'article L. 1235-3 du Code du travail, la réintégration du salarié soit facultative pour le juge et pour chacune des parties, la jurisprudence s'est orientée dans un sens différent lorsque le licenciement constitue une **atteinte à une liberté fondamentale** du salarié, auquel cas le juge pourrait ou devrait ordonner, au besoin sous astreinte, la poursuite de l'exécution du contrat et la réintégration du salarié, obligatoire pour l'employeur, le licenciement étant nul.
En effet, la Cour de cassation, le 28 avril 1988 (aff. *Dunlop c/ Clavaud, Dr. ouvrier* 1988.250), en rejetant le pourvoi contre un arrêt de la cour de Riom du 2 mars 1987 en a jugé ainsi pour un licenciement portant atteinte à la liberté d'expression du salarié. Aucun texte de portée générale ne prévoyant la nullité des actes contraires à la liberté d'expression, il était permis de penser que la nullité avec remise en l'état antérieur serait admise chaque fois qu'une atteinte à un droit fondamental est en cause. C'est ce que reconnaît, serait-ce en creux, la jurisprudence postérieure lorsqu'elle cantonne la nullité du licenciement aux cas prévus par la loi ainsi qu'à la violation d'une liberté fondamentale. Il en est *a fortiori* ainsi pour les licenciements en raison de l'origine, du sexe, des mœurs, de l'orientation sexuelle, de l'âge, de la situation familiale ou

de la grossesse, des caractéristiques génétiques, de l'appartenance à une ethnie, une nation ou une race, des opinions politiques, des activités syndicales ou mutualistes, de l'exercice du droit de grève, des convictions religieuses, de l'apparence physique, du patronyme ou de l'état de santé pour lesquels les articles L. 1182-1 et L. 2511-1, al. 3 du Code du travail, prévoient expressément la nullité de plein droit; il en est de même pour le licenciement d'un salarié ayant agi en justice pour faire respecter l'égalité professionnelle entre hommes et femmes (art. L. 1144-3 mais non de celui ayant agi, en dehors de ce cas, sur le fondement d'une violation du principe « à travail égal, salaire égal ») ou l'interdiction des discriminations (art. L. 1134-4) et pour le licenciement d'un salarié victime de harcèlement sexuel (art. L. 1153-4) ou moral (L. 1152-3) ou ayant témoigné de tels agissements. Même solution pour le licenciement de la femme enceinte (cf. *supra*, 1re partie, titre 2, chapitre 3, section 3, Suspension du contrat de travail). Jurisprudence en cours de formation sur le port du voile islamique. Il devrait en être de même pour les licenciements effectués en rapport avec la vie personnelle ou la vie privée du salarié (cf. *supra* titre 2, chapitre 1, section 1, Pouvoir de direction du chef d'entreprise).

Le juge des référés peut ordonner **la réintégration** pour faire cesser le trouble illicite constitué par le licenciement. Le périmètre de réintégration est l'entreprise, non le groupe. Le salarié réintégré a droit à des dommages-intérêts égaux à la rémunération qu'il aurait dû percevoir avant sa réintégration. Si le salarié ne demande pas sa réintégration, il a droit à l'indemnité de licenciement, à l'indemnité de préavis même s'il est dans l'impossibilité physique de l'exécuter ainsi qu'à des dommages-intérêts au minimum égaux à six mois de salaires quelles que soient l'ancienneté du salarié et la taille de l'entreprise (idée de peine privée).

L'introduction de **l'article L. 1121-1** du Code du travail par la loi du 31 décembre 1992 en tête des dispositions générales relatives au contrat de travail devrait conduire la jurisprudence à appliquer la sanction de remise en l'état pour toute mesure qui apporte « aux droits des personnes et aux libertés individuelles et collectives des restrictions qui ne seraient pas justifiées par la nature de la tâche à accomplir ni proportionnées au but recherché ». Ce texte a en tout cas été mobilisé avec d'autres pour justifier la nullité du licenciement du salarié ayant régulièrement exercé son droit de retrait (cf. *supra* Conditions de travail) alors même que la nullité n'est pas expressément prévue en pareille hypothèse.

Mais, sur le fondement de l'article L. 1121-1, la jurisprudence paraît vouloir distinguer les libertés qu'elle qualifie de fondamentales dont la violation doit être sanctionnée par la nullité, comme par exemple la liberté de la défense en justice (notamment à propos de la teneur des écrits produits en justice) et les libertés ordinaires, comme, par exemple, la liberté de se vêtir à sa guise, qui ne relèveraient pas de cette sanction. Mais une atteinte non justifiée ou disproportionnée à une liberté qualifiée de non fondamentale pourrait peut-être constituer un trouble manifestement illicite que le juge des référés devrait faire cesser (Soc., 28 mai 2003 *D.* 2003.2718).

À tout le moins, au vu de l'article L. 1121-1, l'exercice d'une liberté collective en dehors du temps de travail ne saurait fonder un licenciement ou une sanction disciplinaires si l'interdiction par l'employeur d'exercer cette liberté n'est pas justifiée par la fonction du salarié et la nature de l'entreprise (jurisprudence).

Observation : la principale organisation patronale a proposé de supprimer toute obligation de réintégration en cas de nullité du licenciement.

Titre 3

LE LICENCIEMENT POUR MOTIF ÉCONOMIQUE

L'actualité sociale révèle chaque année l'importance des licenciements fondés sur ce motif (une nouvelle vague a commencé à l'automne 2008). Il s'agit le plus souvent de licenciements collectifs, mais un licenciement individuel peut parfaitement être fondé sur un motif d'ordre économique, ce qui oblige à distinguer licenciement individuel et licenciement pour motif personnel (cf. *supra*, le droit commun du licenciement).

Sur le sujet, les réformes législatives se sont succédé à un rythme soutenu de 1975 à 2005 ce qui conduit à retracer les grandes étapes de l'édification d'un **droit spécifique** largement dérogatoire au droit commun du licenciement (chapitre 1).

L'application de cet ensemble normatif complexe, fait de dispositions législatives, réglementaires mais aussi conventionnelles, s'ordonne autour de la notion clef de licenciement économique, dont on doit maîtriser la définition (chapitre 2).

L'une des particularités essentielles du droit applicable est qu'il anticipe la décision de rupture des contrats de travail par la mise en œuvre de mécanismes de prévention (chapitre 3).

Des procédures plus ou moins complexes selon la taille de l'entreprise et le nombre de salariés concernés doivent être respectées (chapitre 4). Ensuite viendra le temps de l'individualisation de la mesure (chapitre 5).

Enfin, le contentieux des licenciements économiques donne lieu à l'application par le juge d'une variété de sanctions (chapitre 6)

Chapitre 1 › LES GRANDES ÉTAPES DE LA CONSTRUCTION D'UN DROIT SPÉCIFIQUE

> **› L'essentiel**
> *Le particularisme du droit du licenciement pour motif économique, d'abord marqué par une contrôle étatique spécifique aujourd'hui abandonné, tient à l'exigence d'une concentration préalable avec les représentants du personnel et à la recherche de la prévention, autant que faire se peut, des suppressions d'emploi. Négociation collective, législation parfois instable et jurisprudence ont contribué à la construction de ce dispositif spécifique.*

Section 1 › DE 1945 À 1989

Dictée par les impératifs de la reconstruction d'une économie nationale au lendemain de la Seconde Guerre mondiale, une ordonnance du 24 mai 1945 avait pour la première fois instauré un contrôle de l'emploi visant à orienter la main-d'œuvre vers les secteurs essentiels de la production. À cette fin, était instauré un contrôle administratif des embauches mais aussi des licenciements.

Toutefois, **l'origine** de l'actuel droit des licenciements économiques n'est pas tant dans ce dispositif étatique qui relevait d'un pur ordre public économique, sans finalité sociale explicite, que de l'initiative des partenaires sociaux qui décidèrent de placer l'emploi au centre d'une négociation collective de grande ampleur. En est issu **l'Accord national interprofessionnel de 1969** sur la garantie de l'emploi. En 1974 ce droit négocié s'enrichira d'un avenant prenant en compte la dimension collective de ce type de rupture des contrats de travail, en imposant la concertation avec les représentants du personnel de l'entreprise, en créant une priorité de réembauchage et en mettant en place un régime favorable d'allocations de chômage.

Le législateur intervient pour la première fois par la **loi du 3 janvier 1975** dont la caractéristique principale est de soumettre tout licenciement économique qu'il soit individuel ou collectif à une autorisation administrative préalable à défaut de laquelle le licenciement est dépourvu de cause réelle et sérieuse. L'inspection du travail est alors placée au premier plan d'une politique de l'emploi. Mais ce système révélera de nombreuses imperfections telles que l'extrême complexité du contentieux et la difficulté pour l'administration d'examiner l'ensemble des demandes, ce qui se traduira par une pratique d'autorisations implicites au moins à l'égard des projets de licenciement ne dépassant pas une certaine taille.

Une loi du 3 juillet 1986 supprimera la nécessité de l'autorisation administrative tout en invitant les partenaires sociaux à négocier un accord collectif national portant à la fois sur les procédures de concertation avec les représentants du personnel de l'entreprise concernée et sur les mesures alternatives aux licenciements. En est issu l'accord national interprofessionnel du 20 octobre 1986 créant l'obligation de présenter un plan social d'accompagnement au comité d'entreprise afin d'éviter les licenciements « secs » et mettant en place des conventions de conversion. Le contenu de cet accord est repris par la loi du 30 décembre 1986 sur les procédures de licenciement.

Section 2 › DE 1989 À 2005

Les grandes orientations du droit des licenciements économiques étant fixées, en particulier par l'abandon définitif du système de l'autorisation préalable, intervient la loi du **2 août 1989** qui cherche à la fois à **définir** le motif économique et à **prévenir** les licenciements en incitant les employeurs à une gestion prévisionnelle de l'emploi. Elle renforce également les conditions de la concertation préalable avec les représentants des salariés puis, au stade de l'exécution de la mesure, elle accroît les garanties offertes aux salariés licenciés en étendant la procédure de l'entretien préalable issue de la loi du 13 juillet 1973 et surtout en renforçant le contrôle du juge judiciaire. Enfin, cette loi généralise l'obligation faite aux employeurs qui licencient, de proposer des mesures d'accompagnement allant jusqu'à affirmer un droit des salariés licenciés à la conversion.

L'apport essentiel de **la loi du 4 janvier 1993** est d'avoir posé l'exigence d'un plan de reclassement à l'intérieur du plan social (désormais plan de sauvegarde de l'emploi) pour les licenciements qui y sont soumis (v. *infra*, Les procédures). Une loi du 29 juillet 1992 avait peu de temps auparavant étendu le champ de la procédure légale de concertation aux hypothèses particulières de départs négociés qui risquaient de se traduire par le contournement de l'obligation de présenter un plan social. On notera également l'apport de la **loi quinquennale sur l'emploi du 20 décembre 1993** qui, dans l'hypothèse d'une modification du contrat de travail envisagée par l'employeur, met en place une procédure d'information du salarié et donne effet au silence gardé par celui-ci dans le but de favoriser la « flexibilité interne ». Au cours de la même période cette accumulation de textes, parfois mal coordonnés entre eux voire lacunaires, a conduit le juge à prendre le relais du législateur et à édifier une **jurisprudence normative** dont l'une des principales traductions est l'obligation de reclassement du salarié menacé d'un tel licenciement, obligation assortie en amont d'un devoir d'adaptation pesant sur l'employeur et dont l'inexécution sera sanctionnée au stade ultérieur de l'appréciation judiciaire de la légitimité de la cause de rupture du contrat de travail (v. *infra*).

Le législateur va de nouveau reprendre l'initiative avec **la loi de modernisation sociale du 17 janvier 2002 (LMS)** dans sa partie consacrée aux licenciements économiques. Certaines solutions jurisprudentielles sont consolidées (jurisprudence *La Samaritaine*). Le plan social rebaptisé en **plan de sauvegarde de l'emploi** se trouve renforcé dans ses composantes et dans son autorité. Surtout, en cas de projet de cessation totale ou partielle d'activité d'un établissement ou d'une entité économique autonome ayant pour conséquence la suppression d'au moins cent emplois, possibilité est offerte au comité d'entreprise, dont les analyses divergent de celles de l'employeur, de faire appel à un médiateur. Mais cette solution novatrice va par la suite disparaître du droit positif, en même temps qu'un certain nombre de mécanismes créés en 2002.

En effet, à la faveur d'un changement de majorité, intervient **une loi du 3 janvier 2003** portant relance de la négociation collective en matière de licenciement économique qui suspend pour une durée de 18 mois (durée prolongée de 6 mois par la loi du 30 juin 2004) les principales dispositions introduites dans le Code du travail par la loi du 17 janvier 2002. Le législateur convie simultanément les partenaires sociaux à définir les règles applicables en la matière par la conclusion d'un accord national interprofessionnel. Mais cette négociation n'ayant pas abouti et l'expiration du délai de suspension de la LMS étant imminente, le gouvernement décida d'introduire dans le projet de loi de programmation pour la cohésion sociale, plusieurs articles par lesquels étaient définitivement abrogés les dispositions suspendues en janvier 2003, ce qui aboutissait du même coup à rétablir dans leur rédaction antérieure au 17 janvier 2002 les textes du Code du travail modifiés par la LMS. De façon complémentaire ce projet, qui allait devenir **la loi du 18 janvier 2005 de programmation pour la cohésion sociale** était porteur de nouvelles règles visant une possibilité d'anticiper les mutations économiques, instaurant un droit au reclassement personnalisé et modifiant sur différents points la procédure de licenciement.

Pour une bonne compréhension des développements qui suivent, on indiquera que **les dispositions abrogées** de la loi de modernisation sociale portaient sur les questions suivantes :

– obligation de négocier la réduction du temps de travail à 35 heures préalablement à l'établissement d'un plan social (amendement Michelin);

– obligation d'informer les représentants du personnel préalablement à toute annonce publique sur des mesures pouvant modifier de façon importante les conditions de travail ou d'emploi des salariés;

– dissociation des procédures d'information et de consultation des salariés sur un projet de restructuration avec licenciements collectifs (consultation dite au titre du livre IV du Code du travail, puis du livre III);

– réalisation d'une étude d'impact social et territorial en cas de décision de cessations d'activité totale ou partielle concernant au moins 100 salariés;

– extension des prérogatives du comité d'entreprise en cas de compression d'effectifs avec droit d'opposition et recours à un médiateur en cas de divergence;

– suppression du critère des qualités professionnelles pour établir l'ordre des licenciements économiques;

Ce qu'il faut retenir de cette dernière réforme législative, après que le Conseil constitutionnel a, le 13 janvier 2005, rendu une décision de conformité à la Constitution du régime du licenciement économique ainsi modifié, c'est qu'elle se veut un point d'équilibre combinant la promotion de la gestion prévisionnelle de l'emploi et le reclassement des salariés avec l'impératif de sécurité juridique.

Chapitre 2 › LA NOTION DE LICENCIEMENT ÉCONOMIQUE : LE MOTIF ÉCONOMIQUE (ART. L. 1233-1 ET S., C. TRAV.)

› L'essentiel

***Jusqu'à la loi de 1989**, le motif économique n'était pas défini par le Code du travail et dans son ensemble la doctrine adoptait une conception large, considérant qu'il y a licenciement pour motif économique aussi bien lorsqu'il procède d'une mesure interne de réorganisation de l'entreprise ou de restructuration décidée même pour accroître le profit que lorsqu'il découle d'une contrainte de la conjoncture économique obligeant à réduire l'activité ou à comprimer l'effectif du personnel.*

Par suite, dans cette conception les motifs sont indifféremment d'ordre conjoncturel (circonstances extérieures) ou d'ordre structurel (fusion, concentration, restructuration, réorganisation, etc.), proprement économiques ou techniques ou financiers. Ils s'opposent ainsi aux motifs tenant à la personne du ou des salariés licenciés (en ce sens directive des Communautés européennes du 17 février 1975).

Deux critères sont possibles au départ :

*– **critère négatif :** est économique tout motif de licenciement qui n'est pas inhérent à la personne du ou des salariés ;*

*– **critère positif :** la suppression d'emploi.*

Le législateur ayant eu en vue les licenciements qui aggravent la situation des salariés, la jurisprudence adopta une conception large de la suppression d'emploi ; il suffisait, pour qu'il y ait licenciement économique, que des emplois soient supprimés, même s'il n'y a pas réduction de l'effectif, le nombre global d'emplois restant le même (remplacement ou création).

La loi de 1975 faisant état d'un « motif économique d'ordre conjoncturel ou structurel », la Cour de cassation et le Conseil d'État en contrôlaient la qualification et considéraient ainsi que les licenciements pour fin de chantier du bâtiment ou de travaux publics ne sont pas des licenciements économiques dès lors qu'ils revêtent « un caractère normal selon la pratique habituelle et l'exercice régulier de la profession » (mais le sont lorsqu'ils sont suivis de l'arrêt définitif de l'exploitation de l'entreprise), n'étant ni structurels ni conjoncturels. La loi du 30 décembre 1986 a fait disparaître cette exigence.

NB : un rapprochement est à faire avec le contrat de mission à l'exportation créé par la loi du 18 janvier 2005 et codifié à l'article L. 1236-7 du Code du travail et dont la rupture n'est pas soumise aux dispositions encadrant le licenciement économique.

S'inspirant de la formule utilisée par la directive européenne du 17 février 1975 (relative aux licenciements collectifs), modifiée par celle du 24 juin 1992, la loi de 1989 a retenu **la définition *a priori* la plus large** (tout en renonçant à embrasser toutes les causes initiales du licenciement, ainsi que l'atteste l'utilisation dans l'article L. 1233-1, C. trav. de l'adverbe « notamment »). Il n'est plus fait référence aux deux catégories alternatives des licenciements conjoncturels ou structurels qui jouaient antérieurement le rôle de *summa diviso*.

Par ailleurs, confirmant la jurisprudence, la loi du 30 décembre 1986 a soustrait au régime des licenciements économiques les licenciements de fin de chantier qui « revêtent un caractère normal selon la pratique habituelle et l'exercice régulier de la profession » (art. L. 1236-8, C. trav.) sauf dérogations par accords collectifs (conclus en 1986 et 1989 dans les travaux publics et le bâtiment).

À partir de cette définition légale, **la jurisprudence de la chambre sociale** de la Cour de cassation a apporté un certain nombre de précisions essentielles aussi bien quant aux causes expressément visées qu'au sujet de celles qui étaient restées implicites. On reconnaîtra d'emblée **deux intérêts majeurs** à ce travail de perfectionnement de la définition : celui de permettre une délimitation opératoire du champ des règles propres au licenciement économique par rapport au droit commun du licenciement; celui, plus subtil, d'une mise au point de l'outil juridique à partir duquel le juge judiciaire va éventuellement effectuer le contrôle de la réalité et du sérieux de la rupture contractuelle consécutive à la décision patronale fondée sur un tel motif. La **cause qualificative** conditionne en effet partiellement l'appréciation de la **cause justificative** (v. *infra*).

La définition du licenciement économique n'a été que peu modifiée par la loi du 18 janvier 2005. Le licenciement économique est désormais défini comme : « le licenciement effectué par un employeur pour un ou plusieurs motifs non inhérents à la personne du salarié résultant d'une suppression ou transformation d'emploi ou d'une modification, refusée par le salarié, d'un élément essentiel du contrat de travail, consécutives **notamment** à des difficultés économiques ou à des mutations technologiques » (art. L. 1233-3, C. trav.).

Cette définition pose **trois critères** l'un négatif, les deux autres positifs, de nature matérielle puis causale. On évacuera rapidement le premier pour développer les deux autres au travers de l'interprétation jurisprudentielle qu'ils ont suscitée.

Conformément à la directive européenne du 17 février 1975, pour être de nature économique, le licenciement doit être fondé sur un motif non inhérent à la personne du salarié. Cette condition première, bien que négative a conduit à considérer que quelles que soient les caractéristiques de l'entreprise et les circonstances de la rupture du contrat de travail, un licenciement en raison de l'âge (Soc., 24 avril 1990) ou pour un grief disciplinaire n'a pas de motif économique.

Il en est de même de l'insuffisance professionnelle et de l'inadaptation à l'évolution des techniques. Le motif économique a toutefois été retenu alors que le salarié n'avait pu s'adapter aux nouvelles technologies ni aux autres postes proposés. Mais cette dernière solution trouve son explication dans l'obligation d'assurer l'adaptation des salariés à l'évolution de leur emploi que la jurisprudence fait peser sur l'employeur (v. *infra*).

NB : en cas de coexistence d'un motif personnel et d'un motif économique, il convient de prendre en considération la cause première et déterminante du licenciement pour qualifier celui-ci.

Section 1 › SUPPRESSION, TRANSFORMATION D'EMPLOI OU MODIFICATION DU CONTRAT DE TRAVAIL

Ainsi s'énonce l'élément matériel de la définition composé, comme on le voit, de trois modalités alternatives. Cet élément matériel n'est lui-même qu'une conséquence de l'élément proprement causal que le texte de l'article L. 1233-3 ne dévoile qu'ensuite (v. section 2).

§ 1 - Suppression d'emploi

Elle doit être effective, mais il y a bien suppression de poste alors même qu'elle s'accompagne de la répartition des tâches accomplies par le salarié licencié entre les salariés demeurés dans l'entreprise ou lorsqu'est substitué le recours à des concours bénévoles ou encore que l'emploi supprimé est remplacé par des emplois nouveaux de sorte qu'il n'y a pas baisse des effectifs. La condition est donc la disparition d'un emploi soumis au droit du travail (donc rémunéré).

Par suite, il n'y a pas motif économique lorsque le salarié est remplacé, même si le remplaçant est moins payé ou encore si le nombre de salariés remplaçants est inférieur à celui des salariés licenciés.

À propos de délocalisation d'emplois dans un autre pays (en l'espèce Brésil), la Cour de cassation a précisé (contrairement à la position de la cour d'appel) que la fermeture d'un établissement suivie du transfert d'emplois sur un autre site, dans un milieu différent, réalise bien une suppression d'emploi (Soc., 5 avril 1995, *Grands arrêts* n° 114).

§ 2 - Transformation d'emploi

Plus rare en pratique, ce deuxième type d'effet sur l'emploi suppose sinon la disparition du poste occupé par le salarié licencié, du moins sa redéfinition profonde. Il s'agira souvent d'évolutions induites par la modernisation des techniques de production et de gestion telle que l'informatisation des postes. En ce sens, la transformation d'emploi est souvent corrélée avec l'élément causal tiré d'une mutation technologique (cf. *infra*, 3) ainsi une extension d'activité conduisant en une évolution du poste de sténo en celui de secrétaire de direction. Mais la transformation peut aussi résulter de difficultés économiques.

§ 3 - Modification du contrat de travail

L'article L. 1233-3, C. trav., tel que modifié par la loi du 18 janvier 2005, prévoit désormais explicitement que le licenciement économique ne peut intervenir qu'après que le salarié a refusé la modification proposée par l'employeur. Dans la nouvelle rédaction du texte, la notion de « modification d'un élément essentiel du contrat de travail » remplace celle de « modification substantielle » afin de tenir compte de la jurisprudence de la chambre sociale de la Cour de cassation. Il y a tout lieu de penser que ce changement terminologique n'entraîne aucune modification du droit spécialement quant à la référence faite à un élément essentiel du contrat de travail (en ce sens rapport AN, n° 1930, tome I, p. 360).

Pour que cette troisième circonstance intervienne comme le critère « matériel » du caractère économique du licenciement, il faut supposer que, selon les règles plus générales applicables à la modification du contrat (v. *supra*) le salarié a refusé d'accepter la proposition de l'employeur qui était elle-même fondée sur des raisons économiques, sans rapport avec la personne du salarié.

Il s'agira par exemple de la modification du lieu de travail, du changement de poste lié à un sureffectif, de la modification de la rémunération, de la réduction de la durée du travail (sur le détail de cette question v. Modification du contrat de travail, *supra*).

NB : **Une situation particulière** résulte des articles L. 1222-7 et L. 1222-8 du Code du travail. Le premier de ces textes indique que la seule diminution du nombre d'heures stipulé au contrat de travail, en application d'un accord de réduction de la durée du travail, ne constitue pas une modification du contrat. Le second ajoute que lorsque un ou plusieurs salariés refusent une modification de leur contrat de travail en application d'un accord de ce type, leur licenciement est un licenciement individuel ne reposant pas sur un motif économique. Dans des arrêts du 15 mars 2006 (*D.* 2006.Pan. 2003) la Cour de cassation a précisé qu'en l'absence de tout accord de réduction du temps du travail, **le licenciement** prononcé par l'employeur à la suite d'un refus par le salarié d'une modification de son contrat (réduction du salaire proportionnelle à la réduction de temps du travail mise en œuvre unilatéralement par l'employeur) revêt une **nature économique** avec toutes les conséquences que cela comporte quant à son origine juridique.

Procédure à respecter en cas de modification pour motif économique.

En vertu de l'article L. 1222-6 du Code du travail, lorsque l'employeur envisage cette modification d'un élément du contrat de travail, il doit respecter une **procédure particulière** consistant à informer individuellement chaque salarié concerné par lettre recommandée (AR) en lui indiquant qu'il dispose d'un délai d'un mois pour faire connaître son refus. À défaut de réponse dans ce délai le salarié est réputé avoir accepté la modification proposée.

Dans l'hypothèse où l'employeur ne renonce pas à la modification du contrat et, de façon simultanée, 10 salariés au moins **ont refusé** cette modification, le licenciement qui en résulte doit être soumis aux dispositions applicables en cas de licenciement collectif économique (v. *infra*).

Ainsi en dispose l'article L. 1233-11 du Code du travail, lequel, dans sa rédaction issue de la loi du 18 janvier 2005, fait échec à la jurisprudence *Framatome et Majorette* (Soc., 3 déc. 1996, *Grands arrêts* n° 109) selon laquelle un plan de sauvegarde de l'emploi devait être présenté au comité d'entreprise puis mis en œuvre **dès le stade de l'offre** de modification de 10 contrats de travail au moins.

Section 2 › CAUSE OU ORIGINE DE LA DÉCISION DE LICENCIEMENT

La suppression, la transformation ou la modification doivent être dues à des **difficultés économiques** ou à des **mutations technologiques**, mais la formule légale n'est pas limitative (« notamment » article L. 1233-3), de sorte qu'une réorganisation dans l'intérêt de l'entreprise peut constituer une cause économique, la Cour de cassation ayant toutefois précisé dans deux arrêts du 5 avril 1995 (*Dr. soc.* 2005.488) que « lorsqu'elle n'est pas liée à des difficultés économiques ou à des mutations technologiques, une réorganisation ne peut constituer un motif économique que si elle est effectuée pour sauvegarder la compétitivité du secteur d'activité » (v. *infra*).

§ 1 - Difficultés économiques

Elles doivent être sérieuses et contraindre l'employeur à licencier, la recherche d'une « économie » ou le coût trop élevé des réparations des installations ou de la rémunération du salarié ne suffisant pas. Des difficultés économiques peuvent résulter notamment d'une marge brute d'exploitation nettement inférieure aux charges, de difficultés financières résultant d'un investissement destiné à surmonter la concurrence. En revanche, ne correspond pas à la notion de difficulté économique un simple ralentissement des ventes sur deux secteurs.

On notera que cette notion n'est définie ni par la loi ni par la jurisprudence ce qui créé une certaine insécurité juridique sensible au stade du contentieux portant sur l'appréciation de la réalité et du sérieux de la cause du licenciement (v. *infra*).

En particulier, s'il est désormais admis que les difficultés économiques s'apprécient à la date du licenciement, la question de savoir si des prévisions pessimistes, même confirmées plus tard, permettent d'invoquer des difficultés, donne lieu à une jurisprudence hésitante. La tendance la plus visible est semble-t-il de ne pas tenir compte des évolutions défavorables ultérieures; ainsi une proposition de modification à laquelle l'employeur a provisoirement renoncé en raison d'une amélioration de la situation économique ne peut être prise en compte 14 mois plus tard à la suite de nouvelles difficultés (Sur le cadre d'appréciation des difficultés économiques, v. *infra* Le contrôle judiciaire).

§ 2 - Mutations technologiques

Elles justifient le licenciement. Il peut s'agir de l'introduction de nouvelles technologies dans l'entreprise, comme l'informatisation de certains services. Mais l'inaptitude ou l'incapacité du salarié invoquées à cette occasion renvoient au motif inhérent à la personne (cf. *supra*, 1).

Il est important de noter que cet élément causal tout comme le précédent doit être mis en corrélation avec l'une des trois circonstances matérielles qui suit : la suppression, la transformation ou la modification.

§ 3 - Autres motifs économiques

Apparus en jurisprudence à la faveur du caractère non limitatif de l'énumération portée par l'article L. 1233-3 précité, ces autres motifs concernent d'abord et fondamentalement la **réorganisation de l'entreprise,** désormais très fréquemment invoquée par les employeurs (v. *infra*, Le contrôle de la cause du licenciement). Mais des motifs non liés à la réorganisation ni à aucun des deux autres motifs expressément cités par le texte peuvent également constituer des raisons situant la rupture du contrat de travail sur le terrain économique avec toutes les conséquences procédurales et de fond qu'une telle qualification est susceptible d'entraîner (v. *infra*). Il en va ainsi en particulier de la **cessation d'activité** de l'entreprise lorsqu'elle n'est pas due à une faute de l'employeur ou à sa légèreté blâmable.

Exemple : cessation d'activité précipitée d'une entreprise prospère.

En revanche, la fermeture d'un site pour mettre fin aux nuisances causées à l'environnement n'est pas une cause économique de licenciement. Le maintien du caractère « ouvert » de la liste des motifs à l'article L. 1233-3 autorise néanmoins à penser que d'autres motifs de moindre importance pratique pourraient encore émerger du contentieux. Il convient à cet égard de rappeler que le Conseil constitutionnel dans sa décision du 12 janvier 2002 a partiellement fondé la déclaration d'inconstitutionnalité de l'article 107 de la loi de modernisation sociale du 17 janvier 2002 sur la suppression du mot « notamment ».

Contrairement à ce que prévoyait l'avant-projet de loi initial, la loi du 18 janvier 2005 n'introduit pas dans la définition du licenciement économique **la notion de sauvegarde de la compétitivité** issue de la jurisprudence de la chambre sociale de la Cour de cassation. Mais la lecture des travaux parlementaires ne permet pas d'en conclure que le législateur a entendu par son silence condamner implicitement l'utilisation judiciaire d'une telle notion. Elle avait déjà été considérée par le Conseil constitutionnel dans sa décision précitée comme un élément constitutif du motif du licenciement économique en application du principe constitutionnel de la liberté d'entreprise.

Après comme avant la réforme de 2005, la jurisprudence a précisé ce qu'il faut entendre par une telle exigence, dès lors que l'employeur invoque une réorganisation à l'appui de son projet de licenciement économique. Ainsi a-t-elle écarté cette notion de sauvegarde de la compétitivité dans le cas d'une réorganisation dont le seul objet était d'améliorer la rentabilité de l'entreprise afin de réaliser des profits importants. En revanche, estimant que la direction bicéphale d'une entreprise handicaperait la bonne marche de celle-ci, elle a admis que la réorganisation consistant à supprimer un poste de directeur avait pour objectif de sauvegarder cette compétitivité.

Par trois arrêts rendus le 11 janvier 2006 (*Pages jaunes, Grands arrêts* n° 116), la Cour de cassation a précisé la notion de sauvegarde de la compétitivité de l'entreprise au regard de l'exigence de gestion prévisionnelle des emplois affirmée depuis la loi du 19 janvier 2005 (sur laquelle v. *infra*). Il en résulte que pour constituer un motif valable de licenciement la réorganisation n'a pas à être justifiée par la présence de difficultés actuelles au moment du prononcé du licenciement. Mais la source des difficultés futures doit être démontrée (en l'espèce la nécessité de mutations technologiques pour passer de l'annuaire papier à l'internet). Et le juge du fond ne saurait admettre une telle justification du licenciement par des motifs d'ordre général tels que le caractère hautement concurrentiel du secteur imposant un degré d'innovation postulant l'exigence de marges d'un certain niveau.

Chapitre 3 › LA PRÉVENTION DES LICENCIEMENTS ÉCONOMIQUES

› L'essentiel

Cet aspect du dispositif légal propre aux licenciements économiques quelle qu'en soit la cause n'a cessé de croître en importance. La loi du 18 janvier 2005 achève l'évolution en faisant de la prévention des suppressions d'emploi un thème de négociation collective obligatoire. Ces mécanismes viennent s'ajouter à des règles plus anciennes concernant l'obligation d'adapter le salarié à l'évolution de son emploi ainsi que la gestion prévisionnelle des emplois et l'anticipation des restructurations dans les entreprises et les branches.

Section 1 › OBLIGATION D'ADAPTATION

D'origine jurisprudentielle, mais désormais visée par l'article L. 1233-4 du Code du travail, cette obligation dont l'exécution se situe par hypothèse en amont de la décision de licenciement, va conditionner la légitimité de celui-ci lorsque le juge sera appelé à l'apprécier (cf. Contrôle judiciaire, *infra*).

Selon la Cour de cassation : « ... **l'employeur, tenu d'exécuter de bonne foi le contrat a le devoir d'assurer l'adaptation des salariés à l'évolution de leur emploi** » (Soc., 25 févr. 1992, *Dr. soc.* 1992.379). Cette obligation est indépendante de l'effectif de l'entreprise et du nombre de salariés concernés par le projet de licenciement.

En vertu de cette obligation, l'employeur doit former le personnel aux nouvelles exigences des postes de façon à éviter que cette évolution ne se retourne contre les salariés. Par suite, l'employeur ne peut refuser une formation de courte durée au salarié qui n'est pas préparé à occuper immédiatement le nouveau poste qui lui est proposé. Cette formation doit être suffisante eu égard aux exigences résultant des nouvelles méthodes de gestion notamment informatiques. Toutefois, **il ne s'agit pas d'une obligation de résultat.** En conséquence, le licenciement d'un salarié qui n'a pas pu s'adapter malgré les efforts consentis par son employeur repose sur une cause économique et non pas sur un motif personnel. Il convient par ailleurs de remarquer que le salarié ne peut pas refuser de participer à une action de formation dont l'utilité pour son adaptation est démontrée. De son côté, en cas de litige sur ce point, l'employeur devra prouver que le salarié n'était pas à même de s'adapter à l'évolution technologique ou à la nouvelle organisation du travail ; le non-respect de l'obligation d'adaptation trouve sa sanction principale — sinon la seule — dans le refus du juge d'admettre le caractère sérieux du licenciement économique subséquent (v. *infra*).

NB : on notera que les lois du 19 janvier 2000, du 17 janvier 2002 et du 4 mai 2004 ont établi un lien étroit entre cette obligation d'adaptation dont l'inexécution peut être relevée par le juge dans le cadre du litige portant sur le sérieux de la cause économique (v. *infra*) et le droit de la formation professionnelle (v. *supra*) puisque, d'une part, l'article L. 6321-1 relatif au plan de formation de l'entreprise dispose que l'employeur a l'obligation d'assurer l'adaptation de ses salariés à l'évolution de leurs emplois, l'article

L. 6321-2 assimilant toute action de formation suivie par le salarié dans le cadre de cette obligation à un temps de travail effectif, d'autre part, l'article R. 2241-9 relatif à la négociation triennale de branche sur la formation professionnelle dispose que cette négociation doit porter sur les actions de formation mises en œuvre pour assurer l'adaptation, dans les mêmes termes, des salariés de la branche d'activité. Bien plus, l'article L. 6321-1 assigne à l'employeur, outre le devoir d'adaptation, l'obligation de veiller au maintien de la capacité du salarié à occuper un emploi (voir *supra* titre 2, chapitre préliminaire, section 2).

Section 2 › GESTION PRÉVISIONNELLE DE L'EMPLOI

Cette notion, orientée vers la prévention des licenciements économiques, apparaît avec la loi du 2 août 1989 qui l'assortit d'incitations et d'obligations à l'intention des employeurs. Des aides et une pénalisation en cas d'inaction sont par ailleurs prévues. La loi de modernisation sociale du 17 janvier 2002 a intégré ce thème dans l'objet de la négociation triennale de branche sur la formation professionnelle ci-avant citée (art. R. 2241-9 18°). La loi du 18 janvier 2005 perfectionne le dispositif en développant le dialogue social sur cette question.

§ 1 - Négociation obligatoire (art. L. 2242-15 et s., C. trav.)

Les entreprises ou groupes d'au moins 300 salariés ainsi que les entreprises ou groupes de dimension communautaire comportant au moins un site de 150 salariés en France sont assujetties à une **obligation triennale** de négociation (L. 2242-15, C. trav.).
Cette négociation porte obligatoirement sur :
– les modalités d'information et de consultation du comité d'entreprise sur la **stratégie** de l'entreprise et de ses effets prévisibles sur l'emploi et sur les salaires ;
– la mise en place d'un dispositif de gestion prévisionnelle des emplois et des compétences ainsi que les mesures d'accompagnement susceptibles de lui être annexées en particulier en matière de formation, de validation des acquis de l'expérience, de bilan de compétences ainsi que d'accompagnement de la mobilité professionnelle et géographique des salariés.
Cette négociation doit être couplée avec celle concernant l'accès et le maintien dans l'emploi et l'accès à la formation professionnelle des salariés âgés.
Cette négociation peut porter également, de façon facultative, sur les matières correspondant à l'objet des **accords de méthode** (art. L. 1233-22, C. trav.), c'est-à-dire sur la procédure d'information-consultation du comité d'entreprise lors d'un licenciement collectif et le plan de sauvegarde de l'emploi qui l'accompagne.
Si un accord de groupe est conclu sur ces thèmes, les entreprises comprises dans le périmètre de l'accord sont réputées avoir satisfait à leur obligation (art. L. 2242-18).
Parallèlement, une négociation triennale obligatoire est instituée au niveau de la **branche** sur les matières ci-dessus énoncées (art. L. 2241-4, C. trav., v. volume 1, La négociation collective).

NB : la question s'est posée de savoir si la négociation sur la GPEC, voire la conclusion d'un accord collectif ayant cet objet, constituaient **un préalable obligatoire** à la présentation par l'employeur d'un plan de sauvegarde de l'emploi. Saisis essentiellement par la voie du référé, les tribunaux ont paru divisés, certains décidant de suspendre toute procédure de licenciement pour motif économique faute de négociation antérieure sur la GPEC (TGI Nanterre, 5 sept. 2006 ; TGI Paris, 5 oct. 2006 et surtout CA Paris, 7 mars 2007 qui précise que la procédure de négociation de l'article L. 320-2 dont la vocation est préventive, s'impose de façon générale et n'a de pleine utilité que si elle intervient avant la prise de décision sur la modification des emplois et les éventuels licenciements).

Cependant une autre tendance refuse d'ordonner une telle suspension, estimant que la GPEC constitue une procédure autonome qui s'inscrit dans la durée et qui ne constitue pas une négociation distincte supplémentaire, préalable à celles prévues dans le cadre des procédures d'information/consultation qui doivent être mises en œuvre (TGI Versailles, 13 févr. 2007 ; TGI Paris, 11 janv. 2007 ; CA Versailles, 15 et surtout 29 nov. 2006, qui précise que l'éventuelle incidence de l'absence d'engagement de la négociation triennale obligatoire sur la régularité des licenciements qui pourraient être prononcés ne relève pas de la compétence du juge des référés saisi d'un litige sur la régularité de l'ordre du jour des réunions du comité central d'entreprise). Une intervention de la Cour de cassation mettant fin à l'insécurité juridique résultant de ces divergences serait particulièrement opportune.

D'ores et déjà un accord national interprofessionnel du 14 novembre 2008 consacré à la GPEC se prononce en faveur d'une dissociation complète entre GPEC et licenciement pour motif économique. Mais il n'est pas exclu qu'un lien subsiste dans l'hypothèse d'une GPEC défaillante ayant des retombées sur des licenciements économiques.

§ 2 - Autres aspects de la GPEC

A. Les incitations à la gestion prévisionnelle

Elles consistent principalement en :

– un crédit d'impôt en faveur des entreprises qui adhèrent à un groupement de prévention agréé de manière à faciliter le recours aux consultants de ces groupements avant même l'apparition des difficultés économiques ;

– la possibilité d'obtenir une aide à l'élaboration du diagnostic d'entreprise, du plan de redressement et du plan social pour les entreprises de moins de 300 salariés rencontrant des difficultés économiques pouvant conduire à des licenciements ;

– non sans risques de confusion quant aux finalités de la GPEC, la loi du 16 décembre 2006 (art. L. 2242-17) réserve un traitement fiscal avantageux aux indemnités de départ volontaire versées dans le cadre d'un accord de GPEC lorsque le salarié occupait un emploi considéré par l'accord lui-même comme menacé (sous réserve d'une opposition de l'administration) et qu'il a retrouvé un emploi stable à la date de la rupture, la stabilité de l'emploi étant reconnue par un comité de suivi de l'accord. Hésitations sur l'application ou non du droit du licenciement économique à ces départs qui, en tout état de cause risquent de vider de son contenu le plan de sauvegarde de l'emploi qui pourrait suivre ;

– sur le congé de mobilité dans le cadre d'un accord de GPEC voir *infra* chapitre 5 Mesures sociales d'accompagnement ;

– sur l'articulation avec la rupture conventionnelle v. *supra* titre 1, chapitre 2, section 3.

B. Les obligations

Elles découlent de l'institution d'une concertation relative aux prévisions d'emploi :
– soit à l'occasion de la négociation annuelle obligatoire dans l'entreprise (prévisions annuelles et pluriannuelles d'emploi) ;
– soit à l'occasion de la négociation annuelle de branche (cf. Négociation collective) (même prévisions et actions éventuelles de prévention), l'obligation portant sur l'information et la consultation, non sur la conclusion d'un accord ;
– soit au sein du comité d'entreprise, lors de sa réunion annuelle d'information, celle-ci devant désormais porter aussi sur les prévisions annuelles et pluriannuelles et les actions (prévention et formation surtout) envisagées, l'employeur devant fournir des informations détaillées et présenter un rapport écrit préalable (L. 2323-56, C. trav.). À cette information annuelle (simplifiée dans les entreprises de moins de 300 salariés, art. L. 2323-47, C. trav.), s'ajoute une consultation du comité sur l'évolution de l'emploi et des qualifications au cours de l'année passée (L. 2323-56 1°). Elle comprend l'analyse des éventuels décalages par rapport aux prévisions établies antérieurement (L. 2323-56, al. 4) et se poursuit par l'examen des prévisions pour l'année à venir, accompagné des actions de prévention et de formation correspondantes. Le rapport sur la situation de l'emploi et le procès-verbal de la réunion du comité d'entreprise correspondante sont transmis dans un délai de quinze jours à l'autorité administrative compétente (art. L. 2323-56 *in fine*, C. trav.) (voir volume 1, Le comité d'entreprise).

1re observation : le **comité de groupe** reçoit lui aussi, lors de sa réunion annuelle, des informations sur l'évolution et les prévisions d'emploi annuelles ou pluriannuelles et les actions éventuelles de prévention envisagées compte tenu de ces prévisions dans le groupe et dans chacune des entreprises qui le composent (art. L. 2332-1, C. trav.).

2e observation : le **comité d'entreprise européen** mis en place en l'absence d'accord conformément aux dispositions légales (art. L. 2343-1) examine lors de sa réunion annuelle la situation et l'évolution probable de l'emploi dans l'entreprise ou dans le groupe d'entreprises (art. L. 2343-3, C. trav.).

C. Les aides de l'État

Elles ont pour objectif d'inciter les entreprises à agir de façon préventive en faveur de l'adaptation anticipée de l'emploi.
– À cette fin, les missions du fonds national de l'emploi (FNE) sont élargies à l'adaptation professionnelle des salariés à l'évolution de l'emploi et des qualifications.
– Le dispositif d'aide à l'adaptation anticipée de l'emploi bénéficie d'un régime permanent dont l'encadrement est confié à la négociation de branche et la mise en œuvre à des accords d'entreprise conclus dans le cadre de la convention de branche, agréés par le ministre de l'Emploi après avis du comité supérieur de l'emploi. Peuvent bénéficier de l'aide de l'État les entreprises ayant conclu de tels accords d'entreprise ou, si elles sont dépourvues de représentants syndicaux, qui appliquent directement l'accord de branche (art. L. 5121-4).
– Aux termes des articles L. 5121-3, D. 5121-4 et suivants du Code du travail introduits par la loi de modernisation sociale du 17 janvier 2002 les entreprises dont l'effectif maximal est fixé par décret qui souhaitent élaborer un plan de gestion prévisionnelle des emplois et des compétences peuvent bénéficier d'un dispositif

d'appui à la conception de ce plan consistant en la prise en charge par l'État des frais liés aux études préalables à la conception du plan.

– Aux termes de la loi du 30 décembre 2006, les actions mises en œuvre par anticipation dans le cadre d'un accord collectif relatif à la GPEC peuvent dorénavant être prises en compte dans le cadre de la convention dite de « revitalisation du bassin d'emploi », signée entre l'État et l'entreprise qui a procédé à des licenciements économiques de grande ampleur (art. L. 1233-85, C. trav.).

Chapitre 4 › LES PROCÉDURES DE LICENCIEMENT ÉCONOMIQUE (ART. L. 1233-8 ET S., C. TRAV.)

› L'essentiel

Cherchant à renforcer la concertation avec les représentants des salariés, dans ses modalités et dans son objet (justification économique des décisions envisagées, traitement social du licenciement) et optant pour un certain paritarisme dans les interventions décisionnelles, la loi du 2 août 1989 a maintenu la diversité des procédures en fonction de l'importance quantitative du licenciement. La loi de modernisation sociale du 17 janvier 2002, par des dispositions qui n'ont pas été abrogées, a complété de diverses manières ce dispositif que la loi du 18 janvier 2005 ne retouche que sur certains points comme celui de l'ordre du jour du comité d'entreprise (voir volume 1, Les institutions représentatives des salariés).

En matière procédurale, l'apport essentiel de cette dernière loi concerne les ***accords de méthode****, variété d'accords collectifs nés de la pratique et qui n'avaient jusque-là reçu une consécration législative qu'à titre expérimental (loi du 3 janv. 2003). Ces accords sont désormais pérénnisés et ils voient leur champ d'intervention élargi. L'objectif étant de permettre « un traitement négocié et si possible, à froid, des restructurations et des licenciements économiques ».*

Il conviendra par conséquent d'examiner les conditions et les effets de cette négociation collective particulière en ayant à l'esprit que leur contenu peut non seulement aborder les règles procédurales encadrant l'information et la consultation des représentants du personnel mais également traiter l'action de mobilité voire anticiper sur le contenu du plan de sauvegarde de l'emploi.

En préalable à la description des règles procédurales issues de la loi, une constatation s'avère essentielle : le dispositif applicable reste imprégné d'une logique quantitative (technique des seuils) qui ne trouve des justifications convaincantes qu'à défaut de plein emploi.

Ainsi, le rôle des représentants du personnel est-il d'autant plus important que le nombre des licenciements est élevé, bien que la loi ait étendu certaines règles de concertation aux licenciements de moindre importance. D'un autre côté, ayant étendu à certains licenciements collectifs la procédure de droit commun, en particulier celle de l'entretien préalable, elle a dû apporter alors quelques aménagements. Il importe donc de distinguer plusieurs cas, mais auparavant, un certain nombre de précisions sur la **notion de licenciement collectif** et sur le champ d'application des règles procédurales méritent d'être données.

Précisions liminaires : le licenciement est collectif dès lors qu'il concerne au moins deux salariés et que la cause de leur congédiement est commune (Soc., 15 mai 1991). Par ailleurs, des réductions d'effectifs par voie de **départs volontaires** sont soumises à la procédure de licenciement collectif. Le licenciement de plusieurs salariés ayant refusé une modification de leur contrat de travail consécutive à la réorganisation de l'entreprise constitue une licenciement collectif pour motif économique. Le volume des licenciements s'apprécie en premier lieu sur une période de 30 jours (art. L. 1233-8, C. trav.) mais il faut aussi tenir compte des licenciements intervenus dans les trois mois précédents (art. L. 1233-26, C. trav.).

Les procédures de licenciement économique s'appliquent dans toutes les entreprises à tous les salariés sous condition d'ancienneté et pour **toute rupture** du contrat de travail fondée sur un ou plusieurs motifs visés à l'article L. 1233-3 du Code du travail, ce qui englobe, outre les licenciements *stricto sensu*, les départs ou mises à la retraite ainsi que les ruptures amiables (art. L. 1233-3 al. 2, C. trav.) mais non les ruptures conventionnelles (voir *supra* titre 1, Divers modes de rupture).

On notera enfin que le projet qui consiste à rechercher parmi les salariés ceux qui seraient candidats à des mesures n'entraînant pas la rupture du contrat de travail telles que temps partiel indemnisé, congé sans solde indemnisé, préretraite progressive, mise en disponibilité, constitue **une mesure de gestion prévisionnelle** qui ne déclenche pas la procédure de licenciement collectif pour motif économique (Soc., 12 janv. 1999, *IBM*).

Sur l'articulation avec la rupture conventionnelle cf. *supra* titre 1, chapitre 2, section 3.

Section 1 › LICENCIEMENT INDIVIDUEL

Le déroulement est le suivant :

• **convocation** à l'entretien préalable (cf. Droit commun) (innovation de la loi de 1986).

• **entretien préalable** (cf. Droit commun).

• **proposition de convention de reclassement personnalisé** ou de congé de reclassement (v. *infra*).

• **notification de licenciement** (cf. Droit commun) au plus tôt 7 jours après la date de convocation à l'entretien (15 jours ouvrables pour le personnel d'encadrement), mentionnant le délai dont dispose le salarié pour accepter la priorité de réembauchage dont il dispose en vertu de la loi (cf. *infra*).

– à la demande écrite du salarié, indication des critères retenus pour déterminer le choix du salarié licencié, sans laquelle il y a absence de cause réelle et sérieuse;

– information par écrit du directeur départemental du travail, dans les 8 jours de la notification, avec indication de la qualification et de l'emploi du salarié licencié.

Section 2 › LICENCIEMENT COLLECTIF DE MOINS DE 10 SALARIÉS SUR UNE PÉRIODE DE 30 JOURS («PETITS LICENCIEMENTS» COLLECTIFS)

Le déroulement est le suivant (la différence étant essentiellement la consultation des représentants du personnel) :

– **consultation du comité d'entreprise** (à défaut, celle des délégués du personnel), dans les conditions générales (cf. Attributions des comités d'entreprise) de consultation du comité, sur le projet de licenciement, l'employeur devant adresser à ses membres

toutes les informations utiles, en particulier les raisons et le nombre des licenciements, les catégories concernées, les critères de choix des salariés licenciés (cf. Ordre des licenciements), le calendrier prévisionnel, le nombre des travailleurs employés ;
– **entretien préalable avec chaque salarié** (cf. Licenciement individuel), après la consultation du comité ;
– **notification des licenciements** (7 jours au moins après la convocation à l'entretien (cf. Licenciement individuel) ;
– éventuellement indication des **critères retenus pour l'ordre des licenciements** (v. *infra*) ;
– information du directeur départemental du travail (cf. Licenciement individuel).

NB : dispositif **anti-fractionnement** pour faire obstacle à la pratique des « petits paquets » évitant la procédure « lourde ». Nonobstant le nombre des nouveaux licenciements, la mise en œuvre de ceux-ci sera soumise au régime procédural conférant au comité d'entreprise ses prérogatives maximales (art. L. 1233-27, C. trav.). Le dernier alinéa de ce texte, modifié par la loi du 17 janvier 2002, prévoit que lorsqu'une entreprise ou un établissement assujetti à la législation sur les comités d'entreprise a procédé au cours d'une année civile à des licenciements pour motif économique de plus de 18 personnes au total sans avoir eu à présenter de plan de sauvegarde de l'emploi, tout nouveau licenciement économique envisagé au cours des trois mois suivant la fin de cette année civile est soumis aux dispositions régissant les projets de licenciement d'au moins dix salariés.
Cette règle s'ajoute à celle issue de la loi du 2 août 1989 et figurant à l'article L. 1233-26, selon laquelle, en cas de licenciement de moins de 10 salariés sur 30 jours, mais d'au moins 10 salariés sur trois mois consécutifs, il est également fait application de la procédure des « grands » licenciements (cf. *infra*).

Section 3 › LICENCIEMENT COLLECTIF D'AU MOINS 10 SALARIÉS SUR UNE PÉRIODE DE 30 JOURS (« GRANDS LICENCIEMENTS ») (ART. L. 1233-21 ET S., C. TRAV.)

En raison de l'impact social de ces licenciements, le législateur a, dès les premiers textes, prévu une procédure plus lourde de concertation et diversifié les contraintes pesant sur les employeurs. Cette tendance a été accentuée par la loi de modernisation du 17 janvier 2002 autour du « plan de sauvegarde de l'emploi » qualification qui remplace celle de « plan social » désormais éliminé de tous les textes qui y faisaient allusion. Par contre, de tels licenciements ne donnent plus lieu à l'organisation d'un entretien préalable dès lors qu'il y a présence d'une représentation du personnel.
Dans cette dernière hypothèse, de loin la plus importante, l'apport dans la loi du 18 janvier 2005 se mesure plus à l'aune des dispositions qu'elle abroge (droit d'opposition du comité d'entreprise et recours au médiateur) qu'à celles qu'elle introduit (concomitance des consultations au titre des parties 1 et 2 du Code du travail, v. *infra*).
La loi du 17 janvier 2002, s'est efforcée de réduire les hypothèses dans lesquelles des « grands licenciements » auront lieu en l'absence de toute représentation élue. Ainsi l'article L. 1235-15 dispose-t-il que dans les entreprises employant au moins 50 salariés où le comité d'entreprise n'a pas été mis en place alors qu'aucun procès-verbal de carence n'a été établi, tout licenciement économique s'effectuant sans que, de ce fait,

les obligations d'information, de réunion et de consultation des élus soient respectées est irrégulier, ce qui ouvre droit au profit de chaque salarié ainsi licencié à une indemnité qui ne peut être inférieure à un mois de salaire brut sans préjudice des indemnités de licenciement et de préavis qui lui sont par ailleurs dues. Règle identique à propos de l'institution des délégués du personnel.

Pour décrire la procédure applicable aux « grands » licenciements collectifs, **deux hypothèses** doivent être distinguées selon que l'entreprise concernée occupe ou non 50 salariés au moins.

§ 1 - Entreprises occupant au moins 50 salariés

Trois cas doivent être distingués :

1er cas : s'il n'y a **pas de comité d'entreprise,** mais des **délégués du personnel,** ceux-ci sont consultés, comme celui-là. Toutefois, le problème du recours à l'expert-comptable et de l'échelonnement des réunions ne se pose pas (cf. *infra*). Il n'y a que deux réunions des délégués. En outre il n'y a pas lieu à entretien préalable. Pour le reste de la procédure, cf. le cas où il y a un comité d'entreprise (*infra*).

2e cas : s'il n'y a **ni comité d'entreprise, ni délégués du personnel**, le processus est le suivant :

– entretien préalable, cf. Licenciement individuel ;

– information du directeur départemental du travail, dans les mêmes conditions que s'il y avait une représentation du personnel ;

– information des salariés sur le plan social (PSE), par voie d'affichage sur les lieux du travail (y compris sur les propositions éventuelles de l'administration et sur la réponse motivée de l'employeur à celle-ci).

3e cas : présence d'un comité d'entreprise

Dispense de l'entretien préalable, du fait de l'intervention des représentants du personnel. Le déroulement de la procédure est le suivant :

A. Information et consultation du comité

Convocation du comité, accompagnée des informations et documents concernant :

– le **projet de licenciement** (raisons, nombre, catégories concernées, critères de l'ordre des licenciements, nombre des travailleurs employés, calendrier prévisionnel des licenciements ;

– le **plan « social »** (PSE) établi en vue d'éviter ou limiter les licenciements et de faciliter le reclassement du personnel licencié (cf. *infra*) ;

– les mesures d'ordre économique envisagées.

Les réunions du comité sont au nombre de deux, mais elles passent à trois lorsque les représentants du personnel font appel à un expert-comptable. Elles sont séparées par des délais incompressibles sauf accord (v. *infra*). Le chef d'entreprise doit, lors des réunions répondre aux suggestions du comité et l'autorité administrative peut adresser à celles-ci ainsi qu'à l'employeur des propositions relatives au plan.

1re observation : c'est principalement à propos de la consultation du comité d'entreprise sur le plan de sauvegarde de l'emploi que s'est posée la difficile question du

rapport entre cette consultation et la négociation d'un accord collectif relatif aux conditions du licenciement collectif avec un ou plusieurs syndicats.
Deux arrêts rendus dans la même affaire par la Cour de cassation (Crim., 29 nov. 1994 et Soc., 22 févr. 1995) ont énoncé que l'employeur est tenu de consulter le comité (art. L. 1238-2, C. trav., d'ordre public) « peu important que les emplois ne soient supprimés que par la voie de départs volontaires dans le cadre d'un accord collectif d'entreprise ». Il en est de même si l'accord collectif a prévu sa renégociation au cas d'aggravation des difficultés de l'entreprise. La question du sort des accords destinés non plus à précéder le plan social ou à le rendre inutile, mais à l'accompagner ou à le compléter reste posée. En toute hypothèse, la nullité ou l'inopposabilité d'accords négociés sans consultation préalable semble exclue par application de la solution plus générale dégagée par la chambre sociale de la Cour de cassation le 5 mai 1998 (v. Attribution du comité d'entreprise, volume 1).

2e observation : le problème de la **combinaison** de la procédure de consultation pour le licenciement économique (1ère partie, ex-livre III, C. trav.) et de la procédure générale de consultation sur la marche générale de l'entreprise (2e partie, ex-livre IV) a été très controversé : concomitance des deux procédures ou absorption de la consultation générale dans la procédure spécifique au licenciement économique ?
La LMS du 17 janvier 2002, en même temps qu'elle consacrait le principe de la double consultation, avait nettement séparé les deux procédures, l'engagement de la consultation au titre de la 1ère partie, ex-livre III ne pouvant s'effectuer qu'après l'achèvement des procédures de consultation prévues notamment par l'article L. 2323-6 du Code du travail (v. volume 1, Le comité d'entreprise). En rupture avec cette solution, la loi du 18 janvier 2005 (art. L. 1233-30) autorise la concomitance des deux consultations consacrant ainsi une jurisprudence antérieure de la Cour de cassation. Consultations simultanées mais toujours distinctes (le même jour, au cours de la même réunion mais sans confusion possible).

3e observation : dans les entreprises comportant des **établissements distincts**, l'instance consultée est :
– exclusivement le comité d'établissement si les mesures envisagées n'excèdent pas les pouvoirs du chef d'établissement et ne concernent qu'un seul établissement (contrairement à la jurisprudence antérieure) ;
– dans le cas contraire, le comité d'entreprise et les comités d'établissement concernés, ces derniers tenant leurs réunions respectivement après la première et la deuxième réunion du comité central, ce dernier seul pouvant avoir recours à un expert-comptable.

B. Information de l'administration (directeur départemental du travail)

L'employeur est tenu :
– de lui adresser les informations et documents communiqués au comité ;
– de lui notifier le projet de licenciement dans les délais et les conditions variables selon que le comité a ou non recours à un expert-comptable ;
– les procès-verbaux des réunions du comité et les modifications éventuelles au projet de licenciement ;

– la liste des salariés dont le licenciement est envisagé, à l'issue de la dernière réunion du comité.

NB : l'information de l'administration, en vue d'un certain contrôle exercé par elle (cf. *infra*), est destinée à renforcer le rôle du comité dans la mesure où, en possession de tous les éléments du dossier, elle peut peser sur les débats du comité en vue d'améliorer le plan de sauvegarde de l'emploi.

C. Notification des licenciements aux salariés licenciés

Un délai de « réflexion » demeure imposé à l'employeur. Ainsi les lettres recommandées de notification (cf. Droit commun) ne peuvent être adressées avant l'expiration d'un délai de 30 jours (entre 10 et 99 licenciements), 45 jours (entre 100 et 249), 60 jours (à partir de 250).

Ce délai part de la notification du projet de licenciement à l'Administration ; au cas de recours à un expert-comptable (allongement de la procédure), il part du 14e jour suivant la notification à l'administration. Il peut être réduit au cas d'application d'un accord collectif portant sur les conditions du licenciement.

NB : les divers délais prévus par la loi, plus longs et plus stricts pour les licenciements plus importants, permettent la recherche de solutions de limitation du nombre des licenciements, de reclassement ou de conversion des travailleurs licenciés.

D. Entreprises en difficulté

Au cas de licenciements intervenant au **cours d'une procédure collective de redressement judiciaire**, la loi a cherché à éviter ceux qui ne sont pas indispensables au redressement et ceux qui seraient prématurés.

Les licenciements prononcés au cours de la procédure de sauvegarde issue de la loi du 26 juillet 2005 restent soumis au droit commun du licenciement pour motif économique.

En revanche, si au cours de la **période d'observation**, le juge commissaire peut exceptionnellement autoriser des licenciements « urgents, inévitables et indispensables », c'est seulement après que les représentants du personnel ont été consultés et que l'autorité administrative a été informée. Ces obligations préalables incombent à l'administrateur judiciaire, conformément à l'article L. 631-17 du Code du commerce qui se réfère à l'article L. 1233-58 du Code du travail. Il importe peu que l'intéressé n'ait été investi que d'une mission d'assistance de dirigeant de la société en redressement, même dans ce cas, il est seul tenu de consulter le comité d'entreprise et sa carence l'expose à des poursuites pénales pour délit d'entrave.

En cas de **redressement**, le jugement arrêtant le plan (art. L. 631-19, C. com.) doit préciser le nombre de salariés dont le licenciement est autorisé, ainsi que les activités et catégories professionnelles concernées. À défaut, les licenciements prononcés en vertu de cette décision sont sans cause réelle ni sérieuse. L'obligation d'établir un PSE (v. *infra*) s'impose aux entreprises faisant l'objet d'un redressement judiciaire. Cependant les dispositions prévoyant, à défaut de plan, la nullité de la procédure ne s'appliquent pas.

L'insuffisance du plan social prive de cause réelle et sérieuse les licenciements ensuite prononcés (Soc., 2 févr. 2006).

Au cas de **liquidation judiciaire**, le liquidateur peut, de lui-même, procéder à des licenciements après consultation des représentants du personnel et information de l'administration.

La consultation préalable s'impose également pour les licenciements prononcés à l'issue d'une période de maintien de l'activité pour les seuls besoins de la liquidation. Mais en cas de licenciement d'au moins 10 salariés sur 30 jours, il n'est tenu qu'une seule réunion.

§ 2 - Entreprises occupant moins de 50 salariés

– **entretien préalable** s'il n'y a pas de représentant du personnel ;
– **information et consultation des délégués du personnel** (ou du comité d'entreprise, s'il en existe un), en deux réunions séparées par un délai maximum de 14 jours ;
– **information du directeur départemental du travail ;**
– **notification des licenciements.**

Pour le reste de la jurisprudence, cf. 3e cas du § 1.

Section 4 › LA NÉGOCIATION SUR LA PROCÉDURE : LES ACCORDS DE MÉTHODE

Aux termes de l'article L. 1233-21 du Code du travail tel qu'issu après une phase d'expérimentation de la loi du 18 janvier 2005, des accords d'entreprise, de groupe ou de branche peuvent fixer **par dérogation** aux dispositions de la 1ère et de la 2e partie du Code du travail, **les modalités** d'information et de consultation du comité d'entreprise applicables lorsque l'employeur projette de prononcer le licenciement économique d'au moins dix salariés sur une même période de 30 jours.

Selon l'article L. 1233-22, ces accords fixent également les conditions dans lesquelles le comité d'entreprise est réuni et informé de la situation économique et financière de l'entreprise et peut formuler des propositions alternatives au projet économique à l'origine d'une restructuration ayant des incidences sur l'emploi et obtenir une réponse motivée de l'employeur à ses propositions. (Sur la possibilité pour un accord de méthode d'anticiper le plan de sauvegarde de l'emploi v. *infra*, chap. 5).

Ainsi sans remettre en cause les grandes règles qui définissent la concertation (v. *infra*, Les dérogations interdites) de tels accords peuvent aménager celles-ci lorsqu'on est en présence de grands licenciements collectifs.

§ 1 - Conclusion de l'accord

Les accords de méthode peuvent désormais être conclus au niveau de l'entreprise, du groupe ou de la branche. Banale dans le premier cas, l'indication est plus remarquable dans le deuxième puisque nouvelle par rapport à ce que prévoyait, dans la phase expérimentale, la loi du 3 janvier 2003.

La solution rend compte de la consécration législative qu'a donné à la **négociation de groupe** la loi du 4 mai 2004 relative au dialogue social (v. volume 1, La négociation collective).

Mais la consécration de ces accords de méthode au niveau de la branche se présente également comme une innovation. Des accords de méthode de branche, d'application directe, pourront ainsi couvrir les PME dénuées de représentations syndicales.

Quant à leurs modalités de conclusion, il s'observe que les accords de méthode sont de **véritables accords collectifs** soumis au droit commun de la négociation collective (v. volume 1) en particulier quant à la condition d'une approbation syndicale suffisante et au droit d'opposition.

NB : bien que la loi soit silencieuse sur ce point, leur est applicable la jurisprudence *EDF* imposant de consulter préalablement à leur signature le comité d'entreprise lorsqu'un accord collectif porte sur une question relevant de ses attributions (v. volume 1).

§ 2 - Contenu de l'accord

Il est centré en premier lieu sur les règles procédurales concernant le comité d'entreprise. À cet égard, il convient de distinguer ce en quoi l'accord peut emporter dérogation aux règles légales des thèmes non ouverts à la négociation, à quoi s'ajoutent des thèmes complémentaires.

A. Les dérogations autorisées

On s'accorde à considérer que l'accord peut fixer librement :

– l'articulation dans le temps des procédures consultatives (1re et 2e partie C. trav.) allant jusqu'à consacrer leur concomitance ;

– le nombre des réunions du comité et les délais qui les séparent ;

– les modalités de recours à un expert-comptable ;

– l'articulation entre la consultation du comité central d'entreprise et celle des comités d'établissement. Peut-on aller jusqu'à des réunions communes ? ;

– en toute hypothèse, l'accord de méthode doit s'en tenir aux **modalités** et ne peut remettre en cause le **principe même** d'une information et d'une consultation du comité compétent.

B. Les thèmes non ouverts à la négociation

Les accords de méthode ne peuvent en aucun cas déroger à certaines dispositions légales (art. L. 1233-23, C. trav.) il s'agit :

– du caractère préalable de la consultation du comité par rapport à la décision du chef d'entreprise ;

– des dispositions posant le principe selon lequel un licenciement économique ne peut être prononcé qu'en l'absence de reclassement interne possible ;

– des dispositions définissant les obligations générales de l'employeur lorsqu'il envisage un licenciement collectif en matière d'information des représentants du personnel et de réponse motivée à leurs suggestions ;

– des dispositions traitant des licenciements en cas de redressement ou de liquidation judiciaire ;

– des dispositions posant les règles de la transmission des informations au comité d'entreprise (informations précises, écrites, délai d'examen suffisant, réponse motivée du chef d'entreprise…).

C. Thèmes complémentaires

La négociation sur la procédure n'est pas le seul thème d'un accord de méthode. Est également permise la négociation des conditions dans lesquelles le comité d'entreprise peut formuler des **propositions alternatives** au projet économique à l'origine d'une restructuration ayant des incidences sur l'emploi et obtenir une réponse motivée de l'employeur à ses propositions (art. L. 1233-22, C. trav.).

– L'accord de méthode fixe également les conditions dans lesquelles le comité d'entreprise est réuni et informé de la situation économique et financière de l'entreprise (le présent de l'indicatif marque ici une simple faculté).

– Ces accords peuvent également organiser la mise en œuvre d'actions de mobilité professionnelle et géographique au sein de l'entreprise et du groupe.

Cette dernière possibilité rejoint en réalité la **gestion prévisionnelle des emplois et des compétences (GPEC)**. Elle pourra permettre à des entreprises non soumises à l'obligation triennale, de négocier sur ce thème (v. *supra*).

L'accord de méthode peut enfin concerner le **plan de sauvegarde de l'emploi,** l'article L. 1233-22 du Code du travail permettant à la fois de fixer les conditions conventionnelles d'établissement d'un tel plan et **d'anticiper** sur son contenu si des licenciements sont déjà envisagés au moment de la négociation. Mais l'anticipation ne permet pas de déroger aux dispositions légales relatives au plan portant sur son contenu. De plus, tout porte à considérer que l'accord de méthode ne peut anticiper la totalité du plan de sauvegarde de l'emploi, lequel devra être élaboré et discuté le moment venu (jurisprudence naissante).

Observation : ce qu'on a appelé **la sécurisation** des accords de méthode consiste de la part du législateur en 2005, inspiré par les recommandations de la commission de Virville (rapport, *Pour un Code du travail plus efficace*, 2004), à avoir enfermé les délais de contestation visant tout ou partie de l'accord de méthode dans de courts délais à compter de la date de dépôt du texte conventionnel auprès de la DDTEFP, ce à peine d'irrecevabilité.

Ce délai est de 3 mois en règle générale et il est porté à 12 mois pour les accords qui déterminent ou anticipent le contenu du PSE. Il s'agit uniquement des actions en contestation de **la validité** de l'accord et non des actions en **exécution** (pour le délai d'exercice du droit d'opposition v. art. L. 1233-24, C. trav.).

Chapitre 5 › LES MESURES SOCIALES D'ACCOMPAGNEMENT

› L'essentiel

Les lois du 17 janvier 2002 et du 18 janvier 2005 ont réformé cet aspect du régime des licenciements économiques parfois de façon assez profonde. En même temps il est possible d'observer que sur bien des points la portée exacte des nouvelles dispositions dépend de la lecture qu'en font les tribunaux, ce travail d'interprétation ayant par ailleurs été amorcé par le Conseil constitutionnel dans sa décision précitée du 12 janvier 2002, laquelle contient à cet égard un certain nombre de « réserves ». On rappellera à titre liminaire que, déjà, les innovations de la loi du 2 août 1989 avaient été considérables et qu'elles restent assez largement de droit positif. Ceci vaut tout particulièrement pour ce qui constitue le cœur du dispositif d'accompagnement des licenciements à savoir le « plan social » désormais dénommé « plan de sauvegarde de l'emploi ». En revanche, sur le fond, l'institution de la ***Convention de reclassement personnalisée (CRP)*** *qui n'est pas sans rappeler la défunte convention de conversion, remplace le dispositif de plan d'aide au retour à l'emploi (dit PARE anticipé) et vient compléter le congé de reclassement, les deux institutions fonctionnant de façon alternative puisque le dispositif de la CRP s'applique aux entreprises non soumises au congé de reclassement ou encore dans l'hypothèse où le salarié a refusé cette dernière mesure.*

Section 1 › LE PLAN DE SAUVEGARDE DE L'EMPLOI (EX-PLAN SOCIAL) (ART. L. 1233-61, C. TRAV.)

§ 1 - Généralités

D'origine conventionnelle en 1974, le plan accède en 1989 au rang d'institution légale, son contenu étant décrit à l'article L. 1233-62 du Code du travail, avec un degré de précision qui va en se renforçant en 1993 (loi du 27 janvier) où il est doté d'une partie centrale, le « plan de reclassement » dont la déficience emporte des conséquences radicales pour l'employeur (v. *infra*). La loi de modernisation sociale du 17 janvier 2002 confirme cette évolution privilégiant le reclassement en tant que mesure répondant de la façon la plus adéquate aux licenciements inévitables. La loi du 18 janvier 2005 ne revient pas sur ce dispositif, s'attachant essentiellement à la redéfinition du domaine du plan (mise en échec de la jurisprudence *Framatome Majorette*, v. *supra*) ainsi qu'aux conséquences d'un vice de procédure (v. *infra*). On peut résumer les finalités du plan de la façon suivante :
– d'une part éviter ou limiter les mesures de licenciement;
– d'autre part faciliter le reclassement du personnel effectivement licencié.
Quant à son domaine, il a été étendu par la loi de 1989 à tous les licenciements collectifs de 10 salariés au moins dans les entreprises de 50 salariés au moins.
– Le contrôle de l'exécution de cette obligation par l'employeur est confié à **l'autorité administrative** (inspecteur du travail) qui, en l'absence du plan, établit un **constat**

de carence notifié à l'entreprise (v. *infra*). Ce constat a été considéré par la Cour de cassation comme n'ayant pas valeur de décision administrative et ne liant pas, en conséquence, le juge judiciaire.

§ 2 - Contenu du PSE

A. Contenu imposé

Il est constitué par le sous-ensemble correspondant à la notion de plan de reclassement (art. L. 1233-61, C. trav.) à propos duquel l'article L. 1233-62 cite comme susceptibles d'en faire partie diverses mesures qui sont données à titre non limitatif :

– des actions en vue du reclassement interne des salariés sur des emplois relevant de la même catégorie d'emplois ou équivalents à ceux qu'ils occupent ou, sous réserve de l'accord exprès des salariés concernés, sur des emplois de catégorie inférieure ;

– des créations d'activités nouvelles par l'entreprise ;

– des actions favorisant le reclassement externe à l'entreprise, notamment par le soutien à la réactivation du bassin d'emploi ;

– des actions de soutien à la création d'activités nouvelles ou à la reprise d'activités existantes par les salariés ;

– des actions de formation, de validation des acquis de l'expérience ou de reconversion de nature à faciliter le reclassement interne ou externe des salariés sur des emplois équivalents ;

– des mesures de réduction ou d'aménagement du temps de travail ainsi que des mesures de réduction du volume des heures supplémentaires.

Les mesures doivent être précises et concrètes.

On notera la hiérarchie implicitement consacrée par le législateur entre reclassement interne qui apparaît comme la priorité et le reclassement externe qui exclut le maintien de l'emploi.

La chambre sociale de la Cour de cassation a décidé qu'une mesure de dispense d'activité avec maintien de la rémunération dans le but de chercher un nouvel emploi constituait une action licite de reclassement ne mettant pas en cause la validité du plan de sauvegarde de l'emploi qui la contenait.

NB : la multiplication des plans de départs volontaires soulève des interrogations. Quand bien même ils peuvent recevoir la qualification de plans de sauvegarde de l'emploi, sont-ils exemptés de l'obligation de contenir un volet reclassement ? À l'appui d'une réponse positive, il est avancé que le départ étant volontaire, il suffit au salarié désireux de conserver son emploi de ne pas y souscrire de sorte que l'employeur n'a pas à mettre sur pied d'autres mesures collectives. Une réponse négative fera valoir que, pour prendre leur décision, les salariés doivent avoir une vision complète des alternatives possibles, elles mêmes soumises au regard des représentants du personnel. Jurisprudence en cours de formation. De manière plus générale, le statut des départs volontaires est empreint d'une certaine obscurité source de pratiques contestables.

B. Contenu facultatif

Au-delà de ce contenu minimum le plan de sauvegarde de l'emploi peut contenir d'autres mesures qui sont laissées à la libre initiative de son auteur en concertation avec les représentants du personnel, voire après négociation avec les syndicats. Mais la jurisprudence est venue de son côté préciser que le plan n'avait pas à contenir **la liste des salariés à licencier** car l'ordre des licenciements n'est dressé qu'au moment où les ruptures contractuelles, qui sont seulement envisagées dans le plan, sont décidées et mises en œuvre. D'autre part, le plan ne peut réserver le bénéfice d'une mesure aux salariés travaillant à temps complet. En tout état de cause, le plan doit respecter l'impératif d'égalité de traitement. Il ne peut traiter différemment des salariés qui se trouvent dans la même situation au regard d'un avantage que si des raisons objectives et pertinentes justifient cette différence de traitement.

Observation : l'article L. 1235-10 tel que modifié par la loi du 17 janvier 2002 précise désormais que la validité du plan de sauvegarde de l'emploi est appréciée au regard des moyens dont dispose l'entreprise ou, le cas échéant l'unité économique et sociale ou le groupe (v. *infra*, Les sanctions).

§ 3 - Mode d'élaboration

Bien qu'il ait été conçu au départ par les partenaires sociaux, le plan social ne fait pas l'objet en droit français d'une négociation collective (cf. à cet égard l'approche différente du droit communautaire qui évoque un dialogue social en vue de parvenir à un accord). Le plan est donc élaboré de façon unilatérale par le chef d'entreprise et soumis ensuite à un processus de **concertation**. Pour autant, rien n'interdit de conclure un accord collectif sur le plan avec les organisations syndicales. Le législateur y incite au moyen d'accords de méthode (v. *supra*).

Le plan, soumis aux représentants du personnel (comité et, à défaut, délégués élus) peut être l'objet de leur part de suggestions voire de contre-propositions. L'article L. 1233-48 du Code du travail précise que les procès-verbaux des réunions devront comporter les avis, suggestions et propositions des représentants du personnel en même temps qu'ils devront être simultanément transmis à l'autorité administrative compétente pour contrôler le bon déroulement de la procédure. À cet égard le rôle de l'administration sort renforcé de la réforme opérée le 17 janvier 2002. L'autorité compétente peut en effet tout au long de la procédure, et jusqu'à la dernière réunion de concertation, présenter toute proposition destinée à compléter ou modifier le plan de sauvegarde de l'emploi en tenant compte de la situation économique et des capacités financières de l'entreprise et aussi, le cas échéant, du groupe de sociétés auquel l'entreprise qui licencie appartient. En l'absence de comité d'entreprise ou de délégués du personnel, les propositions de l'autorité administrative sont portées à la connaissance des salariés par voie d'affichage sur les lieux de travail ainsi que la réponse motivée de l'employeur à ces propositions.

Pour inciter l'employeur à répondre rapidement l'article L. 1233-56 du Code du travail, dans sa nouvelle rédaction, prévoit que les lettres de licenciement ne peuvent pas être adressées aux salariés tant que cette réponse motivée n'est pas parvenue à l'autorité administrative compétente.

À l'issue de la procédure de concertation avec les représentants du personnel (art. L. 1233-52) le plan de sauvegarde de l'emploi qui est alors définitivement arrêté doit être transmis par l'employeur à l'autorité administrative laquelle dispose d'un délai de 8 jours à compter de la réception dudit plan pour en constater la carence éventuelle et notifier cette carence à l'employeur qui doit en informer immédiatement les représentants du personnel. Si les élus le souhaitent, une réunion supplémentaire de l'institution représentative en charge de la procédure peut alors avoir lieu pour effectuer un nouvel examen du plan. (Sur la nature juridique du constat de carence v. *supra,* § 1, La prise de position de la Cour de cassation.)

Il résulte d'un arrêt de la chambre sociale de la Cour de cassation du 17 décembre 2004 que le plan peut être **modifié** et **amélioré** dans son contenu au cours des réunions de concertation avec le comité d'entreprise sans pour autant que cela constitue un **nouveau plan** rendant nulle la procédure de licenciement et permettant au juge des référés d'ordonner à l'employeur de ne pas notifier les licenciements subséquents (sur les sanctions voir *infra,* chap. 7).

Le plan social est mis en œuvre au terme de la procédure de consultation des représentants du personnel. Un salarié ne pourrait pas prétendre bénéficier d'une mesure prévue comme l'indemnité de départ volontaire alors que la procédure de consultation est encore en cours. Une fois le plan adopté, celui-ci a **valeur d'engagement** pour l'employeur qui peut être condamné à payer des dommages-intérêts à des salariés licenciés dont les propositions d'utilisation des mesures prévues n'ont pas reçu de suite. La mise en œuvre du plan ne saurait être subordonnée à la conclusion de transactions. Les accords signés dans ces conditions par les salariés en contrepartie du versement des indemnités prévues par le plan seraient nuls. L'employeur est tenu d'informer les représentants du personnel sur l'exécution du plan au cours de l'année qui suit la notification du licenciement aux salariés et l'autorité administrative doit s'assurer de sa mise en œuvre effective (cf. *infra,* Contrôle).

Observations : le plan peut être modifié au cours de la procédure de consultation, mais dans le cadre du débat entre l'employeur et les représentants du personnel, le litige opposant les salariés à leur ancien employeur relatif aux engagements qu'il aurait pris dans le cadre du plan social (PSE) relève de la compétence de la juridiction prud'homale.

Section 2 › LES GARANTIES MINIMALES

À s'en tenir aux mesures ayant un caractère obligatoire, ces garanties sont au nombre de quatre : la convention de reclassement personnalisée (CRP), le congé de reclassement, le congé de mobilité et l'obligation de réembauchage, les trois premières fonctionnant de façon alternative.

§ 1 - Les congés

A. Le congé de reclassement (art. L. 1233-71 et s., C. trav.)

Les partenaires sociaux n'ayant pas renouvelé l'Accord national interprofessionnel relatif aux conventions de conversion, cette institution qui était au centre du dispositif issu de la loi du 30 décembre 1986, s'est effacée au profit du **congé de reclassement** dont le régime juridique, issu de la loi du 17 janvier 2002, est défini aux articles L. 1233-71 et suivants et R. 1233-17 et suivants.

1. Objet du congé

Le congé de reclassement a pour objet de permettre au salarié de bénéficier d'actions de formation et des prestations d'une cellule d'accompagnement des démarches de recherche d'emploi. Il doit être proposé par l'employeur à chaque salarié concerné par un projet de licenciement économique dès lors que l'entreprise ou l'établissement d'appartenance occupe au moins mille salariés ainsi que dans les entreprises formant un groupe au sens de l'article L. 2331-1 (comité de groupe) et dans les entreprises ou groupes d'entreprises de dimension communautaire au sens de l'article L. 2341-4 (comité d'entreprise européen). Dans ces deux derniers cas, un total de mille salariés doit être constaté. Le congé de reclassement est effectué pendant le préavis ou délai-congé (v. *supra*, Les suites de la cessation du contrat de travail) et non une fois le contrat de travail rompu, même s'il est évident que ce congé précède immédiatement une telle rupture.

2. Exécution du congé

– Effectué durant le préavis dont il provoque la suspension, le congé de reclassement ouvre droit pour le salarié qui l'accomplit d'abord à sa rémunération habituelle pendant la durée du préavis puis, si la durée du congé excède celle du préavis, à une rémunération qui ne peut être inférieure à 85 % du SMIC.
– La durée du congé de reclassement ne peut excéder neuf mois. Lorsque sa durée excède celle du préavis, le terme de ce dernier est reporté d'une durée égale à la durée du congé de reclassement restant à courir.
– Le congé de reclassement débute si nécessaire, par un bilan de compétence qui a vocation à permettre au salarié de définir un projet professionnel et, le cas échéant, de déterminer les actions de formation nécessaires à son reclassement et mises en œuvre durant la période d'exécution du congé. C'est à l'employeur qu'incombe le financement de l'ensemble de ces actions.
– L'ensemble de ce dispositif n'est pas applicable aux entreprises en redressement ou en liquidation judiciaires.

B. Le congé de mobilité (art. L. 1233-77 et s., C. trav.)

Créé par la loi du 30 décembre 2006, ce congé est ouvert en **remplacement** du congé de reclassement, aux salariés dont le licenciement économique est projeté dans des entreprises de plus de 1 000 salariés **ayant conclu un accord GPEC**, et peut notamment comporter des périodes de travail sur un autre poste dans ou hors l'entreprise d'appartenance (art. L. 1233-77, C. trav.).

1. Objectif et contenu

Il s'agit d'aider les salariés concernés à trouver un nouvel emploi *via* des normes d'accompagnement, de formation ou encore des périodes de travail sur un autre poste (idée de « sécurisation des transitions professionnelles »). Mais il ressort des termes de la loi que le refus du salarié d'adhérer au congé de mobilité devrait être suivi d'une proposition de congé de reclassement.
La durée et les conditions de mise en œuvre du congé de mobilité doivent être fixées par l'accord de GPEC. Ce congé est pris pendant le préavis de licenciement mais peut aller au delà.
Par sa décision du 28 décembre 2006, le Conseil constitutionnel énonce que l'article L. 1233-77 précité n'institue pas une nouvelle forme de rupture du contrat de travail, mais une rupture pour motif économique qui intervient d'un commun accord; que dès lors, conformément au 2e alinéa de l'article L. 1233-3 du Code du

travail, l'ensemble des garanties prévues pour les salariés licenciés pour motif économique par le livre III du Code du travail (1ère partie du nouveau C. trav.) trouve à s'appliquer; qu'en particulier, le salarié peut bénéficier d'indemnités de rupture du contrat de travail et de l'assurance chômage, ce qui dissipe l'incertitude liée à la circonstance que, par cette rupture particulière, le salarié n'a pas été privé involontairement d'emploi. De nombreuses interrogations subsistent néanmoins quant aux procédures d'information et de consultation des représentants du personnel et à la compatibilité d'une démarche de GPEC avec un dispositif ouvrant sur une rupture du contrat de travail. Lorsque la durée du congé excède celle du préavis, le terme de celui-ci est alors reporté.

2. Statut et rupture du contrat de travail

L'acceptation, par le salarié, de la proposition de congé de mobilité emporte rupture du contrat de travail d'un commun accord entre les parties à l'issue du congé. Les éventuelles périodes de travail sur un autre poste donneront lieu à la conclusion d'un nouveau contrat de travail à durée indéterminée ou déterminée (cas prévus par l'art. L. 1242-3, C. trav.) dans la limite fixée par l'accord GPEC. La conclusion d'un tel contrat, s'il est à durée déterminée, entraînera la suspension du congé, ce dernier reprenant éventuellement effet à l'issue du CDD, pour la durée résiduelle.

Pendant les neuf mois du congé faisant suite au préavis de licenciement, le salarié perçoit une rémunération dont le montant minimum est fixé par l'article L. 1233-83.

Le salarié parvenu au terme du congé de mobilité peut prétendre au versement d'indemnités de rupture calculées au minimum, au niveau des indemnités légales et conventionnelles liées à un licenciement économique, voire davantage, compte tenu des dispositions de l'accord GPEC.

§ 2 - Les Conventions de reclassement personnalisées (CRP) (art. L. 1233-65 et s., C. trav.)

Instituées par l'article L. 1233-65 du Code du travail issu de la loi du 18 janvier 2005 au lieu et place du dispositif du PARE anticipé, désormais abrogé, les CRP concernent les entreprises non soumises au congé de reclassement (v. *supra*) à moins que le salarié ait refusé cette dernière mesure – (le salarié doit en outre justifier d'une ancienneté minimale). Le dispositif a donné lieu à la signature d'un accord national interprofessionnel du 5 avril 2005 reconduit avec quelques retouches par accord du 23 décembre 2008, définissant les modalités du régime de la convention (formalités, délai de réponse du salarié, durée, mode de fonctionnement et montant de l'allocation servie au bénéficiaire).

A priori, tous les salariés visés par une mesure de licenciement économique sont concernés (qu'il y ait ou non PSE). La question s'est posée de savoir si, au-delà des licenciements proprement dits, toutes les ruptures contractuelles à caractère économiques visées par l'article L. 1233-3 al. 2 du Code du travail sont incluses dans ce champ y compris par exemple, les départs volontaires. Un arrêt du 16 décembre 2008 ayant répondu par l'affirmative à propos du Pré-PARE, que la CRP est venue remplacer, la même solution est applicable à la CRP. En revanche les ruptures conventionnelles prévues par la loi du 25 juin 2008 (v. *supra* Titre 1 Chapitre 2 Section 3) n'ouvrent pas droit à la CRP.

A. Obligations de l'employeur

Dans les entreprises de moins de 1 000 salariés ou dans celles qui sont en redressement ou en liquidation judiciaire, l'employeur est tenu de proposer à chaque salarié dont il envisage de prononcer le licenciement pour motif économique, le bénéfice d'une CRP lui permettant d'accéder **après** la rupture de son contrat de travail à des actions de soutien psychologique, d'orientation d'accompagnement, d'évaluation des compétences professionnelles et de formation destinées à favoriser son reclassement (art. L. 1233-65).

En cas de non-proposition, l'employeur devra verser aux Assedic une contribution égale à 2 mois de salaire brut moyen des 12 derniers mois travaillés.

Chaque salarié est informé individuellement du contenu de la CRP à l'issue de l'entretien préalable ou à la suite de la dernière réunion de concertation avec les représentants du personnel. Le salarié dispose d'un délai de 21 jours pour accepter ou refuser la convention. L'absence de réponse est assimilée à un refus.

B. Effet sur le contrat de travail

Si le salarié accepte la proposition, le contrat de travail est réputé rompu **d'un commun accord des parties**. Mais cette rupture n'ouvre droit ni à préavis ni à indemnité compensatrice. En revanche, elle ouvre droit à l'indemnité **légale** de licenciement prévue par l'article L. 1234-9 du Code du travail (indemnité de droit commun). La question se pose de savoir si le bénéfice de l'indemnité **conventionnelle** de licenciement est exclu. L'esprit de la loi et le souci de ne pas dissuader les salariés de signer une telle convention incitent à donner une réponse négative.

Il résulte des travaux parlementaires et de la jurisprudence que l'adhésion du salarié au dispositif conventionnel ne le prive pas de son droit de contester les motifs de son licenciement tels qu'exprimés dans un document écrit ainsi que les autres aspects de la rupture du contrat de travail.

C. Statut du salarié en CRP

S'applique le statut de stagiaire de la formation professionnelle pendant toute la durée d'exécution de la convention.

Cependant l'allocation de formation de l'article L. 933-4 C. trav. n'est pas due. Elle est remplacée par une allocation versée par le Pôle Emploi pendant 12 mois et dont le montant est égal à 80 % du salaire pendant les 8 premiers mois et à 70 % du salaire les 4 mois suivants.

Observations : il est à noter que la loi du 4 mai 2004 relative à la formation professionnelle tout au long de la vie prévoit que le DIF est transférable pendant le préavis, donc avant la rupture du contrat de travail. Ces nouvelles dispositions devraient permettre au salarié licencié d'utiliser le reliquat des droits qu'il a acquis au titre du DIF après la date de la rupture de son contrat de travail.

Dans le cas contraire, il serait peu compréhensible d'avoir prévu (art. L. 1233-66) que les actions liées à la convention de reclassement peuvent être mise en œuvre et financées par l'utilisation du reliquat des droits que le salarié a acquis à la date de la rupture de son contrat au titre du DIF.

D. Sanctions

Tout employeur entrant dans le champ du dispositif, qui procède au licenciement pour motif économique d'un salarié sans lui proposer le bénéfice d'une CRP doit verser aux Assedic une contribution égale à deux mois de salaire brut moyen des 12 derniers mois travaillés (art. L. 1235-16, C. trav.)

NB : à titre expérimental, un contrat de transition professionnelle remplace la CRP pour les salariés dont la procédure de licenciement économique est engagée avant le 1er décembre 2009 dans certains bassins d'emploi. Introduit par une ordonnance du 13 avril 2006 et retouché par les lois du 30 décembre 2006 et du 27 décembre 2008, ce dispositif a pour objet l'organisation d'un parcours comprenant, pendant 12 mois, des mesures d'accompagnement, des périodes de formation et des périodes de travail pour le compte de tout employeur. Le bénéficiaire perçoit une allocation égale à 80 % du salaire brut antérieur. Il est suivi par un référent.

§ 3 - La priorité de réembauche (art. L. 1233-45, C. trav.)

Le principe en avait été établi dans l'accord sur la sécurité de l'emploi (1969 modifié) mais était resté sans application réelle. Précisée et sanctionnée par la loi de 1989 (art. L. 1233-45, C. trav.)

Durée : 1 an, à compter de la fin du préavis.

A. Bénéficiaires

– Salariés licenciés pour motif économique à l'exclusion de tout autre motif. À cet égard, on notera que le défaut de cause réelle et sérieuse du licenciement n'enlève pas à celui-ci sa nature juridique de licenciement pour motif économique ; l'employeur peut donc être condamné pour violation de la priorité de réembauche alors que le licenciement est jugé injustifié (Soc., 13 avril 1999). Par ailleurs, la Cour de cassation a précisé que le salarié partant volontairement de l'entreprise dans le cadre d'un plan social ne doit pas être exclu du bénéfice de la priorité de réembauche (Soc., 10 mai 1999) ;
– salariés ayant adhéré à une convention de reclassement personnalisé ou bénéficiaires d'un congé de reclassement ou d'un congé de mobilité ;
– à la condition qu'ils en manifestent le désir dans un délai de 12 mois à compter de la rupture de leur contrat, c'est-à-dire la fin du préavis, exécuté ou non.

B. Information

– Dans la lettre de licenciement, information sur cette priorité ;
– information des représentants du personnel sur les postes disponibles et affichage dans l'entreprise ;
– obligation d'informer le salarié des vacances d'emplois correspondant à sa qualification, y compris la nouvelle qualification acquise depuis la rupture, s'il en informe l'employeur.

NB : en cas de litige, il appartient à l'employeur d'apporter la preuve qu'il a satisfait à son obligation en établissant soit qu'il a proposé des postes disponibles, soit en justifiant de l'absence de tels postes.
L'inobservation de cette formalité entraîne nécessairement pour le salarié un préjudice dont le juge doit apprécier le montant (Soc., 16 mars 2004).

C. Notion d'emploi disponible

Un emploi disponible n'est pas nécessairement un emploi à durée indéterminée (Soc., 26 janv. 1994). Mais on ne peut y rattacher les emplois momentanément vacants, par exemple en raison d'un congé annuel. Par ailleurs, un emploi compatible n'est pas forcément un emploi identique à celui occupé précédemment.

D. Sanction

Le non-respect par l'employeur de la priorité de réembauche donne lieu au paiement d'une indemnité dont le montant ne peut être inférieur à deux mois de salaire (art. L. 1235-13). Cette indemnité peut se cumuler avec celle due en cas d'absence de cause réelle et sérieuse, dès lors que le motif allégué est bien d'ordre économique (Soc., 5 oct. 1995) ou avec l'indemnité pour défaut d'information sur la priorité (v. *supra*, B).

Chapitre 6 › L'INDIVIDUALISATION DE LA MESURE DE LICENCIEMENT

› L'essentiel

***Depuis la loi du 4 août 1982** relative aux libertés des travailleurs dans l'entreprise, l'ordre des licenciements collectifs, qui n'a plus sa place dans le règlement intérieur (cf. Règlement intérieur-contenu) est normalement déterminé par accord collectif mais, à défaut, l'employeur détermine cet ordre après consultation du comité d'entreprise ou en son absence, des délégués du personnel. Doivent être notamment prises en compte les charges de famille et en particulier celles des parents isolés, l'ancienneté de service et les qualités professionnelles (art. L. 1233-5). La garantie pour les salariés contre un choix arbitraire est liée en pratique à la fixation de l'ordre des critères par un accord négocié.*

Section 1 › DÉFINITION DES CRITÈRES DE L'ORDRE DES LICENCIEMENTS (ART. L. 1233-5 ET S., C. TRAV.)

C'est seulement au moment où le licenciement est envisagé que l'employeur est invité à définir les critères, qui une fois choisis par lui, doivent donner lieu à consultation du comité d'entreprise.

Mais il doit, dans le choix et la combinaison des critères, respecter à la fois la loi et les conventions collectives, et cela aussi bien pour les licenciements économiques individuels que pour les licenciements collectifs (art. L. 1233-5 et L. 1233-7, C. trav.).

À cet égard, le Code du travail indique que « ces critères prennent notamment en compte les charges de famille et en particulier celles des parents isolés, l'ancienneté de service dans l'établissement ou l'entreprise ; la situation des salariés qui présentent des caractéristiques sociales rendant leur réinsertion professionnelle particulièrement difficile, notamment des personnes handicapées et des salariés âgés, les qualités professionnelles appréciées par catégorie ». Après avoir été supprimé par la LMS, le critère des qualités professionnelles a été rétabli par la loi du 18 janvier 2005.

L'employeur doit prendre en compte **l'ensemble des critères indiqués** par la loi et, éventuellement par la convention collective applicable (Soc., 8 avril 1992). La loi n'établit pas de hiérarchie entre eux mais l'employeur peut privilégier le critère des qualités professionnelles à condition de fournir au juge en cas de litige les éléments objectifs sur lesquels il s'est fondé pour opérer les choix (Soc., 29 juin 1994 et 4 avril 1995).

Certains critères tombent sous le coup d'une prohibition en raison de leur **caractère discriminatoire**. Ainsi, des salariés en congé parental d'éducation ne peuvent être licenciés en priorité (Soc., 7 oct. 1992). Plus généralement, il serait fait référence au préambule de la Constitution et à l'article L. 1132-1 du Code du travail pour condamner tout critère discriminatoire tenant notamment aux origines du salarié (Soc., 10 févr. 1998). À l'inverse – discrimination positive ? – l'employeur a l'obligation de prendre en compte la situation de handicap lorsque celle-ci est susceptible d'éviter à un salarié d'être licencié (Soc., 11 oct. 2006). Enfin, la qualité du salarié à temps partiel ne peut être retenue comme critère (Soc., 3 mars 1998).

Par ailleurs, l'appréciation des critères se fait par **catégories professionnelles visées**, cette notion devant s'entendre d'un ensemble de salariés qui exercent dans l'entreprise des fonctions de même nature supposant une formation professionnelle commune.

Section 2 › CONTESTATION : CONDITIONS ET EFFETS

Tout salarié dont le contrat a été rompu pour cause économique peut contester l'ordre des licenciements. Abandonnant les solutions restrictives qu'elle avait posées, la Cour de cassation a admis que le salarié ayant **adhéré à une convention de conversion** était recevable à contester l'ordre des licenciements, solution transposable à l'hypothèse des conventions de reclassement personnalisé.

L'article L. 1233-17 du Code du travail prévoit que l'employeur est tenu, à la demande écrite du salarié de lui indiquer **par écrit les critères** retenus pour fixer l'ordre des licenciements. Le salarié a dix jours pour formuler cette demande et l'employeur, dix jours pour y répondre (art. R. 1233-1, C. trav.). Mais le fait pour un salarié de ne pas avoir demandé cette énonciation écrite des critères ne peut valoir renonciation à se prévaloir de leur inobservation (Soc., 19 mars 1998).

Sur les conséquences du non-respect des critères d'ordre on a pu noter une certaine hésitation jurisprudentielle. Par un arrêt en date du 26 janvier 1996, la Cour de cassation avait énoncé que l'absence de réponse de l'employeur à la demande d'énonciation des critères laisse le salarié dans l'ignorance du motif de son licenciement lequel est dès lors dépourvu de **cause réelle et sérieuse**. Mais, peu de temps après, la Haute Juridiction a nettement affirmé que l'inobservation des critères de l'ordre n'équivalait pas à une absence de cause réelle et sérieuse et constituait pour le salarié une illégalité qui entraîne pour celui-ci **un préjudice** pouvant aller jusqu'à la perte injustifiée de son emploi lequel doit être intégralement réparé, selon son étendue, par les juges du fond (Soc., 14 janv. 1997, *Grands arrêts* n° 113). Statuant cette fois à nouveau à propos de l'inobservation des règles de forme, un arrêt du 20 janvier 1998 dissipe toute incertitude sur cette question des liens avec la légitimité du licenciement en posant en principe que l'inobservation de ces dispositions n'a pas pour effet de priver le licenciement de cause réelle et sérieuse, ce qui consacre **l'autonomie de la sanction** encourue par l'employeur en cas de méconnaissance des règles propres à l'ordre des licenciements par rapport à la sanction du défaut de cause légitime. Ceci posé, la sanction spécifique peut être fort coûteuse pour l'employeur puisque le préjudice subi par le salarié peut aller jusqu'à **la perte injustifiée de son emploi** (Soc., 19 mars 1998 précité). Néanmoins en cas de défaut d'indication des critères et d'absence de cause réelle et sérieuse, la Cour de cassation estime qu'existent deux préjudices distincts, d'où un cumul d'indemnités à ces deux titres (Soc. 24 sept. 2008).

NB : l'inobservation des règles relatives à l'ordre des licenciements rend, en outre, l'employeur passible de l'amende prévue pour les contraventions de 4e classe (art. R. 1238-1, C. trav.).

Chapitre 7 › LE CONTRÔLE ET LES SANCTIONS

› L'essentiel

La loi du 30 décembre 1986 a supprimé le contrôle administratif de l'autorisation préalable, tout en laissant subsister un certain pouvoir d'intervention de l'administration du travail. Le contrôle judiciaire a retrouvé toute sa portée et a permis à la Cour de cassation d'élaborer une jurisprudence protectrice du salarié. La loi du 18 janvier 2005 ne remet pas en cause ces solutions (à l'exception de la jurisprudence Majorette-Framatome*) mais elle raccourcit les délais du recours contentieux dans le but d'éviter le prolongement indéfini des actions en contestation considéré comme source « d'insécurité juridique à la fois pour le salarié et l'employeur » (Rapport AN, n° 1930, TI, p. 370). Par ailleurs, cette dernière loi aménage le droit à réintégration du salarié en cas de nullité du licenciement.*

Section 1 › LE CONTRÔLE ADMINISTRATIF

Le système de l'autorisation préalable institué en 1975 (décision de l'inspecteur du travail), conférait à l'administration le contrôle de « la réalité du motif économique invoqué » et pour certains licenciements (plus de 10 salariés) celui de la procédure de concertation et des mesures de reclassement et d'indemnisation. La Cour de cassation en avait déduit que le contentieux relatif à ce contrôle relevait des seules juridictions administratives, sauf en ce qui concerne les suites du licenciement (indemnisations). Les conflits de compétence imposaient donc aux juridictions de l'ordre judiciaire de fréquents sursis à statuer et renvois devant les tribunaux administratifs.
Après de multiples controverses et débats, l'autorisation administrative a été supprimée. **Actuellement** le rôle de l'administration du travail est variable :

§ 1 - Pour les « petits » licenciements (moins de 10 salariés)

Elle a droit d'être informée dans les 8 jours suivant l'envoi des lettres de licenciement. But statistique et aussi de vérifier que plus de 10 salariés n'ont pas été licenciés sur les trois mois (cas de requalification des licenciements, cf. *supra*, Procédure).

§ 2 - Pour les licenciements de 10 salariés au moins

Elle a aussi droit d'être informée, mais par voie de notification (projet de licenciement) qui fait courir le délai d'envoi des lettres de licenciement.
En outre elle contrôle la régularité de la procédure de concertation, de l'élaboration du plan social et de sa mise en œuvre, disposant à cet effet d'un délai de 21, 28 ou 35 jours selon l'importance du licenciement.
– Elle peut adresser à l'employeur un **avis** relatif aux irrégularités constatées et en informe les représentants du personnel.
L'employeur est tenu de répondre et ne peut, avant sa réponse, envoyer les lettres de licenciement : (v. *supra*, Concertation).

– En cas d'absence de plan (ou d'insuffisance manifeste) : l'administration du travail établit au besoin un **constat de carence** lorsque le plan ne comporte pas (contenu minimum) un plan de reclassement présenté aux représentants du personnel ou, à défaut, à elle-même, et le notifie à l'entreprise. Elle peut faire des propositions pour le modifier ou pour le compléter (cf. *supra*, § 4) (Lois du 27 janvier 1993 et du 17 janvier 2002).

Actuellement, le constat de carence n'a pas valeur de décision administrative pour le juge judiciaire qui n'est pas lié par ce constat (comme d'ailleurs par l'inexistence de constat).

Observation : le contrôle de l'administration est un contrôle de conformité du contenu du plan, constituant un signal invitant à la substitution d'une procédure conforme à la loi à une procédure viciée par l'insuffisance du plan social présenté. Il ne rétablit par l'autorisation administrative du licenciement économique collectif supprimée en 1986.

Par suite, le juge judiciaire a pleine compétence pour se prononcer sur la nullité de la procédure et pour en tirer les conséquences.

Section 2 › LE CONTRÔLE JUDICIAIRE

Le problème de sa portée est très important. À la fois du fait que, depuis la suppression de l'autorisation administrative de licenciement, le conseil de prud'hommes a retrouvé sa pleine compétence dans le contentieux du licenciement économique, et parce que le législateur depuis 1989, a manifesté l'intention claire de lui attribuer un véritable contrôle, non seulement du respect de la procédure et des mesures d'accompagnement, mais aussi du motif économique, le ministre du Travail ayant, lors des débats parlementaires, apporté « une réponse positive » à la question du droit pour le juge de « développer un contrôle du bien-fondé de ce motif ». Cette loi, et aussi celle de 1993, ont en quelque sorte fait entrer le juge dans l'entreprise.

§ 1 - Aspects procéduraux

Trois règles particulières :

A. La loi du 30 décembre 1986

En supprimant l'autorisation administrative de licenciement, elle a confié aux conseils de prud'hommes l'examen du bien fondé des licenciements économiques, en cas de litige, cette juridiction recouvrant sa pleine compétence pour apprécier le caractère réel et sérieux des motifs, aucune décision administrative ne s'imposant plus au juge judiciaire à cet égard.

Elle a dû adapter quelque peu la juridiction et la procédure à ce contentieux. Aussi :

– Lorsqu'une section du conseil comprend plusieurs chambres (conseils importants), l'une d'elles doit se spécialiser pour connaître en urgence des licenciements économiques ;

– En matière de licenciement économique, le conseil doit se prononcer dans les six mois ; la séance de conciliation doit avoir lieu dans le mois de la saisine ;

– Lorsqu'une section est saisie par plusieurs demandeurs contestant le motif économique d'un même licenciement collectif, le bureau de conciliation doit ordonner la jonction des affaires, lors de la séance de conciliation (afin d'éviter l'engorgement du conseil).

B. L'obligation de communication

L'employeur doit communiquer au juge tous les éléments qu'il a fourni aux représentants du personnel (ou, à défaut de ceux-ci, à l'autorité administrative) (art. L. 1235-9), le juge pouvant demander communication des PV des réunions du comité et de l'avis de l'administration (cf. *supra*, Procédure).

C. La loi de 1989

Elle a reconnu à tout syndicat représentatif le droit d'exercer en justice les actions nées des règles légales ou conventionnelles relatives au licenciement économique ou à la rupture du contrat de travail résultant de l'adhésion à une convention de conversion en faveur d'un salarié sans avoir à justifier d'un mandat de l'intéressé.
– celui-ci devant avoir été averti par lettre recommandée ;
– et ne pas s'y être opposé (délai de 15 jours à la fin duquel le syndicat doit avertir l'employeur de son intention d'agir) ;
– et pouvant toujours intervenir à l'instance.

NB : nouveau cas de substitution spontanée du syndicat, assorti de précaution plus grandes que dans d'autres (cf. Syndicat, Action en justice), et manifestant, par cette possibilité nouvelle d'action en respect des règles, la volonté du législateur « d'augmenter le rôle des juges » (déclaration du ministre du Travail) (art. L. 1235-8, C. trav.)

§ 2 - Contrôle de la régularité de la procédure

A. Procédure de concertation (licenciement de 10 salariés au moins) en présence d'IRP

– sanctions pénales contre l'employeur : amende prononcée autant de fois qu'il y a de salariés concernés (art. L. 1238-2, C. trav.) ;
– sanction civile spécifique : indemnité distincte au profit du salarié en fonction du préjudice subi (cumul possible avec celle prévue en cas d'absence de cause réelle et sérieuse).

B. Carence d'IRP non constatée par PV

Si les instances représentatives du personnel n'ont pas été mises en place alors qu'aucun PV de carence n'a été établi, tout licenciement économique prononcé sans que, de ce fait, les obligations vis-à-vis des IRP soient respectées est **irrégulier**.
Le salarié ainsi licencié a droit à une indemnité qui ne peut être inférieure à un mois de salaire brut et qui se cumule avec l'indemnité légale ou conventionnelle de licenciement et l'indemnité de préavis.

C. Procédure d'entretien préalable

Sanctions générales de la violation de la procédure (cf. Droit commun du licenciement : travailleurs non régulièrement licenciés).

D. Procédure conventionnelle

Moins fréquente qu'en matière disciplinaire, son non-respect conduit néanmoins à la condamnation de l'employeur à des dommages-intérêts voire à priver le licenciement de cause réelle et sérieuse (par exemple s'agissant d'une procédure conventionnelle de reclassement au sein de la branche).

§ 3 - Contrôle du motif économique

La règle générale en vertu de laquelle le juge a pouvoir d'apprécier « le caractère réel et sérieux des motifs invoqués par l'employeur » trouve ici application.

A. Raisons du contrôle

– La cause du licenciement n'est plus seulement, depuis la loi de 1989, la suppression ou la transformation d'emploi, mais aussi la modification du contrat de travail (cf. *supra*, Motif économique), laquelle constitue le type même de l'objet du contrôle du juge (cf. Modification du contrat de travail);
– La suppression de l'autorisation administrative du licenciement a restitué sa pleine compétence au juge judiciaire en matière de cause du licenciement;
– Le « **doute profite au salarié** » (cf. *supra*, Droit commun du licenciement, Preuve et Débat judiciaire); le juge doit vérifier qu'il n'y a pas de doute quant au motif économique comme pour les autres motifs, d'autant plus que c'est une loi sur le licenciement économique qui a posé cette règle générale;
– la lettre de licenciement – qui lie le contentieux – doit contenir l'énonciation des motifs du licenciement à partir desquelles le juge se prononcera (cf. Droit commun du licenciement, Procédure) et l'employeur doit fournir au juge le dossier du licenciement économique (cf. *supra*, Aspects procéduraux).

B. Dimensions du contrôle

1. Le caractère sérieux du motif économique se traduit tout d'abord par l'exigence selon laquelle le licenciement doit être pour l'employeur la **mesure ultime** qu'il s'agisse de difficultés économiques, de mutations technologiques ou de réorganisation. C'est sans doute dans cette dernière hypothèse que le contrôle judiciaire a été le plus loin, la restructuration ne légitimant le licenciement que si elle est faite dans l'intérêt de l'entreprise ou plus précisément **« dans le but de sauvegarder la compétitivité de l'entreprise »** (Soc., 5 avril 1995, *Grands arrêts* n° 114). Sur le débat suscité par le refus du législateur en 2005 de consacrer cette dernière notion, v. *supra*. Il ne peut donc y avoir de licenciement économique pour améliorer la compétitivité de l'entreprise, mais seulement pour la sauvegarder. La Cour de cassation paraît très vigilante quant au respect de cette distinction, elle n'admet pas les licenciements « boursiers » ou destinés à augmenter les profits au détriment de l'emploi, le tracé de la frontière s'avérant parfois délicat à opérer : la réorganisation ayant pour seul but de réaliser des profits supplémentaires pour répondre aux exigences pressantes d'une banque ayant accordé un crédit à l'entreprise, de même que l'invocation d'une diminution des frais fixes sur un site, n'ont pas été jugées suffisantes pour caractériser la nécessité de sauvegarder la compétitivité).

À cet égard on relèvera que dans la censure qu'il a opérée le 12 janvier 2002, des dispositions de la loi de modernisation qui lui étaient déférées, le **Conseil constitutionnel** énonce, à propos de la déclaration d'inconstitutionnalité de l'article 107 : « En restreignant à trois cas la faculté pour l'employeur de procéder à un licenciement pour motif économique, en excluant toute possibilité de licenciement pour anticipation sur les difficultés à venir de l'entreprise et en conduisant le juge non seulement à contrôler la cause économique du licenciement mais encore à substituer son appréciation à celle de l'employeur quant aux choix entre les différentes solutions possibles, le législateur a porté, par l'accumulation des contraintes qui découlent de ces dispositions, une atteinte manifestement excessive à la liberté d'entreprise au regard de l'objectif poursuivi du maintien de l'emploi ». Et l'on peut encore citer ce passage très explicite du communiqué de presse où le Conseil commente sa décision : « Cet article (107)… aurait notamment retardé les réorganisations décidées pour assurer la sauvegarde de la compétitivité de l'entreprise jusqu'à ce que l'existence même de l'entreprise soit menacée, et conduit le juge à exercer son contrôle sur les choix de gestion de l'entreprise. Ce faisant, loin de satisfaire à l'exigence constitutionnelle qui s'attache à la sauvegarde de l'emploi, la loi aurait desservi cette exigence en retardant des réorganisations inéluctables et conduit ainsi à plus de licenciements ».
Il ressort des termes de cette censure plusieurs enseignements dont le premier est la consolidation de la distinction jurisprudentielle ci-avant évoquée entre sauvegarde de la compétitivité et volonté exclusive de majorer les profits de l'entreprise en sacrifiant des emplois. C'est dans cette perspective que s'inscrivent les arrêts *Pages jaunes* du 11 janvier 2006 (*Grands arrêts* n° 116) par lesquels la chambre sociale de la Cour de cassation donne sa pleine portée à la notion de sauvegarde de la compétitivité qui peut désormais être utilisée pour justifier une réorganisation par suppression ou modification d'emplois en l'état de difficultés économiques non encore déclarées à la date du licenciement (voir *supra*, la définition du licenciement économique). On peut aussi voir dans la décision du Conseil constitutionnel précitée une approbation de la jurisprudence fort remarquée issue de la formation la plus haute de la Cour de cassation (Ass. plén., 8 déc. 2000, *SAT Grands arrêts* n° 115) aux termes de laquelle il n'appartient pas au juge de se prononcer sur **l'opportunité des choix de gestion de l'entreprise.** Ici s'arrête donc le contrôle judiciaire du sérieux du licenciement économique sur l'élément proprement causal de celui-ci.

2. Mais ceci ne concerne que la première dimension du contrôle du juge, car le **caractère sérieux du motif** trouve un terrain d'appréciation sans doute encore plus efficace à partir de **l'obligation de reclassement** qui pèse sur l'employeur. D'origine jurisprudentielle (Soc., 1er avril 1992) cette obligation très liée dans sa formulation à l'obligation ou au « devoir » d'adaptation (v. *supra*) a reçu une **consécration législative directe** par la loi de modernisation sociale du 17 janvier 2002. Désormais, aux termes de l'article L. 1233-4 du Code du travail issu de cette loi : « le licenciement pour motif économique d'un salarié ne peut intervenir que lorsque tous les efforts de formation et d'adaptation ont été réalisés et que le reclassement de l'intéressé sur un emploi relevant de la même catégorie que celui qu'il occupe ou sur un emploi équivalent ou à défaut, et sous réserve de l'accord exprès du salarié sur un emploi d'une catégorie inférieure ne peut être réalisé dans le cadre de l'entreprise ou le cas échéant, dans les entreprises du groupe auxquelles l'entreprise appartient. Les offres de reclassement proposées au salarié doivent être écrites et précises ».

L'obligation ainsi définie ne concerne à proprement parler que le licenciement économique individuel puisque, pour les licenciements économiques collectifs, le reclassement du salarié s'organise à l'intérieur du plan (naguère social) de sauvegarde de l'emploi. On rappellera à ce sujet que la loi de modernisation sociale a apporté des exigences nouvelles spécialement dans la rédaction de l'article L. 1233-61 du Code du travail (v. *supra*, Prévention). Par rapport au régime qui lui avait été progressivement donné par la jurisprudence, l'obligation de reclassement de l'article L. 1233-4 précité se présente de façon renouvelée sur certains points. **L'accent est mis sur le reclassement interne dans l'entreprise ou dans le groupe** avec en priorité la possibilité offerte au salarié de retrouver le même emploi fût-ce dans un service différent, ce que la loi appelle : « un emploi relevant de la même catégorie que celui qu'il occupe ». Mais la loi ajoute une forme nouvelle de reclassement en visant « un emploi équivalent » qui doit être conçu comme une solution subsidiaire par rapport à la précédente. Enfin le reclassement peut s'opérer valablement dans un poste inférieur conformément à ce que décidait la jurisprudence antérieure même si c'est sous réserve de l'accord exprès du salarié. Par conséquent, l'employeur qui aura omis de proposer un emploi de catégorie inférieure ne pourra pas prétendre avoir respecté son obligation de reclassement et la cause de licenciement ne pourra être qualifiée de sérieuse. Afin d'éliminer les incertitudes, la loi nouvelle impose une **forme écrite** aux offres de reclassement faites au salarié, ce que la jurisprudence ne pouvait faire d'elle-même. Mais du même coup la question s'est posée de savoir si le non-respect de cette formalité est susceptible d'avoir des répercussions sur le fond.

Par un arrêt du 20 septembre 2006 (*D.* 2007. Pan. 687) la Cour de cassation s'est prononcée sur cette question, décidant qu'en cas de litige seul l'écrit est admis comme mode de preuve. À défaut, l'employeur devra être considéré comme n'ayant pas rempli son obligation de reclassement.

Répondant à une question montante en pratique, notamment lorsque des emplois sont offerts à l'étranger, la jurisprudence n'autorise l'employeur à limiter ses offres de reclassement qu'en fonction de la volonté exprimée, mais non pas présumée, du salarié de ne pas accepter certains postes ; encore faut-il que cette volonté se soit exprimée au vu de propositions concrètes et non par avance.

B. Cadre d'appréciation de la cause

Une question capitale s'est vite posée, celle du **cadre d'appréciation** de la légitimité de la cause du licenciement : établissement, entreprise, groupe. On rappellera que selon la jurisprudence antérieure à la loi du 17 janvier 2002, c'est le **cadre du groupe** qui a été choisi pour apprécier en cas de litige si le motif était réel et si les possibilités de reclassement avaient été correctement exploitées. Le groupe pertinent fut défini comme étant constitué par les entreprises dont les activités ou l'organisation leur permettent d'effectuer la permutation de tout ou partie du personnel **une distinction apparaissant ensuite** entre le cadre d'appréciation des difficultés économiques défini comme le secteur d'activité du groupe auquel appartient l'entreprise concernée et le cadre, moins large, dans lequel devaient être appréciées les possibilités de reclassement. Le premier (cadre d'appréciation des difficultés économiques) fait l'objet de précisions de plus en plus affinées : la spécialisation d'une entreprise ne caractérise pas un secteur d'activité, pas plus que son implantation dans un pays différent de ceux où sont situées les autres sociétés du groupe. Pour l'appréciation des possibilités de reclassement il convient de se placer « à l'intérieur du groupe parmi les entreprises dont les activités, l'organisation ou le lieu d'exploitation leur permettent d'effectuer la permutation de tout ou partie du personnel » (Soc., 5 avril 1995, *Grands arrêts* n° 114). La Cour de cassation précisant enfin que la permutabilité devait rester le critère d'un reclassement dépassant le périmètre de l'entreprise, quand bien même certaines sociétés du groupe seraient situées à l'étranger, dès l'instant que la législation applicable localement n'empêchait pas l'emploi des salariés étrangers (Soc., 7 oct. 1998, *D.* 1998.310). **La loi de modernisation sociale du 17 janvier 2002** paraît contredire au moins sur certains points, cette jurisprudence, en particulier lorsque, ne reprenant pas la formule précitée, elle affirme que le reclassement doit être réalisé « dans le cadre de l'entreprise ou le cas échéant, dans les entreprises du groupe auquel l'entreprise appartient », donnant ainsi un périmètre d'appréciation beaucoup plus large que ne l'avait conçu la chambre sociale de la Cour de cassation laquelle, au travers du critère de la permutabilité, s'inspirait en réalité des solutions relatives à l'unité économique et sociale, notions nées au sein du droit des institutions représentatives du personnel (v. *infra*, 3e partie, L'entreprise). De manière discutable cette conception restrictive perdure en dépit de la réforme.

§ 4 - Contrôle des mesures d'accompagnement (art. L. 1235-10 et s., C. trav.)

A. Plan de sauvegarde de l'emploi

• Celui-ci constituant une obligation de l'employeur au stade de la procédure (cf. *supra*), les sanctions des irrégularités de procédure (cf. *supra*), civiles et pénales, sont applicables dès lors qu'il fait défaut.

• **La sanction pénale** est omniprésente dès lors que l'irrégularité de procédure rejaillit sur le fonctionnement de l'institution représentative du personnel en charge de la concertation sur ces mesures avec l'employeur. L'infraction est alors le délit d'entrave dont il a déjà été parlé (volume 1, Les comités d'entreprise)

• **La sanction civile** qui revêt en pratique une importance décisive et présente quant à elle, de multiples facettes.

1. Nullité

Elle consiste principalement en la nullité de la procédure elle-même, ainsi qu'en la nullité des licenciements subséquents. Aux termes de l'article L. 1235-10 du Code du travail : « la procédure de licenciement est nulle et de nul effet tant que le plan de reclassement des salariés s'intégrant au plan de sauvegarde de l'emploi n'est pas présenté par l'employeur aux représentants du personnel, qui doivent être réunis, informés et consultés ». Sur cette base, la Cour de cassation avait édifié une solution audacieuse consistant à lier la sanction de l'inexistence ou de l'insuffisance du plan à celle des licenciements eux-mêmes en tant que suite et conséquences de la procédure imposée au niveau collectif. **L'arrêt *Samaritaine*** (Soc., 13 févr. 1997, *Grands arrêts* n° 110) avait en effet posé que la nullité qui affecte le plan social s'étend à tous les actes subséquents. C'est cette solution que le législateur a entendu consacrer. Aux termes de l'article L. 1235-11, introduit par **la loi de modernisation sociale du 17 janvier 2002** puis réécrit et inséré parmi les dispositions propres au licenciement pour motif économique à l'occasion de la recodification : « lorsque le juge constate que le licenciement est intervenu alors que la procédure de licenciement est nulle, conformément au premier alinéa de l'article L. 1235-10, il peut ordonner la poursuite du contrat de travail ou prononcer la nullité du licenciement et ordonner la réintégration du salarié à la demande du salarié (...). Lorsque le salarié ne demande pas la poursuite de son contrat de travail ou lorsque la réintégration est impossible, le juge octroie au salarié une indemnité à la charge de l'employeur qui ne peut être inférieure aux salaires des 12 derniers mois ». Il convient à ce stade de citer les termes de la réserve d'interprétation énoncée par le **Conseil constitutionnel** dans sa décision précitée du 12 janvier 2002 qui considère que « … la nouvelle rédaction donnée au premier alinéa de l'article L. 122-14-4 (art. L. 1235-11, C. trav.)… limite explicitement le champ de la nullité de la procédure de licenciement et de l'obligation de réintégration des salariés qui en découle au cas prévus par le 5e alinéa de l'article L. 321-4-1 (art. L. 1233-62, C. trav.), c'est-à-dire, tant qu'un plan visant au reclassement de salariés s'intégrant au plan de sauvegarde de l'emploi n'est pas présenté par l'employeur aux représentants du personnel ».

NB : par arrêt du 2 février 2006 la Cour de cassation a décidé que l'absence ou l'insuffisance d'un PSE présenté dans le cadre du redressement ou de la liquidation judiciaire de la société employeur n'entraînait pas sa nullité et avait pour seul effet de priver de cause réelle et sérieuse les licenciements économiques subséquents.

NB : la sanction de la nullité du licenciement n'est pas applicable au licenciement des salariés ayant moins de 2 ans d'ancienneté dans l'entreprise (art. L. 1235-14, C. trav.).

2. Délais de recours contentieux

La loi du 18 janvier 2005 a introduit dans le Code du travail un article L. 1235-7 destiné à encadrer les délais de recours relatifs à la contestation de la procédure de concertation ainsi qu'à celle relative à la régularité ou à la validité du licenciement.

a) S'agissant de la **procédure**, alors que précédemment aucun délai n'était posé, désormais toute action en **référé** portant sur la **régularité de la procédure de concertation** doit, à peine d'irrecevabilité, être introduite dans un délai de 15 jours suivant chacune des réunions du comité d'entreprise.

b) S'agissant des **contestations** relatives à la **régularité** ou à la **validité** du licenciement, la loi nouvelle prévoit que toute action s'y rapportant, se prescrit par 12 mois à compter : **soit** de la dernière réunion du comité d'entreprise pour la contestation de la procédure de concertation, **soit** de la notification du licenciement. Le délai de 12 mois n'est toutefois opposable au salarié que s'il en a été fait **mention** dans la lettre de licenciement.

NB : la notion de **validité** employée par l'article L. 1235-7 permet d'affirmer que l'action concernée par ce délai est distincte de l'action en contestation de la cause réelle et sérieuse du licenciement qui reste, quant à elle, enfermée dans le délai de droit commun de 5 ans.

c) Des arrêts rendus en 2004 (Soc., 17 déc.) avaient indiqué que les irrégularités affectant la procédure de consultation sur le plan devaient être soulevées avant son achèvement pour qu'elles puissent entraîner une nullité de la procédure, la suspension de celle-ci pouvant être ordonnée par le juge des référés. Par arrêt du 11 janvier 2007, la Cour de cassation précise que l'irrégularité de la procédure consultative permet en principe seulement d'obtenir la suspension de la procédure de licenciement. La nullité de cette même procédure ne peut être encourue à ce titre lorsque sa suspension n'a pas été demandée avant son achèvement. Dans le même esprit, la Cour de cassation, faisant état d'une obligation de l'employeur d'informer chaque salarié par une lettre individualisée du contenu du plan social, à vrai dire absente de la loi, indique que le manquement à cette obligation n'entraîne pas la nullité de la procédure de licenciement; elle permet seulement d'obtenir la suspension de la procédure si celle-ci n'est pas terminée ou, à défaut, la réparation du préjudice subi.

3. Aménagement du droit de réintégration en cas de nullité de la procédure de concertation

La loi du 18 janvier 2005, tout en maintenant le **principe** du droit à réintégration en cas de nullité du licenciement prononcé par le juge après annulation de la procédure pour absence ou insuffisance du PSE, a introduit une **exception** lorsque la réintégration est devenue **impossible notamment** du fait de la fermeture de **l'établissement** ou du **site** ou en **l'absence d'emploi disponible** de nature à permettre la réintégration du salarié (art. L. 1235-11 *in fine*).

Cette impossibilité qui doit être constatée par le juge, se traduit alors par le droit pour le salarié d'obtenir une indemnité qui ne peut pas être inférieure à 12 mois de salaire. Ainsi que l'a précisé le Conseil constitutionnel dans sa décision précitée, la fermeture de l'établissement en l'absence d'emploi disponible n'est mentionnée par le texte qu'à titre « d'illustration » d'une impossibilité. D'autres situations pourraient donc être considérées par le juge comme caractérisant cette impossibilité. On évoquera à cet égard la commission par le salarié d'actes de concurrence déloyale envers l'ancien employeur. Mais, à l'inverse, il n'est pas sûr que certaines des hypothèses citées par l'article L. 1235-11 conduisent systématiquement à une impossibilité de remise en état, ainsi la fermeture du site, lequel peut ne représenter qu'une partie de l'entreprise concernée par l'obligation première de réintégrer.

Le 15 juin 2005 (*Sem. Soc. Lamy* n° 1221) la chambre sociale de la Cour de cassation, après avoir relevé que les juges du fond avaient constaté que la société employeur avait cessé définitivement son activité et que ses actifs industriels avaient été vendus, les a approuvés, l'entreprise ayant disparu, d'en avoir déduit que la réintégration demandée dans les seuls emplois que les salariés occupaient dans cette entreprise avant leurs licenciements, était devenue matériellement impossible. Au plan pratique, si la réintégration devait être envisagée dans d'autres entreprises que celle de l'employeur elle entraînerait de lourdes conséquences pour la société qui devrait la réaliser, alors qu'elle est un tiers au contrat de travail. La comparaison avec l'obligation de reclassement est éclairante : dans ce dernier cas, le manquement à l'obligation n'emporte de conséquences indemnitaires que pour le seul employeur qui a licencié. Quid d'une réintégration à l'échelle de l'entreprise UES ?

B. Aides au reclassement

• Aucune sanction particulière n'étant prévue en cas de non-respect par l'employeur de l'obligation de proposer au salarié menacé de licenciement un **congé de reclassement** au sens de l'article L. 1233-71 du Code du travail, on doit envisager ici l'application des mécanismes du droit commun de la responsabilité civile de l'octroi au salarié de dommages-intérêts pour perte d'une chance.

• Sur la sanction de la non-proposition d'une convention de reclassement personnalisée au salarié qui peut en bénéficier, v. *supra*.

• Sur la sanction de la non-proposition d'un congé de mobilité, v. *supra*.

C. Contribution Delalande

Cette contribution, due par l'employeur en cas de rupture du contrat de travail de salariés âgés de 50 ans et plus, n'a plus à être versée pour les personnes embauchées après le 31 décembre 2006. La loi du 30 décembre 2006 l'a supprimée définitivement à compter du 1er janvier 2008.

POUR EN SAVOIR PLUS

BIBLIOGRAPHIE :

› G. Couturier, « Sur le motif économique des départs volontaires », *Dr. soc.* 2007.978.

› L. Joly, A. Lyon-Caen et T. Sachs « La GPEC au-delà du rapport Rouillault, entretien avec T. Grumbach », *RDT* 2007. 566.

› Ph. Waquet, « Emploi et profit », *RJS* 5/06, p. 351.

› « Du motif économique aux départs volontaires » (dossier), *Sem. Soc. Lamy* n° 1385, 3 février 2009.

Troisième partie
L'ENTREPRISE

Il sera d'abord question des éléments constitutifs de l'entreprise au sens du droit du travail, notion capitale par l'importance des références qui y sont faites pour déclencher l'application des règles et apprécier en cas de litige leur éventuelle violation. Dans le silence de la loi, le juge social apporte une contribution décisive à la construction de cette notion. C'est la théorie prétorienne de l'unité économique et sociale et la reconstitution qu'elle permet, d'une entreprise masquée par des divisions juridiques abstraites.
Au sein de l'entreprise, se développe un contre-pouvoir propre à la communauté des salariés et leurs représentants. Il fait face au pouvoir patronal qui le conditionne.
L'entreprise est enfin le périmètre de la participation financière des salariés, ensemble de mécanismes distincts de la rémunération directe du travail.

Titre 1

ÉLÉMENTS CONSTITUTIFS ET NATURE JURIDIQUE DE L'ENTREPRISE

Trois éléments en sont les composants essentiels en droit du travail. D'abord **l'activité** et son expression structurelle qui peut être plus ou moins complexe selon la taille de la réalité considérée mais aussi et surtout, en droit du travail, selon la fragmentation de l'ensemble en unités techniques plus ou moins autonomes les unes par rapport aux autres (chapitre 1).

En deuxième lieu, l'organe de direction, expression humaine de la réalité patrimoniale de l'employeur et sans lequel aucune politique de gestion sociale ne pourrait donner sa cohérence à ce rassemblement de moyens humains et matériels orienté vers un but (chapitre 2).

Enfin, le personnel ou de façon plus expressive, la communauté de travail, formée par le rassemblement durable des salariés accomplissant leur prestation dans l'organisation ainsi formée (chapitre 3).

Cette réalité composite s'appréhende souvent de manière spontanée. Mais l'existence de l'entreprise peut parfois nécessiter une démonstration juridique. Tel est le rôle de la théorie de l'unité économique et sociale (chapitre 4).

Chapitre 1 › L'ACTIVITÉ ET SON EXPRESSION STRUCTURELLE

› L'essentiel

En droit du travail, l'entreprise implique la poursuite d'une certaine activité, économique ou non, quelle que soit sa nature, laïque ou religieuse, professionnelle ou de bienfaisance, correspondant à un but intéressé ou désintéressé. Il est nécessaire d'opérer la ***distinction entre l'entreprise et l'établissement*** *unité technique et non économique de production, constitué par la réunion de moyens matériels et d'un personnel, sous une même direction, sans individualité juridique. Le chef d'établissement exercera ses pouvoirs par délégation du chef d'entreprise. Il est également nécessaire de* ***distinguer l'entreprise du groupe de sociétés****, ensemble plus vaste, duquel elle peut faire partie et qui justifie l'application de règles différentes.*

Section 1 › L'ÉTABLISSEMENT : UNE NOTION CLEF EN DROIT DU TRAVAIL

§ 1 - Approche générale

C'est l'établissement qui constitue le cadre de vie immédiat des travailleurs. D'où son importance en droit du travail et la nécessité fréquente de déterminer si une usine, un chantier, voire un atelier ou même un service constitue ou non un **établissement** dont l'existence déclenche l'application de nombreuses règles.

Les critères en sont *a priori* la séparation géographique, le caractère suffisamment durable, une certaine autonomie du chef d'établissement ou du représentant de l'employeur sur place, la spécificité et l'homogénéité des intérêts des travailleurs ainsi réunis. Mais, pris isolément, ces critères n'ont pas toujours une réelle signification et ont même pu être qualifiés parfois d'erratiques.

Depuis longtemps, la notion d'établissement est **fonctionnelle et relative**, variable dans son application selon les intérêts en cause et donc appréciée différemment selon qu'il s'agit de déterminer la compétence prud'homale, l'application de la réglementation du travail, d'un règlement intérieur, le cadre de la désignation des comités d'établissement, des délégués du personnel, des délégués syndicaux, toutes questions qui se règlent par référence à la notion d'établissement et non à celle de l'entreprise.

Cette relativité s'est manifestée surtout à propos des délégués du personnel et des délégués syndicaux ; ils doivent être désignés par **établissements distincts**, c'est à ce niveau qu'ils peuvent remplir efficacement leur mission ; c'est alors par référence à celle-ci que la notion d'établissement est déterminée (cf. *infra* § 2).

Mais d'autres règles dépendent aussi directement de la définition de l'établissement, leur application étant suspendue au constat que telle partie de l'entreprise répond effectivement à cette définition. Le contentieux, y compris pénal, révèle parfois cet enjeu.

Saisie de la question de savoir en quel lieu : siège social ou établissement secondaire, **l'inspecteur du travail** pouvait exiger de consulter les documents soumis à son

contrôle (v. volume 1, 1re partie) la chambre criminelle de la Cour de cassation a, par arrêt du 29 septembre 1992 (*JCP E* 1993 II 385), approuvé la condamnation pénale d'un employeur qui n'avait pas prévu la tenue du registre du personnel dans une agence de sa société et avait fait connaître à l'inspecteur qu'il pouvait la consulter au siège de celle-ci. Le cadre légal de tenue des documents obligatoires est donc l'établissement et non pas l'entreprise. Mais tout démembrement technique de celle-ci n'est pas pour autant un lieu où se déclenche l'obligation patronale. Cet effet ne se produira que si une représentation de l'employeur peut être constatée sur place. La notion d'établissement au sens de la **réglementation du travail** (art. L. 8113-1, C. trav.) suppose donc une autonomie administrative minimale matérialisée par la déconcentration du recrutement du personnel et par la présence d'un délégataire du chef d'entreprise (Crim., 17 janv. 1995 *Bull. crim.* n° 23).
Sur la notion d'établissement distinct pour l'application des règles relatives à l'emploi des travailleurs handicapés, voir CE 10 novembre 1999, qui dégage le critère de l'autonomie de gestion au sens de l'article L. 5212-3, C. trav. Cependant, c'est au niveau de la mise en place des relations collectives du travail que la question est la plus complexe.

§ 2 - L'établissement distinct et la représentation du personnel

L'entreprise, qu'elle résulte ou non de la reconnaissance d'une UES (voir *infra* chapitre 4), est de plus en plus souvent divisée en unités de travail géographiquement dispersées ou fonctionnellement séparées les unes des autres. La mise en place puis le fonctionnement des différentes institutions représentatives doit tenir compte de cette division soit pour installer, en les démultipliant, les mandats représentatifs à ce niveau (délégués du personnel, délégués syndicaux), soit pour dédoubler l'institution en la rendant présente à la fois au niveau de l'entreprise tout entière et à celui de chaque établissement (comité central d'entreprise, comité d'établissement).
Lorsque cette démultiplication et/ou ce dédoublement ont lieu, on parle alors **d'établissement distinct** selon un vocable utilisé dans diverses dispositions légales éparses relatives au droit de la représentation du personnel (L. 2312-1, L. 2327-1, L. 2143-5, L. 2142-1, C. trav.) mais dont aucune ne livre de définition.
C'est la jurisprudence qui a dégagé les contours de la notion en la faisant varier selon le type d'institution représentative à constituer. Il en a été déduit que l'établissement distinct présentait un caractère **relatif** qui n'est en réalité que la conséquence de son caractère **fonctionnel** (v. *supra*).
En effet, l'établissement distinct a pour utilité l'identification du cadre le plus approprié à l'exercice des droits collectifs par les salariés et comme ces droits sont de nature différente les uns des autres, il est logique que le cadre varie selon l'institution représentative. L'établissement ne peut donc pas faire l'objet d'une définition unique y compris dans ce domaine particulier.

A. En matière d'institutions élues

Le découpage de l'entreprise en établissements distincts (au moins deux) peut résulter d'un accord collectif (art. L. 2314-31, L. 2322-5, C. trav.) qui doit en principe être conclu avec toutes les organisations syndicales représentatives dans l'entreprise.

Mais, à défaut d'accord, le découpage relève de la compétence du directeur départemental du travail dans le ressort duquel se situe le siège social de l'entreprise (Ord. 1er déc. 2005 supprimant la compétence du tribunal d'instance s'agissant des délégués du personnel).
La décision prise par cette autorité peut faire l'objet à la fois d'un recours hiérarchique devant le ministre du Travail et, en cas de rejet, d'un recours contentieux devant la juridiction administrative. Le tribunal d'instance n'est donc plus juge de la division de l'entreprise en établissements distincts, mais il reste compétent pour annuler les élections qui se seraient déroulées sans que la décision du directeur départemental ait été demandée ou soit encore intervenue.

1. Résultant des recours précités, une jurisprudence du Conseil d'État s'est constituée, fixant ce qu'il faut entendre par établissement distinct lorsqu'il s'agit de mettre en place des **comités d'établissement**. Ainsi, l'établissement, pour être distinct, doit présenter une autonomie suffisante en ce qui concerne la gestion du personnel et l'exécution du service (CE 29 juin 1973, *Compagnie internat. des wagons-lits, Grands arrêts* n° 17). Selon ce premier critère, c'est finalement dans l'étendue de la délégation de pouvoirs de celui qui dirige l'unité de travail considérée que les juges cherchent le degré minimum d'autonomie par rapport à la direction centrale permettant d'envisager un dédoublement utile de l'institution représentative. Un second critère repose sur le degré de stabilité suffisant de la réalité technique et humaine prise en considération. À son sujet, la jurisprudence administrative n'a pas, jusqu'à présent, fourni beaucoup de précisions. Quant à l'implantation géographique distincte du siège, on a longtemps considéré qu'il y avait là une condition incontournable. Cependant un arrêt oblige à revoir cette opinion (CE 29 mars 1996).
Selon un arrêt (CE 1er juin 1979, *Dr. soc.* 1979 p. 369) il importe que les établissements présentent ici les conditions nécessaires pour que les principales missions et le fonctionnement normal du comité d'établissement puissent être assurés, ce qui souligne l'approche concrète qui doit être celle de l'autorité administrative saisie. En revanche, la **condition d'effectif** (50 salariés) semble s'être assouplie dans la jurisprudence administrative récente, le Conseil d'État estimant qu'aucun texte législatif ne subordonne la reconnaissance ou le maintien de la qualité d'établissement distinct à cette condition d'effectif minimum et que le directeur départemental du travail ne peut légalement fonder sa décision sur le seul motif que l'établissement a un effectif inférieur à 50 salariés (CE 15 mai 1991, *Dr. soc.* 1992 p. 39).

2. S'agissant des **délégués du personnel** pour lesquels la loi fait de l'établissement le cadre normal de leur élection (art. L. 2312-1, C. trav.) les solutions ne peuvent être les mêmes. La voie conventionnelle ayant échoué, c'était naguère au tribunal d'instance de procéder au découpage de l'entreprise sans qu'il soit lié par un découpage préalable qui aurait été opéré par l'autorité administrative. **Désormais, les compétences sont unifiées au profit de l'administration (DDTEFP)**. Pour autant, il ne saurait être question de transposer aux délégués du personnel les solutions dégagées à propos des comités d'établissement précisément parce que la notion d'établissement distinct est relative et qu'elle doit avant tout assurer l'efficacité de l'institution. S'agissant des délégués élus, elle doit être mise au service d'un exercice optimal de leurs fonctions qui consistent pour l'essentiel à exprimer au plus près les intérêts d'une communauté concrète de travailleurs (v. Circ. *DRT* 2006/04 qui préconise la continuité).

Les jugements rendus par les tribunaux d'instance sur cette question étant susceptibles de faire l'objet d'un pourvoi en cassation, une jurisprudence s'était édifiée au niveau de la chambre sociale de la Cour de cassation, qui s'efforçait de cerner les principaux éléments caractérisant l'établissement distinct permettant le fractionnement d'un périmètre électoral. Même si rien ne les y oblige en droit, il est plus que probable que l'administration du travail et le Conseil d'État en cas de recours, s'en inspireront pour configurer cette dimension de la représentation du personnel de l'entreprise.

Cette jurisprudence judiciaire a varié dans le temps en raison de la difficulté du problème posé ainsi que de l'importance des enjeux attachés à la question. Après avoir été tentée par une solution simplificatrice consistant à adopter la même définition que pour les délégués syndicaux (v. *infra*), la Cour de cassation est revenue à une approche spécifique parce que fonctionnelle de l'établissement, impliquant des définitions propres et donc relatives. Elle a d'abord jugé que la reconnaissance de l'établissement distinct pour l'élection des délégués du personnel n'impliquait pas que la désignation des délégués syndicaux puisse être effectuée dans le même cadre, la finalité des institutions étant différente (Soc., 26 mai 1999, *Bull. civ.* n° 239).

Puis, après avoir donné une définition propre de l'établissement au sens du droit syndical (voir *infra*) elle a énoncé que l'établissement distinct permettant l'élection des délégués du personnel se caractérise par le regroupement d'au moins 11 salariés constituant une communauté de travail ayant des intérêts propres, susceptibles de générer des réclamations communes et spécifiques, et travaillant sous la direction d'un représentant de l'employeur, peu important que celui-ci ait le pouvoir de se prononcer sur ces réclamations (Soc., 29 janv. 2003 ; *Dr. soc.* 2003 p. 453). **Il ressort de cette définition deux éléments principaux.**

– D'une part, on doit pouvoir constater la présence d'une communauté de travail unie par des intérêts propres générant des réclamations communes et spécifiques ce qui justifie la présence au plus près du groupe, de délégués élus par lui.

– D'autre part, la présence d'un représentant de l'employeur est nécessaire à l'échelon de l'unité de travail considérée. Mais, résultat de l'évolution jurisprudentielle, l'organisation de l'exercice du pouvoir par l'employeur et le contenu des délégations données par lui sont indifférentes (comparer à cet égard le rôle clé joué par cet élément dans la jurisprudence administrative, s'agissant des comités d'établissement voir *supra*). Il importe peu que le représentant de l'employeur sur place ait ou non le pouvoir de se prononcer sur les réclamations. Il suffit de faire le constat de sa présence, l'homogénéité de la communauté de travail constituant l'essentiel.

Observation : il en résulte un découpage électoral moins tributaire de la manière dont l'employeur organise son entreprise qu'en matière de comités. S'il disperse ses sites d'exploitation sans déconcentration corrélative des pouvoirs, l'absence d'autonomie de ces centres d'activité ne fait pas obstacle à l'élection de délégués dans chacun d'eux. Un arrêt du 27 octobre 2004 (*Bull. civ.* n° 72) accentue encore cette indifférence à l'organisation hiérarchique de l'entreprise en décidant que la reconnaissance d'un établissement distinct n'est pas conditionnée par une présence permanente sur place d'une personne y représentant l'employeur.

B. En matière de représentation syndicale

L'article L. 412-11 du Code du travail prévoit que la désignation des délégués syndicaux d'entreprise a lieu dans le cadre de l'établissement par référence aux dispositions applicables aux délégués du personnel. La question du découpage ne relevant pas ici de la matière électorale, un accord collectif même non unanime doit pouvoir consacrer cette division en établissements distincts ; les principes relatifs à l'accord majoritaire au sens de la loi du 4 mai 2004 ont vocation à s'appliquer.

Mais l'absence d'unanimité a pour conséquence de permettre la contestation judiciaire de la solution adoptée par les partenaires sociaux. La compétence juridictionnelle demeure celle des tribunaux d'instance parce que la question de l'établissement est liée à la contestation de la désignation du délégué syndical laquelle relève du contentieux judiciaire.

Comme elle l'a fait pour les délégués du personnel, la Cour de cassation a posé en principe que la détermination de l'établissement distinct pour le délégué syndical n'était pas la même que pour le délégué du personnel ou pour le comité d'entreprise, confirmant ainsi le **caractère fonctionnel et donc relatif de la notion**. Certes, par une série d'arrêts du 20 mars 1991 (*Dr. soc.* 1991 p. 700), la chambre sociale avait donné une définition commune aux deux catégories de délégués procédant à une sorte de confusion de leurs fonctions. Mais cet abandon du critère fonctionnel n'a été que très temporaire puisque, revenant à sa première jurisprudence empreinte de relativité (Soc. 15 janvier 1970, *Usines, Grands arrêts* n° 130), la chambre sociale a énoncé une **nouvelle définition propre aux délégués syndicaux** (Soc., 2 oct. 2001, *Grands arrêts* n° 134, et plus explicitement encore : Soc., 24 avril 2003, *Dr. soc.* 2003 p. 780).

Il en résulte que caractérise un établissement distinct permettant la désignation de délégués syndicaux le regroupement, sous la direction d'un représentant de l'employeur, d'au moins 50 salariés constituant une communauté de travail ayant des intérêts propres et spécifiques, sous la direction d'un représentant du chef d'entreprise, peu important que celui-ci ait le pouvoir de se prononcer sur ces revendications.

Une communauté de travail ayant des intérêts propres et spécifiques est caractérisée dès lors que les salariés sont astreints à des contraintes de travail particulières et que l'unité de travail considérée présente « des diversités incontestables quant à ses conditions de travail » (Soc., 27 oct. 2004 ; *BCV* n° 272). Pour fonder le découpage en établissements distincts le juge d'instance doit donc préciser en quoi le regroupement d'un certain nombre de travailleurs est susceptible de générer des revendications communes et spécifiques à ces seuls salariés. Leur regroupement géographique est à lui seul insuffisant à caractériser la communauté de travail (Soc., 6 juill. 2005). Mais l'instabilité du groupe de travailleurs peut aussi faire obstacle à la qualification d'établissement distinct (Soc., 22 juin 2005, *RJS* 2005 n° 56, pour les équipages de navires n'étant pas affectés en permanence à un bâtiment déterminé).

Comme pour les délégués du personnel, on retrouve dans cette définition **deux éléments essentiels** qui sont la présence d'une communauté de travail suffisamment homogène et celle d'un représentant de l'employeur.

Mais, s'agissant du premier élément, la distinction est très clairement faite entre réclamations (DP) et revendications (DS), celles-ci ne découlant pas automatiquement de ce que celles-là pourraient être présentées. Et, s'agissant du second élément, la différenciation vient de ce que le juge sera particulièrement sensible à l'existence à la tête de l'unité de travail considérée, par hypothèse alors constituée d'une collectivité plus large (50 salariés au moins), d'un véritable chef d'établissement ayant des pouvoirs étendus et appliquant une politique propre. À ce dernier pourra d'ailleurs être directement notifiée la désignation du délégué syndical (Soc., 9 juin 1999, *RJS* 7/99 n° 941) ce qui dévoile la plus grande sensibilité de cette institution représentative à la dimension organisationnelle de l'entreprise. On peut le comprendre, dans la mesure où la principale fonction du délégué syndical consiste à représenter le syndicat auprès du chef d'entreprise ainsi qu'à conclure des accords collectifs, la négociation impliquant logiquement un interlocuteur côté employeur aux différents niveaux où elle peut être menée, y compris à celui de l'établissement.

Conclusion : Notion incontournable pour l'application des règles de droit au travail, spécialement celles qui organisent la représentation collective des salariés, l'établissement donne lieu également à une approche en **droit social communautaire**, par exemple au sens de la directive 98/59 du 30 juillet 1998 relative aux licenciements collectifs (v. CJCE 15 févr. 2007, aff. C 270/05) qui, après avoir précisé que le concept d'établissement, conditionnant l'application des mesures protégeant les travailleurs lors d'un licenciement collectif, est une notion communautaire, indique qu'une unité de production disposant d'un équipement et d'un personnel distinct, sous la supervision d'un directeur de la production, constitue un établissement sans qu'il soit nécessaire de relever son autonomie tant juridique qu'économique.

Section 2 › L'ENTREPRISE ET LE GROUPE

Même si les deux réalités peuvent parfois se confondre (voir *infra*, chapitre 4 La notion d'unité économique et sociale) il convient de distinguer l'entreprise du groupe de sociétés, réalité économique et financière constituant souvent un ensemble plus vaste à l'intérieur duquel peuvent figurer plusieurs entreprises au sens du droit du travail.
La prise en considération de l'existence du groupe sans que celui-ci soit ramené à une seule entreprise via la notion d'UES (voir *infra*), apparaît maintenant dans de multiples solutions légales et jurisprudentielles propres au droit du travail tant au niveau des relations individuelles qu'au niveau des relations collectives de travail.

§ 1 - Groupe et contrat de travail

- Un même contrat de travail se poursuit en cas de **mutations successives** d'un salarié au sein d'un groupe (conservation de l'ancienneté et des avantages.
- Possibilité pour le salarié de s'adresser conjointement à plusieurs sociétés du groupe réputées **co-employeurs** pour le paiement des salaires ou indemnités.
- Calcul de l'effectif global de la société mère et des filiales pour la fixation de **l'indemnité de licenciement abusif**.
- **Reclassement** d'un salarié licencié pour motif économique : les possibilités doivent en être explorées par l'employeur dans l'ensemble du groupe auquel appartient

l'entreprise (jurisprudence concordante du Conseil d'État et de la Cour de cassation ; cf. *supra,* licenciement économique et volume 1, Statut des représentants du personnel).

• Appréciation de la validité du **plan de sauvegarde de l'emploi** au regard des moyens dont dispose l'entreprise... ou le groupe (art. L. 1233-62, C. trav.).

• **Salarié licencié par une filiale**. La loi (art. L. 1231-5, C. trav.) dispose que lorsqu'un salarié mis à la disposition d'une filiale étrangère devenue son employeur est licencié par celle-ci, la société française mère doit le rapatrier et, soit lui procurer un emploi correspondant à ses précédentes fonctions chez elle, soit respecter pour le congédiement les dispositions légales. En outre, le temps passé dans la filiale est pris en compte pour le calcul de l'ancienneté conditionnant le délai-congé et l'indemnité de licenciement.
L'application du texte n'est pas subordonnée au maintien du contrat de travail entre le salarié expatrié et la société mère qui doit rapatrier le salarié affecté à une filiale dont l'ensemble du personnel a été transféré à une société tierce à la suite de la cession du fonds de commerce qu'elle exploitait (Soc., 13 nov. 2008, n° 07411700 et n° 0642583).

• Possibilité de recruter un salarié afin de lui confier la **direction d'une filiale**.

§ 2 - Groupe et relations collectives

• **Le groupe apparaît comme cadre émergeant** de la négociation collective, la loi du 4 mai 2004 relative au dialogue social ayant consacré la possibilité de conclure des accords de groupe (voir volume 1, La négociation collective et art. L. 2232-3, C. trav.).

• **Création** par la loi du 18 janvier 2005 **d'une obligation** triennale de négocier sur la gestion prévisionnelle des emplois et des compétences (GPEC) au niveau de l'entreprise ou même du groupe (art. L. 2242-15, C. trav.).

• Création conventionnelle puis légale du **comité de groupe** puis du **comité d'entreprise européen** issu de la directive du 22 septembre 1994 (voir volume 1, La représentation du personnel) qui peut être mis en place dans le cadre d'un groupe de sociétés de « dimension communautaire ».

Chapitre 2 › L'ORGANE DE DIRECTION

› L'essentiel

C'est le ***chef d'entreprise****, personne physique, qui détient l'autorité suprême sur le personnel. Il la reçoit à titre initial ainsi que l'attestent nombre de dispositions du Code du travail (voir supra, 1re partie, titre 2, Les pouvoirs) même si à la faveur de la recodification, c'est désormais le terme « employeur » qui paraît privilégié. C'est tantôt l'entrepreneur individuel, tantôt l'organe directeur de la société (président du conseil d'administration, directoire, gérants de SA, associés en nom collectif…) ; tantôt un fonctionnaire (entreprise publique).*

NB : *selon la loi NRE du 15 mai 2001, dans les sociétés anonymes, le pouvoir exécutif peut, à titre initial, être confié à un directeur général distinct du président du conseil d'administration (art. L. 225-51-1, C. com.). Il en résulte que la qualité de chef d'entreprise revient désormais au premier, lequel apparaît comme l'interlocuteur de principe des salariés et de leurs représentants.*

Cette concentration initiale du pouvoir emporte diverses conséquences dont celle de faire remonter au principal dirigeant les infractions à la législation sociale commises à l'occasion du fonctionnement de l'entreprise. Mais la ***responsabilité pénale*** *peut se fixer sur une autre personne physique si le chef d'entreprise invoque à temps une* ***délégation de pouvoirs*** *confiée à l'un de ses collaborateurs. Ce mécanisme d'identification d'un responsable secondaire trouve son expression la plus aboutie en matière d'hygiène et de sécurité tant en ce qui concerne les infractions prévues par le Code du travail que par le Code pénal (v. supra, Les conditions de travail).*

Dans l'**organisation** que constitue toute entreprise d'une certaine taille, le pouvoir tend à être partagé avec un nombre croissant de salariés si bien que le mécanisme de la délégation (tout comme celui de la subdélégation) concerne, à des degrés divers, l'ensemble de ce qu'il est convenu d'appeler le personnel d'encadrement (cadres et agents de maîtrise).

1. On peut **définir la délégation** comme l'acte par lequel une personne, le délégant, qui détient à titre initial le pouvoir dans l'entreprise, confie une partie de celui-ci à une autre, le délégataire, en vue d'accomplir à sa place une fonction liée à la vie de l'entreprise.

La conciliation entre l'indépendance nécessaire à l'exercice du pouvoir délégué et la subordination juridique, dans les liens de laquelle demeure le délégataire, pose de délicats problèmes que la jurisprudence commence tout juste à aborder. Ainsi, par un arrêt en date du 21 novembre 2000 (*Dr. soc.* 2001 p. 209), la chambre sociale de la Cour de cassation a affirmé le principe selon lequel un salarié titulaire d'une délégation en matière de sécurité du travail, et exposé à ce titre à une éventuelle responsabilité pénale en cas d'infraction à la réglementation correspondante, ne peut se voir reprocher une faute dans l'accomplissement de la mission d'organisation et de surveillance qui lui a été confiée lorsque le chef d'entreprise ou l'un de ses supérieurs hiérarchiques s'immisce dans le déroulement des tâches en rapport avec cette mission, supprimant ainsi l'autonomie d'initiative inhérente à toute délégation effective.

À l'inverse, le contrat de travail du salarié titulaire d'une délégation de pouvoir comporte une obligation de loyauté particulièrement forte au bénéfice de l'employeur, à défaut de quoi le principe d'unité de direction risquerait d'être mis en péril. La loyauté exigée ne peut cependant conduire à imposer le silence au délégataire. L'arrêt *Pierre* du 14 décembre 1999 (*BCV* n° 488) reconnaît à un cadre supérieur membre du comité de direction de l'entreprise et chargé d'une mission de haut niveau, la faculté d'user de sa liberté d'expression pour émettre des critiques même vives à l'égard de la nouvelle organisation proposée par la direction générale.

Disposer d'une délégation du chef d'entreprise, c'est devenir au moins pour partie titulaire des différents pouvoirs qui caractérisent le rôle d'employeur : pouvoir de direction, pouvoir normatif et pouvoir disciplinaire (sur lesquels, voir *supra* 2e partie).

2. L'exercice délégué de ces pouvoirs ne peut s'affranchir des règles procédurales et de fond qui les encadrent. Mais le fait que l'auteur de la décision n'est plus le chef d'entreprise en personne peut être source de contestation.

À ce sujet la jurisprudence opte pour une absence de formalisme. Ainsi, la délégation consentie pour animer l'entretien préalable puis pour sanctionner disciplinairement ou pour licencier n'a pas à être nécessairement donnée par écrit (Soc., 18 nov. 2003, *RJS* 2004 n° 127). Le DRH de la société mère du groupe auquel appartient la société employeur est présumé avoir reçu délégation des dirigeants des filiales pour l'exercice des pouvoirs appartenant à ceux-ci à l'égard de leur propre personnel (Soc., 19 janv. 2005, *RJS* 2005 n° 255), ce qui ne contredit pas la règle selon laquelle la procédure de licenciement ne peut être menée par une personne étrangère à l'entreprise (Soc., 26 mars 2003, *RJS* 2003 n° 669). Mais cette absence de formalisme se double, en jurisprudence, d'un assouplissement de certaines règles qui peut être regardé comme plus discutable.

Ainsi, toujours en ce qui concerne le **pouvoir de licencier**, prérogative essentielle, non seulement l'auteur de la convocation et l'animateur patronal de l'entretien préalable peuvent être distincts de celui qui va ensuite éventuellement prononcer le licenciement, mais ils n'ont pas à être nécessairement dotés d'une délégation comprenant le pouvoir de décider eux-mêmes de l'exclusion du salarié concerné (Soc., 18 févr. 1988, *BCV* n° 91).

Il y a quelque incohérence à dissocier de cette façon les phases de la procédure tout comme à affirmer que la faculté de représenter l'employeur lors de l'entretien n'est pas réservée au seul délégataire du pouvoir de prononcer le licenciement. Pour une approche plus stricte dans le cadre particulier des SAS, v. Versailles, 24 juin 2008, *Sem. soc. Lamy* sept. 2008.

En matière de **négociation collective**, validité doit être donnée à un accord signé par un directeur du personnel ne disposant pas formellement d'un mandat spécial l'autorisant à engager la société employeur. La jurisprudence fait ici application de la théorie du mandat apparent pour consolider le rôle du titulaire de la délégation (Soc., 23 mars 1994, *BCV* n° 167).

3. Cependant, la délégation de pouvoir a un très fort impact sur le statut de ceux qui l'exercent. Elle opère parfois comme un facteur **de réduction** voire de suppression de certains droits pourtant affirmés de façon solennelle à commencer par celui d'être électeur et éligible aux élections professionnelles dans l'entreprise et de participer ainsi à la détermination collective des conditions de travail (préambule constitutionnel de 1946).

Cette incapacité suppose, au terme d'une évolution jurisprudentielle soucieuse de limiter l'exclusion qui en découle, que le salarié concerné ait la qualification de cadre et qu'il détienne sur un service, un département ou un établissement de l'entreprise une délégation particulière d'autorité établie par écrit permettant de l'assimiler à un chef d'entreprise (Soc., 6 mars 2001, *RJS* 2001 n° 620) (voir volume 1, La représentation du personnel).

Affinant sa jurisprudence, la chambre sociale de la Cour de cassation a, par un arrêt du 4 avril 2007 (*BCV* n° 186), décidé que la seule existence d'une délégation écrite d'autorité interdit au salarié qui en est titulaire de pouvoir être désigné comme délégué syndical ou comme représentant syndical auprès du comité d'entreprise, peu important que cette délégation n'ait pas fait l'objet d'une acceptation expresse de l'intéressé. La solution, qui privilégie une approche objective, devrait en toute logique être étendue aux autres mandats représentatifs du personnel.

L'incapacité s'étend à la désignation, en tant que délégué syndical central d'un délégataire chef d'un établissement distinct, sans qu'il soit nécessaire de vérifier que l'intéressé dispose d'une délégation au niveau de l'ensemble des établissements de l'entreprise (Soc. 1er fév. 2006, *JCP S* 2006 n° 1246).

Chapitre 3 > LE PERSONNEL (COMMUNAUTÉ DE TRAVAIL)

> L'essentiel

Élément d'exécution de l'activité de l'entreprise, il en est la composante essentielle en droit du travail, où il n'y a d'entreprise qu'en cas d'emploi de travailleurs salariés et pour lequel les hommes et femmes qui y travaillent sont la principale raison d'être. D'où la différence avec la notion d'entreprise en économie ou en droit commercial (entreprise sans salariés, entreprise artisanale).

Il y a une **tendance** (lente et incertaine) en droit du travail à faire du personnel un **élément juridique de l'entreprise.**
Cette tendance se manifeste :

• **par la participation du personnel :**
– à la marche de l'entreprise (cf. *supra*, Représentation du personnel) ;
– aux résultats de l'entreprise (cf. *infra*, Intéressement et participation) ;

• **par la réglementation du licenciement, individuel et collectif**, due aux interventions successives du législateur, ainsi qu'à d'importants accords collectifs concernant la sécurité de l'emploi ;

• **au cas de transfert d'entreprise** (modification dans la situation juridique de l'employeur) : depuis la loi du 19 juillet 1928, les contrats de travail en cours subsistent entre le nouvel employeur et le personnel de l'entreprise, s'il survient une **modification dans la situation juridique de l'employeur**, notamment par succession, vente, fusion, transformation du fonds, mise en société (art. L. 1224-1). Le personnel est donc **lié à l'entreprise** en même temps qu'à l'employeur. Il y a là aussi une manifestation du droit à l'emploi (Cf. Le transfert d'entreprise, *supra*, 2e partie).
Mais ce qu'il faut entendre par cette notion de « personnel » n'est-il pas à certains égards plus large aujourd'hui, au terme d'une évolution jurisprudentielle relative principalement à la mise en place des institutions représentatives, que ce qui résulte du décompte des seuls salariés unis à l'employeur par un lien de subordination juridique ? Le « personnel » ne coïncide-t-il pas avec la « **communauté de travail** » telle qu'elle est configurée lors des élections professionnelles ?
On rappellera, en effet, que par deux arrêts du 26 mai 2004, la chambre sociale de la Cour de cassation a décidé, au terme d'une évolution jurisprudentielle commencée 4 ans plus tôt que devaient être pris en compte dans l'effectif de l'entreprise **tout salarié mis à sa disposition qui participe à son processus de travail**, cette dernière expression devant s'entendre comme toute activité nécessaire au fonctionnement de l'entreprise d'accueil sans que cela se limite au métier ou à l'activité principale de celle-ci. Cette définition, qui englobe tous les salariés participant à la communauté de travail, s'écarte fortement de l'idée de subordination et laissait à penser que la distinction contractuelle tiers-parties n'était plus totalement opératoire lorsqu'il s'agit de délimiter la composante humaine de l'entreprise.

Depuis lors, la Haute juridiction a modifié la formule employée pour définir le centre de rattachement en s'inspirant de la position adoptée par le Conseil constitutionnel (Cons. const. 28 déc. 2006) liant la prise en compte des salariés mis à disposition dans les effectifs de l'entreprise utilisatrice et leur électorat dans celle-ci ; **elle a affirmé qu'étaient concernés les salariés intégrés de façon étroite et permanente à la communauté de travail de l'entreprise d'accueil** (Soc. 28 fév. 2007, *BCV* n° 34). La loi du 20 août 2008 portant rénovation de la démocratie sociale a introduit dans le Code du travail des dispositions qui encadrent cette solution jurisprudentielle en posant comme **condition d'inclusion** des salariés mis à disposition que ces derniers soient **présents dans les locaux** de l'entreprise utilisatrice et qu'ils y **travaillent depuis au moins un an** (art. L. 1111-2, C. trav.). Le 13 novembre 2008 (*Sem. soc. Lamy* 2008 n° 1375), la chambre sociale de la Cour de cassation a rendu une série d'arrêts qui, tout en tenant compte de ces dispositions prochainement applicables, a précisé ce qu'elle entendait par « intégration étroite et permanente ». Aux termes de ces décisions **sont intégrés de façon étroite et permanente à la communauté de travail les salariés mis à disposition par une entreprise extérieure qui, abstraction faite du lien de subordination qui subsiste avec leur employeur, sont présents dans les locaux de l'entreprise utilisatrice et y travaillent depuis une certaine durée, partageant ainsi les conditions de travail au moins en partie communes susceptibles de générer des intérêts communs**. On remarquera que cette définition, qui traduit la volonté de la Cour de maintenir sa jurisprudence dans les marges désormais plus étroites que lui laisse le code du travail, met l'accent sur la communauté au moins partielle des conditions de travail, ce qui implique la présence de l'ensemble des salariés concernés sur le même site. En revanche sans ignorer totalement les liens qui subsistent avec l'entreprise d'origine (référence à la subordination qui subsiste avec l'employeur, lequel demeure unique), ces arrêts paraissent ignorer que les salariés mis à disposition appartiennent toujours à **une autre communauté de travail**, par hypothèse soudée par des intérêts communs générés par la pratique d'un même partenaire contractuel et la présence d'un statut conventionnel parfois plus évolutif que celui de l'entreprise d'affectation.
Raison pous laquelle les salariés mis à disposition peuvent toujours exercer dans leur entreprise d'origine l'ensemble des droits collectifs de représentation conformément à l'article 8 du Préambule de la Constitution. La loi du 20 août 2008 se contente à cet égard d'éviter les situations de double vote (C. trav., art. L. 2314-18-1 et L. 2324-17-1).

NB : par un jugement du 12 mars 2009, le tribunal d'instance de Rouen a décidé que le vote au sein de l'entreprise d'origine était prioritaire.

Chapitre 4 › L'UNITÉ ÉCONOMIQUE ET SOCIALE, INSTRUMENT DE LA RECONNAISSANCE D'UNE ENTREPRISE EN DROIT DU TRAVAIL

> **› L'essentiel**
>
> *Création du juge, l'unité économique et sociale a d'abord concerné la matière des institutions représentatives du personnel mais s'est progressivement étendue à d'autres questions par la multiplication des dispositions légales y faisant référence.*
>
> *Aujourd'hui, après une lente maturation, l'UES apparaît comme la traduction notionnelle d'un processus de reconnaissance de l'entreprise d'origine non seulement judiciaire mais aussi conventionnelle.*

Section 1 › GENÈSE ET ÉVOLUTION

L'UES est « inventée » par la chambre criminelle de la Cour de cassation à la recherche d'un instrument propre à déjouer les manœuvres de certains employeurs qui, pour ne pas franchir les seuils d'effectifs déclenchant l'obligation de mettre en place des institutions représentatives, procédaient à des divisions artificielles de leur entreprise en une pluralité de personnes morales juridiquement distinctes (Crim., 23 avril 1970, *Herriau, Grands arrêts* n° 131). Puis, la chambre sociale de la Haute Juridiction a pris le relais par une démarche objective faisant abstraction de la **fraude à la loi** (Soc., 19 déc. 1972, *D.* 73 p. 381). Il a fallu attendre la loi du 28 octobre 1982 pour que le Code du travail (art. L. 2322-4) commence à faire référence à l'UES et conforte ainsi l'œuvre du juge. Mais cette référence, qui ne figurait que dans un article relatif à la mise en place du comité d'entreprise, alors que les autres institutions représentatives élues ou syndicales étaient d'égale façon concernées, n'a en rien contribué à préciser la définition, si bien qu'encore actuellement les composantes de l'UES sont issues de la jurisprudence, à moins qu'elles aient fait l'objet d'une négociation collective. En effet, aux termes de l'article L. 2322-4 du Code du travail « lorsqu'une unité économique et sociale regroupant au moins cinquante salariés est reconnue par convention ou par décision de justice entre plusieurs entreprises (entités) juridiquement distinctes, la mise en place d'un comité d'entreprise commun est obligatoire ».

À l'origine, l'**approche fonctionnelle de l'UES** n'est pas discutable. Destinée à déterminer le vrai cadre d'implantation des institutions représentatives des salariés, le périmètre qui lui correspond s'avère variable selon le type d'institution concernée, entraînant nécessairement une relativité des solutions. Ainsi, l'UES reconnue comme cadre des élections des délégués du personnel pouvait parfaitement ne pas l'être pour le cadre de la désignation des délégués syndicaux. **Mais, peu à peu la jurisprudence a évolué vers l'unification.**

La Cour de cassation a commencé par affirmer que les critères étaient identiques quelle que soit l'institution représentative en cause (Soc., 24 mars 1988, *BCV* n° 214) d'où il résultait que le tribunal d'instance était fondé à retenir l'existence de l'UES par transposition de ce qui avait été déjà décidé pour une institution représentative de nature différente de celle au sujet de laquelle la question lui était posée (Soc., 7 oct. 1998, *RJS* 11/98 n° 1381).

Un pas décisif est franchi par un arrêt du 13 juillet 2004 (*BCV* n° 218, *Dr. soc.* 2004 p. 945) qui affirme que **la notion d'UES n'est pas relative** et que sa reconnaissance par le juge, selon des critères propres indépendants de la finalité des institutions représentatives comprises dans son périmètre, n'implique pas une appréciation de l'opportunité de la demande présentée par un syndicat représentatif.

Autrement dit, le juge n'a pas à rechercher si la création de l'UES est ou non de nature à améliorer la représentation du personnel par rapport aux institutions déjà en place.

Ce n'est pas, comme on le dit trop vite, parce que la finalité des institutions représentatives n'a plus à être prise en compte mais c'est plutôt parce qu'en identifiant l'UES, on a retrouvé l'entreprise, c'est-à-dire la réalité collective pour laquelle les droits collectifs de représentation ont été conçus de sorte que cette « redécouverte » répond par elle-même à la question.

Un certain nombre de conséquences techniques découlent du principe précédent.

Tout d'abord, une fois l'UES reconnue, ce cadre doit s'imposer sans délai pour la désignation ou l'élection de l'ensemble des institutions représentatives du personnel, autrement dit, cette reconnaissance modifie nécessairement la configuration des institutions existantes.

Le principe posé en juillet 2004 permet de comprendre qu'il n'y ait pas lieu d'attendre l'expiration des mandats en cours pour définir la nouvelle configuration de la représentation du personnel (Soc., 26 mai 2004, *BCV* n° 142).

Mais la Cour de cassation a paru vouloir franchir un pas supplémentaire en émancipant la reconnaissance de l'UES de la seule question du périmètre d'exercice des droits collectifs de représentation. Ainsi, par arrêt du 2 juin 2004 (*BCV* n° 157), a-t-elle décidé que si la reconnaissance de l'existence de l'unité économique et sociale peut être liée à l'action tendant à la mise en place de la représentation institutionnelle dans l'entreprise, les parties intéressées peuvent également **agir directement en reconnaissance de l'UES** avant la mise en place des institutions représentatives.

Une simple demande de reconnaissance d'UES de façon « abstraite », sans enjeu institutionnel immédiat, est donc recevable y compris devant le tribunal d'instance.

Cette dernière solution traduit bien l'évolution qui tend à voir dans l'UES une **entreprise unique** à laquelle le législateur fait de plus en plus référence pour l'exercice d'autres droits. On peut citer à cet égard :

– la loi du 13 juin 1998 et celle du 19 janvier 2000 tenant compte de **l'effectif de l'UES** pour fixer la date d'entrée en vigueur de la **durée légale du temps de travail** à 35 heures ;

– la loi du 19 février 2001 procédant de la même façon pour la mise en place du régime obligatoire de **participation des salariés** aux résultats de l'entreprise ;

– la loi du 17 janvier 2002 prévoyant la mise en place **d'un service de santé** du travail dans les UES judiciairement ou conventionnellement reconnues ;

– la loi de modernisation sociale du 17 janvier 2002, qui en matière de **licenciement collectif pour motif économique** invite à tenir compte des « moyens de l'UES » pour apprécier la pertinence du plan de sauvegarde de l'emploi (art. L. 1235-10, C. trav.).

Dans cette évolution du rôle de la notion d'UES vers une totale assimilation à l'entreprise, le juge paraît cependant parfois moins audacieux que le législateur.

Ainsi, par arrêt du 1er juin 2005 (*RJS* 2005 n° 846) la chambre sociale de la Cour de cassation a-t-elle décidé qu'au sein d'une unité économique et sociale, qui est composée de personnes juridiques distinctes, pour la détermination des droits à rémunération d'un salarié, il ne peut y avoir comparaison entre les conditions de rémunération de ce salarié et celles d'autres salariés compris dans l'unité économique et sociale que si ces conditions sont fixées par la loi, une convention ou un accord collectif commun, ainsi que dans le cas où le travail de ces salariés est accompli dans un même établissement.

Même si la dernière exception sus-mentionnée laisse apparaître des possibilités effectives de comparaison entre salariés contractuellement rattachés à des sociétés différentes, le principe affirmé est bien que **chaque société composant l'UES conserve son autonomie salariale.**

À ce stade de l'évolution jurisprudentielle, l'existence de l'UES ne déclenche donc pas la **théorie des coemployeurs** qui aurait permis aux salariés constituant son « personnel » d'envisager le principe « à travail égal, salaire égal » pour faire disparaître les disparités de rémunération à l'intérieur de ce qu'on dit par ailleurs constituer une entreprise unique.

Certains accords collectifs de configuration de l'UES expriment parfois l'ambition de faire de celle-ci l'employeur unique des salariés compris dans son périmètre, l'ensemble des obligations légales et conventionnelles attachées à cette qualité étant en quelque sorte transféré à partir d'une embauche réalisée formellement sur l'une des sociétés d'appartenance. Par un arrêt remarqué (*Dr. soc.* 2009 p. 500) du 16 décembre 2008 la chambre sociale de la Cour de cassation s'est opposée à un tel transfert, rappelant à juste titre que l'existence d'un contrat de travail est un droit exclusivement attaché à la personne et que, sauf disposition législative expresse, il ne peut être imposé à un salarié, sans son accord, un changement d'employeur. Le message est clair : l'UES ne peut pas, par voie conventionnelle, être investie du rôle d'employeur des salariés liés à des entités juridiquement autonomes, ce par respect du droit des contrats et de l'immutabilité du lien contractuel. Néanmoins, les termes dans lesquels la Cour de cassation fonde cette solution mériteraient d'être plus explicites au regard des conditions posées par la théorie de la réalité des personnes morales.

Section 2 › CRITÈRES ET MODES DE RECONNAISSANCE

L'UES a pour originalité de rassembler plusieurs personnes juridiques qui sont elles-mêmes très souvent des sociétés formant un groupe ou un sous-ensemble au sein d'un groupe plus vaste. L'UES ne doit en aucun cas être confondue avec le groupe au sens du droit du travail, ainsi qu'il résulte d'un arrêt du 20 octobre 1999 (*RJS* 2008 n° 68) affirmant que la notion d'UES et celle de comité de groupe sont **incompatibles**.

En d'autres termes si le groupe constitue une UES déjà reconnue, il n'y a pas matière à constitution d'un comité de groupe mais à mise en place d'un comité d'entreprise (ou d'un comité central d'entreprise dans l'hypothèse de plusieurs établissements distincts au sein de l'UES).

En revanche, l'existence préalable d'un comité de groupe n'interdit pas la désignation de délégués syndicaux pour l'UES dès lors que celle-ci n'apparaît que comme l'une des entreprises du groupe (Soc., 31 mai 2001, *RJS* 2001 n° 1032).

Comme elle consiste à rassembler des personnes juridiques distinctes, l'UES ne peut se borner à regrouper des établissements d'une même société ou des établissements appartenant à des personnes morales différentes. Après une longue suite de décisions, l'arrêt *Vivendi* du 7 mai 2002 (*Dr. soc.* 2002, p. 715) énonce très clairement qu'il ne peut y avoir d'UES reconnue par convention ou par décision de justice qu'entre des personnes juridiquement distinctes prises dans **l'ensemble** de leurs établissements et de leurs personnels.

Observation : l'une des personnes morales incluses dans le périmètre de l'unité économique et sociale peut ne pas employer de personnel au moment où le juge statue, à partir du moment où elle fait partie du même ensemble cohérent du point de vue économique (Soc., 21 janv. 1997, société holding du groupe constituant l'UES, *Dr. soc.* 1997, p. 347).

§ 1 - Critères de l'UES

La loi ne donnant aucune indication, les critères ont été dégagés par la jurisprudence et font l'objet d'un affinement constant.
Il doit y avoir **à la fois unité économique** et **unité sociale**, l'une ne peut totalement compenser l'absence de l'autre et le juge du fond devra procéder à cette double vérification.

A. Unité économique

Elle implique d'abord une concentration du pouvoir de direction ou, dans une terminologie renouvelée et sans doute plus stricte, une **unité de direction** (Soc., 17 déc. 2003, *Dr. soc.* 2003 p. 323) ce par quoi précisement l'entreprise se caractérise. Le pouvoir de direction doit se situer à l'intérieur du périmètre de l'UES (Soc., 23 mai 2000, *Dr. soc.* 2000 p. 852, *RJS* 2000 p. 529, rapp. A. Cœuret). En d'autres termes, l'unité économique nécessite la présence en son sein de l'entité juridique qui exerce le pouvoir de direction sur l'ensemble des salariés inclus dans l'unité sociale.
Il n'est pas nécessaire de constater des mandats sociaux croisés ou cumulés et la concentration exigée peut simplement résulter de l'exercice d'un pouvoir unique par les mêmes dirigeants de fait (Soc., 4 mars 2009, *JCP S* 2009 n° 1373).
L'unité économique implique également au minimum une **complémentarité des activités** des différentes entités juridiques concernées (Soc., 20 juill. 1978, jurisp. massive). Des activités voisines ou *a fortiori* différentes ne peuvent être prises en considération (Soc., 2 déc. 2003, *Dr. soc.* 2004 p. 212).
La complémentarité exigée peut cependant n'être que partielle. Entre deux sociétés, elle peut être limitée à un secteur de production, cela sera suffisant à la condition que tous les salariés des deux entités forment une seule communauté de travailleurs (Soc., 19 janv. 2005, *Dr. soc.* 2005 p. 479). Unité du pouvoir de direction et identité voire complémentarité des activités constituent les principaux indices utilisés par le juge dans sa recherche de l'unité économique. Ils obéissent à la technique du faisceau tout comme ceux, plus nombreux et à certains égards variables, servant à caractériser l'unité sociale.

B. Unité sociale

Elle est plus difficile à cerner que l'unité économique car susceptible de présenter de multiples facettes auxquelles correspondent une multiplicité d'indices concrets. L'essentiel est de parvenir à cerner l'existence d'**une seule et même communauté de travail** par delà le rattachement contractuel des salariés qui la composent à des employeurs juridiquement distincts les uns des autres.

L'homogénéité de la collectivité des salariés ainsi regroupés se perçoit désormais souvent au travers d'une **permutabilité** du personnel (Soc., 5 déc. 2000, *RJS* 2001 n° 213) indice fréquent mais insuffisant à lui seul car la permutabilité peut se constater à l'échelle d'un groupe moins intégré que ce qu'exige l'UES (v. *supra*, Le périmètre de l'obligation de reclassement en matière de licenciement économique).

L'existence d'un statut social analogue ou voisin (Soc., 26 mars 2004, *BCV* n° 140) voire d'un même statut conventionnel ou réglementaire (Soc., 12 janv. 2005, *BCV* n° 5) sont des indices souvent relevés par le juge d'instance, de même que le constat de conditions de travail semblables. Mais l'unité sociale n'implique pas nécessairement que l'ensemble des salariés bénéficient de la même convention collective puisque même dans une entreprise correspondant à une personne juridique unique, il peut arriver que l'ensemble du personnel ne soit pas soumis à la convention collective de l'activité principale (en revanche, *quid* du constat que l'ensemble considéré tolère l'application de deux accords de groupe ?).

Prévaut ici la méthode du faisceau d'indices. Ainsi par un arrêt du 8 novembre 2006 (*BCV* n° 608), la Cour de cassation a approuvé le juge du fond d'avoir exclu toute unité sociale au motif qu'il avait constaté « que les négociations engagées à plusieurs reprises en vue d'harmoniser le statut social des salariés des différentes sociétés n'avaient pas abouti et que ces salariés étaient soumis à des conventions collectives et à des statuts différents ainsi qu'à des mutuelles et des régimes de prévoyance et de retraite distincts ; qu'ils n'avaient pas les mêmes conditions de travail et qu'il n'y avait pas de gestion unifiée des personnels ». Elle ajoute : « qu'ayant ainsi caractérisé l'absence de communauté de travailleurs dans le périmètre considéré, il a pu décider qu'il n'y avait pas d'unité sociale ». De cet arrêt, et de bien d'autres allant dans le même sens, se dégage au moins deux enseignements. Tout d'abord, en recherchant l'UES, c'est bien de l'entreprise qu'il s'agit (au sens précédemment défini) puisque **le constat d'une communauté de travail unique est incontournable**, les personnels des différentes entités juridiques concernées n'étant plus aptes à satisfaire un tel constat. Cet élément clef de l'entreprise au sens du droit du travail n'existe en conséquence qu'à l'échelle d'un périmètre élargi, celui de l'UES. Ensuite, il y a lieu de faire **la différence** entre ce qui permet de caractériser une communauté de travail unique dont la préexistence n'avait pas été jusque-là juridiquement affirmée, et ce qui permet de rattacher à une communauté préconstituée certains travailleurs intégrés plus ou moins durablement à cette communauté mais qui appartiennent déjà à l'entreprise qui les a recrutés avant que celle-ci ne les mette à disposition d'une seconde (voir *supra* l'évolution du critère de l'intégration à la communauté de travail de l'entreprise d'accueil). Entre ces deux situations, telles qu'elles sont soumises au juge, les approches sont donc différentes, le critère de l'unité sociale a pour objet la mise en évidence du niveau d'intérêt le plus homogène entre salariés ayant des employeurs différents et non pas le tracé des contours exacts de la communauté de travail de l'entreprise par détermination individuelle de ses membres, ce à quoi conduit le débat sur les salariés mis à disposition.

§ 2 - Modes de reconnaissance de l'UES

L'UES peut être reconnue soit par la voie conventionnelle soit par la voie judiciaire. Bien que cette seconde modalité soit encore la plus fréquente, on voit progressivement s'affirmer la première, ce qui ne laisse pas de soulever certains problèmes juridiques.
En marge des deux modes prévus par la loi, se pose la question d'une éventuelle reconnaissance tacite.

A. Reconnaissance judiciaire

Parce qu'elle fut mise au service du droit des institutions représentatives et de l'efficacité de chacune, l'UES se rattache au contentieux électoral et à la compétence du tribunal d'instance.
Sa reconnaissance intervient encore souvent en préalable aux opérations électorales. Tout en faisant référence à l'UES pour l'application d'autres règles (L. 1235-10 par exemple pour la valeur du plan social), le législateur s'est gardé d'indiquer que cette compétence juridictionnelle ne serait pas exclusive et que, par exemple, le tribunal de grande instance, juridiction de droit commun, pourrait statuer sur ce point également.
Par un avis en date du 19 mars 2007 (*RJS* 2007 n° 556, *Sem. soc. Lamy* 2007 n° 1250) la Cour de cassation a pris position sur cette question en considérant que, puisque la reconnaissance judiciaire de l'UES impose la mise en place des institutions représentatives du personnel qui lui sont appropriées, l'action tendant à cette reconnaissance relève en conséquence de la compétence d'attribution du tribunal d'instance. Il en est de même de l'action aux fins de modification par voie d'élargissement ou de réduction du périmètre d'une UES.

Tempérament : cependant, dans l'hypothèse où le tribunal d'instance est saisi en dehors de tout litige électoral, il se prononce en **premier ressort**, avec possibilité d'appel, conformément à l'article 4 du Code de procédure civile (Soc., 12 sept. 2007, *RJS* 11/07 n° 1189).
Le tribunal d'instance territorialement compétent est celui du siège de l'une des personnes juridiques (physiques ou morales) concernées par la demande de reconnaissance.
Ont qualité pour demander cette reconnaissance toutes les parties intéressées, aussi bien des personnes employeurs que les syndicats représentatifs dans les entités appelées à faire partie de l'UES (Soc., 4 juin 2003, *Bull. civ.* V n° 198) sans oublier les salariés eux-mêmes (Soc., 12 nov. 2003, *Bull. civ.* V n° 321) ou leurs organes représentatifs élus déjà en place (Soc., 29 janv. 2003, pour un comité d'entreprise, *Bull. civ.* V n° 33).
Le jugement portant reconnaissance de l'UES est **déclaratif** à la date de la requête introductive d'instance (Soc., 21 janv. 1997, *Dr. soc.* 1997, p. 347) ce qui signifie que le juge ne fait que constater l'UES et qu'il ne la crée pas.

B. Reconnaissance conventionnelle

Le lien historique entre l'UES et la mise en place des institutions représentatives du personnel a conduit à considérer que la configuration extrajudiciaire de l'UES (par ailleurs expressément reconnue par la loi – art. L. 2322-4, C. trav.) ne pouvait s'opérer que par la signature d'un protocole préélectoral (sur ce type l'accord, voir volume 1, La représentation collective des salariés).
Mais, ainsi que la Cour de cassation l'a elle-même précisé (cf. Soc., 2 juin 2004, *Dr. soc.* 2004, p. 912) la demande en reconnaissance judiciaire de l'UES est indépendante de la mise en place d'institutions représentatives. La même indépendance devrait pouvoir se retrouver lorsque la voie conventionnelle est empruntée, ce qui implique la disparition des contraintes propres à la matière électorale.
À la condition que l'accord collectif en cause ait pour unique objet la configuration de l'UES, il devrait alors obéir au **droit commun de la négociation collective** tel que redéfini par la loi du 4 mai 2004, c'est-à-dire signé de façon même non unanime, quitte à ce que dans la logique majoritaire du nouveau dispositif, soit exercé à son encontre un droit d'opposition par la ou les organisations non signataires. Certains tribunaux d'instance ont d'ores et déjà consacré cette analyse (TI Paris 16e arr. 13 avril 2005, *Sem. soc. Lamy* 2005 n° 1120). Ainsi que vient de le réaffirmer la Cour de cassation, **l'exigence d'unanimité** reste néanmoins entière lorsque la question de l'existence ou du périmètre de l'UES se pose à l'occasion de l'organisation des élections professionnelles (Soc., 31 mars 2009 n° 0860494).

C. Reconnaissance tacite ?

À lire l'article L. 2322-4 précité, on pourrait penser que la reconnaissance d'une UES ne peut résulter que d'une convention ou d'une décision de justice, à l'exclusion de tout autre mode d'accession à la vie juridique.
L'observation attentive de la jurisprudence montre cependant que la solution est moins tranchée et qu'à certaines conditions on peut avancer l'idée d'une « reconnaissance tacite » de l'UES ou encore d'une « présomption d'UES » en marge des deux procédures légales et dans une position de subsidiarité par rapport à elles.
Par un arrêt en date du 3 mai 2007 (*Dr. soc.* 2007, p. 1150), la chambre sociale a en effet décidé qu'il y avait lieu d'organiser des élections professionnelles dans le cadre d'une UES dont l'existence était revendiquée par un syndicat ayant déjà désigné un délégué à l'échelle du même périmètre. En effet, en s'abstenant de contester dans le délai légal cette désignation, « les sociétés avaient reconnu l'existence d'une UES pour l'exercice du droit syndical ». Les critères de l'UES étant, comme on l'a vu, identiques quelle que soit l'institution représentative mise en place, les sociétés entrant dans le périmètre de l'UES étaient donc tenues d'organiser des élections.
Mais par un arrêt du 4 mars 2009 (précité) la Cour de cassation a nuancé sa position en décidant que la désignation d'un délégué syndical dans le périmètre d'une UES invoquée unilatéralement n'établissait pas, à elle seule, l'existence de celle-ci, le juge saisi devant néanmoins **nécessairement tenir compte** de l'absence de contestation de la désignation antérieure. En d'autres termes, il existerait une **présomption simple d'UES** du fait de cette désignation et ce, jusqu'au débat judiciaire sur l'UES déclenché par toute personne intéressée.

POUR ALLER PLUS LOIN

BIBLIOGRAPHIE :

› B. Boubli, « L'UES, état des lieux et souhaits de réforme », *Sem. soc. Lamy* 2004 n° 1156.

› A. Cœuret, « L'avenir de l'UES conventionnelle », *Sem. soc. Lamy* 2005 n° 1220.

› A. Cœuret, « La délégation de pouvoirs » *in Le pouvoir dans l'entreprise*, coll. Actes 2001.

› I. Desbarat, « La notion d'unité économique et sociale en droit du travail », *Mélanges Despax*, p. 75.

› F. Gaudu, « Entreprise et établissement – Prospective du droit économique. Dialogues avec Michel Jeantin », *D.* 1999.

› P. Sargos, « À la recherche de la vérité de la communauté de travail en matière de représentation sociale dans l'entreprise », *Rap. annuel Cour de cassation* 2004, p. 109.

› J. Savatier, « Le contentieux de la reconnaissance de l'UES », *Dr. soc.* 2007, p. 1250.

› J. Savatier, « Établissement ou entreprise : quel cadre pour les relations de travail ? », *Mélanges M. Despax* 2000, p. 61.

Titre 2

LA PARTICIPATION DES TRAVAILLEURS DANS L'ENTREPRISE

Elle prend plusieurs formes : participation à la gestion, avec la représentation du personnel (cf. volume 1), à leurs conditions de travail, avec le droit d'expression (cf. *supra*, 1re partie, titre 2, chapitre 5) et surtout le droit à la négociation collective (cf. volume 1), aux résultats financiers avec l'intéressement et la « participation » (cf. *infra*, chapitre 2).
La participation des salariés à la gestion de l'entreprise et aux conditions de travail dans celle-ci fait émerger la problématique d'un contre-pouvoir dans ses rapports avec le pouvoir du chef d'entreprise (chapitre 1).

Chapitre 1 › POUVOIR ET CONTRE-POUVOIR DANS L'ENTREPRISE

> **› L'essentiel**
> *L'entreprise étant le siège d'un* ***pouvoir*** *(au minimum, celui de l'employeur) sur des personnes (les salariés) s'exerçant à la fois par des ordres et par l'organisation hiérarchique du travail, la participation des salariés ne doit pas se limiter à la participation financière aux résultats ; elle appelle un* ***contre-pouvoir****, la cogestion étant écartée, c'est-à-dire un* ***pouvoir d'influence*** *sur les décisions du chef d'entreprise, donc une* ***représentation*** *des salariés disposant de moyens d'information et de proposition.*

Section 1 › POUVOIR ET CONTRE-POUVOIR

L'organisation de la représentation du personnel est destinée à intégrer le personnel à l'entreprise et à lui permettre d'exercer son « **droit de participer à la gestion** » (Préambule de la Constitution de 1946). En 1936 furent institués les délégués du personnel et en 1945 les comités d'entreprise. En 1968 ont été institués les sections syndicales et les délégués syndicaux d'entreprise. Il y a donc une **double représentation**, élue et directement syndicale, spécificité française par rapport à beaucoup d'autres pays.

Les réformes de 1982, comme celles de 1945 n'ont pas remis en cause le pouvoir de décision du chef d'entreprise. La participation du personnel à la gestion de l'entreprise n'est véritablement **codécisionnelle** que dans le domaine des œuvres sociales (pouvoir de décision du comité d'entreprise), et elle n'est que consultative en matière de gestion économique et technique.

Toutefois, c'est avec la loi de 1968 instituant une représentation syndicale dans l'entreprise qu'on peut parler d'un contre-pouvoir dans l'entreprise. En effet, elle a posé le principe selon lequel les syndicats « peuvent **s'organiser librement** dans toutes les entreprises » (art. L. 2141-4, C. trav.) et les sections syndicales et les délégués syndicaux ont une fonction de revendication et de négociation, en tant que représentants des travailleurs. La loi du 29 octobre 1982 a renforcé leurs moyens d'action, accru la sécurité de leur statut et l'**autonomie de leur activité**, tout en en faisant les interlocuteurs obligés de l'employeur dans la négociation d'entreprise (obligation de négocier). Le législateur a en outre accentué la symbiose entre les organisations syndicales de l'entreprise et les instances représentatives élues, la nouvelle définition de la représentativité syndicale liée à l'audience électorale achevant cette évolution.

Section 2 › RÉFORME DE L'ENTREPRISE

Le pouvoir de la représentation des salariés dans l'entreprise avait été au cœur des débats relatifs à la « **réforme de l'entreprise** » dans les années précédant la loi de 1968, laquelle, ainsi que l'ont fait apparaître le livre de Bloch-Lainé (1963) et le Rapport du

Comité d'étude pour la réforme de l'entreprise, dit rapport « Sudreau » (févr. 1975), relevait à la fois :

1. Du **droit commercial et des sociétés**, en tant qu'elle concerne l'entreprise comme instrument de l'activité économique ; elle doit porter à ce titre sur l'organisation de la direction, sur la situation de l'actionnaire, sur l'adaptation des règles relatives à la création des entreprises et aux entreprises en difficulté, sur l'insertion des finalités de l'entreprise dans celles de la société, etc.

2. Du **droit du travail,** en tant qu'elle concerne l'homme au travail dans l'entreprise, c'est-à-dire :

a) son droit à une part du profit, dont l'amélioration du régime de la participation des travailleurs aux résultats de l'entreprise ;

b) le pouvoir qui s'exerce sur sa personne à la fois par les ordres qu'il reçoit et par toute l'organisation du travail et de la hiérarchie.

Outre des propositions destinées à transformer la vie quotidienne au travail, à améliorer l'hygiène et la sécurité, à développer la formation permanente, à améliorer les possibilités de promotion, à nouer le dialogue social avec les syndicats et le comité d'entreprise, le rapport « Sudreau » proposait d'instituer une cosurveillance — et non une cogestion — par la participation (minoritaire) de représentants des travailleurs dans les conseils d'administration ou de surveillance dans les grandes entreprises, à titre facultatif, en attendant, après expérimentation, une généralisation obligatoire.

En tout état de cause une réforme véritable de l'entreprise passe avant tout par la **reconnaissance d'un contre-pouvoir** des travailleurs, à travers leurs organisations syndicales représentatives, permettant à ceux-ci, grâce à des moyens concrets (d'information surtout), d'influencer les décisions à prendre et de contester éventuellement les décisions prises.

Section 3 › LOI DU 28 OCTOBRE 1982 ET LOIS POSTÉRIEURES

La loi du 28 octobre 1982 a considérablement amélioré les moyens d'imposer la mise en place des délégués du personnel et des comités d'entreprise, renforcé leur autonomie d'action, précisé les conditions de leur consultation, accru leurs moyens d'information et d'influence sur les décisions économiques, qui restent du ressort de l'employeur.

En revanche la loi quinquennale du 20 décembre 1993 a pris le risque de réduire les moyens des instances représentatives élues en autorisant l'employeur, pour simplifier la représentation et pour en alléger le coût, à mettre en place une délégation unique du comité d'entreprise et des délégués du personnel dans les entreprises de moins de 200 salariés.

Les lois du 1er mars 1984 (prévention des difficultés des entreprises) et surtout du 25 janvier 1985 (traitement des difficultés et procédures collectives nouvelles) ont amorcé, dans ce domaine, un changement d'esprit significatif en mettant au premier plan le sort de l'entreprise, apprécié non plus seulement en termes de rentabilité, mais en termes de viabilité économique et sociale, dans le cadre d'un plan de redressement de l'entreprise et de continuation de son activité. L'entreprise est envisagée dans sa double réalité économique et humaine, l'emploi y ayant un statut collectif.

Section 4 › REPRÉSENTATION DES TRAVAILLEURS DANS LES ENTREPRISES PUBLIQUES

Dans le prolongement des lois de nationalisation, et pour différencier les entreprises publiques des entreprises du secteur privé par une plus grande participation des salariés, la **loi du 26 juillet 1983** relative à la démocratisation du secteur public a cherché à associer les représentants des travailleurs aux décisions essentielles, sans confondre leur rôle avec celui des syndicats.

À cette fin la loi institue une représentation des salariés aux organes de direction et élargit les attributions du comité d'entreprise, tout en accroissant par ailleurs les modalités d'exercice du droit syndical par la voie d'une négociation obligatoire (cf. volume 1, 3e partie, titre 1, chapitre 4, section 4, Négociation et accords d'entreprise dans le secteur public) et celles du droit d'expression (cf. *supra*, 1re partie, titre 2, chapitre 5).

§ 1 - Champ d'application

Les critères généraux sont principalement :

– les établissements publics industriels et commerciaux (EPIC) dont le personnel est soumis à un statut de droit privé (par opposition aux établissements publics administratifs) ;

– les entreprises publiques « de 1er rang », détenues en majorité par l'État (entreprises nationales, sociétés nationales ou d'économie mixte) ;

– les entreprises publiques de « 1er rang », par décision de la loi (liste dans une annexe) ;

– les filiales majoritaires des précédentes, directes ou indirectes, occupant plus de 200 salariés, dites de « second rang » ;

– les sociétés codétenues par l'État et les entreprises précédentes et employant plus de 200 salariés.

Les listes sont contenues dans des annexes énumératives.

§ 2 - Représentation des travailleurs aux organes de direction

1. Composition tripartite du conseil d'administration ou de surveillance pour les EPIC et les entreprises de 1er rang (représentants de l'État, personnalités compétentes nommées, représentants élus par les salariés, pour un tiers chaque fois).

Composition **bipartite** pour les autres (élus des actionnaires pour deux tiers et des salariés pour un tiers).

2. Élection des administrateurs salariés dans des conditions analogues à celle des délégués du personnel et des comités d'entreprise (cf. volume 1, 2e partie, titre 2, chapitres 1 et 2), les listes étant présentées par les syndicats représentatifs ou par 10 % au moins des délégués du personnel et membres des comités d'entreprise ou d'établissement et devant être accompagnées d'un programme d'action pour l'orientation de la gestion de l'entreprise, un siège devant être réservé aux cadres.

Une nouvelle désignation de représentants des salariés doit avoir lieu lorsque l'effectif de l'entreprise augmente de plus de 33 % du fait d'une opération durable de restructuration ou lorsqu'une modification de la répartition du capital social entraîne une augmentation ou une réduction du nombre des représentants des salariés (loi 25 juill. 1985).

3. Le mandat de 5 ans, gratuit et incompatible avec tout autre mandat de représentation du personnel, électif ou syndical, comporte un crédit d'heures de fonctions. Il peut être révoqué pour faute grave dans l'exercice de la fonction par décision du président du tribunal de grande instance ; mais le licenciement du salarié exige l'avis du conseil d'administration ou de surveillance et l'autorisation de l'inspecteur du travail.

4. Les élus ont les mêmes droits et obligations que les autres administrateurs mais leur responsabilité est atténuée (gratuité du mandat).

§ 3 - Attributions du comité d'entreprise

– Aux attributions normales s'ajoute l'approbation du plan de formation qui doit comporter l'accueil de stagiaires et d'élèves, un programme d'action et faire place à la coopération avec les établissements d'enseignement et de recherche.
– La représentation du comité auprès du conseil d'administration ou de surveillance est assurée par le secrétaire du comité d'entreprise.

POUR ALLER PLUS LOIN

BIBLIOGRAPHIE :

› J. Chorin, *Le particularisme des relations du travail dans les entreprises publiques à statut*, LGDJ 1994.
› A. Garbar, « Le droit social vu du droit public : un lieu d'hybridation », in *Regards croisés sur le droit social, Sem. soc. Lamy* n° spécial 1095 du 28 octobre 2002, p. 40.
› P. Ortscheidt, « Droits collectifs des travailleurs dans le secteur public », *RIDC* 1994 p. 521.

Chapitre 2 › PARTICIPATION FINANCIÈRE

> **› L'essentiel**
>
> *Il s'agit principalement, outre les primes de productivité et les participations aux bénéfices instituées volontairement dans certaines entreprises, de la participation aux résultats des entreprises (intéressement) et de l'actionnariat des salariés (participation au capital), ainsi que de l'épargne salariale.*

Section 1 › PARTICIPATION DES SALARIÉS AUX RÉSULTATS DES ENTREPRISES

Elle est aussi appelée couramment « **intéressement** ».

L'idée est ancienne : loi de 1917 sur les sociétés anonymes à participation ouvrière, décret de 1955 sur les primes à la productivité. Une ordonnance du 7 janvier 1959 a institué l'intéressement **facultatif** par accord collectif et y a incité par des exonérations fiscales. Cette institution, correspondant à l'idée d'**association du capital et du travail** pour mettre fin à la lutte des classes, n'avait pas connu un grand succès, les employeurs redoutant une immixtion dans la gestion, les syndicats un danger pour la solidarité et la combativité de la classe ouvrière.

Sous l'influence du président de la République (Charles de Gaulle), une ordonnance du 17 août 1967 a institué la participation obligatoire. Depuis lors, nombreuses interventions législatives pour stimuler le système.

Une **ordonnance du 21 octobre 1986** a abrogé tous les textes antérieurs en vue d'intégrer leurs dispositions dans un texte unique, non inséré dans le Code du travail, mais sans fusionner les deux régimes, facultatif et obligatoire. Tout en maintenant les grandes lignes du régime antérieur, cette ordonnance a réduit les formalités de caractère administratif et accru la liberté des parties dans le choix des modalités d'application.

Depuis lors, le dispositif a été intégré dans le Code du travail. Un Conseil supérieur de la participation a été créé. Aujourd'hui remplacé par le conseil d'orientation de la participation, de l'intéressement, de l'épargne salariale et de l'actionnariat salarié.

La **loi du 19 février 2001** sur l'épargne salariale a opéré un toilettage de la participation en même temps qu'une diversification des plans d'épargne salariale (cf. *infra*). Elle a imposé une obligation de négocier chaque année, avec les délégués syndicaux, dans l'entreprise, sur l'épargne salariale si un accord collectif sur le sujet n'est pas déjà applicable.

La **loi du 4 mai 2004** sur le dialogue social a cherché à encourager le développement de la participation dans les petites entreprises et à favoriser la négociation collective en la matière. Elle prévoit un examen tous les trois ans de l'éventualité de mise en place d'un dispositif d'intéressement dans les entreprises dépourvues de délégué syndical mais où existe un délégué du personnel.

La **loi du 30 décembre 2006** vise à nouveau à élargir et à encourager la participation aux résultats tout en en diversifiant les modalités voire l'esprit. Le souci de clarifier les dispositifs inspire également cette réforme.

La **loi du 3 décembre 2008** en faveur des revenus du travail s'efforce de dynamiser l'ensemble et d'en faire un instrument d'amélioration du pouvoir d'achat. Elle permet

en outre au salarié d'un groupement d'employeurs (v. *supra* 1re partie, titre 1, chapitre 2, section 3, § 3) de bénéficier des dispositifs de participation, d'intéressement et d'épargne salariale mis en place dans chaque entreprise du groupement auprès de laquelle il est mis à disposition si l'accord collectif instituant le dispositif le prévoit.
Actuellement, **deux régimes** de participation aux résultats, caractérisés par le caractère **collectif**, **aléatoire**, le lien avec la **négociation collective**, la **non-substitution au salaire**.
Un livret d'épargne salariale, remis à chaque salarié, l'informe des dispositifs existant dans l'entreprise.

§ 1 - Intéressement facultatif

Il est possible dans toutes les entreprises à condition qu'elles satisfassent aux règles relatives à la représentation des salariés.
Il est mis en œuvre par accord conclu pour 3 ans.
Dans les entreprises de moins de 250 salariés, les mandataires sociaux et leurs conjoints collaborateurs ou associés peuvent bénéficier de l'intéressement.

A. Plusieurs types de contrats

Après avis du comité d'entreprise :
– convention collective ou accord national professionnel ou interprofessionnel ;
– accord chef d'entreprise et syndicats affiliés à une confédération représentative au niveau national ou effectivement représentatifs dans l'entreprise ;
– accord conclu au sein du comité d'entreprise ;
– contrat proposé par l'employeur et adopté à la majorité des 2/3 du personnel.
Possibilité d'accords d'intéressement de groupe européens (loi du 4 mai 2004).

NB :
– le préambule de l'accord d'intéressement doit indiquer les motifs de l'accord, les raisons du choix de la modalité retenue et les critères de répartition entre les salariés.
– l'accord doit être signé avant le 1er jour de la 2e moitié de la période de calcul suivant la date de leur prise d'effet afin que, – en raison du caractère aléatoire de l'intéressement –, les éléments objectifs de calcul soient déjà connus lors de la négociation.

B. Participation

Elle est fixée par le contrat ; résultant d'une formule de calcul liée aux résultats ou aux performances de l'entreprise.
Tous les salariés situés dans le champ d'application de l'accord doivent en être bénéficiaires. Et la **répartition** doit être uniforme en fonction de critères qui peuvent être choisis ou combinés (salaire, durée de la présence, amélioration de la sécurité). Mais l'accord ne saurait prévoir de condition de présence du salarié lors de la mise en paiement de l'intéressement, sinon ce dernier perdrait son caractère collectif.
Innovation de la loi du 30 décembre 2006, les entreprises déjà couvertes par un accord d'intéressement peuvent créer un **intéressement de projet** permettant d'associer les salariés non pas aux résultats de l'entreprise mais à ceux d'un projet auquel participent plusieurs entreprises.

Par ailleurs, la loi de 2006 atténue le caractère aléatoire de l'intéressement en permettant à l'entreprise, une fois les résultats de l'exercice connus, de décider, au vu de ces résultats, le versement d'un supplément d'intéressement s'ajoutant aux droits nés de l'accord avec une grande souplesse. On s'interroge sur les perturbations ainsi apportées à la cohérence du système de l'intéressement.

C. Contrôles

Un contrôle de l'application est opéré par le comité d'entreprise qui peut se faire assister d'un expert-comptable rémunéré par l'employeur ou un organisme spécial. Dépôt obligatoire de l'accord, le directeur départemental du travail disposant d'un délai de 4 mois pour demander le retrait ou la modification de clauses contraires à la loi ou au règlement (loi du 19 févr. 2001).

D. Exonérations fiscales

En faveur de l'entreprise et pour les salariés versant leur participation sur un plan d'épargne (PEE, PEI, PERCO cf. *infra*).

Observations :

– la participation n'a pas le régime juridique du salaire et l'intéressement n'est pas substitué au salaire. Aussi, pour mieux assurer ce principe, la loi définit les plafonds des primes distribuées (le risque de substitution a des incidences sur le financement de la sécurité sociale, sur les rentrées fiscales et sur les garanties du régime juridique du salaire) ;

– le versement de l'intéressement est immédiat (absence d'épargne salariale).

§ 2 - « Participation » obligatoire

Nature : participation aux « **résultats** de l'entreprise ».

Observation : le législateur, inspiré au départ par des préoccupations sociales, a ensuite fait prévaloir, sous l'influence de pressions diverses, les considérations économiques et financières, qui apparaissent dans la détermination de la participation et dans les rapports de celle-ci avec **l'autofinancement de l'entreprise**, que le législateur a voulu encourager. Dans cette vision des bénéfices sont acquis au personnel, mais ils sont indisponibles tandis que l'entreprise bénéficie d'un dégrèvement fiscal à certaines conditions. En définitive le fisc finance la participation des salariés et des facilités de trésorerie sont assurées aux entreprises. Cette orientation subit, dans la période récente, un infléchissement notable, critiqué par certains. L'indisponibilité des droits cède la place à un principe de disponibilité, le salarié ayant la possibilité de demander chaque année le versement immédiat de ses droits (loi du 3 déc. 2008 ; art. L. 3323-5, C. trav.). Le soutien du **pouvoir d'achat** l'emporte. Néanmoins le système favorise la négociation collective dans un cadre, il est vrai, assez strict. Pour la Cour de cassation, l'ensemble de la réglementation relative à la participation obligatoire « qui vise à la constitution d'une épargne salariale et à son orientation vers un secteur déterminé de l'économie nationale étant d'ordre public absolu, il ne peut y être dérogé qu'avec l'autorisation expresse de la loi » (Soc., 23 mai 2007).

A. Obligatoire

Dans les entreprises ainsi que dans les unités économiques et sociales employant au moins 50 salariés. Les autres entreprises peuvent s'y soumettre volontairement. Elles y sont incitées par des faveurs fiscales et par la faculté qui leur est offerte de mettre en place la participation par voie unilatérale. Un décret du 12 décembre 2001 fixe la liste des entreprises publiques assujetties.
Même possibilité pour les mandataires sociaux de bénéficier de la participation qu'en matière d'intéressement (cf. *supra*).

B. Contenu

« Réserve spéciale de participation », calculée sur le bénéfice fiscal et répartie entre les salariés proportionnellement au salaire perçu par chacun, avec un plafond et, si l'accord le prévoit, un plancher favorable aux salariés les moins rémunérés.
Cette réserve constitue la constatation comptable des droits des salariés. Elle est calculée après déduction d'une provision pour investissement et rémunération forfaitaire (5 %) des capitaux propres de l'entreprise (pour ne pas décourager l'épargne). Elle est fonction de la valeur ajoutée par le travail. Le résultat final est divisé par 2 avant d'être affecté à la réserve de participation.

NB : le juge judiciaire est compétent pour tous les litiges portant sur un accord de participation dès lors qu'ils ne portent pas sur le montant des salaires déclarés à l'administration fiscale.

C. Modalités

Au choix :
– affectation des sommes à un plan d'épargne d'entreprise (cf. *infra*) ;
– combinaison de l'affectation à un PEE et du placement dans un compte courant bloqué dédié aux investissements de l'entreprise. Possibilité d'un supplément de participation comme pour l'intéressement (cf. § 1 b).

Observation : En rupture avec les principes fondateurs, le principe est désormais celui de la **disponibilité des droits** (loi du 3 déc. 2008). Les droits du salarié sont exigibles chaque année, s'il en fait la demande. En l'absence d'une telle demande, les droits des salariés ne sont négociables ou exigibles qu'au bout de 5 ans.
Cette indisponibilité exprime alors l'idée d'une épargne salariale orientée vers l'investissement. Toutefois, dans certaines circonstances (événements familiaux, surendettement…) le salarié pourra obtenir le déblocage anticipé de ses droits.
La participation n'a **pas le régime juridique du salaire**.

D. Exonérations fiscales

Pour les entreprises et pour les salariés. À certaines conditions les sommes attribuées aux travailleurs échappent aux cotisations de sécurité sociale mais supportent un « forfait social » de 2 %. Elles n'échappent à l'impôt sur le revenu que si elles sont soumises à indisponibilité et si elles sont affectées à un plan d'épargne salariale ou à un compte consacré aux investissements de l'entreprise.
Pour l'entreprise, la réserve spéciale de participation est une charge fiscalement déductible des résultats. Si un régime plus favorable que la loi est appliqué, elle

peut constituer une provision pour investissement égale à la moitié du supplément de réserve dépassant le droit commun.

E. Régime du salaire non applicable à la participation

Et interdiction de la substituer à un élément quelconque du salaire (par ex. à une prime de fin d'année fixée par accord collectif).

F. Mise en œuvre

• **Par accord** : convention collective, ou accord d'entreprise voire de groupe employeur-syndicats représentatifs par affiliation à une confédération nationale représentative ou effectivement dans l'entreprise, accord au sein du comité d'entreprise, ou ratification à la majorité des 2/3 du personnel d'un projet de contrat proposé par le chef d'entreprise, la ratification devant être demandée conjointement par le chef d'entreprise et un ou plusieurs syndicats représentatifs s'il en existe dans l'entreprise.

Peu développées, les conventions de branche sur la participation seraient utiles pour pousser à la mise en place de la participation dans les entreprises de moins de 50 salariés. C'est pourquoi la loi du 30 décembre 2006 oblige les branches à négocier sur le sujet avant le 31 décembre 2009.

• **À défaut**, les sommes sont versées sur un compte courant et bloquées pendant 8 ans au lieu de 5 et les avantages fiscaux réduits.

L'indisponibilité allongée et la réduction des avantages fiscaux sont des **incitations** à la négociation d'un accord.

Le contrôle administratif est identique à celui prévu pour les accords d'intéressement (cf. *supra* § 1 c).

NB : le comité d'entreprise doit être informé de l'application de l'accord de participation.

G. Résultats

La proportion d'entreprises ayant un accord croît avec la taille de l'entreprise. Le plus grand nombre d'accords est signé au sein du comité d'entreprise.

Les syndicats ont créé un fonds commun interentreprise.

Observations :

– les **faiblesses** du système tiennent à l'incidence négative sur les augmentations de salaires, aux inégalités d'une entreprise à l'autre, à l'exclusion d'un grand nombre de salariés, à la faiblesse des sommes perçues ;

– en revanche le principe d'un **droit** du travailleur sur les profits est reconnu ; surtout le système, liant l'importance des faveurs fiscales à la conclusion d'accords, incite à la négociation collective. La répartition entre les salariés ne peut être liée à leurs performances individuelles et les salariés sanctionnés pour faute grave ou lourde ne peuvent en être exclus.

Section 2 › ACTIONNARIAT DES SALARIÉS

Le législateur a voulu reconnaître aux salariés le droit de devenir actionnaires de leur entreprise à titre non seulement **individuel** mais aussi **collectif**, et à titre **préférentiel**. Pour cela la loi du 27 déc. 1973, relative **à la souscription ou à l'acquisition d'actions de sociétés cotées par leurs salariés**, a cherché à rendre utilisables par ces derniers, deux moyens :

– la souscription d'actions émises lors d'une augmentation de capital réservée aux salariés. Actions nominatives et incessibles pendant 5 ans.

– l'achat en bourse d'actions nominatives, incessibles 5 ans, payées par prélèvement sur le salaire pendant 3 ans, la société pouvant en payer une partie.

Dans les deux cas c'est l'assemblée générale des actionnaires qui décide l'opération, dont les conditions sont assouplies par la loi.

Succédant à des formules ayant connu des succès inégaux, les lois du 30 décembre 2004 et du **30 décembre 2006** ont organisé une technique de **distribution gratuite d'actions** au profit des salariés des sociétés par actions cotées ou non cotées :

– nécessité d'un vote favorable de l'assemblée générale extraordinaire ;

– le nombre total des actions attribuées gratuitement ne peut excéder 10 % du capital social à la date de la décision de leur attribution ;

– régime fiscal de faveur.

Le salarié devient propriétaire des actions après un délai dit période d'acquisition d'au moins 2 ans. S'ouvre alors une période dite de conservation d'au moins 2 ans pendant laquelle il ne pourra céder ses actions sauf cas particuliers.

NB : une contribution sociale spécifique est due sur les attributions d'actions gratuites (loi de financement de la Sécurité sociale pour 2008).

La privatisation de certaines entreprises publiques a permis de transférer à leurs salariés une fraction de leur capital. La reprise d'une entreprise en difficulté par ses salariés a été encouragée à plusieurs reprises (en dernier lieu par la loi du 30 déc. 2006).

Depuis l'ordonnance du 21 octobre 1986 les plans d'épargne d'entreprise constituent le cadre privilégié de l'actionnariat des salariés (cf. *infra*, § 3).

Dans l'espoir de généraliser l'actionnariat salarié il est prévu que toute décision d'augmentation du capital doit donner lieu, en principe, à une offre d'actions aux salariés (loi du 19 février 2001).

Observation : développement dans la pratique de la technique des *stock options* donnant aux mandataires sociaux mais aussi aux cadres dirigeants la possibilité de souscrire ou d'acheter des actions de la société dans des conditions financières avantageuses et de les céder en réalisant le cas échéant une plus-value.

Imparfaitement encadrées, essentiellement par le droit des sociétés, les stock options donnent lieu à une information *a posteriori* des actionnaires et du comité d'entreprise, améliorée par la loi du 15 mai 2001 relative aux nouvelles régulations économiques.

Diverses mesures témoignent de l'écho porté par l'actualité médiatisée. Les éléments de rémunération, indemnités et avantages doivent être liés aux performances du bénéficiaire (loi du 8 février 2008). Aux termes de la loi du 3 décembre 2008, il n'est plus possible d'accorder aux mandataires sociaux des stock options ou des actions gratuites sans en attribuer aussi à l'ensemble des salariés de l'entreprise (et à 90 % de l'ensemble des salariés de ses filiales) ou prévoir une compensation dans le cadre d'accords de participation ou d'intéressement dérogatoires.

Mais l'orientation dominante est la faveur pour l'« auto-régulation » comme le montrent les recommandations formulées le 6 octobre 2008 par le Medef et l'AFEP (Association française des entreprises privées) sous forme d'un « code de gouvernement des entreprises » à visée moralisatrice mais aussi préventive d'une intervention des pouvoirs publics. Celle-ci s'est produite, à titre temporaire, dans le cas particulier des entreprises bénéficiant de prêts importants de l'État (loi et décrets du 20 avril 2009).

Au plan individuel, les litiges portent surtout sur les cas dans lesquels le droit de lever des options est subordonné à une condition de présence dans l'entreprise au jour fixé pour la levée. Cette condition est licite et fait obstacle à l'exercice de son droit par le salarié ayant fait l'objet d'un licenciement mais le salarié a droit à réparation de son préjudice si ce licenciement est dépourvu de cause réelle et sérieuse (jurisprudence).

La loi du 30 décembre 2006 a voulu tempérer les pratiques abusives en imposant aux mandataires sociaux soit de ne pas lever leurs options avant la cessation de leurs fonctions, soit de conserver jusqu'à cette cessation tout ou partie des actions issues des options exercées. La mesure laisse sceptiques certains commentateurs.

De manière générale, vifs débats sur la figure du « salarié – actionnaire ».

Section 3 › L'ÉPARGNE SALARIALE : LES PLANS D'ÉPARGNE

Formules facultatives, démultipliées par la loi du 19 février 2001.

Orientation récente liée au financement des retraites.

§ 1 - Plan d'épargne d'entreprise

– Système collectif d'épargne des salariés (participation à la constitution de portefeuilles de valeurs mobilières) et aussi système de gestion de l'épargne salariale par l'entreprise elle-même.

– Alimenté par la participation aux résultats de chaque salarié (cf. *supra*, § 1er), par des versements volontaires des salariés et éventuellement par une contribution de l'entreprise (abondement).

– Règles précises de gestion.

– Source : accord collectif ou initiative unilatérale de la direction soumis au contrôle de l'administration comme les accords d'intéressement.

Si l'entreprise est dotée d'un délégué syndical ou d'un comité d'entreprise, l'employeur ne peut prendre d'initiative qu'après avoir négocié avec l'une ou l'autre institutions et que l'échec de la négociation a été constaté (loi du 9 août 2004).

§ 2 - Plan d'épargne interentreprises (PEI)

Principalement destiné aux petites et moyennes entreprises.

Soumis aux principes applicables aux plans d'épargne d'entreprise sous réserve de diverses règles particulières.

En principe mis en place par accord collectif de branche ou interentreprises.

§ 3 - Plan d'épargne pour la retraite collectif (PERCO)

Mis en place par la loi du 21 août 2003 portant réforme des retraites ce dispositif se substitue au « plan partenarial d'épargne salariale volontaire » qui avait été institué par la loi du 19 février 2001.

Le PERCO est destiné à la gestion d'une épargne longue permettant au salarié de percevoir lors de son départ à la retraite une rente viagère voire un capital.

Alimenté comme le PEE mais aussi par le transfert de sommes provenant de PEE ou de PEI. Les transferts d'un plan à l'autre ont été facilités par la loi du 26 juillet 2005.

Mis en place par accord collectif d'entreprise ou de groupe ou à l'initiative de l'employeur si la négociation a échoué. Toutes les entreprises dotées d'un PEE depuis plus de 5 ans sont tenues d'ouvrir une négociation sur la mise en place d'un PERCO ou d'un autre dispositif de retraite supplémentaire.

L'épargne est indisponible jusqu'à la date du départ à la retraite sauf quelques cas de déblocage anticipé (décret du 7 mai 2004).

Observation : un comité intersyndical de l'épargne salariale a été créé en janvier 2002 par les grandes confédérations syndicales (excepté la CGT-FO) en vue de sélectionner les fonds gestionnaires de l'épargne salariale présentant des garanties permettant de leur attribuer un « label intersyndical ».

NB : les sociétés coopératives de production (SCOP) sont gérées (directement ou par l'intermédiaire de mandataires) par les travailleurs associés pour exercer leur profession et disposant de pouvoirs égaux quelle que soit la part détenue par chacun dans le capital de l'entreprise.

INDEX ALPHABÉTIQUE

Q – R

S

T

U – V

TABLE DES MATIÈRES

MÉMENTOS DALLOZ

Série droit privé

Criminologie et science pénitentiaire, J. Larguier
Droit des assurances, H. Groutel, C. J. Berr
Droit bancaire, F. Dekeuwer-Défossez
Droit civil général, P. Bihr
Droit civil. Les biens, P. Courbe
Droit civil. Les contrats spéciaux, B. Bourdelois
Droit civil. Les obligations, G. Légier
Droit civil. Les personnes, la famille, les incapacités, P. Courbe
Droit civil. Régimes matrimoniaux, libéralités, successions, F. Lucet, B. Vareille
Droit civil. Sûretés, publicité foncière, V. Brémond, M.-N. Jobard-Bachellier
Droit commercial. Notions générales, J.-P. Le Gall, C. Ruellan
Droit du commerce international, H. Kenfack
Droit de la construction, R. Saint-Alary, C. Saint-Alary-Houin
Droit des entreprises en difficulté, P.-M. Le Corre, J.-P. Le Gall
Droit fiscal des entreprises commerciales, J.-P. Le Gall
Droit international privé, J. Derruppé, J.-P. Laborde
Droit pénal des affaires, G. Giudicelli-Delage
Droit pénal général, J. Larguier, P. Conte, P. Maistre du Chambon
Droit pénal spécial, J. Larguier, P. Conte, A.-M. Larguier
Droit de la propriété industrielle, J. Schmidt-Szalewski
Droit rural, J. Audier
Droit de la sécurité sociale, J.-J. Dupeyroux, X. Prétot
Droit des sociétés. Droit commun et droit spécial des sociétés, A. Constantin
Droit des sociétés. Volume II. Aspects particuliers, J.-P. Le Gall, C. Le Gall-Robinson
Droit du travail. Volume 1. Rapports collectifs, J.-M. Verdier, A. Cœuret, M.-A. Souriac
Droit du travail. Volume 2. Rapports individuels, J.-M. Verdier, A. Cœuret, M.-A. Souriac
Grands systèmes de droit étrangers, M. Fromont
Institutions juridictionnelles, J.-J. Taisne
Introduction générale au droit, P. Courbe
Procédure civile. Droit judiciaire privé, J. Larguier, P. Conte
Procédure pénale, J. Larguier, P. Conte
Propriété littéraire et artistique, P. Sirinelli

Série droit public – science politique

Administration de l'État, F. Chauvin

Administration régionale, départementale et municipale, J. Moreau

Contentieux administratif, G. Peiser

Droit administratif des biens, G. Peiser

Droit administratif général, G. Peiser

Droit constitutionnel et institutions politiques, J. P. Jacqué

Droit des contrats publics, F. Lichère

Droit européen, J.-C. Gautron

Droit fiscal, C. de Lauzainghein, M.-H. Stauble-de Lauzainghein

Droit de la fonction publique, G. Peiser

Droit international public, D. Ruzié

Droit public, L. Dubouis, G. Peiser

Droit public économique, D. Linotte, A. Graboy-Grobesco

Droit de la santé publique, D. Truchet

Droit de l'Union européenne et politiques communes, P. Le Mire

Droit de l'urbanisme, J. Morand-Deviller

Finances locales, R. Muzellec

Finances publiques. J. Buisson

Histoire du droit, J. Hilaire

Histoire des idées politiques de l'Antiquité à la fin du XVIIIe siècle, D. G. Lavroff

Histoire des idées politiques depuis le XIXe siècle, D. G. Lavroff

Histoire des institutions publiques de la France, P. Villard

Institutions internationales, J. Charpentier

Introduction à la science politique, J. Baudouin

Libertés publiques et droits de l'homme, A. Pouille

Relations internationales, M. Gounelle

708504 - (I) - (2) - OSB-Prem 60g - IGS - JoE
Dépôt légal : octobre 2009
Imprimé en Belgique par SNEL